Refonder l'État au Congo-Kinshasa

Pour stabiliser une nation à la dérive

Collection « Études africaines »

dirigée par Denis Pryen et son équipe

Forte de plus de mille titres publiés à ce jour, la collection « Études africaines » fait peau neuve. Elle présentera toujours les essais généraux qui ont fait son succès, mais se déclinera désormais également par séries thématiques : droit, économie, politique, sociologie, etc.

Dernières parutions

EKANZA Simon-Pierre, *Le royaume du Moronou, Côte d'Ivoire, Une symphonie inachevée*, 2016.

MUSHIPU MBOMBO (Dieudonné), *La théologie africaine. Le feu vert de Rome : une herméneutique des déclarations des souverains pontifes d'après le Concile Vatican II*, 2016.

PONDI (Jean Emmanuel) (dir.), *Citoyenneté et pouvoir politique en Afrique centrale. Etat des lieux, défis et perspectives*, 2016/

BARRY (Mamadou Gando), *L'insertion des diplômés en Guinée : processus et contraintes*, 2016.

LOUA (Seydou), *Quelle efficacité pour l'enseignement supérieur au Mali ?*, 2016.

TOUNG NZUE (Jérôme), *Précarité et replis identitaires au Gabon*, 2016.

KAZIENDE (Léopold), *Samafou, Fragments biographiques de la vie de Boubou Hama*, 2016.

BODO (Bidy Cyprien), COULIBALY (Moussa), KAMAGATE (Bassidiki) (dir.), *Les écritures de l'horreur en littératures africaines*, 2016.

VAUDELIN (Pierre), *Afriquéconomie, Entre défis urbains et émergence économique*, 2016.

BARBET (Clotilde), *Les rébellions touarègues au Nord-Mali*, 2016.

AMBOULOU (Hygin Didace), *Le droit des investissements et l'analyse économique de l'espace OHADA*, 2016.

SOHI BLESSON (Florent), *Sur les traces du premier administrateur colonial du Haut-Cavally (Côte d'Ivoire), Laurent Charles Joseph (1877-1915)*, 2016.

DAMIBA (François-Xavier), *Les Moosé du Burkina Faso*, 2016.

ADAMA (Hamadou) (dir), *Patrimoine et sources de l'histoire du Nord-Cameroun*, 2016.

Max Michel

Refonder l'État au Congo-Kinshasa

Pour stabiliser une nation à la dérive

Préface de Peter John Kiowa

L'Harmattan

5-7, rue de l'Ecole-Polytechnique, 75005 Paris

http://www.harmattan.fr
diffusion.harmattan@wanadoo.fr
harmattan1@wanadoo.fr

ISBN : 978-2-343-05795-8
EAN : 9782343057958

Pour Yoli, Ludo, Timko et Isaline-Tiffany,

Pour Titine.

« Ne demandez pas ce que votre pays peut faire pour vous ; mais demandez-vous ce que vous pouvez faire pour votre pays. »

John Fitzgerald Kennedy
35ème président des Etats-Unis d'Amérique
Discours d'investiture
Washington, le 20 janvier 1961

PREFACE

RETROUVER LE COURAGE DE CHANGER DE MODELE APRES L'ECHEC DES SOLUTIONS TRADITIONNELLES

Par Peter John Kiowa[1]

C'est la principale préconisation que Max MICHEL fait aux Congolais dans ce livre écrit avec beaucoup de sagesse, après avoir réfléchi à la véritable situation du Congo avec tout le recul nécessaire. Dans ce livre aux accents « patriotiques », Max MICHEL commence par identifier l'obstacle principal au développement du Congo et à la prospérité des Congolais. Cet obstacle s'appelle *la banqueroute de l'Etat* ou *l'Etat fantôme*. Max MICHEL identifie l'auteur de la faillite de l'Etat et détermine l'époque de sa liquidation.

Après ce sombre diagnostic, Max MICHEL propose d'appliquer au mastodonte appelé Congo, un remède de cheval :

- Premier changement de modèle. Après avoir constaté l'échec des systèmes traditionnels comme la *Centralisation* (Deuxième République), la *Décentralisation* (Troisième République) et une *Fédération inavouée* (Première République à partir de 1963), Max MICHEL appelle au changement de modèle d'organisation pour refonder l'Etat au Congo. Max MICHEL préconise l'adoption de la *Subsidiarité* comme en Allemagne et en Suisse ainsi que la mise en place de ce qu'il appelle la *Territorialisation.*
- Deuxième changement de modèle. Après avoir constaté que l'Etat fantôme au Congo cache en réalité un problème plus grave encore, la faute des hommes, Max MICHEL préconise de confier la direction des affaires du pays à l'élite congolaise et de mettre en place ce qu'il appelle une « *République de l'homme ou de la femme qu'il faut à la place qu'il faut.* »
- Troisième changement de modèle. Après avoir constaté la résurgence du tribalisme, de l'ethnisme, du provincialisme et de l'esprit partisan, résurgence exacerbée par la Constitution de 2006 (dite de la Troisième République), Max MICHEL préconise un système politique qui évite les pièges ethniques, linguistiques, religieux et partisans, un système politique qui rétablit l'équilibre provincial et territorial dans tous les organes du pouvoir à Kinshasa et dans toutes les institutions nationales.
- Quatrième changement de modèle. Après avoir constaté que l'effondrement de l'Etat au Congo est la conséquence négative de l'effondrement des transports, Max MICHEL préconise une organisation des transports en rupture avec le mode de pensée du passé (préférence à la route ; transit par des ports étrangers), un système de transport qui utilise les

---

[1] Peter John Kiowa est professeur d'université.

avantages comparatifs de chaque mode de transport et qui relève le défi de la *Voie Nationale* qui part et aboutit au port en eaux profondes de Banana (en projet).

- Cinquième changement de modèle. « *Un pays sans aucune défense dissuasive est la victime, un jour ou l'autre, de ses voisins* » rappelle Max MICHEL. Le Congo vient d'en faire l'amère expérience. Max MICHEL recommande avec force et insistance au Congo de renouer avec les Etats-Unis d'Amérique des relations basées sur la loyauté sous forme de *Partenariat stratégique* en matière militaire et de défense.
- Sixième changement de modèle. Le monde a changé de langue universelle en 1918. La langue de Shakespeare a remplacé la langue de Molière. Max MICHEL recommande au Congo d'avoir deux langues officielles et de travail, d'ajouter l'anglais au français, pour donner plus d'atouts aux Congolais dans un monde globalisé.
- Septième changement de modèle. Après avoir constaté un autre obstacle majeur au développement du Congo, *« le défaut de main d'œuvre qualifiée et hautement qualifiée »*, Max MICHEL préconise d'accorder aux Congolais d'origine qui prennent une nationalité étrangère (diaspora congolaise) la double nationalité afin de les faire revenir au pays et de tirer profit de leurs hautes compétences.
- Huitième changement de modèle. Après avoir constaté que le drapeau actuel du Congo ne représente que de façon partielle et partiale l'histoire du Congo, Max MICHEL préconise un nouveau drapeau qui représente avec force toute l'histoire du Congo.
- Neuvième et dernier changement de modèle. La ville de Kinshasa a deux fonctions. C'est un Centre administratif et politique national doublé d'un Centre d'Affaires. Kinshasa, c'est à la fois « le Washington D.C. » et « le New York » congolais. Mais l'ancienne ville de Kinshasa n'a plus le confort d'une capitale. Kinshasa n'est plus en mesure de loger convenablement et en toute sécurité le gouvernement, les institutions nationales, les représentations étrangères (Ambassades, légations) et les éventuelles institutions internationales. Max MICHEL préconise de bâtir une véritable vitrine nationale, une ville nouvelle dédiée à l'Administration nationale à Kinshasa/Nsele.

Conçu par un passionné de géopolitique de l'Afrique médiane notamment celle du Congo ex-Zaïre, ce livre tente d'en comprendre les données afin d'informer les élites congolaises et d'éclairer les actes des dirigeants congolais. Le livre de Max Michel est un ouvrage constructif émanant de l'un des meilleurs observateurs du Congo. C'est un essai, le terme exact. Cette étude nous change des habituels pamphlets et réquisitoires écrits par des « politiciens » congolais en mal de maroquin (poste ministériel). L'un de ses points forts est de permettre à de nombreux Congolais de découvrir ou de revisiter l'histoire du Congo depuis l'origine, à partir de la Conférence internationale de géographie de Bruxelles organisée par le Roi Léopold II, en 1876. Pour aborder avec brio une telle variété de sujets, il ne fait aucun doute que Max MICHEL a profité de sa formation pluridisciplinaire, de ses nombreux voyages à l'étranger et de sa parfaite connaissance du Congo ex-zaïre ex-belge ex-léopoldien. Et pour cause !

Mais en demandant aux Congolais d'abandonner les idées reçues et les fausses solutions, Max MICHEL est aussi parfaitement conscient que ses idées nouvelles et novatrices ne peuvent pas plaire à tous les Congolais notamment à tous ceux qui ne font pas partie de l'élite congolaise, sa cible. Ce qui sera le plus controversé, ce sont les cinq idées suivantes : l'éligibilité réservée aux meilleures filles et aux meilleurs fils du Congo, la durée exceptionnelle des mandats politiques, les présidences tournantes, le statut futur du président en exercice du Congo ainsi que la modification du rôle et de l'influence des partis politiques au Congo. Comme son projet de refonder l'Etat au Congo ex-zaïre se veut une œuvre commune donc perfectible, Max MICHEL invite ses éventuels contradicteurs de lui répondre par écrit (presse, Internet, mémoires, thèses) ou verbalement (interviews) et d'accepter que leurs idées fassent l'objet d'un nouveau livre de contre-propositions pour enrichir le débat ainsi lancé.

Ce livre n'est que le premier d'une série réservée à la refondation de l'Etat au Congo ex-Zaïre qui nous réservera sans aucun doute des positions encore plus osées, toujours novatrices et adaptées au contexte et aux besoins du Congo et des Congolais.

Peter John KIOWA
Cité des Saints, le 05 février 2015

INTRODUCTION

Le Congo ex-Zaïre ex-Belge ex-Léopoldien est l'un des pays au monde les mieux pourvus en ressources naturelles qui peuvent constituer la base de son essor économique et social. Pourtant, le Congo ex-Zaïre ex-Belge ex-Léopoldien est selon l'indice de développement humain (IDH) du Programme des Nations-Unies pour le Développement (PNUD) au dernier rang des 187 pays du monde soumis à l'évaluation en 2013 et à l'avant dernier rang en 2014 (Le Monde/AFP, 2013, PNUD, 2014). Comment expliquer ce paradoxe ? Comment expliquer cette incapacité des Congolais à tirer le meilleur profit des bienfaits que la Divine Providence ou le Grand Architecte de l'univers les a comblés ?

Tous les observateurs avertis du Congo ex-Zaïre ex-Belge ex-Léopoldien mais aussi de l'Afrique noire s'accordent sur le fait que ce pays est en quête d'Etat. En effet, l'Etat au Congo est en faillite. Le diagnostic est simple : l'Administration, la Justice, l'Armée, la Police, les Ecoles, les Facultés et les Hôpitaux sont en banqueroute. Une grande partie du pays est inaccessible et plus ou moins coupée de Kinshasa, la capitale. Le personnel politique ne manifeste aucune volonté arrêtée, tournée vers le développement du pays et la prospérité des Congolais. Le dispositif institutionnel (Constitution de 2006) est obsolète. Bref, l'Etat fantôme explique les conflits de tous genres et la très grave crise économique qui condamnent les Congolais aux violences de masse, à l'insécurité et à la misère noire. Au point que le Congo ex-Zaïre ex-Belge ex-Léopoldien ressemble aujourd'hui à un paquebot sans gouvernail dans une mer démontée ou à un avion sans pilote dans une zone de turbulences (Bruneau et Simon, 1991 ; Vircoulon, 1996 ; Pourtier, 1997, 2003 et 2008 ; Van Acker et Vlassenroot, 2001 ; Trefon, 2004 ; RDC, 2004 ; Cros et Misser, 2006 ; Melmoth, 2007 ; Bouquet, 2009 ; Bruneau, 2009 ; PNUD, 2014).

Nous partageons ce diagnostic. Ainsi, cet ouvrage est une contribution au débat sur la refondation de l'Etat dans ce pays. Son ambition est de redonner au Congo l'Etat qui lui fait cruellement défaut mais aussi de redonner aux hommes politiques congolais le désir d'accomplir cette grande tâche.

Plusieurs dimensions sont successivement abordées dans huit chapitres distincts :

- Le premier chapitre est un Jugement sur la « Seconde République. » Mobutu est cité à comparaître devant le Tribunal serein et impartial de l'Histoire. Verdict : Mobutu est indéfendable parce qu'il est coupable de l'assassinat de l'Etat. Mais la création d'une Nation bantoue au Congo donnerait droit à des circonstances atténuantes voire à sa réhabilitation.
- Le second chapitre aborde la question de la structure de l'Etat. Sur le plan administratif, nous proposons une organisation qui favorise la gestion de proximité et la participation en limitant au maximum la distance entre le

pouvoir et les citoyens. Sur le plan politique, nous proposons un système original de choix des élus qui place l'homme ou la femme qu'il faut à la place qu'il faut, qui évite les pièges ethniques, linguistiques et partisans mais qui favorise la représentation de toutes les composantes de la population dans les organes du pouvoir. Les conditions d'éligibilité draconiennes et la durée des mandats politiques exceptionnelle que nous préconisons, bien que recherchant avant tout l'efficacité de la gestion publique en faveur du développement du Congo, seront indubitablement l'objet de beaucoup de débats voire des controverses. Tant mieux. Nous espérons que de ce choc des idées va jaillir l'étincelle qui doit faire démarrer le moteur de la refondation de l'Etat et, partant, du développement du Congo et de la prospérité des Congolais.
- Le troisième chapitre s'intéresse à la maîtrise du territoire (de la nature, de l'immensité et de l'enclavement). Nous avons identifié tous les obstacles à la circulation des hommes et des marchandises. Nous avons déterminé les grandes options, fait des choix stratégiques et politiques, choisi les investissements qu'il convient de réaliser en priorité pour surmonter ces obstacles afin d'assurer les facilités de circulation des hommes et des marchandises mais aussi de permettre un contrôle efficace du territoire et l'administration de la population qui s'y trouve.
- Le quatrième chapitre porte sur la défense nationale. Nous analysons les possibilités d'établir un partenariat stratégique avec une grande puissance. En effet, une Nation richissime en matières premières et furieusement convoitée comme le Congo ne peut plus être isolée dans l'organisation de sa défense. Car elle est fragile comme viennent de le montrer les guerres de conquêtes territoriales imposées par ses voisins de l'Est réunis et soutenus par certaines grandes puissances et leurs multinationales du pétrole et des minerais (Braeckman, 1999 et 2003 ; Péan, 2010). Le Congo doit coopérer avec une grande puissance pour constituer une force dissuasive afin d'éviter d'être de nouveau la victime de ses voisins associés à certaines multinationales et grandes puissances dans une guerre ouverte ou secrète.
- Le cinquième chapitre concerne la diaspora congolaise qui est une véritable chance, un grand atout pour le développement du Congo. C'est un plaidoyer pour l'instauration de la double nationalité pour les Congolais de la diaspora.
- Le sixième chapitre est un autre plaidoyer pour l'adoption de l'anglais comme langue officielle et de travail. Pour autant, le Congo doit-il abandonner le français ?
- Le septième chapitre repose la question du drapeau national qui doit symboliser avec force le renouveau de l'Etat et la naissance d'une Nation-Etat. Les Congolais sont conviés à choisir parmi quatre propositions.
- Le huitième et dernier chapitre est encore un plaidoyer pour la création, de toutes pièces, d'un district administratif national à Kinshasa-Nsele (DANN)

regroupant toutes les institutions nationales du Congo, toutes les ambassades et légations, dans un espace dédié et sécurisé.

Dans la conclusion, nous proposons un statut spécial au président en exercice du Congo, pour lui permettre de faciliter et de participer personnellement à cette transition politique pacifique.

Notre but ici n'est pas d'épuiser chaque sujet mais de donner quelques pistes de remède au mal qui menace l'avenir du Congo, l'absence d'Etat ou plutôt la présence d'un Etat fantôme. Par ailleurs, la question de l'Etat est envisagée ici du point de vue des structures et des infrastructures. Nous préparons d'autres ouvrages qui mettent l'accent sur la bonne gouvernance, sur les Agents de l'Etat ainsi que sur la stratégie de développement la mieux adaptée au Congo ex-Zaïre ex-Belge ex-Léopoldien.

Certains termes que nous employons dans cet ouvrage peuvent dérouter. Une clarification s'impose. Nous disons Congo ex-Zaïre ex-Belge ex-Léopoldien et non pas République Démocratique du Congo (RDC) qui est le nom usuel. Ce n'est pas par esprit polémique. [2] Mais par définition voire même par l'observation de la pratique du pouvoir, le Congo n'est ni une république ni une démocratie depuis le 24 novembre 1965.

---

[2] Qui peut croire que le Congo est une république ? Celui qui ignore la définition d'une république ou celui qui se réfère à la république de Venise à l'époque des Doges. Trois éléments caractérisent une république : i) Le chef de l'Etat est appelé président ; ii) La fonction de chef de l'Etat n'est pas héréditaire ni à vie ; 3) La loi s'applique à tous sans exception (Larousse). Les pays africains ont inventé un nouveau type de régime politique qui se situe loin de la république et près de la monarchie absolue, un mélange de fausse république et de vraie monarchie absolue que nous désignerons par le néologisme « REMONA » : une association et une condensation de REpublique et de MONarchie Absolue. Qui peut croire que le Congo est une démocratie ? Définissons la démocratie par son contraire, la dictature. Dans une dictature, un individu ou une engeance exerce le pouvoir absolu. Le pouvoir est absolu quand il n'admet pas de contre-pouvoir, quand le pouvoir n'est contrôlé par aucun autre. Dans une dictature, on trouve un Parlement, un Gouvernement, un Pouvoir judiciaire. Mais toutes ces institutions sont aux ordres du dictateur et ne sont pas indépendantes. Le vote du peuple n'est pas respecté. Les libertés et les droits humains ne sont pas respectés. Les pays de l'Afrique ont inventé un nouveau système politique qui se situe loin de la démocratie et très proche de la dictature au point de coïncider avec cette dernière. Ce mélange de fausse démocratie et de vraie dictature est appelé DEMOCRATURE : une association et une condensation de DEMOCRAtie et de dictaTURE. Trois pays bénéficient aujourd'hui du label « République Démocratique » en Afrique : l'Afrique du Sud, le Ghana et le Sénégal. Le nom de RDC choisi par les pères de l'indépendance était un projet que les Congolais ont échoué à mettre en œuvre. Dès lors, pourquoi ne pas revenir à son premier nom de baptême dans le concert des Nations : Etat Indépendant du Congo (EIC) ?

Ce, pour tous les africanistes avertis. Dès lors, comment pouvons-nous en toute honnêteté intellectuelle entretenir ce grossier mensonge et faire l'autruche ?

Nous disons également « refonder l'Etat » qui correspond ici à notre propos et non pas « reconstruire l'Etat. » En effet, refonder signifie « *reconstruire sur des bases, des valeurs nouvelles notamment dans le domaine politique* » (Larousse).

Nous avons probablement commis des erreurs et des omissions dans l'exposé et surtout dans l'interprétation des faits. D'avance, nous remercions ceux qui voudront bien nous les signaler.

Nous exprimons également notre gratitude à tous ceux qui par leurs critiques « pertinentes » voire « impertinentes » ou leurs observations écrites (presse, mémoires, thèses) ou verbales (interviews et débats radiotélévisés), visant à améliorer ce projet de refondation de l'Etat, marqueront ainsi leur volonté de contribuer à cette œuvre qui se veut commune. Il n'est pas exclu que toutes ces critiques et observations soient réunies dans un ouvrage dédié afin de poursuivre le débat ainsi lancé.

Max MICHEL
Sapin, le 31 janvier 2015

1
UNE NATION EN QUETE D'ETAT

Le Congo belge accède à l'indépendance dans des pires de conditions. Jusqu'à la veille de l'indépendance, le 30 juin 1960, le statut des Autochtones que les colonisateurs appellent dédaigneusement « *Indigènes* » est flou. Les Noirs du Congo ne sont ni des Congolais ni des Belges mais seulement des Indigènes. Baptisés Congolais le jour de l'accession à l'indépendance, ces Autochtones n'ont aucune conscience nationale. Dans leurs discours prononcés au moment de la proclamation de l'indépendance, le président Joseph Kasa-Vubu[3] et le Premier Ministre Patrice Emery Lumumba[4] s'en inquiètent (Ganshof Van Der Meersch, 1960). Les conséquences sont terribles : de 1960 à 1965, on assiste à des guerres de sécession, à des rébellions et à des guerres civiles qui entrainent des pertes matérielles et humaines particulièrement lourdes (500.000 morts) (Remilleux, 1989, pp. 59 et 84).

Le 24 novembre 1965, Mobutu prend le pouvoir et construit une Nation. Avec Mobutu aux responsabilités, le Congo va connaître sa plus longue période de paix depuis son accession à l'indépendance : 25 ans (1965-1990). Cette grande réalisation de Mobutu, pourtant déterminante pour le Congo, est méconnue à l'intérieur comme à l'extérieur du pays. A l'exception des Belges Jean-François Bastin, Daniel Cattier, Isabelle Christiaens, Robert Neys et Samuel Tilman qui le soulignent avec force dans le troisième et dernier volet (*Le géant inachevé* : 1960-2010) de leur documentaire intitulé *Kongo*, réalisé en 2010. Tout ce qui rend Mobutu indéfendable et noircit son image notamment la banqueroute de l'Etat masque encore son unique succès, la construction d'une Nation bantoue au Congo. Une faillite de l'Etat qui fait suite à la destruction du tissu économique formel, entraînant la pire crise que le Congo ait connue (paupérisation généralisée de la population, violences de masse et affaiblissement du Congo dans sa politique extérieure) (Cros et Misser, 2006, pp. 39-40).

Ce qui amène la question suivante qui sera le fil directeur de ce premier chapitre : comment expliquer le paradoxe Mobutu, à la fois l'artisan de la Nation congolaise et l'assassin de l'Etat congolais ?

---

[3] […] Mais, l'état d'inachèvement de la conscience nationale parmi les populations […]

[4] […] Je vous demande à tous d'oublier les querelles tribales qui nous épuisent et risquent de nous faire mépriser à l'étranger […]

MOBUTU,
L'ARTISAN DE LA NATION CONGOLAISE

Mobutu le bâtisseur

Si la Nation congolaise existe, c'est à Joseph-Désiré Mobutu que les Congolais le doivent. Comment Mobutu fait-il pour créer une Nation bantoue sur les cendres de la colonisation (1960) mais aussi sur les ruines des sécessions (1960-1963) et sur les décombres des rébellions (1964-1965) ?

En 1965, Mobutu dispose de trois bons atouts :
- Premier atout : Mobutu a une parfaite connaissance du Congo et de ses habitants (forces et faiblesses), du personnel politique congolais (forces et faiblesses), du pouvoir d'instrumentalisation, de nuisance et de manipulation des grandes compagnies minières opérant au Congo (les sécessions du Katanga et du Sud-Kasaï), du pouvoir d'instrumentalisation, de nuisance et de manipulation des grandes puissances (les sécessions de 1960/1963, l'assassinat politique en septembre 1960 suivi de l'assassinat physique en janvier 1961 de Patrice Emery Lumumba, les rébellions de 1964/1965).
- Deuxième atout : Mobutu a une parfaite connaissance des réalités sociales du pays. Le Congo est peuplé par une multitude d'ethnies et de tribus, étrangères les unes par rapport aux autres voire même rivales. Le Congo existe depuis 80 ans mais le peuple congolais, les Congolais et les Congolaises n'existent pas. Mobutu a une connaissance approfondie des réalités culturelles du pays. Le souci de la communauté ne va pas au-delà de la fraternité et de la solidarité au sein de la tribu ou de l'ethnie. Autrement dit, pour les Autochtones, au-delà de la tribu ou de l'ethnie, c'est l'étranger.
- Troisième et dernier atout : Mobutu a une parfaite connaissance des réalités politiques du pays. La tactique de ceux qui sont en quête du pouvoir est bien connue : créer d'abord un parti politique dont la base sociale est ethnique ou tribale. A partir de là, la compétition politique consiste à attiser ou à exploiter les rivalités interethniques qui entraînent des violences de masse avec leur corollaire, des fleuves de larmes et de sang (Remilleux, 1989, pp. 65-70). En effet, durant les cinq premières années de l'indépendance du Congo, à la tête de l'armée nationale congolaise (ANC), Mobutu est le pompier des gouvernements successifs. Il est chargé de pacifier le pays en luttant ici contre les querelles tribales, là contre les rivalités interethniques, plus loin contre les sécessions et plus loin encore contre les rébellions. Mobutu sillonne le pays plusieurs fois par an. Il observe la boucherie humaine, l'anarchie et le chaos de tous ordres qui ravagent le Congo. Mobutu n'est pas seulement un observateur attentif. Il réfléchit sur l'origine de cette anarchie, de ce chaos et de ces violences de masse qui accablent le

Congo. Mobutu comprend vite l'origine des malheurs du Congo. Il s'agit en grande partie de l'inexistence d'une conscience nationale, de l'inexistence d'un sentiment national, de l'inexistence d'un peuple congolais, de l'inexistence d'une nation congolaise. Mobutu écoute également les aspirations de la population. Lassés par cinq années de violences de tous genres, tous les habitants du Congo aspirent à la paix, au calme et à la tranquillité (Remilleux, 1989, pp. 65-70).

Or, 1965 est une année électorale majeure. Alors que les rébellions viennent à peine d'être matées, les basses manœuvres autour de l'élaboration d'une nouvelle Constitution mais également autour des élections provinciales, législatives et présidentielles qui se profilent constituent des nouveaux périls pour la paix.[5] Face à cette situation explosive, « *le Haut-Commandement de l'ANC réuni autour de Mobutu, considérant que les militaires ont une meilleure connaissance du pays, de ses problèmes sociaux et économiques, de sa situation dramatique que les politiciens qui ne voient que Léopoldville/Kinshasa et leur région d'origine, décide de prendre le pouvoir* » (Monheim, 1985, pp. 16-17 ; Remilleux, 1989, pp. 65-70). A notre avis, Mobutu ne dit pas toute la vérité. Dans cette prise de pouvoir, ses ambitions personnelles jouent également un rôle décisif.

Mais prendre le pouvoir pourquoi faire ? Mobutu se fixe un objectif : *bâtir une Nation, afin de sceller définitivement l'unité des Autochtones du Congo et garantir une paix durable*. Mobutu est conscient que la situation de départ de cette construction sociale est très fragile. Les nombreuses tribus et ethnies qui peuplent le Congo sont étrangères les unes par rapport aux autres, voire même rivales. Le souci de la communauté ne dépasse pas la fraternité et la solidarité ethniques ou tribales. On se considère comme frère et sœur au sein de l'ethnie ou de la tribu. En dehors de l'ethnie ou de la tribu, point de salut : c'est l'étranger. Ainsi, tous les Autochtones se définissent par un diptyque : leur ethnie et leur tribu. Par exemple, on est *Luba et Bena-Kalambayi, Kongo et Ntandu, Lugwaret et Kakwa*.

Comment Mobutu va-t-il s'y prendre ? Pour bâtir la Nation congolaise, le travail de Mobutu va consister à déplacer la frontière de la fraternité qui se limite chez les Autochtones à l'Ethnie pour la faire coïncider avec la frontière du Congo. Le travail de Mobutu va consister à intégrer dans la conscience des Autochtones que désormais, est considéré comme étranger, tout ce qu'il y a au-delà du territoire du Congo. Le travail de Mobutu ne sera

[5] En effet, en octobre 1965, Joseph Kasa-Vubu (président) révoque Moïse Tshombe (premier ministre) et nomme Evariste Kimba à sa place. Le Sénat et la Chambre acquis à Moïse Tshombe opposent un refus. Kasa-Vubu s'obstine. Mobutu s'attend au « remake » de septembre 1960 quand Kasa-Vubu et Lumumba se destituaient mutuellement, chacun demandant à Mobutu d'arrêter l'autre. En effet, affirme Mobutu « *si Tshombe jouit d'une réelle popularité, Kasa-Vubu bénéficie du respect d'une large part de l'opinion* » (Remilleux, 1989, pp.65-70).

considéré comme une réussite que si chaque Autochtone du Congo intègre une identité se déclinant par le triptyque : nationalité, ethnie et tribu. Ainsi, pour reprendre l'exemple précédent, les Autochtones s'identifieront comme étant des *Congolais*, *Luba* et *Bena-Kalambayi* ou des *Congolais*, *Kongo* et *Ntandu* ou encore des *Congolais*, *Lugwaret* et *Kakwa*. Mobutu ne peut donc crier victoire que si tous les Autochtones du Congo s'identifient comme des Congolais et des Congolaises, c'est-à-dire, développent un sentiment national (appartenance à un même peuple, à un même territoire ou pays, à une même culture particulière). Habile, Mobutu ne propose pas l'abandon de l'existant notamment la tribu et l'ethnie. Mobutu dit oui à la tribu et encore oui à l'ethnie. Mais Mobutu dit non au tribalisme et encore non à l'ethnisme. Mobutu va développer chez tous les Autochtones la conscience d'appartenir à une communauté plus vaste que la tribu ou l'ethnie qui se confond avec le territoire du Congo. Mobutu va faire naître ce sentiment national qui doit permettre à tous les Autochtones de donner la prééminence à la nouvelle frontière de la fraternité et de la solidarité qu'est la frontière du Congo. Mobutu va utiliser tous les moyens de l'époque pour construire une identité nationale et développer le sentiment national. Mobutu va utiliser le sentiment national comme un ciment pour unifier les nombreuses ethnies et tribus du Congo afin de créer une Nation une et indivisible. Mobutu va ancrer, attacher, enraciner cette Nation dans un territoire préexistant (œuvre de Léopold II), le Congo, pour créer ainsi une Nation congolaise. Mobutu va convaincre tous les Autochtones que la nationalité congolaise est le présage de paix et de sécurité pour tous (Remilleux, 1989, p. 71, 101-116).

Deux principaux moyens sont employés pour créer cette Nation congolaise :

- Premier moyen : Mobutu se dote d'une idéologie. Pour développer le sentiment national, Mobutu cherche le dénominateur commun, c'est-à-dire, les éléments communs à la fois objectifs et subjectifs qui unissent les différentes ethnies et tribus du Congo mais qui les distinguent aussi des autres groupes nationaux tels que les Angolais, les Burundais, les Centrafricains, les Congolais de Brazzaville, les Ougandais, les Rwandais, les Soudanais, les Tanzaniens et les Zambiens. Mobutu trouve ce socle commun susceptible de créer des fortes affinités. C'est la culture bantoue. En effet, presque tous les Autochtones du Congo sont des Bantous. De ce fait, il existe des affinités résultant d'une communauté *des manières de penser, de sentir, de se comporter, de produire et de vivre mais aussi de langues (dialectes bantous) et de vie religieuse (croyance en l'existence d'un être suprême).* Il faut y ajouter des affinités tenant aux souvenirs communs (traite des Noirs, colonisation belge) ainsi qu'au partage de la religion chrétienne et du français (la langue officielle) deux héritages de la colonisation belge. Précisons qu'à la frontière Nord et Nord-Est du Congo, après un brassage multiséculaire, les cultures soudanaise et nilotique se sont harmonisées avec la culture bantoue (Cornevin, 1966). Mobutu décide d'utiliser cette culture commune pour unifier les différentes ethnies et tribus du Congo afin de créer une Nation. Mais, il y a un souci de taille. Il y a des traditions bantoues qui ne sont plus adaptées avec la modernité. On peut citer trois exemples : la polygamie, le lévirat et le sororat. Pragmatique, Mobutu décide de ne recourir qu'aux valeurs bantoues compatibles avec la modernité. Mobutu lance ainsi sa politique de recours à l'authenticité, une politique d'indépendance culturelle ou de valorisation de la culture bantoue (Remilleux, 1989, pp. 84-85). Mobutu doit faire face à un deuxième problème : celui de la communication entre tous les Autochtones du Congo. Le pouvoir colonial a imposé le français. Mais tous les Autochtones ne parlent pas la langue de Molière qui demeure la langue des lettrés et cultivés. Mobutu choisit de populariser *le Lingala*, l'une des quatre langues nationales. Le lingala présente deux avantages. D'une part, c'est la langue de l'armée. D'autre part, le Lingala est aussi largement parlé ou compris sur les trois quarts du territoire (Kinshasa, Bas-Congo, Bandundu, Equateur, Province orientale, Kasaï occidental). Mobutu doit régler un dernier problème : restaurer l'estime de soi, c'est-à-dire, le sentiment de fierté d'être Noir et l'estime de la culture authentique. En effet, durant les soixante-quinze ans de colonisation belge, le pouvoir colonial et le pouvoir religieux vont prêcher l'inégalité de culture en dénigrant systématiquement la culture bantoue pour valoriser la civilisation occidentale. Les Autochtones sont contraints de singer les occidentaux pour accéder à la « civilisation. » Ceux qui réussissent ce parcours de combattant sont qualifiés « d'Evolués » (Mutamba, 1978 ; Kadima-Tshimanga et Tolo, 1984). Afin d'éliminer « *toutes ces aliénations mentales, pour réparer cette atteinte à la dignité des Autochtones* », Mobutu décide d'utiliser le nationalisme. Mobutu élabore ainsi le nationalisme (zaïrois) authentique qu'on appelle aussi *politique d'authenticité nationale* ou *révolution nationale authentique* ou encore *nationale-authenticité.* Avec cette idéologie, Mobutu va forger une identité et une unité nationales. Par ailleurs, le terme *nationalisme* a deux sens : un sens négatif et un sens positif. Dans l'acception de Mobutu, il correspond au sens positif. Le nationalisme « *affirme la prééminence de l'intérêt de la Nation par rapport aux intérêts des groupes, des classes, des individus qui la constituent.* »[6] Les Nationaux-authentiques selon Mobutu sont des « Patriotes ». Les Patriotes congolais sont des gens ouverts. Ils aiment leur pays, leurs compatriotes mais ils aiment aussi les autres (les étrangers). Ils ne sont ni ces nationalistes impérialistes ni ces nationalistes qui se méfient des étrangers et des autres pays, ceux qui pratiquent un repli sur soi (Remilleux, 1989, pp. 83-100).

---

[6] Larousse

- Deuxième moyen : Mobutu se dote d'un parti national. En effet, si avoir une idéologie, c'est bien, ça ne suffit pas. C'est comme détenir une flèche. Il faut encore un arc pour lancer la flèche. Mobutu va ainsi se doter d'un arc, c'est-à-dire, de l'instrument de réalisation de son grand dessein (créer une Nation). Cet instrument, ce sera un parti national. Ce parti national doit incarner la nation congolaise. Il doit être l'instance suprême du pays capable d'organiser les espoirs de chacun et le salut de tous : « *Un parti au-dessus des tribus, un creuset du nationalisme, un instrument d'intégration nationale* ». Ce parti national va s'appeler le Mouvement Populaire de la Révolution (MPR) : « *Populaire pour la prise en compte des intérêts de toute la population et révolutionnaire pour sa rupture totale avec la conception de la politique et avec la vie politique du passé.* » L'idée du MPR est lancée le 5 mai 1967 sur le bateau ITB « Lieutenant-colonel Kokolo » en rade de Coquilhatville/Mbandaka. Mais le MPR voit officiellement le jour, le 20 mai 1967 à Léopoldville-Kinshasa/Nsele. Mobutu récuse les critiques de parti unique ou de monopartisme (Remilleux, 1989, pp. 85 et 96). Mobutu édite et diffuse pour l'occasion le Manifeste de la Nsele, un petit livre vert qui résume l'idéologie de ce parti national. Six années plus tard, le 15 août 1974, une révision constitutionnelle fait du MPR un Parti-Etat. Ainsi défini par Mobutu : « *le Parti-Etat est l'expression de la Nation politiquement organisée tandis que les structures de l'Etat ne sont que l'instrument d'exécution des décisions et des objectifs du parti* » (Remilleux, 1989, p. 97). La fusion du Parti et de l'Etat fait des Agents de l'Etat des militants-fonctionnaires.

Mobutu dispose maintenant d'une doctrine et d'un instrument qui vont lui permettre de développer ce sentiment national indispensable pour créer une Nation. Pour cela, Mobutu va agir sur cinq leviers :

- Le premier levier est pédagogique. En effet, disposer d'une idéologie et d'un Parti-Etat ne suffit pas. Il faut encore assurer la diffusion de ses idées. Pour permettre à chaque Autochtone de faire sien l'idéologie de l'authenticité, Mobutu distribue à tous les Autochtones le Manifeste de la Nsele. Et considérant les Autochtones comme des enfants auxquels on doit éducation et explications, Mobutu prend son bâton de pèlerin et se transforme en pasteur et pédagogue. Il se lance dans des explications de ce texte pour s'assurer d'être bien compris de tous. Pour cela, Mobutu voyage beaucoup dans tout le pays. Des meetings sont organisés dans des stades pleins à craquer où ses discours-fleuves rivalisent avec ceux de Fidel Castro, le leader cubain. Le thème principal est toujours le même : l'unité nationale. Mobutu exalte l'esprit de fraternité nationale. Il s'attache à convaincre les Autochtones qu'ils sont tous, les enfants de la même famille bantoue et congolaise. Ces quatre questions posées inlassablement à toutes les foules rassemblées pour l'écouter aux quatre coins du pays et les réponses de ces foules sont très éloquentes : « *Tata bo ? Moko ; Maman bo ? Moko ; Ekolo*

; *Mokonzi bo ? Moko.* »[7] Mobutu utilise la radio, la télévision presse écrite comme des instruments de propagande pour diffuser ..ogie. Mobutu utilise également l'appareil administratif du Parti-Etat comme instrument de propagande. Cette Administration publique est dirigée à chaque niveau par un citoyen à la fois militant et fonctionnaire qui doit allier la ferveur militante et la puissance administrative pour assurer une formation idéologique de la population (Remilleux, 1989, p. 71).

- Le deuxième levier consiste à restaurer l'estime de soi chez tous les Autochtones du Congo (Remilleux, 1989, pp. 84-86). Ainsi, le 27 octobre 1971, Mobutu lance l'opération « valorisation de la culture authentique. » Mobutu opère plusieurs changements :

1. Mobutu débaptise à tout va. Le pays, les provinces, les villes, les communes, les rues, le fleuve, les lacs, la monnaie, les institutions, les subdivisions du pays, les reliefs et les autorités politiques du pays sont débaptisés. Tous les noms donnés par le pouvoir colonial sont remplacés par des noms authentiques ou des néologismes (Annexe 1).
2. Mobutu fait déboulonner tous les monuments construits à la mémoire des pionniers de l'épopée coloniale belge et occidentale.
3. Mobutu ordonne l'abandon de tous les prénoms judéo-chrétiens qui sont remplacés par des post-noms authentiques. Premier exemple : Joseph-Désiré Mobutu devient Mobutu Sese Seko Kuku Ngbendu Wa Za Banga. Deuxième exemple : Etienne Tshisekedi devient Tshisekedi Wa Mulumba. Troisième exemple : Léon Lubicz devient Kengo Wa Dondo.
4. Mobutu revisite les tenues vestimentaires. Mobutu interdit aux nationaux-authentiques le port des cravates et des vestes occidentales. A la place, Mobutu institutionnalise le port de l'*Abacost*[8]. Mobutu interdit aux femmes nationales-authentiques de porter des pantalons et des perruques. Mobutu valorise les tresses et le port des pagnes.
5. Mobutu impose à tous les Autochtones de s'appeler dorénavant *citoyen* et *citoyenne* à la place de monsieur et madame. Cette substitution n'est pas anodine. Ce n'est pas non plus une singerie de la révolution française. En effet, être des citoyens ou des citoyennes, c'est appartenir à une même Nation, en l'occurrence la Nation congolaise (Remilleux, 1989, p. 71). Comme pour tous les Autochtones du Congo, au-delà de l'ethnie, c'est l'étranger, Mobutu veut signifier aux Autochtones du Congo qu'ils sont

---

[7] Combien de pères ? Un seul père. Combien de mères ? Une seule mère. Combien de peuples ? Un seul peuple. Combien de chefs ? Un seul chef.

[8] Une contraction d'A BAs le COSTume occidental. L'abacost est une veste occidentale non fourrée mieux adaptée à la chaleur torride du Congo. Le col est parfois du style dit Mao. L'abacost se distingue également de la veste occidentale par sa variété de choix de tissus. L'abacost se fait avec des tissus réservés aux vêtements des hommes autant qu'avec des tissus réservés aux vêtements des femmes.

désormais membres d'une même Nation, qu'ils sont des Congolais, qu'ils sont partout chez eux au Congo. Allant jusqu'au bout de sa démarche dans le développement de la conscience nationale et de l'esprit de la citoyenneté, la carte nationale d'identité devient la « carte de Citoyen. »

6. Mobutu crée des nouveaux symboles de la Nation pour bien marquer la rupture avec le passé colonial, la rupture avec la Première République mais aussi la fierté retrouvée d'un peuple colonisé. Ainsi, Mobutu met en place un nouvel hymne national (*la zaïroise*), une nouvelle devise (*paix, justice, travail*), un nouveau drapeau (celui du MPR devient celui du pays) et un nouvel emblème.

- Le troisième levier consiste à éliminer tous les facteurs de division de la population. D'une part, Mobutu instaure le monopartisme. Son parti unique qu'il qualifie de parti national rassemble toutes les filles et tous les fils du pays. Ce qui élimine les partis à base ethnique ou tribale. Agissant en père de la Nation, Mobutu organise l'intégration des anciens chefs de partis ethniques et tribaux dans le nouveau système politique (Remilleux, pp. 104-105). D'autre part, Mobutu nationalise l'enseignement supérieur et universitaire. Il crée l'université nationale du Zaïre (UNAZA) qui englobe les trois anciennes universités du pays et tous les instituts supérieurs techniques et pédagogiques. L'université officielle du Congo à Elisabethville/Lubumbashi devient le campus de Lubumbashi. L'université catholique Lovanium à Léopoldville/Kinshasa devient le campus de Kinshasa. L'université protestante à Stanleyville/Kisangani devient le campus de Kisangani. L'Etat est désormais le seul habilité à délivrer des diplômes sur l'ensemble du pays. Mobutu justifie la création d'une université nationale, par sa volonté de mettre un terme rapidement à la tentative de division de l'élite du pays. En effet, affirme-t-il un classement des universités du pays basé sur des critères subjectifs accorde une meilleure côte aux diplômes délivrés par l'université Lovanium de Léopoldville/Kinshasa (université catholique), une côte moyenne aux diplômes délivrés par l'université officielle du Congo (UOC) d'Elisabethville/Lubumbashi (université d'Etat) et une côte médiocre aux diplômes délivrés par l'université libre du Congo (ULC) de Stanleyville/Kisangani (université protestante). Officiellement, la guerre des intellectuels du pays qui cache une guerre de religion n'aura pas lieu au Zaïre/Congo décrète Mobutu. Qui évoque aussi comme autre justification ou prétexte le principe de laïcité. Mais la laïcité et la prévention d'une division de l'intelligentsia du pays ne sont pas les seules raisons de la création de l'UNAZA. En fait, les universités et les instituts supérieurs sont les dernières institutions qui échappent encore au contrôle de Mobutu. Il décide d'en prendre le contrôle à la suite de la vague de révoltes qui ébranle les alma-mater du monde à la fin des années 1960. Le Congo est touché en 1968. Les étudiants de l'université catholique Lovanium manifestent contre la visite à

Léopoldville/Kinshasa du Vice-Président américain, Hubert Horatio Humphrey, candidat malheureux à la présidence américaine contre Nixon. L'année suivante, la contestation des étudiants de Léopoldville/Kinshasa devient sociale, politique et tourne à l'épreuve de force avec le pouvoir de Mobutu. Cette violence connait son point culminant le 4 juin 1969 où elle fait des victimes du côté des étudiants. Elle va déboucher sur l'enrôlement des étudiants de l'université catholique Lovanium dans l'armée (Lanotte, 2010). Toujours au nom du principe de laïcité, Mobutu organise la séparation de l'Eglise et de l'Etat. Mobutu met fin à un héritage de l'époque coloniale (quand l'Eglise catholique était Eglise d'Etat) qui veut que le nonce apostolique (ambassadeur du Vatican) soit systématiquement le doyen du corps diplomatique à Léopoldville/Kinshasa.

- Le quatrième levier consiste à favoriser le brassage de la population. En effet, quand le Congo devient indépendant, les Autochtones n'ont aucune conscience nationale. Parce que les différentes tribus et ethnies ne se connaissent pas ou mal. Il y a deux raisons à cette méconnaissance. D'une part, les Autochtones sont profondément attachés à la terre de leur clan dont ils se reconnaissent de véritables droits d'usufruit (Malengreau, 1952, p. 199). D'autre part, le pouvoir colonial réglemente fortement la circulation des Autochtones. Ce manque de connaissance entre les différentes tribus et ethnies va favoriser le tribalisme et l'ethnisme. Ainsi, au moment de l'indépendance, le pouvoir colonial et les chefs de partis ethniques vont susciter et exploiter les rivalités intertribales et interethniques pour provoquer des violences de masse qui vont donner un mauvais départ au Congo indépendant (Muamba Mumbunda, 2011). Afin de favoriser une meilleure connaissance des différentes communautés tribales et ethniques du pays, Mobutu lance l'opération brassage de la population à grande échelle. Deux principales méthodes sont mises en œuvre. Première méthode, Mobutu choisit de favoriser la mobilité de trois catégories de population : la jeunesse estudiantine (future élite), les cadres politico-administratifs et les militaires. La mobilité des étudiants est obtenue grâce à la création de l'UNAZA composée de trois campus qui se répartissent les différentes facultés. Cette répartition oblige les étudiants désireux de suivre un cursus donné de s'inscrire dans le campus où il est organisé. Les billets d'avion sont généreusement offerts aux étudiants par le gouvernement. Chaque étudiant bénéficie d'une bourse d'études jusqu'au milieu des années 1980. La mobilité des cadres politico-administratifs est obtenue par la mise en place d'une politique « d'évitement ». Le principe retenu est d'affecter les cadres politico-administratifs en dehors de leur région d'origine. Le même principe est appliqué dans l'armée concernant les troupes campées et la gendarmerie. Deuxième et dernière méthode, Mobutu lance le travail d'intérêt général (TIG) ou *salongo* en lingala. En effet, trois semaines seulement après son arrivée au pouvoir, le 12 décembre 1965, Mobutu instaure le « *retroussons-*

nos-manchisme », devant une foule immense réunie au stade « Saint Raphaël » de Léopoldville/Kinshasa (Remilleux, 1989, p. 70). Mobutu demande aux Congolais de ne pas tout attendre de l'Etat, de se prendre en charge et de consacrer un jour par semaine notamment le samedi matin à un TIG au profit d'une collectivité publique. Ce sont essentiellement des travaux d'hygiène (nettoyage) et d'assainissement. L'utilité sociale des TIG est évidente. Le TIG doit permettre à chaque Congolais de prendre conscience de son statut de citoyen (appartenance à une Nation) et des devoirs qu'implique la citoyenneté. La participation aux chantiers d'intérêt général a surtout pour but de contribuer à instaurer un dialogue entre les différents membres de la cité (rue, quartier, village, campus) et de réfléchir sur la meilleure façon d'améliorer leur propre cadre de vie. Le TIG est une école de civisme, de solidarité, d'unité et de patriotisme. C'est un bon exemple pour les enfants. Ce bénévolat ou citoyenneté d'un autre genre (en dehors du vote) améliore l'image des bénévoles dans leur propre milieu.

- Le cinquième et dernier levier consiste à exalter la fierté d'être Congolais. Les succès diplomatiques, sportifs et culturels de Mobutu vont participer ainsi à l'élévation de l'édifice national. En effet, le prestige personnel de Mobutu rejaillit sur tous les Congolais :

1. Les Congolais sont fiers de voir tous les grands leaders du monde entier recevoir Mobutu en visite officielle ou accepter ses invitations (Tableau 1).

Mobutu entretient des relations de bon voisinage. A ce titre, il voit souvent ses pairs du Congo (Marien Ngouabi, Sassou Nguesso), de Centrafrique (Bokassa), du Soudan (Nimeiry, El Béchir), d'Ouganda (Idi Amin Dada), du Rwanda (Juvénal Habyarimana), du Burundi (Jean-Baptiste Bagaza, Pierre Buyoya), de Tanzanie (Julius Nyerere), de Zambie (Kenneth Kaunda) et d'Angola (Agostino Neto, Eduardo Dos Santos) (Monheim, 1985). Mobutu accueille à Léopoldville/Kinshasa le 4ème sommet de l'OUA (organisation de l'unité africaine) en 1967 et le sommet des chefs d'Etat de France et d'Afrique (1982). Mobutu est cofondateur en 1976 de la CEPGL (communauté économique des pays de grands lacs regroupant le Burundi, le Congo et le Rwanda) (Radio Okapi, 2014). Par ailleurs, la politique d'authenticité séduit d'autres présidents africains. Au Tchad, le président François Tombalbaye débaptise la capitale : *Fort Lamy* devient *N'Djamena*. Au Togo, le président Etienne Eyadema abandonne son prénom judéo-chrétien et le remplace par *Gnassingbé*, un prénom authentiquement togolais.

Tableau n° 1
Quelques illustres hôtes de Mobutu

Papes	*Empereurs et Rois*	*Présidents*	*Premiers Ministres*
Paul VI	Hirohito (Japon)	Charles de Gaulle (France)	Helmut Schmidt (RFA)
Jean-Paul II	Hailé Sélassié (Ethiopie)	Georges Pompidou (France)	Margaret Thatcher (Grande Bretagne)
	Elisabeth II (Grande-Bretagne)	Valéry Giscard d'Estaing (France)	Wilfried Martens (Belgique)
	Baudouin 1er (Belgique)	François Mitterrand (France)	Chou En-Lai (Chine)
	Juan Carlos (Espagne)	Richard Nixon (USA)	Indira Gandhi (Inde)
	Hassan II (Maroc)	Ronald Reagan (USA)	Levy Eshkol (Israël)
		Bush (USA)	Mario Soares (Portugal)
		Mao Zedong (Chine)	
		Sandro Pertini (Italie)	

Source : Monheim, 1985.

2. Outre ses succès diplomatiques, Mobutu attire tous les projecteurs du monde entier sur le Congo-Zaïre en finançant l'organisation à Kinshasa du combat de boxe des poids lourds du XXème siècle opposant les Africains-Américains Mohammed Ali (Cassius Clay) et Georges Forman, le 30 octobre 1974 (Mailer, 2002). Cet événement planétaire n'est pas seulement sportif. Il est également culturel. Mobutu y convie également les rois et les reines de la musique noire des Amériques (Salsa, Rhythm and Blues, Funk, Soul) notamment Johnny Pacheco, Celia Cruz, James Brown, B.B. King, etc.
3. Le football congolais, sous l'impulsion de Mobutu, vient encore exalter la ferveur patriotique. D'abord, l'équipe nationale du Congo/Zaïre (*les Léopards*) remporte deux fois la coupe d'Afrique des Nations (CAN) : en 1968 et en 1974. Ensuite, le Congo/Zaïre de Mobutu devient le premier pays d'Afrique noire à participer à une phase finale d'une coupe du monde de football organisée en 1974 en Allemagne. Enfin, le Tout Puissant Mazembe/Englebert, le célèbre club de Lubumbashi/Elisabethville, est double vainqueur de la coupe d'Afrique des clubs : en 1967 et 1968.
4. Pour couronner cet édifice national, les Congolais sont facilement reconnaissables à l'étranger avec leurs tenues et leurs noms authentiques contribuant ainsi au développement de ce sentiment national.

Au bout de 33 ans de règne de Mobutu, le bilan de la construction de la conscience nationale est époustouflant. Mobutu transforme la société congolaise. La plus éclatante victoire de Mobutu, c'est la naissance d'*une génération Mobutu*, une génération détribalisée, d'origine multiethnique et multi-provinciale. Une belle illustration du proverbe bantou qui dit que la « *chèvre broute là où elle est attachée.* » En effet, la politique de brassage de la population multiplie les mariages exogamiques. A tel point que dans la plupart des familles du Congo, la progéniture a une origine multiethnique et multi-provinciale et l'on parle ou l'on comprend désormais les quatre langues nationales : *le Kikongo*, *le Lingala*, *le Swahili* et *le Tshiluba*.

Deux exemples concrets illustrent *la génération Mobutu* :

- Le premier exemple est celui de la famille Nzeza. Les parents appartiennent à la même ethnie (*Kongo*), à la même tribu (*Ntandu*) et proviennent de la même province (*Bas-Congo*), du même District (*Lukaya*), du même Territoire (*Madimba*) et du même Secteur (*Ngeba/Kisantu*). Cette première génération va donner naissance à dix enfants, dix Kinois[9] qui forment la deuxième génération. La politique de brassage de la population de Mobutu va permettre à ces dix hommes et femmes de se marier en premières ou en deuxièmes noces dans 10 provinces sur 11 du Congo-Zaïre : au Bandundu, au Bas-Zaïre/Bas-Congo, à l'Equateur, au Haut-Zaïre/Province orientale, au Kasaï occidental, au Kasaï oriental, au Katanga/Shaba, à Kinshasa, au Maniema et au Sud-Kivu. Résultat : la troisième génération des Nzeza ou *génération Mobutu* constitue un véritable Congo en miniature (carte 1).
- Le deuxième exemple, c'est le paradoxe *Jean Nguz A Karl-I-Bond.* Par son origine, Jean Nguz A Karl-I-Bond est *Lunda*, *Katangais* et *Congolais*. Par sa carrière, il est plusieurs fois ambassadeur, ministre et premier ministre de Mobutu. A l'introduction du multipartisme en avril 1991, pris dans une compétition politique acharnée avec le *Luba*, *Kasaïen* et *Congolais* Etienne Tshisekedi Wa Mulumba, Jean Nguz A Karl-I-Bond devient le président-fondateur de l'UFERI[10], un parti katangais « anti-Kasaïens » (Gouvernement de transition du Zaïre, 1993 ; Bakajika Banjikila, 1997 ; Pourtier, 1998). Mais dans le cadre privé, Nguz A Karl-I-Bond est mû par l'esprit citoyen (qui repose sur l'appartenance à la même Nation). Ainsi, Nguz A Karl-I-Bond est marié en premières noces au Kasaï. Ses enfants du premier lit sont donc des *Luba* par leur mère. Nguz A Karl-I-Bond est marié en secondes noces dans la province du Bas-Congo. Ses enfants du second lit sont des *Kongo* par leur mère. Les enfants de Nguz A Karl-I-Bond, *la génération Mobutu*, appartiennent ainsi à trois provinces du Congo : le Katanga, le Kasaï oriental et le Bas-Congo.

[9] De Kinshasa

[10] Union des fédéralistes et des républicains indépendants.

Carte n° 1

Origines provinciales de la 3ème génération
de la famille NZEZA ou génération MOBUTU

Mais les familles Nzeza et Nguz A Karl-I-Bond citées en exemples ici ne sont pas des cas isolés. La plupart des familles au Congo de Mobutu et post-Mobutu sont ainsi constituées.

Mobutu obtient d'autres victoires liées au brassage de la population. Deux exemples permettent de le montrer :

- La première victoire porte sur l'attitude des parents lors d'une demande en mariage. En effet, pour se marier au Congo de Mobutu ou post-Mobutu, les parents s'enquièrent surtout du statut social du soupirant. Alors que dans les années 1960, les mariages exogamiques devenus banals aujourd'hui étaient impensables ou l'exception ou encore fortement réprouvés quel que soit le statut social du soupirant. A Kinshasa, les *Kongo* avaient beaucoup de préjugés vis-à-vis des *Ngala* et des *Yaka*. Au Kasaï, les *Luba* avaient beaucoup de préjugés vis-à-vis des *Bindji*. Au Kivu, il y avait beaucoup de préjugés vis-à-vis des *Banyarwanda* et des *Banyamulenge*. Au Katanga, il y avait beaucoup de préjugés vis-à-vis des *Kasaïens*. Les *Ngala* étaient considérés comme des cannibales, les *Banyarwanda* comme des « *Bena bongo* » (des fieffés menteurs) et les *Banyamulenge* comme des « *voleurs de vaches*. » Tandis que les *Bindji*, les *Yaka* et les *Kasaïens* étaient considérés comme des « *gens ayant beaucoup de manières mais très peu de bonnes* », en fait « *des personnes manquant de savoir-vivre*. »
- La deuxième victoire de Mobutu est une victoire posthume. Elle porte sur l'adhésion des Congolais à des partis politiques. En effet, les principaux partis politiques de la « Troisième République » sont à base nationale notamment l'Union pour la Démocratie et le Progrès Social (UDPS) d'Etienne Tshisekedi Wa Mulumba, le parti du peuple pour la reconstruction et la démocratie (PPRD) de Joseph Kabila Kabange, l'Union des Forces pour le Changement (UFC) de Léon Kengo Wa Dondo. Alors qu'à la veille de l'indépendance du Congo, il n'y avait qu'un seul parti à base nationale, le Mouvement National Congolais de Patrice Emery Lumumba (MNC-L) lequel a gagné les premières élections provinciales et législatives en mai 1960 (Remilleux, 1989, pp. 89-90).

Ainsi, quand Mobutu est chassé du pouvoir en 1997, le territoire du Congo peut se targuer d'abriter une Nation ayant une quadruple homogénéité : un peuple bantou, une génération Mobutu, un peuple chrétien et un peuple francophone.

Une action politique qui porte l'empreinte de la situation congolaise de l'époque coloniale et postcoloniale

Pour mieux comprendre l'action de Mobutu, il convient de la resituer dans le contexte de l'époque. On peut ainsi s'interroger sur les grands problèmes que Mobutu a rencontrés, les personnalités les plus marquantes qu'il a croisées qui ont fait sur lui la plus forte impression au point d'influencer ou de déterminer les choix qu'il a dû faire.

A l'évidence, Mobutu est influencé par le colonialisme, le néocolonialisme et la guerre froide ainsi que par sa rencontre avec le Français Charles De Gaulle, le Sénégalais Léopold Sédar Senghor et le Congolais Patrice Emery Lumumba.

Mobutu rencontre le colonialisme

Né en 1930 au Congo belge, Mobutu est victime du mépris et du racisme du colonisateur dans sa vie quotidienne. Comme l'écrit le journaliste et écrivain belge Francis Monheim (1985, p. 9), « *l'étude objective des décrets qui régissaient le Congo belge indique que son gouvernement s'inspirait de l'apartheid. Au point qu'un juriste belge – l'Avocat Antoine Rubbens, installé au Congo et inscrit au barreau d'Elisabethville/Lubumbashi – pouvait écrire en 1949 : il semble que le plus féroce « colour-bar » anglo-saxon n'ait jamais produit autant de lois discriminatoires, n'ait jamais édicté des mesures de ségrégation aussi rigides que sous notre tutelle belge. En effet, l'administration et l'armée belges, les grandes sociétés capitalistes et les missions catholiques – sauf quelques missionnaires catholiques ou protestants et une poignée de colons originaux – s'inspiraient des deux certitudes qui fondent l'apartheid : la conviction que les individus de race blanche sont supérieurs aux autres et, par conséquent, la nécessité d'organiser la coexistence dans la ségrégation, entre les races que l'on veut voir collaborer. Ce postulat de l'infériorité de la race placée sous la tutelle coloniale – proclamé en ces termes précis, notamment par Monseigneur de Hemptinne, prince-évêque du Katanga – nourrit le paternalisme des colonisateurs belges.* » L'attitude raciste et discriminatoire de Mgr Jean-Félix de Hemptinne, préfet apostolique du Haut-Katanga, est encore plus manifeste dans sa façon de désigner la main-d'œuvre noire en termes de bêtes, des bêtes de somme : « *Il se plaint en 1922 de ce que sa mission de Kapolowe ne trouve pas de main-d'œuvre parce que le recruteur de la bourse du travail, un dénommé Delforge, a réussi à capturer tous les mâles adultes de la région et que sa mission n'a pas les moyens de racheter à la bourse de travail, le produit de ses chasses* » (Mangovo Ngoyo, 2012).

Le colonialisme belge, c'est encore Patrice Emery Lumumba, le premier Premier ministre congolais qui en parle le mieux. Il en fut si souvent la victime, au point même de commettre un crime de lèse-majesté. Quand il reprend sèchement Baudouin 1er, le Roi des Belges, venu proclamer l'indépendance du Congo belge le 30 juin 1960 à Léopoldville/Kinshasa : « *Ce que fut notre sort en quatre-vingt ans de régime colonialiste [...], un humiliant esclavage qui nous était imposé par la force. Nous avons connu le travail harassant exigé en échange des salaires qui ne nous permettaient ni de manger à notre faim, ni de nous vêtir ou de nous loger décemment, ni d'élever nos enfants comme des êtres chers. Nous avons connu les ironies, les insultes, les coups que nous devions subir matin, midi et soir, parce que nous étions des Nègres. Qui oubliera qu'à un Noir on disait – tu – non certes comme à un ami, mais parce que le – vous- honorable était réservé aux seuls Blancs ! Nous avons connu nos terres spoliées au nom des textes prétendument légaux, qui ne faisaient que reconnaître le droit du plus fort. Nous avons connu que la loi n'était jamais la même, selon qu'il s'agissait d'un Blanc ou d'un Noir, accommodante pour les uns, cruelle et inhumaine pour les autres. Nous avons connu les souffrances atroces des relégués pour opinions politiques ou croyances religieuses : exilés dans leur propre patrie, leur sort était vraiment pire que la mort même. Nous avons connu qu'il y avait dans les villes des maisons magnifiques pour les Blancs et des paillotes croulantes pour les Noirs : qu'un Noir n'était admis ni dans les cinémas, ni dans les restaurants, ni dans les magasins dits européens, qu'un Noir voyageait à même la coque des péniches au pied du Blanc dans sa cabine de luxe […]* » (Ganshof Van der Meersch, 1960, pp. 235-244). En effet, au Congo belge, le colonisateur divise la population en trois groupes : les Noirs, les Noirs dits Evolués et les Blancs. Dans son livre « *Psychologie de la colonisation* », le Français Octave Mannoni (1950, p. 75) définit un Evolué par son attitude générale : « *c'est une personne qui cherche à établir une bonne relation de dépendance en surajoutant à sa personnalité déjà existante une personnalité européenne.* » Le pouvoir colonial octroie quelques avantages matériels et sociaux aux Evolués. Ainsi, le 31 août 1947, il interdit l'usage de la chicotte à certaines catégories de Noirs appartenant au groupe des Evolués : les autorités religieuses et les juges indigènes, les gradés de la Force publique, le clergé noir et les agents auxiliaires de l'administration. Comme l'expliquent les Congolais B. Kadima-Tshimanga et K.B. Tolo (1984), le qualificatif « évolué » est à rattacher au rôle civilisateur que se donnent les colonisateurs. La première démarche du colonisateur est de faire comprendre, de convaincre et de faire accepter à l'Indigène son infériorité parce qu'il est soit disant dépourvu de civilisation. Mais au même moment, le colonisateur doit aussi lui faire comprendre, le convaincre et lui faire accepter la supériorité du colonisateur parce qu'il est le détenteur de la civilisation. Une fois ce postulat intériorisé par l'Indigène, on lui sert après la fonction du colon au Congo. Le colonisateur est venu au Congo « *pour élever l'Indigène jusqu'à la civilisation* », « *le colon est le modèle que l'Indigène doit imiter pour atteindre la civilisation.* » Ce que Mobutu résume ainsi : « *pour vous civiliser, on nous dit, abandonnez vos traditions, copiez servilement l'Occidental* » (Remilleux, 1989, p. 197). Curieusement, dans certaines contrées du Congo, la colonisation est allée encore plus loin que cela ! Par exemple, dans les années 1970 au Katanga, notamment à Lubumbashi-E'ville[11], 10 ans après l'indépendance, on était stupéfait d'entendre encore de la bouche des Congolais du cru, l'expression suivante : « *Muzungu Iko Mungu.* » Traduction : le Blanc, c'est Dieu.

Mobutu est aussi victime du colonialisme dans la Force publique (FP), l'armée coloniale du Congo belge. Enrôlé le 14 février 1950 pour une période de sept ans, Mobutu arrive à l'école centrale de Luluabourg/Kananga, le 11 décembre de la même année pour débuter sa formation militaire. Quatre années plus tard, Mobutu obtient le grade de sergent et il est affecté au quartier général à Léopoldville/Kinshasa. Mais dans la FP, l'opposition absolue du gouverneur général du Congo belge et de son commandant en chef (le lieutenant-général Janssens) interdit la formation des cadres nationaux. Il est interdit aux Noirs d'accéder au grade de sous-officier. Au sujet de son commandant en chef, le Belge Francis Monheim (1985, p. 12) écrit : *« Le lieutenant-général Janssens est un officier rétrograde et borné qui refuse toute africanisation de la FP et se répand en proclamations matamoresques du style « les Nègres sont incapables de sauter en parachute. » Ou encore, alors que certains de ses adjoints le pressent d'entrevoir la possibilité d'accélérer la formation d'officiers autochtones : « Ne rien faire, agir et se taire, ne pas trop vouloir expliquer, les Congolais ne sont pas mûrs pour de telles initiatives. »* Le Belge Louis-François Vanderstraeten (1993) ajoute : « *le statut du soldat Noir est fait de ségrégation entretenue par l'encadrement belge, de chicotte, de l'impossibilité d'accéder au grade de sous-officier* ; *aucun Noir ne peut dépasser le grade de premier sergent-major.* »

Mobutu rencontre le néocolonialisme belge à la veille et après l'indépendance du Congo

Le néocolonialisme belge implique d'abord le général Janssens qui commande toujours la Force publique (devenue armée congolaise). En effet, le 5 juillet 1960, moins d'une semaine seulement après l'indépendance du Congo, Janssens provoque une mutinerie des soldats. Dans une salle de cours, au camp Léopold II/Kokolo à Léopoldville/Kinshasa où se tient une réunion des cadres de la garnison de Léopoldville/Kinshasa et de celle de Thysville/Mbanza-Ngungu, le général Janssens écrit au tableau noir sa fameuse équation : pour vous soldats congolais, « *Avant l'indépendance égale Après l'indépendance.* » Informés, les soldats congolais de la garnison de Léopoldville/Kinshasa se révoltent le même jour. Ceux de la garnison de Thysville/Mbanza-Ngungu se rebellent le lendemain 6 juillet 1960 suivis bientôt par toutes les garnisons du pays. Les soldats congolais récusent

[11] Diminutif d'Elisabethville

l'encadrement belge, obtiennent son renvoi et l'africanisation immédiate des cadres de l'armée ainsi que le changement de son nom en Armée Nationale Congolaise (ANC) par le gouvernement de Patrice Emery Lumumba. Leurs soldes sont augmentées de 30 % et ils sont tous promus à un grade supérieur. Comme il l'expliquera plus tard, le général Janssens pense en termes de discipline militaire. Mais les soldats congolais interprètent ses propos équivoques en termes de statu quo dans leur statut (Vanderstraeten, 1993). Nommé Secrétaire d'Etat auprès du Premier ministre chargé des affaires politiques et administratives par Patrice Emery Lumumba dans le premier gouvernement du Congo indépendant, Mobutu est bombardé moins d'une semaine plus tard, le 5 juillet 1960, colonel et chef d'état-major général de l'ANC *avec la mission de récupérer une armée de mutins, de rétablir l'ordre et la confiance* (Remilleux, 1989, pp. 48-50). Mais, les forces belges stationnées à Stanleyville/Kisangani et à Elisabethville/Lubumbashi refusent de laisser y atterrir Mobutu pour aller « *faire entendre raison* » aux soldats mutins dans ces garnisons (Vanderstraeten, 1993).

Mais le général Janssens n'est pas le seul à pratiquer le néocolonialisme. Le gouvernement belge s'y met aussi. Deux attitudes du gouvernement belge montrent que Bruxelles applique à l'égard du Congo nouvellement indépendant, l'équation de Janssens : *Avant l'indépendance du Congo égale après l'indépendance du Congo.* On peut tout d'abord évoquer l'attitude du gouvernement belge vis-à-vis de la sécession du Katanga et vis-à-vis de la sécession du Sud-Kasaï. La sécession du Katanga est proclamée par Moïse Tshombe Kapenda, le 11 juillet 1960. Et celle du Sud-Kasaï est proclamée le 8 août 1960 par Albert Kalonji. Derrière les sécessions de ces deux riches provinces minières du Congo, il y a le gouvernement belge et deux importantes sociétés minières, l'Union Minière du Haut-Katanga (UMHK) et la société internationale forestière et minière[12] (Forminière). Les preuves de l'implication belge ne manquent pas. D'une part, le 10 juillet 1960, la veille de la proclamation de la sécession du Katanga, le gouvernement belge renforce sa présence militaire au Katanga. En effet, une compagnie de marche sous les ordres du commandant Weber atterrit à Elisabethville/Lubumbashi. D'autre part, dans une conférence de presse à Elisabethville/Lubumbashi, après la proclamation de la sécession du Katanga le 11 juillet 1960 par Moïse Tshombe, le général de Cumont chef d'Etat-Major général de l'armée belge propose au gouvernement sécessionniste toute l'aide nécessaire des forces belges. En outre, au lendemain de la proclamation de l'indépendance du Katanga, c'est-à-dire, le 12 juillet 1960, le gouvernement belge demande aux fonctionnaires belges du Congo qui le désirent de rentrer en Belgique où ils seront réintégrés et réaffectés à

[12] La Forminière exploite le diamant du Kasaï. Elle sera reprise en 1961 par la MIBA (minière de Bakwanga).

l'exception de ceux du Katanga. Enfin, la Belgique est le seul pays au monde, non seulement à reconnaître l'Etat du Katanga mais à échanger avec lui des ambassadeurs, respectivement le comte Despremont de Lynden et le Katangais Masangu (Monheim, 1985, p. 14 ; Remilleux, 1989, pp. 49 et 193 ; Gérard-Libois, 1963). On peut évoquer ensuite l'attitude du gouvernement belge dans la rédaction de la nouvelle Constitution du Congo appelée *Loi fondamentale.* Selon Mobutu, c'est une véritable bombe à retardement qui favorise le démantèlement du Congo : « *Cette Loi fondamentale imaginée par les Belges, établit le fédéralisme sans le dire et aboutit nécessairement à la paralysie. Vous avez d'un côté un Président sans pouvoirs réels, de l'autre un Premier ministre responsable de l'Exécutif avec deux chambres, un Parlement et un Sénat, vouées à entrer en concurrence. Le pays est divisé en six provinces largement autonomes, presqu'indépendantes, dotées chacune de son Parlement et de son Exécutif. Kasa-Vubu, fédéraliste, est Président de la République et Patrice Emery Lumumba, unitariste, est Premier ministre. Rétrospectivement, on se rend compte que les Belges préparaient une confédération, un démantèlement en douceur de leur ancienne colonie et avaient donc sciemment favorisé la tribalisation dans le système de désignation des Députés et des Sénateurs. Ce qui devait arriver arriva : très rapidement paralysé, le système constitutionnel a volé en éclats et le pays avec lui* » (Remilleux, 1989, p. 47). Rappelons que le pouvoir colonial s'est bien gardé de développer une conscience nationale. Le président Kasa-Vubu et le Premier ministre Patrice Emery Lumumba s'en inquiètent dans leurs discours prononcés le 30 juin 1960, à l'occasion de la proclamation de l'indépendance du Congo devant leur hôte Baudouin 1er, Roi des Belges (Ganshof Van der Meersch, 1960, pp. 235-244). Kasa-Vubu dès le premier paragraphe : « *L'aube de l'indépendance se lève sur un pays dont la structure économique est remarquable* [...]. *Mais, l'état d'inachèvement de la conscience nationale* [...]. » Lumumba en parle au paragraphe 10 : « *Je vous demande à tous d'oublier les querelles tribales qui nous épuisent et risquent de nous faire mépriser à l'étranger.* »

A l'analyse, le pouvoir colonial a toujours encouragé le tribalisme. Pour cela, il utilise deux moyens. D'une part, la mobilité des Indigènes est strictement réglementée. Par conséquent, les différentes tribus ne se connaissent pas ou mal avant l'indépendance. D'autre part, seules les associations à base tribale ou ethnique à but culturel sont autorisées au Congo belge. C'est le cas, par exemple, de l'ABAKO (Alliance des Bakongo) créée en 1952 par Nzeza-Landu. Cette règle est de rigueur même durant les premières élections municipales organisées en décembre 1957 dans trois villes du Congo belge (Léopoldville/Kinshasa, Elisabethville/Lubumbashi et Jadotville/Likasi). Le pouvoir colonial maintient l'interdiction de s'y présenter en tant que parti politique. Et pourtant, trois ans plus tard, le multipartisme est introduit brutalement dans la vie politique congolaise par la *Loi fondamentale*. Le multipartisme va favoriser l'éclosion de plusieurs dizaines de partis à base naturellement tribale et ethnique lors des premières élections provinciales et législatives en mai 1960. On peut citer la CONAKAT (confédération des associations tribales du Katanga) de Moïse Tshombe, la BALUBAKAT (association générale des Baluba du Katanga) de Jason Sendwe ou l'UNIMO (union des Mongo) de Justin-Marie Bomboko (Ganshof Van der Meersch, 1963). La compétition politique va ainsi consister à exacerber les rivalités intertribales et interethniques pour devenir la cause fondamentale des drames du Congo indépendant (Remilleux, 1989, pp. 87-88). Le poids du tribalisme est tel que quatre années après l'indépendance, la deuxième Constitution du Congo (celle du 1er août 1964 dite de Luluabourg) va même lui donner une légitimité juridique : le pays est divisé en 21 mini-provinces plus ou moins ethniques à la place des six provinces héritées de la colonisation belge. Les conséquences de l'échec de cette décolonisation qui porte l'empreinte du tribalisme, sont bien connues : les sécessions de 1960 (Katanga, Sud-Kasaï), la guerre civile (Luba contre Lulua en 1959/1960), le pogrom des Kasaïens au Katanga (1961) et les rébellions de 1964/1965 qui entraînent des pertes humaines (500.000 morts) et des destructions matérielles particulièrement lourdes (Bakajika Banjikila, 1997 ; Remilleux, 1989, pp. 87-89 ; Gérard-Libois, 1963 ; Muamba Mumbunda, 2011).

Mobutu découvre la guerre froide après sa choquante rencontre avec le colonialisme et le néocolonialisme

Les rivalités entre les deux superpuissances de la deuxième moitié du XXème siècle (URSS[13] et Etats-Unis d'Amérique) s'invitent au Congo et se traduisent par l'élimination politique de Patrice Emery Lumumba (le 14 septembre 1960) avant son élimination physique (le 17 janvier 1961) (Braeckman, 2002), par les rébellions de 1964/1965 (Verhaegen, 1967) et par les deux guerres du Shaba/Katanga en 1977 et 1978 (Manin, 1978 ; Yakemtchouk, 1988 ; Remilleux, 1989, pp. 74-79).

Commençons par l'élimination de Patrice Emery Lumumba. Profondément meurtri dans sa chair par les prisons coloniales loin de sa famille et profondément meurtri dans son esprit par les humiliations diverses de la colonisation, Lumumba va s'aliéner les Belges et le camp occidental qui le perçoivent comme un dangereux communiste. Le qualificatif de communiste en pleine guerre froide équivaut à une condamnation à mort. Lumumba fait peur aux Belges et au camp occidental. Maintes fois, Lumumba les contrarie mais spécialement à trois occasions.

---

[13] Union des Républiques Socialistes et Soviétiques

En 1958, Lumumba devient le diable incarné aux yeux du pouvoir colonial. Parce qu'il participe à la conférence panafricaine d'Accra aux côtés du Ghanéen Kwame Nkrumah et du Guinéen Sékou Touré dont les idées sont jugées radicales par l'occident. (Tshonda Omasombo et Verhaegen, 2005). Lumumba ne s'arrête pas là. Le 30 juin 1960, devenu Premier ministre, il commet un crime de lèse-majesté. Alors que son discours n'est pas prévu par le protocole, il réplique au discours qu'il juge trop paternaliste de Baudouin 1er, Roi des Belges, venu proclamer l'indépendance du Congo belge à Léopoldville/Kinshasa. Sa réponse est un violent réquisitoire contre le colonialisme assorti des menaces sibyllines sur les intérêts belges au Congo : « *Nous allons veiller à ce que les terres de notre patrie profitent véritablement à ses enfants. Nous allons revoir toutes les lois d'autrefois et en faire des nouvelles qui seront justes et nobles. Et, pour cela, chers compatriotes, soyez sûrs que nous pourrons compter, non seulement sur nos forces énormes et nos richesses immenses, mais sur l'assistance de nombreux pays étrangers dont nous accepterons la collaboration chaque fois qu'elle sera loyale et ne cherchera pas à nous imposer une politique quelle qu'elle soit* » (Ganshof Van der Meersch, 1960, pp. 235-244). Sa condamnation à mort par le camp occidental est scellée deux semaines après l'indépendance. Lumumba menace de faire appel à l'URSS pour chasser les soldats belges accusés d'agression du Congo, si l'ONU ne hâte pas le déploiement des Casques bleus. C'est l'erreur fatale.

Voyons la chronologie des événements. Tout commence par l'opération aéronavale belge baptisée « *opération Mangrove* » que les autorités congolaises (Kasa-Vubu et Lumumba) qualifient d'agression de la Belgique envers le Congo. En effet, la mutinerie de la Force publique le 5 juillet 1960 entraîne l'intervention militaire unilatérale de la Belgique. Officiellement, l'armée belge vient sécuriser l'exode massif de la population européenne, essentiellement des Belges, paniquée par l'insurrection militaire et le désordre généralisé. Mais pourquoi ne pas en informer le gouvernement congolais ? Pourquoi donner l'ordre aux troupes belges d'attaquer toutes les positions congolaises ?[14] Toujours est-il que le 10 juillet 1960, la Belgique donne l'ordre à ses forces stationnées à Kitona et Banana de s'emparer de Matadi. Cette « Task Force » d'environ 400 hommes sous les ordres du capitaine de Vaisseau Petitjean a deux missions à remplir : rétablir le fonctionnement du port de Matadi et du port pétrolier d'Ango-Ango ainsi que maintenir la circulation entre Léopoldville/Kinshasa et la seule porte maritime du Congo. Pour cela, il faut neutraliser les troupes congolaises du camp « Redjaf » à Matadi commandées par l'Adjudant Ingila.

---

[14] Selon les accords de la Table ronde politique de janvier/février 1960 à Bruxelles, la Belgique peut maintenir des forces belges sur trois bases congolaises : Kamina au Katanga, Kitona et Banana au Bas-Congo, après l'indépendance.

L'attaque depuis les airs et le fleuve a lieu le 11 juillet 1960. La foule est touchée. C'est le massacre. L'adjudant Ingila et ses soldats du camp Redjaf mettent en échec l'opération aéroportée *Mangrove*. En effet, face à la résistance vaillante des troupes congolaises, Bruxelles donne l'ordre aux forces belges de replier. Hasard du calendrier ou planification délibérée, l'opération *Mangrove* se déroule le même jour que la proclamation de la sécession katangaise et l'offre de toute l'aide nécessaire de l'armée belge au Katanga sécessionniste par le chef d'état-major général de l'armée belge. Résultat, c'est la rupture des relations diplomatiques avec la Belgique. Les autorités congolaises exigent le retrait des troupes belges du pays. Le 12 juillet 1960, Lumumba (Premier ministre) et Kasa-Vubu (Président) demandent l'aide de l'ONU afin de protéger le Congo de l'agression belge. Si l'ONU ne se hâte pas, Lumumba menace de faire appel à l'URSS[15] (Remilleux, 1989, p. 49 ; Gérard-Libois, 1963).

Outre l'élimination de Lumumba, les rébellions de 1964/1965 vont mettre également face à face le camp occidental et le camp socialo-communiste au Congo (Verhaegen, 1967 ; Corten, 2011 ; Remilleux, 1989, pp. 58-64). En effet, le gouvernement congolais n'est pas à l'abri des ingérences étrangères. Les dissensions entre le « groupe dit de Mbinza » (jeunes universitaires) et les nationalistes (alliés et partisans de l'ancien Premier ministre assassiné Patrice Emery Lumumba) paralysent le fonctionnement du gouvernement de réconciliation nationale de Cyrille Adoula formé le 2 juillet 1961 ainsi que le fonctionnement du Parlement. Ces rivalités ont deux origines. La première raison est idéologique. Les membres du groupe de Mbinza sont perçus comme des « vendus », des « traitres », « des défenseurs des intérêts belges et occidentaux. » La deuxième raison est une lutte d'influence. En effet, à la faveur des remaniements successifs, l'influence des nationalistes décroît tandis qu'augmente celle du groupe de Mbinza au sein de ce gouvernement. Le 29 septembre 1963, le Président Kasa-Vubu dissout le Parlement. La semaine suivante, les nationalistes se réunissent à Brazzaville, précisément le 3 octobre 1963. Les nationalistes décident de libérer le Congo en utilisant l'insurrection paysanne avec l'aide des pays socialo-communistes (URSS, Chine, Europe de l'Est). Ils créent un Conseil National de Libération du Congo (CNL) dont la direction est confiée à Christophe Gbenye. La première révolte paysanne éclate dans le Kwilu, en janvier 1964, sous la

---

[15] Cette menace est prise au sérieux dans le camp occidental en pleine guerre froide. Les choses s'accélèrent à l'ONU. Deux jours plus tard, au cours de sa réunion du 14 juillet 1960, le Conseil de Sécurité de l'ONU prend deux décisions : d'une part, il exige le retrait des troupes belges et, d'autre part, il décide d'apporter une assistance à la fois militaire (Force de maintien de la paix) et technique (Experts civils auprès des grands services de l'Etat) au Congo. Deux jours plus tard, le 16 juillet 1960, les premiers casques bleus de l'ONU débarquent au Congo.

direction du tandem Pierre Mulele et Théophile Bengila. Un second front est ouvert au Sud-Est du Congo, en avril 1964, entre Fizi et Uvira. Il est dirigé par 4 nationalistes : Louis Bidalira, Laurent-Désiré Kabila, Nicolas Olenga et Gaston Soumialot. Au mois d'août 1964, tout l'Est congolais est aux mains de la rébellion. Le pays est divisé en deux. Le territoire sous le contrôle de la rébellion devient la République Populaire du Congo avec comme capitale Stanleyville/Kisangani alias *Boyoma Singa Mwambe*. Les rebelles se font appeler les « Simba » (lions). Le président Kasa-Vubu nomme Moïse Tshombe en qualité de Premier ministre. Il le charge de former un gouvernement de salut public et de mater la rébellion. L'ANC est renforcée par d'anciens gendarmes katangais, bien connus sous le nom de « Diabos. » L'ANC reçoit aussi les renforts des éléments étrangers parmi lesquels des soldats belges commandés par le colonel Frédéric Vandewalle[16], des mercenaires ainsi que des pilotes cubains anticastristes stipendiés par la CIA américaine. Le 28 octobre 1964, Christophe Gbenye menace de prendre en otages et d'exécuter les 1500 à 2000 Occidentaux qui se trouvent sur le territoire contrôlé par la rébellion, si et seulement si les gouvernements belge et américain poursuivent leur appui militaire au gouvernement de Moïse Tshombe. En novembre 1964, à la demande de Moïse Tshombe, les parachutistes belges utilisant les moyens de transport fournis par les Etats-Unis d'Amérique interviennent à Stanleyville/Kisangani et sa région ainsi qu'à Paulis/Isiro pour libérer les otages.

Les dernières manifestations de la guerre froide au Congo se traduisent par les deux guerres du Katanga/Shaba. Du 8 mars au 28 mai 1977 a lieu la première guerre du Shaba (Katanga) appelée aussi guerre de 80 jours. Elle implique les ex-gendarmes katangais (Diabos) réfugiés en Angola après l'échec de la sécession katangaise. Ils sont regroupés au sein du Front National de Libération du Congo (FNLC) dont la direction est confiée à Nathanaël Mbumba qui s'autoproclame « général. » Avec l'assistance technique et logistique de l'Angola, de Cuba et de l'URSS, les rebelles katangais attaquent et occupent tout le district de Lualaba, de la cité de Dilolo à la ville de Kolwezi. Rebelote, l'année suivante, du 13 au 20 mai 1978. C'est la deuxième guerre du Shaba/Katanga ou guerre de six jours. Les ex-gendarmes katangais s'infiltrent de nouveau au Congo/Zaïre à partir de la Zambie, le 11 mai 1978. Ils attaquent et prennent le contrôle de Kolwezi le 13 mai 1978 (Manin, 1978 ; Yakemtchouk, 1988 ; Remilleux, 1989, pp. 73-80). S'agissant de l'objectif des ex-gendarmes katangais et de leurs commanditaires, Mobutu déclare : « *Ils espéraient investir toute la*

---

[16] ASSOCIATION BELGE DES VETERANS ET COMPAGNONS DE L'OMMEGANG, « Historique de l'ommegang : L'épopée des colonnes de l'ommegang commandées par le colonel Frédéric Vandewalle (1912-1994) », [En ligne], http://www.compagnons-ommegang.com/historiek_fr.htm

région du Shaba/Katanga en moins d'une semaine. Ils n'avaient d'ailleurs de rations que pour sept jours. Ensuite, ils se fixaient dans le pays, démontraient l'incapacité de riposte des forces armées zaïroises et attendaient tranquillement que le régime s'effondre à Kinshasa, de nouveau privé de ses recettes d'exportations minières, comme cela avait été le cas de mi-juillet 1960 à janvier 1963, durant la sécession katangaise » (Remilleux, 1989, p. 75). Mais Mobutu ne dit pas tout. Si l'objectif des ex-gendarmes katangais, c'est la sécession du Katanga, les buts poursuivis par leurs commanditaires angolais et soviétiques sont autres. Les Angolais veulent dissuader Mobutu et le camp occidental de poursuivre leur appui au FNLA (front de libération de l'Angola) de Holden Roberto, à l'UNITA (union pour l'indépendance totale de l'Angola) de Jonas Savimbi et au FLEC (front de libération de l'enclave de Cabinda), trois mouvements pro-occidentaux. Quant à l'URSS, elle veut contraindre Mobutu d'arrêter de favoriser le réarmement de l'Allemagne à travers la société allemande OTRAG qui expérimente le lancement des fusées à partir du Katanga.[17]

En dehors de ces événements, Mobutu semble profondément marqué par sa rencontre avec trois personnalités : le Congolais Patrice Emery Lumumba, le Français Charles De Gaulle et le Sénégalais Léopold Sédar Senghor

Le général De Gaulle est considéré « *comme un homme d'exception. Il est admiré pour son nationalisme, son combat, la force de ses convictions, son engagement pendant la Seconde Guerre mondiale et le refus de la défaite, sa confiance dans le génie de ses compatriotes et pour son souci de la place et de la grandeur de la France* » (Remilleux, 1989, p. 33). En Léopold Sédar Senghor, Mobutu admire l'homme des Lettres et le chantre de la négritude. Son élection à l'Académie française est ressentie comme un signe de reconnaissance de la dignité de l'homme noir (Remilleux, 1989, p. 37). Enfin, Mobutu déclare avoir été à l'école de Lumumba, l'avoir beaucoup admiré et qu'il était son modèle : « *il est le premier à penser le pays en termes de nation unitaire, l'un des seuls à penser à la fois indépendance réelle (politique et économique) et unité totale du Congo, par-delà ses diversités ethniques. C'est lui qui m'a initié à la politique active. Ce qui m'a amené à travailler avec lui à la veille et au lendemain de l'indépendance, alors même que je n'étais pas membre de son parti, le Mouvement National Congolais* » (Remilleux, 1989, pp. 32, 44, 89).

A l'analyse, l'action de Mobutu s'explique aisément. Pour surmonter le traumatisme de la violence colonialiste et néocolonialiste, Mobutu est habité par l'obsession de prendre le contrepied du système colonial et néocolonial

---

[17] Les fusées de l'OTRAG, [En ligne], http://membres.multimania.fr/europespace/otrag.htm

belge. Ainsi, ce qui va caractériser fondamentalement Mobutu, durant son long règne, c'est le nationalisme. « *Quand on a eu la jeunesse que j'ai eue, reçu des coups de fouet et connu du mépris, quand on a vécu les balbutiements de l'indépendance du Congo, quand on a pu mesurer, sur place, les intentions du colonisateur, on ne peut être que nationaliste* » (Remilleux, 1989, p. 32). Fondamentalement, l'action politique de Mobutu va être fondée sur un double rejet :

- Mobutu va rejeter d'abord l'ordre culturel colonial. A la politique coloniale d'assimilation et de négation d'une civilisation des Indigènes, Mobutu va affirmer l'existence d'une culture bantoue et va la valoriser (Remilleux, 1989, pp. 83-118). A l'ordre culturel colonial et néocolonial fondé sur l'infériorité de la race noire, sur le mépris et les humiliations à l'égard des Africains, sur la condescendance paternaliste, Mobutu va promouvoir l'égalité raciale et le respect mutuel (Remilleux, 1989, pp. 52, 161-162 et 191). Mobutu va toujours chercher à cultiver chez tous les hommes dits de couleur la fierté d'être Noir et chez tous les Congolais la fierté nationale (Remilleux, 1989, p. 102). Comme l'illustre le titre de ses entretiens avec le journaliste français Jean-Louis Remilleux (1989) : *Dignité pour l'Afrique*. Les relations belgo-congolaises, par exemple, vont beaucoup souffrir de la liberté de la presse belge dont le ton et les critiques sont diversement appréciés par Mobutu (Remilleux, 1989, pp. 185-197). L'admission de Léopold Sédar Senghor à l'Académie française est un motif de grande fierté pour Mobutu (Remilleux, 1989, p. 37). C'est dans ce cadre aussi que Kinshasa va accueillir le combat de boxe du 20ème siècle opposant les Africains-Américains Mohamed Ali (Cassius Clay) et George Forman, le 30 octobre 1974, ainsi que toute la crème de la musique noire des Amériques (Rhythm and Blues, Soul, Salsa, etc.) notamment James Brown, B.B. King, Celia Cruz, Johnny Pacheco, etc.
- Mobutu va rejeter aussi l'ordre social colonial. Face au pouvoir colonial fondé sur la division (diviser pour régner), Mobutu va consacrer le principe de l'unité avant tout (unir pour pacifier, unir pour faire la force). C'est ainsi que face au développement du tribalisme des Indigènes par le pouvoir colonial, Mobutu va s'atteler à la formation d'une conscience nationale des Autochtones, à développer l'identité nationale congolaise pour aboutir à une véritable formation sociale, une Nation, dans les frontières du Congo (Remilleux, 1989, pp. 111-116). Il n'est pas étonnant que Mobutu considère la création de la Nation congolaise comme étant l'œuvre majeure de sa vie : « *La naissance d'une nation à partir des cendres de la colonisation, des ruines du séparatisme tribal et des guerres fratricides, malgré leur cortège de divisions et de rancœur, cette construction pierre à pierre, c'est l'œuvre dont je resterai toujours le plus fier* » (Remilleux, 1989, p. 80).

C'est dans le cadre de ce double rejet qu'il convient de replacer son idée de créer une Ligue des Etats Négro-Africains sur le modèle de la Ligue arabe ou du Congrès juif mondial (Remilleux, 1989, p. 206). Non pas pour opposer les différentes races humaines mais pour promouvoir le respect de l'Autre, le respect de toutes les races. En bon chrétien, Mobutu est ici en accord avec la doctrine sociale de l'Eglise catholique qui est fondée sur deux principes : la dignité de la personne humaine et l'égalité fondamentale de tous les hommes. S'il était demandé à Mobutu, par rapport à son combat contre la hiérarchie des races humaines, de parodier la fameuse leçon de Montesquieu « *je suis nécessairement homme et ne suis Français que par hasard* », Mobutu dirait : « *je suis nécessairement homme et ne suis Noir que par hasard.* »

MOBUTU, LE FOSSOYEUR DE L'ETAT CONGOLAIS

Mobutu le démolisseur

Qu'est-ce qu'un Etat ? « *Un Etat est un ensemble géographique, un territoire et une population qui y habite. Un Etat, c'est aussi une organisation politique. Qui exerce son autorité sur le territoire et administre la population qui s'y trouve. L'Etat exerce des nombreuses fonctions par l'intermédiaire des agents de l'Etat appelés fonctionnaires. L'Etat exerce des fonctions d'autorité (défense du territoire, ordre et sécurité des biens et des personnes, justice), des fonctions de service (construction des routes, des hôpitaux et des écoles) et des fonctions financières (collecte des impôts)* » (Lacoste, 2004, pp. 34-35).

Mais le Congo n'a plus d'Etat. Si le Congo n'a plus d'Etat, c'est à Mobutu que les Congolais le doivent. En effet, depuis le milieu des années 1970, le Congo est ce que les spécialistes des Tiers-Mondes appellent un « *chaos borné* », c'est-à-dire, « *un territoire qui a vu ses structures économiques et sociales éclater, ses infrastructures se détériorer, la violence s'installer et les conflits de toute nature s'exacerber* »[18] entérinant ainsi la faillite de l'Etat.

Les preuves ne manquent pas :

- L'Etat au Congo est un Etat fantôme si l'on se réfère à sa vocation sociale, économique et culturelle. En effet, en sociologie politique, écrit le professeur Daniel Holly (2011), « *un Etat existe quand dans un pays, les détenteurs du pouvoir organisent la reproduction de la société. Ils font ce qu'il faut pour générer un dynamisme porteur des changements significatifs pour l'ensemble de la société, quels que soient les secteurs concernés. Les progrès économique, social, culturel et institutionnel à long terme de la communauté sont les objectifs poursuivis.* » Or, si au moment de

[18] La lettre du GEMDEV, spécial recherche, supplément à la Lettre n° 23, mai 1992, p. 3.

l'indépendance (le 30 juin 1960), le Congo est l'un des pays les plus avancés parmi les pays nouvellement décolonisés (Ergo, 2005 ; Janssens et al, 1992 ; Drachoussof et al, 1991 ; Van Langenhove, 1960), plus d'un demi-siècle plus tard, le Congo est rangé parmi les derniers pays les moins avancés du monde (PMA) par le programme des Nations Unies pour le développement (PNUD, 2014). Le Congo est même classé dernier sur 187 pays en 2013 et avant dernier en 2014 selon l'indice du développement humain (IDH) du PNUD. Le rapport 2014 du PNUD estime que la plupart des Congolais vivent dans la pauvreté basée sur les revenus avec moins de 1 dollar américain par personne par jour. La plupart des Congolais vivent aussi dans une situation de pauvreté multidimensionnelle marquée par des carences cumulées en matière de santé, d'éducation et de niveau de vie. Quant à l'évolution de l'indice de développement humain depuis 1980, elle montre une irrésistible descente des Congolais dans l'enfer de la pauvreté (PNUD, 2014).

- L'Etat au Congo est encore un Etat fantôme si l'on se réfère à l'intégration nationale. En géographie, on parle d'Etat lorsque la maîtrise du territoire est effective (Pourtier, 1992, 1997, 2008). Lorsqu'il existe un système de transport par terre, par eau et par air assurant les facilités plus ou moins grandes de communication avec la capitale et l'extérieur, entre les différentes villes du pays (réseaux urbains) ainsi que la complémentarité des villes et des campagnes favorisant ainsi le développement des circuits commerciaux monétarisés et la complémentarité des échanges tout en permettant un contrôle effectif de la totalité du territoire et de la population qui y habite. Or, à partir du milieu des années 1970, faute d'argent, d'investissements notables et d'encadrement rigoureux, la maintenance nécessaire pour un fonctionnement efficace du système de communication ne peut plus être assurée. Le défaut de maintenance provoque le délabrement général du matériel et des infrastructures ainsi que la paralysie du système de transport. Plus tard, les pillages de 1991 et 1993 vont tout détruire et laisser la place à la nature. Le résultat de cette incurie et de cette folie destructrice, c'est un pays écartelé entre trois parties tournées vers l'extérieur : l'Est congolais est tourné vers l'Afrique orientale et l'Océan Indien ; le Sud congolais est tourné vers l'Afrique australe et les ports sud-africains ; l'ouest congolais est tourné vers Kinshasa et l'Océan Atlantique. En effet, l'essentiel du territoire est plus ou moins coupé de Kinshasa dont l'autorité ne s'applique plus que sur quelques provinces situées à l'Ouest (Bas-Congo, Bandundu, Equateur et Kasaï occidental) qui communiquent malaisément entre elles (BEAU, 1982 ; Bruneau et Simon, 1991 ; RDC, 2004 ; Pourtier, 1992, 1997, 2008).

- L'Etat au Congo est toujours un Etat fantôme si l'on se réfère à ses fonctions d'autorité. D'une part, les forces armées congolaises ne sont pas capables de défendre seules l'intégrité du territoire contre les ennemis extérieurs et intérieurs. Il est ainsi fait appel systématiquement à des forces extérieures : Appel aux Casques bleus de l'ONU durant les sécessions des années 1960 (Gérard-Libois, 1963) ; Appel à la Belgique et aux Etats-Unis d'Amérique durant les rébellions des années 1964/1965 (Verhaegen, 1967) ; Appel à la France et aux pays d'Afrique francophone durant les deux guerres du Shaba/Katanga en 1977 et 1978 (Manin, 1978 ; Yakemtchouk, 1988) ; Appel à l'Angola, à la Namibie et au Zimbabwe puis aux Casques bleus de l'ONU durant l'invasion et l'occupation du Congo par le Rwanda de Kagamé et l'Ouganda de Museveni en 1998 (Pourtier, 2003 ; Lanotte, 2011) ; Appel à la France et à l'Europe durant la guerre civile entre les Hema et les Lendu en Ituri en 2003 (Bagayoko-Penone, 2004) ; Appel aux forces européennes pour la sécurisation des élections législatives et présidentielles en 2006 (Morel et Cameron, 2009, p. 28). D'autre part, les forces de l'ordre congolaises ne sont pas capables de protéger certaines ethnies congolaises. On peut citer les pogroms des Kasaïens au Shaba/Katanga en 1961 et 1992 ainsi que les pogroms des Banyarwanda au Nord-Kivu en 1992 (Bakajika Banjikila, 1997 ; Gouvernement de Transition du Zaïre, 1993 ; Pourtier, 1998).

Une faillite de l'Etat d'origine essentiellement politique

Ce qui précède nous amène à nous interroger sur les responsabilités dans cette faillite de l'Etat au Congo. L'origine de la crise actuelle est lointaine et nous ramène tout droit à la Deuxième République et à la responsabilité de Mobutu. La question que l'on est en droit de se poser est : comment Mobutu qui a su créer une Nation bantoue sur le fleuve de larmes et de sang d'une décolonisation non préparée va-t-il devenir en même temps l'assassin de l'Etat congolais ?

La faillite de l'Etat est la conséquence négative de plusieurs facteurs défavorables parmi lesquels des décisions prises par Mobutu. Dont les résultats vont s'avérer manifestement différents de ceux que Mobutu escomptait obtenir au départ. En effet, la conjugaison de plusieurs facteurs défavorables va se solder par l'effondrement du tissu économique formel qui ne pourra plus financer l'Etat. Faute d'argent, l'Etat est contraint de déposer le bilan et de déclarer faillite.

La principale cause de la faillite de l'Etat est à l'évidence la décision de Mobutu de réaliser l'indépendance économique du Congo (Chatzberg, 1980 ; De Villers, 1995, pp. 49-59 ; Cros et Misser, 2006, pp. 39-40 ; Moreau, 2009). A l'instar de tous les nationalistes, Mobutu considère que l'indépendance économique est plus importante que l'indépendance politique. C'est même une nécessité. Car l'appareil économique entre les mains des étrangers signifie que le pays est à leur merci. Pour ce faire, Mobutu choisit la nationalisation de l'appareil économique. Dans l'ordre chronologique, le 28 mai 1966, Mobutu nationalise le sol, le sous-sol et les forêts du Congo. Il fait voter par le Parlement la fameuse loi dite « Bakajika. » L'année suivante, le 15 mai 1967, Mobutu nationalise l'Union Minière du Haut-Katanga (UMHK). Six années plus tard, le 30 novembre 1973, Mobutu procède à la « zaïrianisation ». Il saisit les exploitations agricoles, les élevages, les petites et moyennes entreprises (commerces, services, industries) appartenant aux étrangers pour les remettre aux cadres du parti et aux barons du régime. L'année suivante, le 30 décembre 1974, rebelote : Mobutu décrète la « radicalisation ». Il nationalise les 120 plus grandes entreprises du Congo (celles valant plus de 2 millions de dollars américains).

Le résultat est une catastrophe nationale. En effet, ces mesures « nationalistes » sont des cuisants échecs et sonnent le glas de l'appareil économique formel. La cause de l'échec est toute simple. Mobutu confie des exploitations agricoles et forestières, des industries, des commerces et des sociétés de services modernes à des gens qui la veille étaient des simples paysans, fonctionnaires, soldats, gendarmes, policiers et militants du parti qui sont promus d'un seul coup « managers modernes » sauf les connaissances nécessaires pour les gérer économiquement. C'est comme multiplier mille milliards fois zéro, le résultat est connu d'avance, c'est zéro (1.000.000.000.000 X 0 = 0). Le Congo va voir ainsi s'effondrer en quelques mois le tissu économique formel que les Congolais ont mis près d'un siècle à bâtir laborieusement sous l'autorité coloniale des Belges et qui classait le Congo au même niveau que l'Afrique du Sud en 1960. Conséquences immédiates : Tous les investisseurs se détournent du Zaïre/Congo. Le 25 novembre 1975, Mobutu annonce une rétrocession partielle aux anciens propriétaires (40 % privé ; 60 % public). Mais le mal est fait de façon rédhibitoire. La méfiance s'installe. Les anciens propriétaires, très peu nombreux, qui acceptent de reprendre n'investissent plus et rapatrient autant que possible tous leurs bénéfices. Le fiasco de ces nationalisations entraîne la pire crise économique de l'histoire du Congo (dont il n'est toujours pas sorti) ainsi que la banqueroute de l'Etat, faute d'argent.

Comme le malheur ne vient jamais seul, d'autres facteurs défavorables viennent se surajouter et contribuent à aggraver la crise économique. On distingue trois facteurs exogènes (agissant de l'extérieur) et un facteur endogène (agissant de l'intérieur) :

- Le premier facteur exogène, c'est la fermeture en 1975 du chemin de fer Dilolo-Lobito à cause de la guerre civile en Angola. L'utilisation de la Voie Nationale aboutissant au port de Matadi entraîne une augmentation des frais de transport pour l'exportation des minerais du Katanga.[19]

---

[19] Dont les deux principaux défauts sont la lenteur et les multiples ruptures de charge.

Le coût de transport à l'exportation dépasse les 100 millions de dollars par an en 1988 et 1989 (GECAMINES, 1990, p. 6 ; Bruneau et Simon, 1991).
- Le deuxième facteur exogène, c'est la récession économique mondiale. Pour un Etat comme le Zaïre/Congo qui dépend à 70 % des recettes d'exportation des minerais (cuivre et cobalt), les nationalisations de Mobutu tombent bien mal. Car elles coïncident avec un long cycle de baisse des cours du cuivre qui provoque un manque à gagner considérable (Remilleux, 1989, pp. 182-183 ; Fottorino et al, 1992, pp. 258-259 ; Cros et Misser, 2006, pp. 39-40).
- Le dernier facteur exogène, c'est l'augmentation de l'endettement du Zaïre/Congo déjà surendetté à cause des multiples « éléphants blancs » : sidérurgie de Maluku, ligne de haute-tension Inga-Shaba, barrage hydro-électrique de Mobayi-Mbongo, building du centre de commerce international du Zaïre, etc. En effet, le pays est obligé de s'endetter pour payer les dettes qui arrivent à échéance. Ce qui accroît la dépendance dans le domaine financier du Zaïre/Congo vis-à-vis du Club de Paris et des institutions de Bretton Woods : Fonds Monétaire International (FMI) et Banque Mondiale (BM). Ces dernières appliquent au Zaïre/Congo de Mobutu leur potion amère, les fameux programmes d'ajustement structurel (PAS) (Cros et Misser, 2006, pp. 39-40). Mobutu va finir par s'insurger contre ces PAS qui ruinent le pays en rompant avec le FMI en 1982, en renouant en 1983 et en rompant de nouveau en 1986.[20] Car, dit-il, les PAS sont axés uniquement sur le remboursement de la dette et ils aboutissent à des transferts nets négatifs des capitaux vers les pays créanciers, sans croissance économique : « *de 1984 à 1986, le Zaïre a payé au titre du service de la dette deux milliards de dollars à ses créanciers occidentaux alors qu'il n'a reçu qu'un milliard d'aide et d'emprunts pendant la même période pour assurer le service de la dette. Si du côté du FMI et des créanciers, on a éprouvé de la satisfaction à nous voir payer régulièrement nos dettes, il n'y a pas en tout cas satisfaction du côté du peuple zaïrois* » (Remilleux, 1989, pp. 178-186).
- Le facteur endogène, c'est l'absence d'investissements dans toutes les entreprises étatisées. Cette absence d'investissements va se solder par un

[20] Au début des années 1980, Mobutu accepte la mise sous-tutelle de plusieurs secteurs de l'économie du pays par le FMI et la BM. Des Belges prennent la tête de la GECAMINES (Crem) et de la SNCZ (Gunst). Un Allemand prend la tête de la Banque centrale (Blumenthal). Des douaniers belges sont postés aux frontières. Le peuple est « ajusté », c'est-à-dire, ruiné. La sécurité du régime est vivement chahutée. Les barons du régime grognent. Une opposition intérieure voit le jour. Treize parlementaires fondent l'union pour la démocratie et le progrès social (UDPS) qui se démarque du MPR de Mobutu. L'opposition extérieure redouble d'ardeur. Elle est animée depuis Bruxelles par deux anciens barons du régime : Jean Nguz A Karl I Bond et Bernardin Mungul Diaka. En 1982 et 1983, Mobutu congédie Crem, Gunst et les douaniers belges.

défaut de maintenance qui va entraîner trois conséquences négatives : le délabrement du matériel et des infrastructures de transport, le délabrement des outils de production et la baisse ou l'arrêt de production (Bruneau et Simon, 1991 ; Pourtier, 1992 ; RDC, 2004 ; Cros et Misser, 2006, pp. 39-40).

Après la chute du régime de Mobutu le 17 mai 1997, la politique économique congolaise fondée sur la prédation va se poursuivre. La seule différence va porter sur l'objet de la prédation. Si la prédation de Mobutu porte sur l'usufruit, c'est-à-dire, sur les revenus des entreprises étatisées, ces revenus n'existant plus, la prédation de ses successeurs va porter sur le bradage des actifs (les ressources du sol, du sous-sol, des forêts, des lacs, des parcs nationaux, etc.) (Cros et Misser, 2006, pp. 39-40). Le contrat minier de 2009 entre la Chine et le Congo serait un exemple édifiant de contrat léonin selon le journaliste français Tristan Coloma (2011).

Une faillite de l'Etat aux conséquences dramatiques

Première conséquence négative : Le Congo entre dans une longue période de difficultés que l'on peut résumer par là où l'Etat s'effondre, la loi du plus fort s'installe. En effet, la population congolaise devient la victime des deux bras séculiers de l'Etat : l'Administration et les forces armées. En effet, suite à son effondrement, l'Etat devient un mauvais employeur, c'est-à-dire, paie mal ses Agents. D'une part, les rémunérations ne tiennent pas compte du coût réel de la vie ou panier de la ménagère. D'autre part, le versement des salaires devient irrégulier et le retard accumulé peut atteindre plusieurs mois voire quelques années. En réponse à un Etat mauvais employeur, l'Administration et l'Armée se mettent à leur propre compte. Les fonctionnaires font le choix de la corruption qui se banalise. L'abus de pouvoir devient le sport favori de tous les fonctionnaires. Tous sans exception, du plus petit au plus élevé dans la hiérarchie, détournent l'argent et les biens publics (prédation) et vivent des prébendes (pot-de-vin). Le plus fort, c'est-à-dire, le mieux placé (le fonctionnaire) étrangle tous ceux qui sont en position de faiblesse (les usagers de l'Administration). Sans aller jusqu'à approuver la corruption, lorsqu'on découvre le quotidien des fonctionnaires, on finit par comprendre leur tentation. Comment peut-on imaginer que les fonctionnaires échappent à la tentation de corruption ne fût-ce que par obligation alimentaire, ne fut-ce que parce qu'ils ont faim, eux et leurs nombreuses familles ? Ce n'est pas par hasard que le bakchich (pot-de-vin) s'appelle au Congo-Zaïre « *Madesu Ya Bana* », c'est-à-dire, la nourriture des enfants.[21] Les deux devises suivantes des fonctionnaires congolais sont révélatrices de la banalisation de la corruption : « *pas un*

[21] En lingala, l'une des quatre langues nationales.

service, sans Madesu Ya Bana » ou encore « *chacun pour soi, l'Etat c'est moi.* » Il n'est donc pas étonnant que la corruption soit un chapitre incontournable dans toutes les publications relatives au Congo (Cros et Misser, 1996, pp. 39-40 : Kombo Yetilo, 2010 ; RDC, 2004 ; Remilleux, 1989, pp. 100-102). Si les fonctionnaires choisissent la corruption, en réponse à un Etat fantôme, les gendarmes et les soldats se lancent dans les exactions des civils. Un signe ne trompe pas. Partout au Congo, les civils (à pied, à vélo, à moto ou en automobile) évitent systématiquement de croiser des hommes en armes (policiers, gendarmes, soldats) de peur d'être rançonnés. On rapporte même que dans certaines contrées reculées, des groupes d'autodéfense citoyenne s'organisent pour résister aux exactions des forces « de maintien de l'ordre » et des forces armées (Kombo Yetilo, 2010).

Deuxième conséquence négative : Les Congolais sont pris dans une spirale d'insécurité que l'on peut résumer par là où l'Etat s'effondre, le désordre généralisé s'installe. Les années précédant et suivant la fin de règne de Mobutu fournissent des exemples éloquents :

- La première réponse à la faillite de l'Etat prend la forme d'une bagarre rangée. Elle a lieu dans la nuit du 11 au 12 mai 1990. Elle implique les étudiants pro-Mobutu (originaires comme lui de la province de l'Equateur) et les étudiants anti-Mobutu (originaires des autres provinces du pays). L'université de Lubumbashi est le théâtre de ce spectacle affligeant. Les étudiants pro-Mobutu font appel aux sbires du régime Mobutu stationnés dans la ville de Lubumbashi. Ces derniers débarquent dans le campus et bastonnent à tout va. Officiellement, il y a une victime. Les journaux étrangers parlent carrément de « massacre des étudiants. » Le quotidien belge *Le Soir* du 22 mai 1990 annonce une cinquantaine de victimes.[22] Comment en est-on arrivé là ? Cette contestation estudiantine est le résultat du désengagement de l'Etat de l'enseignement supérieur et universitaire à partir de 1984 sous la pression des programmes d'ajustement structurel du Fonds Monétaire International (FMI). L'obligation de payer des frais d'études (minerval) onéreux et la suppression brutale des services sociaux en faveur des étudiants (bourses d'études, restaurants universitaires, gratuité des billets de transport, gratuité des soins de santé) plongent les étudiants dans une insécurité existentielle. L'ouvrage du Congolais V. Digekisa Piluka revient sur cette folle et tragique nuit du 11 au 12 mai 1990 au Campus de Lubumbashi (1993).
- La deuxième réponse à la faillite de l'Etat prend la forme d'une mutinerie militaire. Fin septembre 1991, la 31ème brigade parachutiste de la garnison de Kinshasa/Kibomango se révolte contre les conditions sociales du soldat. Des conditions sociales affligeantes pour des gens qui ont décidé de sacrifier leur vie pour la défense de leur pays. Des conditions sociales très bien décrites

[22] Il sera démontré plus tard que ce bilan était surestimé.

par le patron de l'armée de Mobutu, le général Donatien Mahele (1991). Le Belge Gauthier de Villers et le Congolais Jean Omasombo Tshonda ont publié une intéressante étude sur cette mutinerie militaire (2004, pp. 217-223).

- La troisième réponse à la faillite de l'Etat prend la forme des émeutes populaires associées aux pillages des villes. Débutées à Kinshasa en septembre 1991, à la suite de la mutinerie militaire, les émeutes vont gagner toutes les villes du pays. Ces émeutes doivent être analysées sous deux angles : socio-économique et politique (Jewsiewicki, 1991 ; Villers, 1992 ; Yoka, 1994 ; Devisch, 1998). Sous l'angle socio-économique, il y a une relation étroite entre ces émeutes avec la ruine des peuples de Kinshasa et de Matadi au premier semestre de 1991 par des sociétés utilisant le système de Ponzi (*Bindo promotion, MANDOVA*, *Nguma promotion*, *Panier de la ménagère, Tontine, Trésor,* etc.) autorisées ou organisées par le gouvernement. La pyramide de Ponzi permet de plumer des centaines de milliers de crédules. Elle consiste à offrir des rendements intenables en utilisant l'argent des derniers déposants (CORI, 2008). Au début de l'arnaque, une mise de 100.000 zaïres rapporte un million de zaïres, soit dix fois plus, au bout de 45 jours. Une vague de folie s'empare de Kinshasa et Matadi. Des biens immobiliers, des bijoux et des stocks de marchandises sont bradés. Et l'argent est porté chez Bindo et compagnie. Par la suite, une autre formule plus alléchante encore est proposée aux étudiants et professeurs d'université. La mise est doublée au bout d'une semaine. Tout Kinshasa et tout Matadi se mettent à la recherche des étudiants à qui l'on promet une substantielle commission pour doubler sa fortune. Les cours sont suspendus. Les campus se transforment en casino. Tout le monde est sourd aux mises en garde des Eglises et des partis politiques qualifiés de rabat-joie. Comme il fallait s'y attendre, dans ce genre d'escroquerie à grande échelle, les premiers clients ont été payés, attirant encore des centaines de milliers d'autres pigeons. A l'annonce de la faillite de ces sociétés pyramidales, les villes de Kinshasa et de Matadi sont frappées d'hystérie collective. Partout dans les deux villes résonnent des cris de rage et de désespoir. Toutes les rues et toutes les parcelles sont le théâtre des scènes de détresse. On va dénombrer des centaines de suicides. Ceux qui ont vendu leur parcelle deviennent des locataires. Ceux qui ne peuvent s'offrir une location quittent Kinshasa et retournent dans leur village d'origine. Des émeutes sont évitées de peu par l'annonce d'un remboursement des mises. Mais les mois de mai, juin, juillet et août passent sans aucun remboursement. Au mois de septembre, la mutinerie militaire sert de détonateur. Kinshasa libère sa furie. Toute la ville est pillée. La folie destructrice s'empare de toute la population congolaise. Mais ces émeutes ne sont pas seulement dues à l'arnaque et à la ruine des centaines de milliers de Kinois et de Matadiens.[23] Sous l'angle politique, les émeutes qui submergent le pays expriment le rejet des manœuvres dilatoires de Mobutu pour retarder le processus de démocratisation entamé un mois plus tôt à la Conférence Nationale Souveraine. Ces manœuvres dilatoires sont très bien décrites dans l'ouvrage du Congolais Emmanuel Dungia (1992). Mais, le paradoxe de ces émeutes populaires doit également être souligné. Les victimes de ces émeutes, les opérateurs économiques nationaux et étrangers ne sont pas les responsables de la ruine des populations de Kinshasa et de Matadi. Le Belge Théodore Trefon (2004) a dirigé un excellent ouvrage collectif sur ces réponses populaires à la faillite de l'Etat.

- La quatrième réponse à la faillite de l'Etat prend la forme des pogroms. Au Katanga, les Kasaïens sont la cible des jeunes de l'UFERI de Jean Nguz Karl-I-Bond à partir du 15 août 1992. Les refoulements de dizaines de milliers de Kasaïens du Katanga s'accompagnent des violences d'une cruauté barbare et font des nombreuses victimes. Au Nord-Kivu, les victimes sont des Banyarwanda (réfugiés Tutsi rwandais) voire même des Hutu congolais assimilés aux Banyarwanda (Gouvernement de transition, 1993 ; Bakajika Banjikila, 1997 ; Pourtier 1998). Les pogroms du Nord-Kivu trouvent en partie leur origine dans la question agraire sur ces hautes terres surpeuplées. La question agraire au Kivu est bien connue grâce aux travaux de Jean-Pierre Nzeza Kabu Zex-Kongo (1999) et du Belge Pierre-Joseph Laurent (2000).
- La cinquième réponse à la faillite de l'Etat prend la forme de l'invasion, de l'occupation et du pillage du Congo oriental par les armées rwandaises de Paul Kagamé et ougandaises de Yoweri Kaguta Museveni de 1998 à 2003 (Braeckman, 1999 et 2003 ; Pourtier, 2003 ; Lanotte, 2010 ; Péan, 2010). Tous les records de cruauté sont battus au Congo de l'Est occupé (Haut-Commissariat aux Droits de l'Homme, 2010 ; Péan, 2010).
- La sixième et dernière réponse à la faillite de l'Etat prend la forme des violences de masse orchestrées par des groupes armés, organisés, équipés et téléguidés de l'étranger qui vont remplacer l'Etat partout au Congo où il s'est totalement effondré comme au Kivu, en Ituri et au Katanga (Van Acker et Vlassenroot, 2001 ; Melmoth, 2007 ; Pourtier, 2008 ; Lanotte 2011).

Des décisions économiques catastrophiques qui portent l'empreinte d'un nationalisme aveugle et aveuglant

Comment expliquer ce besoin impérieux de Mobutu de réaliser l'indépendance économique ? En effet, on peut s'interroger sur les grands

[23] De Matadi

problèmes que Mobutu a rencontrés, les personnalités les plus marquantes qu'il a croisées qui ont déterminé les choix qu'il a dû faire.

De toute évidence, Mobutu est très marqué par le néocolonialisme économique d'origine belge (Remilleux, 1989, p. 197) :

- Première manifestation néocolonialiste : le gouvernement belge réussit à préserver la mainmise belge sur le tissu économique congolais. Cela se passe durant la Table ronde économique belgo-congolaise. Elle est convoquée comme prévue du 26 avril au 17 mai 1960 à Bruxelles. Presqu'en même temps que les élections législatives et provinciales qui retiennent tous les ténors de la politique au Congo. Mobutu y participe à la demande de Patrice Emery Lumumba en qualité de délégué du MNC. Ce n'est pas l'un des meilleurs souvenirs de ma vie confie Mobutu : « *Voici comment moi, pauvre petit journaliste mal dégrossi, je me suis retrouvé à la même table que les plus grands requins de la finance belge dans le but de dresser l'inventaire des avoirs et d'esquisser les relations futures entre les deux pays ! Je n'avais aucune formation financière et mes compagnons de délégation, ceux qui représentaient les autres mouvements congolais, pas davantage. Nous avons discuté pied à pied, mais je me faisais l'effet de ce cow-boy des westerns qui se fait à tous les coups plumer par les professionnels de l'arnaque. Nous discutions tard dans la nuit et nous apprenions le lendemain matin que, pendant ce temps-là, le Parlement belge avait pris de son côté des dispositions qui rendaient caduque la négociation. Il fallait nous battre sur tout : par exemple pour obtenir que les droits de douane sur les marchandises importées au Congo ne soient plus payés à Bruxelles ou à Anvers, mais versés directement au Trésor congolais ! Evidemment, nous nous sommes fait rouler. Par toute une série d'astuces juridiques et techniques, nos interlocuteurs ont réussi à préserver entièrement la mainmise des multinationales et des capitalistes belges sur le portefeuille congolais. Dans toute cette affaire, le pouvoir colonial a profité sans scrupule de notre inexpérience en matière de négociations internationales, inexpérience aggravée par le fait que le pouvoir colonial s'était gardé de former les élites nécessaires. Nous n'avons pas honte de dire que nous avons été roulés* » (Remilleux, 1989, pp. 44-45, 193).

- Deuxième manifestation néocolonialiste : le gouvernement belge fait main basse sur le portefeuille congolais, deux semaines seulement avant l'indépendance du Congo. Mobutu raconte : « *le 17 juin 1960, 13 jours avant la proclamation de l'indépendance du Congo, pendant que les Congolais sont préoccupés par les résultats des élections législatives et provinciales, le Parlement belge décidait à la sauvette de transformer toutes les sociétés de droit congolais en sociétés de droit belge. Alors qu'il avait été entendu au cours des deux tables rondes précédentes que la Belgique ne prendrait aucune décision engageant la future République sans consulter les leaders congolais. En pratique, cette loi revenait à priver le Congo de son portefeuille économique* » (Remilleux, 1989, pp 194).

- Troisième manifestation néocolonialiste : ni le gouvernement du Congo ni les deux provinces sécessionnistes (Katanga et Sud-Kasaï) n'ont reçu le versement des impôts et taxes liés aux recettes de l'exportation du cuivre, du cobalt et des diamants pendant la durée des sécessions du Katanga (juillet 1960-janvier 1963) et du Sud-Kasaï (août 1960). Rien que pour le cuivre et le cobalt, les experts mandatés par Mobutu évaluent ces sommes à 181.250.000 euros (Remilleux, 1989, p. 193).

- Quatrième manifestation néocolonialiste : Mobutu est marqué par la manière employée par le gouvernement belge pour abuser le Premier ministre congolais et enterrer le contentieux belgo-congolais. Moïse Tshombe est entourloupé durant le fameux accord Tshombe-Spaak de février 1965 qui dispose que l'essentiel du patrimoine minier congolais fasse l'objet de négociations ultérieures ; que le Congo accepte le paiement de 300 millions d'euros (12 milliards de francs belges) à la Belgique au titre de la dette coloniale ; que le sol demeure la propriété du Congo mais pas le sous-sol qui appartient aux compagnies minières de droit belge ; que le Congo renonce au droit de réclamer à l'avenir toute révision du contentieux belgo-congolais (Article 18). Toujours selon Mobutu, « *Tshombe ignorait même cet article 18. Tshombe s'est fait rouler et le pays avec lui* » (Remilleux, 1989, pp. 138-139, 192, 194).

- Cinquième manifestation néocolonialiste : Mobutu est marqué par la capacité de déstabilisation des grandes sociétés minières belges. En effet, l'Union Minière du Haut-Katanga (UMHK) et la Forminière ne sont pas seulement impliquées dans les sécessions du Katanga et du Sud-Kasaï en 1960. Se sentant toute puissante, l'UMHK poursuit ses basses manœuvres. En 1966, l'UMHK refuse de transférer son siège à Léopoldville/Kinshasa à la demande de Mobutu. L'UMHK invoque deux raisons : *elle est une société de droit belge et la capitale du Congo n'offre pas le confort suffisant* (Remilleux, 1989, pp. 139-140, 194-195). Mais en réponse, à une décision du Congo de Mobutu de reprendre ses droits sur toutes ses forêts et sur toutes ses ressources du sol et du sous-sol (Loi Bakajika du 28 mai 1966), l'UMHK stipendie des mercenaires commandés par le Belge Jean Schramme. Ces derniers attaquent Stanleyville/Kisangani à partir du 21 juillet 1966. Rebelote en 1967. En réponse à la nationalisation de l'UMHK par Mobutu, le 15 mai 1967, les anciens propriétaires de l'UMHK engagent deux groupes de mercenaires pour ébranler son régime. Ces deux groupes de mercenaires attaquent successivement dans l'Est puis dans le Sud du Congo. A partir du 5 juillet 1967, ce sont des mercenaires commandés par Jean Schramme qui attaquent simultanément les garnisons de Stanleyville/Kisangani, de Kindu et de Costermansville/Bukavu. A partir du 1er novembre 1967, c'est au tour des mercenaires commandés par le Français

Bob Denard d'attaquer le Katanga, à partir de l'Angola via Luashi et Kisenge (Remilleux, 1989, pp. 72-73, 139).

- Sixième et dernière manifestation néocolonialiste : Mobutu est enfin marqué par le « cambriolage des termes de l'échange. »[24] Cela veut dire que les consommateurs déterminent les prix des matières premières. Cela veut dire aussi que les producteurs ne maîtrisent pas les prix des matières premières à l'exportation. C'est ainsi que Mobutu regrette d'avoir confié le raffinage des minerais du Congo à une filiale de la société générale de Belgique, l'ancienne propriétaire de l'UMHK (Remilleux 1989, pp. 140-141) : « *Alors que le prix du minerai baisse, celui du cuivre raffiné se maintient. En somme, les anciens propriétaires ont reporté sur l'activité de raffinage les profits abusifs qu'ils ne pouvaient plus tirer directement de la mine. Et le Congo/Zaïre est encore floué* » (Remilleux, 1989, pp. 142 et 182).

En dehors du néocolonialisme en matière économique, Mobutu est influencé par deux personnalités congolaises : le *Tetela* Patrice Emery Lumumba et le *Lunda* Moïse Tshombe Kapenda. C'est Lumumba qui apprend à Mobutu les dangers d'un tissu économique entre les mains des étrangers et la nécessité de l'indépendance totale. L'indépendance politique, c'est bien ; mais l'indépendance économique, c'est mieux (Remilleux, 1989, p. 44). Mobutu est influencé aussi par Tshombe. C'est le premier à avoir annoncé son intention « *de supprimer toutes les compagnies à charte coloniale et à nationaliser sans indemnité les mines du Katanga* », le 29 novembre 1964. Mais les Belges l'ont entendu. Invité à Bruxelles deux mois plus tard, en février 1965, affirme Mobutu, Tshombe sera roulé dans la farine et le Congo avec lui, lors du règlement du contentieux belgo-congolais par le Belge Paul-Henri Spaak (Remilleux, 1989, p. 138).

A l'analyse, le bilan des nationalisations de Mobutu est un échec cuisant qui consacre la mort de l'Etat et installe le chaos au Congo. Au lieu de l'indépendance économique escomptée, s'accroît au contraire la dépendance financière du Congo à l'égard de l'extérieur. Le choix de l'indépendance économique que fait Mobutu semble déterminé par trois facteurs que l'on peut relier à sa psychologie particulière :

- Le premier facteur est un souci sécuritaire évident. Mobutu nationalise pour éliminer la menace que représentent les grandes compagnies minières installées au Congo aussi bien pour le pays que pour son régime. Mobutu doit avoir en tête les sécessions du Katanga et du Sud-Kasaï ainsi que la liquidation politique (septembre 1960) et l'élimination physique (janvier 1961) de Patrice Emery Lumumba.

---

[24] Le terme est d'Éric Fottorino, Christophe Guillemin et Erik Orsenna, 1992, p. 258.

- Le deuxième facteur est une ambition personnelle bien affirmée. L'indépendance économique souhaitée par Lumumba et évoquée par Tshombe, Mobutu veut la réaliser pour marquer l'histoire du Congo. Il veut être le père de l'indépendance économique à l'instar de Lumumba et Kasa-Vubu rentrés dans l'Histoire comme les pères de l'indépendance politique du Congo.

- Le dernier facteur, c'est ce côté « Zorro » ou « redresseur des torts » de Mobutu, cette volonté de faire œuvre de justicier contre les néocolonialistes belges qui ont spolié le portefeuille économique congolais, en trois étapes. D'abord, durant la table ronde économique (avril/mai 1960) où ils ont entourloupé Mobutu et ses compagnons profitant de leur ignorance. Ensuite, deux semaines avant l'indépendance du Congo (17 juin 1960) quand ils ont transformé les sociétés de droit congolais en sociétés de droit belge contrairement aux décisions prises durant la table ronde politique de janvier/février 1960. Enfin, durant le règlement du contentieux belgo-congolais (février 1965) qui a mis face à face Moïse Tshombe et Paul-Henri Spaak.

Aveuglé par son nationalisme, Mobutu n'a pas jugé nécessaire de consulter des économistes qui lui auraient montré les conséquences négatives des décisions qu'il voulait prendre. C'est la plus grande faute de Mobutu. Mais, changeons d'échelle et comparons l'attitude de Mobutu à celle des autres leaders africains, notamment Robert Mugabe du Zimbabwe, Sam Nujoma de Namibie et Nelson Mandela d'Afrique du Sud. A politiques économiques égales, résultats égaux : l'économie du Zimbabwe est aujourd'hui en ruine comme celle du Congo-Zaïre de Mobutu. En revanche, Nelson Mandela et Sam Nujoma ne feront pas les nationalisations comme Mobutu ni la réforme agraire brutale comme Mugabe. Résultat, les tissus économiques sud-africain et namibien poursuivent leur essor.

A l'analyse, l'attitude de Nelson Mandela et de Sam Nujoma est beaucoup plus courageuse que celle de Mobutu et de Mugabe. Car le désir de vengeance doit être très fort chez la majorité noire en Afrique du Sud et en Namibie. Il est donc plus difficile de refuser de faire la volonté de ses électeurs ou de se venger de ses geôliers et de faire le choix de se prononcer en conscience selon l'intérêt supérieur de la Nation. La leçon qui découle des attitudes de ces quatre dirigeants africains semble être la suivante : la vengeance (action de la passion) est une solution de facilité qui déconstruit et avilit son auteur. Le rejet de la vengeance (action de la raison) est une solution courageuse qui construit et élève son auteur. Est-ce pourquoi le monde entier était aux funérailles de Nelson Mandela, alors que Mobutu est enterré en catimini en terre étrangère (cimetière chrétien de Rabat au Maroc) sans aucun hommage ?

LA NATION OU LE DERNIER REMPART DE L'INTEGRITE TERRITORIALE

Le Congo est un pays très convoité en raison de ses fabuleuses richesses naturelles (terres arables, forêts, biodiversité, minerais, pierres précieuses, eau potable, potentiel énergétique). Les ouvrages des journalistes d'investigation et écrivains belge Colette Braeckman (1999, 2003) et français Pierre Péan (2010) ainsi que l'article de Mediapart (2013) décryptent de façon remarquable le noir dessein de certaines grandes puissances avec leurs multinationales de minerais et du pétrole associées aux voisins de l'Est. Un noir dessein qui vise à disloquer le Congo pour s'approprier ses meilleurs morceaux : le Kivu, l'Ituri et le Katanga.

Ainsi, plusieurs stratégies sont mises en œuvre depuis 1998 :

- La première stratégie correspond à l'invasion suivie d'une longue période d'occupation (1998-2003) du Congo oriental par les armées rwandaises de Paul Kagamé et ougandaises de Yoweri Kaguta Museveni. Qui s'accompagnent d'un programme de pillages et de dépopulation systématiques des régions occupées. Mais, comme un roseau, le Congo plie mais ne rompt pas.
- La deuxième stratégie correspond à la conspiration du silence sur les exterminations à grande échelle des Congolais. Elles s'accompagnent de la destruction systématique des sexes de femmes, filles et fillettes pour interdire toute reproduction future. Leur objectif est de laisser le terrain libre à l'exploitation du pétrole et des minerais par des multinationales. Il faut attendre quatre années après le début de l'occupation rwando-ougandaise du Congo de l'Est pour que cette omerta soit brisée, pour que le mur de silence qui entoure le drame congolais s'écroule, pour que la presse occidentale et les ONG sonnent l'alarme en publiant des articles et des livres aux titres éloquents. Dont on présente ici un échantillon : « *RDC : des millions de morts, un conflit oublié* »[25] ; « *Au Kivu, on viole et massacre dans le silence. L'ONU doit remplir son mandat en RDC* »[26] ; « *Silence, on viole* »[27] ; « *Mortelle richesse* »[28] ; « *Silence, on meurt* »[29] ; « *Afrique des Grands Lacs : silence, on tue.* »[30]
- La troisième stratégie consiste à organiser, équiper et téléguider des vraies-fausses milices armées congolaises qui poursuivent les pillages et la tactique

[25] Mediapart, 2013.

[26] Un appel lancé par un collectif de vingt personnalités internationales dans le quotidien français *Le Monde* du 26 décembre 2012.

[27] Le magazine *Elle* n° 3031 du 2 février 2004.

[28] La lettre d'Amnesty, n° 62, Septembre/octobre 2003.

[29] Médecins Sans Frontières, Paris, L'Harmattan, 2002.

[30] L'hebdomadaire Marianne du 23 au 29 septembre 2002.

de la terre brûlée au Congo de l'Est (2003 à nos jours), après le « retrait officiel » des troupes rwandaises et ougandaises d'occupation. En effet, selon les révélations du colonel dissident rwandais Patrick Karegeya, ancien directeur du renseignement extérieur du Rwanda de Paul Kagamé, le M23 est une milice rwandaise tandis que Bosco Ntaganda est un soldat rwandais en service commandé au Congo (Rolley, 2013). A la suite de toutes ces agressions, le Congo est certes sérieusement touché mais survit. En effet, les pertes humaines sont particulièrement lourdes. Les victimes directes et indirectes sont estimées entre 5,4 et 6,9 millions de victimes (James, 2010 ; Kristoff, 2010 ; IRC, 2010 ; Mediapart, 2013). Tandis que les déplacés internes sont évalués à 3 millions par les Nations-Unies à la fin de 2013 (CICR, 2014).[31]

- La quatrième stratégie vise l'assassinat des présidents congolais pour semer et profiter du chaos subséquent. Stratégie qui repose sur le proverbe qui dit que « *lorsqu'on coupe la tête, le corps tombe.* » Laurent-Désiré Kabila est abattu en janvier 2001. Mais le Congo ne s'écroule pas.
- La cinquième et dernière stratégie correspond à la mise en place d'une désinformation visant à convaincre la communauté internationale que le Congo est un pays virtuel, c'est-à-dire, un pays qui n'existe pas. On peut citer l'article de Jeffrey Herbst et Greg Mills dont le titre est suffisamment parlant : « *There Is No Congo.* » Publié en mars 2009 dans le magazine Foreign Policy, cet article invite la communauté internationale à constater l'évidence : « *la non-existence du Congo.* » Leur « démonstration » s'appuie sur quatre arguments : la richesse considérable du pays, sa sous-population, le manque d'identité culturelle de la population et la faiblesse institutionnelle.

La démonstration de Herbst et Mills est erronée parce que deux des arguments invoqués par ces deux analystes sont inexacts :

- Première inexactitude : Il est contraire à la vérité d'affirmer que la population congolaise manque d'identité culturelle. En effet, 99 % de Congolais sont des Bantous ; 99 % de Congolais sont des chrétiens et

[31] Les Belges André Lambert et Louis Lohlé-Tart, tous deux des démographes, estiment les victimes directes à 183.000 morts de 1998 à 2003 et qualifient de propagande, le chiffre de 4 millions de victimes directes et indirectes avancé par les ONG de terrain (7SUR7, 2008). Toutefois, le calcul de Lambert et Lohlé-Tart soulève deux problèmes. Le premier est celui de la validité des données chiffrées utilisées dans leur calcul. Faute d'appareil statistique au Congo, c'est une compilation des ordres de grandeur des études antérieures dont la validité est difficile à établir. Le deuxième problème est celui de la multiplicité des conditionnalités. Pour être valide, ce chiffre repose sur plusieurs hypothèses dont la réalité n'est pas assurée. A notre sens, la méthode de calcul utilisée est valable mais les données chiffrées utilisées sont douteuses. Au final, c'est un joli coup de pub pour Lambert et Lohlé-Tart.

animistes ; les Congolais sont des francophones ; la plupart des Congolais appartiennent à la génération Mobutu, c'est-à-dire, sont d'origine multi-ethnique et pluri-provinciale contrairement à leurs parents ; la génération Mobutu parle au moins deux des quatre langues nationales (Kikongo, Lingala, Swahili et Tshiluba) et comprend une troisième langue nationale. L'argumentaire de Herbst et Mills montre surtout que ces deux analystes ignorent les dynamiques à l'œuvre au Congo impulsées par le mobutisme (1965-1997) notamment la création d'une Nation bantoue au Congo.

- Deuxième inexactitude : Il est absolument incorrect d'affirmer que le Congo est un pays sous-peuplé. En effet, la densité calculée par Herbst et Mills ne représente pas la réalité. Ces deux analystes divisent la population totale du Congo par la superficie totale du Congo. Ce chiffre est trompeur. Car, la surface utile est beaucoup moins étendue. En effet, la moitié du territoire du Congo, sa partie centrale, est une cuvette, une dépression recouverte d'une épaisse forêt inondée et impénétrable (sauf par voie d'eau). Ainsi, seul le pourtour de ce massif forestier est habité (les plateaux du Kasaï, du Bas-Congo, du Kwango-Kwilu, du Katanga, du Maniema, de l'Ubangi et de l'Uélé ainsi que les montagnes de l'Est). De sorte que, les densités moyennes de la population rurale sont plus élevées sur les plateaux et très fortes sur les montagnes de l'Est (Kivu, Ituri). En effet, les dernières données fiables issues d'une étude de la population effectuée par le Bureau d'Etude d'Aménagement et d'Urbanisme en 1986 font état d'un surpeuplement rural sur les hautes terres de l'Est où la densité moyenne de la population rurale s'élève à 70 habitants au Km2, tout en atteignant localement 300 habitants au Km2 (BEAU, 1989). L'argumentaire de Herbst et Mills montre surtout que leurs connaissances de la géographie du Congo sont approximatives.

De plus, « la démonstration » de Herbst et Mills soulève une autre critique. C'est l'absence de changement d'échelle. Le phénomène qu'ils décrivent au Congo n'est pas examiné sous d'autres perspectives notamment à l'échelle africaine. En revanche, d'autres politologues anglo-saxons et francophones l'ont fait. Ils ont abordé la question de l'Etat en Afrique subsaharienne dans une approche continentale. Ces chercheurs qualifient la construction postcoloniale de l'Etat en Afrique d'Etats mous (Soft States) (Myrdal, 1971), d'Etats faillis (Collapsed States) (Zartman, 1995) ou d'Etats rhizomes (Bayart, 1989). La question de l'Etat en Afrique est aussi le thème des nombreux numéros de revues scientifiques notamment le numéro 7 d'*Espace Politique* (2009). Que disent ces travaux scientifiques ? Le géographe français Christian Bouquet (2009) est l'un de ceux qui résument le mieux ce qu'est l'Etat un peu partout en Afrique sub-saharienne : « *un territoire où le pouvoir de l'Etat ne s'exerce pas. Où quelques potentats locaux se sont appropriés les richesses du lieu et gouvernent la région en marge des lois, en totale transgression avec les règles du pouvoir central.* »

Ces nombreuses études ne concluent pas à la virtualité de ces pays ni à la remise en cause de leurs frontières. Elles constatent la faiblesse institutionnelle et recommandent à tous ces pays de refonder une institution étatique en capacité d'assurer un meilleur contrôle de tout le territoire et une meilleure administration de toute la population qui y habite.

Mais Herbst et Mills ne sont pas les seuls à participer à cette propagande sur la remise en cause du Congo et des frontières issues de la colonisation européenne en Afrique. On peut citer la déclaration faite par Herman J. Cohen, ancien sous-secrétaire d'Etat aux affaires africaines de George Bush père, déclaration reprise par le quotidien congolais *Le Potentiel* n° 5300 du 12 août 2011. Selon laquelle, « *au département d'Etat américain, on considère que le Kivu fait partie intégrante du Rwanda !* » Face aux vives critiques soulevées par ses propos, par ailleurs récusés par la Maison blanche (présidence américaine), Herman J. Cohen fait une mise au point. Il envoie une lettre datée 14 août 2011 de Washington au quotidien congolais, dans laquelle il précise ses propos : « Le Rwanda a envahi et occupé le Kivu. Le Rwanda a exploité les minerais du Kivu (Coltan) pendant 5 années (1998-2003) et développé des réseaux commerciaux. Le Congo devrait laisser le Rwanda poursuivre cette exploitation et que le Congo perçoive des impôts. » Le parcours professionnel d'Herman J. Cohen est en soi assez étonnant. Comment expliquer sa reconversion de Secrétaire d'Etat Adjoint américain pour l'Afrique en « Porte-parole » du gouvernement rwandais de Paul Kagamé ? La déclaration d'Herman Cohen rejoint l'idée déjà avancée par Nicolas Sarkozy (président de la république française), lors de son discours du 16 janvier 2009 devant le corps diplomatique à Paris, « *d'une gestion commune des ressources de la région.* » Une idée interprétée au Congo comme une remise en cause de la souveraineté du Congo et des frontières issues de la colonisation nécessitant une mise au point de Pierre Jacquemot, ambassadeur de France au Congo, le 20 janvier 2009 (Radio Okapi, 2009).

Les conseils d'Herman Cohen et de Nicolas Sarkozy soulèvent d'autres questions. Les Américains auraient-ils accepté de laisser le Japon impérialiste poursuivre l'exploitation des ressources des îles de Guam, de Wake, des îles Salomon et de Guadalcanal après leur victoire en 1945 sous le prétexte que le Japon impérialiste aurait développé des réseaux commerciaux durant l'occupation de ces îles contre le paiement des taxes ? Les Français auraient-ils accepté de laisser l'Allemagne poursuivre l'exploitation des usines en France après la victoire de 1945 sous le prétexte que l'Allemagne nazie aurait développé des réseaux commerciaux durant l'occupation contre le paiement des taxes ? Voilà un conseil que ces deux conseilleurs ne sont pas prêts à s'appliquer à eux-mêmes ni à leurs pays respectifs. « Faites ce que je vous dis, mais ne faites pas ce que je fais », n'est-ce pas ?

Par ailleurs, il convient de souligner que la campagne anti-congolaise ne date pas d'aujourd'hui. En fait, elle date de la fin du XIXème siècle. Cette remise en cause du Congo et de ses frontières émane alors exclusivement du Royaume-Uni. La campagne anti-congolaise vise d'abord Léopold II en tant que Souverain du Congo, puis la Belgique en tant que puissance coloniale et enfin le Congo dans ses frontières de 1885. Voyons la chronologie de cette remise en cause qui se déroule en trois actes :

- Acte 1 : Le Royaume-Uni encourage puis organise une vaste campagne anti-congolaise à l'aube du XXème siècle (Dumont, 1990, pp. 275-302). D'une part, il y a la bataille du Katanga en toile de fond. En effet, de 1889 à 1891, Léopold II gagne la bataille du Katanga contre Cecil Rhodes qui pense que cette région se situe sous l'influence britannique (Dumont, 1990, pp. 234-237). D'autre part, la protection des Indigènes du Congo devient un enjeu ou un prétexte pour les Britanniques. Ainsi, en 1897, débute la campagne contre Léopold II et l'Etat Indépendant du Congo (EIC) en Angleterre. Léopold II est accusé d'atrocités à l'égard des Indigènes (Hochschild, 1998). Le 8 août 1903, le gouvernement britannique invite les puissances signataires de l'Acte de Berlin à se réunir pour arbitrer la question de savoir si l'EIC a rempli toutes ses obligations. « *Se méfiant des arrière-pensées des Britanniques, les puissances signataires de l'Acte de Berlin s'abstiennent toutes de répondre à l'invitation du gouvernement de Londres* » (Dumont, 1990, 286-291). Néanmoins, les coups de boutoir britanniques seront à l'origine de la reprise de l'EIC par la Belgique et de la naissance du Congo belge en 1908 (Dumont, 1990, 303-317).
- Acte 2 : Le Royaume-Uni refuse de reconnaître l'annexion du Congo par la Belgique jusqu'à la veille de la Première Guerre mondiale. Elle organise même deux manœuvres perfides « *pour faire échouer cette annexion afin de lui permettre de faire main basse sur le Katanga et sur ses richesses minières* » (Dumont, 1990, pp. 316-317). L'historien belge Georges-Henri Dumont (1990, pp. 316-317) nous en donne un aperçu. La première manœuvre perfide britannique consiste à soumettre à conditions l'annexion du Congo par la Belgique. Ainsi, en février 1908, avant la reprise du Congo par la Belgique, Sir Edward Grey le ministre britannique des Affaires étrangères (Foreign Secretary) déclare au Parlement de Londres que l'Angleterre n'acceptera jamais le transfert purement nominal du Congo à la Belgique. Au contraire, il exigera des garanties. Quatre mois plus tard, le 27 juin 1908, le gouvernement britannique émet deux prétentions absolument inacceptables par le gouvernement belge. Première prétention : le gouvernement belge doit notifier aux puissances l'annexion du Congo conformément à l'Acte de Berlin. Les puissances ont le droit de ne pas accepter cette annexion ou de la subordonner à leurs conditions. Deuxième prétention : le gouvernement belge doit prendre l'engagement de soumettre à l'arbitrage toutes les divergences de vues avec l'Angleterre concernant les

questions commerciales. La réponse du gouvernement belge est empreinte de mépris qui convient à pareille situation. Après l'annexion du Congo par la Belgique, le gouvernement de Londres relance ses deux prétentions. Pour les soutenir, Londres publie un livre blanc sur la situation dans l'Etat indépendant du Congo basé sur des rapports tendancieux de ses consuls au Congo. La réponse du gouvernement de Bruxelles stigmatise fermement la perfidie de cette manœuvre britannique dans une note du 23 janvier 1909 émanant de Julien Davignon, le ministre belge des Affaires étrangères. Jouant à « *malin, malin et demi* », le gouvernement belge soumet une offre inacceptable par le gouvernement de Londres. Selon laquelle, le gouvernement belge est prêt à accepter un arbitrage si et si seulement le gouvernement britannique appelle au procès les autres signataires de l'Acte de Berlin. C'est la fin de la première manœuvre perfide. La deuxième manœuvre perfide britannique est un accord secret signé entre le Royaume-Uni et l'Allemagne pour un nouveau partage de l'Afrique. Cette nouvelle manœuvre perfide de l'Angleterre survient trois années après l'annexion du Congo par la Belgique, précisément au moment de la crise d'Agadir en 1911 (Hérodote, 2014). En effet, des tensions militaires et diplomatiques surgissent entre l'Allemagne et la France concernant leurs prétentions respectives sur le Maroc. Le Royaume-Uni exploite perfidement cet incident et saisit cette occasion pour signer avec l'Allemagne des arrangements secrets pour se partager à nouveau l'Afrique. Le Royaume-Uni espère annexer le Katanga à l'occasion de ce nouveau partage africain. Sur ces accords secrets entre le Royaume-Uni et l'Allemagne, l'ambassadeur britannique, Francis Bertie va faire le commentaire suivant : « *Je crains beaucoup que si un jour, les arrangements avec l'Allemagne venaient à être connus, s'élèvent avec des raisons plus solides qu'à l'accoutumée des clameurs contre la perfide Albion* » (Dumont, 1990, p. 317). Grande est la déception au Royaume-Uni quand l'Allemagne et la France règlent cet incident pacifiquement. Le traité franco-allemand du 4 novembre 1911 voit la France céder des territoires du Congo (colonie française) au Cameroun (colonie allemande) en échange d'une entière liberté d'action au Maroc (Hérodote, 2014).

- Acte 3 : Le Royaume-Uni veut troquer le Congo belge contre la paix en Europe afin d'éviter la Deuxième Guerre mondiale. En effet, le Belge P. Vandenbroucke (2011) rapporte les recherches effectuées par l'historien belge Jean-Claude Willame dans les archives du Foreign Office (ministère britannique des affaires étrangères) selon lesquelles, en 1937, le Premier ministre britannique Arthur Neville Chamberlain a proposé au Chancelier allemand Adolf Hitler d'octroyer la moitié du Congo belge à l'Allemagne en échange de la paix en Europe.

Comment expliquer les arrière-pensées britanniques ? Par deux fois, le gouvernement de Londres n'a pas voulu du Congo qui lui tendait les bras avant de s'apercevoir de sa grosse faute. D'abord, il faut remonter en 1876. Le gouvernement britannique de Disraeli refuse de reconnaître la proclamation faite par le lieutenant Verney Lovett Cameron (explorateur britannique) d'un protectorat de Grande-Bretagne sur le bassin supérieur du Congo (Dumont, 1990, p. 151). Deux années plus tard, en 1878, rebelote : pendant cinq mois (de janvier à mai 1878), de retour du Congo, Henry Morton Stanley (explorateur américain d'origine britannique) supplie le gouvernement britannique de se rendre « maître du Congo. » Les milieux d'affaires britanniques s'en désintéressent. Le gouvernement britannique refuse de saisir cette deuxième chance. En juin 1878, dépité et la mort dans l'âme, Stanley se met au service de Léopold II, roi des Belges (Dumont, 1990, p. 163). Autrement dit, commente l'historien belge Georges-Henri Dumont, (1990, p. 317), « *la Grande-Bretagne espérait toujours récupérer quelques fragments (le triangle du Katanga) de la proie qu'elle avait laissé échapper en 1876 et 1878.* »

Outre les Britanniques, curieusement, les deux voisins de l'Est du Congo qui remettent en cause aujourd'hui l'Acte de Berlin (partage de l'Afrique de 1885) sont adossés au monde britannique ou se rapprochent du monde britannique par des manœuvres perfides et stratégiques. Ainsi, l'Ouganda de Yoweri Kaguta Museveni est une ancienne colonie britannique et membre du Commonwealth. Tandis que le Rwanda de Paul Kagamé est une ancienne colonie allemande devenue territoire sous tutelle belge en 1918. Le Rwanda adopte l'anglais comme langue officielle et devient le 54ème Etat du Commonwealth fin novembre 2009 sans avoir été une colonie britannique et sans avoir entretenu de lien constitutionnel avec la Couronne britannique (Belga, 2009). Comme le confirme le Rwandais Vincent Biruta, président du Sénat, le 19 mars 2009 : « *l'adoption de l'anglais correspond aux orientations stratégiques du pays.* »

Bien entendu, les deux voisins de l'Est du Congo tirent également profit du nouvel intérêt américain pour l'Afrique. Le nouvel intérêt américain pour l'Afrique a un double but : sécuritaire et stratégique. Sur le plan sécuritaire, l'Amérique étatsunienne veut débarrasser l'Afrique des terroristes islamistes. Mais, les Etats-Unis d'Amérique ont un problème pour combattre efficacement les groupes terroristes islamistes anti-américains qui ont pris pied en Afrique. En effet, ce problème découle de la nouvelle doctrine militaire occidentale dite du *zéro mort et zéro blessé.* Cette doctrine du *double zéro* signifie que les occidentaux ne subiront plus aucune perte humaine. Selon ce principe du double zéro, les opérations militaires occidentales vont se résumer à l'utilisation des forces aériennes et des drones pour détruire les cibles au sol (Arzalier, 2000).[32] En Afrique, cette stratégie

[32]Selon le Français Jean-Jacques Arzalier, médecin en chef des armée (CR) (2000), la doctrine occidentale du double zéro apparaît sous la pression de l'opinion

prévoit l'utilisation des pays alliés qui fourniront des combattants au sol et qui bénéficieront d'une coopération militaire américaine renforcée. Les « méchantes langues » parlent de « *chair à canon* » africaine ou des « *laquais de l'Amérique* » (Mamo Zeleke, 2007). Des nombreux pays africains, notamment l'Ouganda et le Rwanda de même que l'Ethiopie, bénéficient de ce renforcement de leurs forces armées. Ce qui explique par exemple l'intervention de l'Ethiopie et de l'Ouganda en Somalie pour combattre les islamistes ainsi que l'intervention du Rwanda au Darfour (Soudan). Or, ce surarmement de l'Ouganda et du Rwanda va entraîner un déséquilibre des forces régionales. Ce qui explique en partie l'invasion et l'occupation du Congo par l'Ouganda et le Rwanda (1998-2003). Sur le plan stratégique, le nouvel intérêt occidental pour l'Afrique s'explique par l'arrivée fracassante de la Chine sur ce continent. En effet, l'Occident cherche à empêcher la Chine d'accéder à certaines matières premières stratégiques (politique d'endiguement). L'Afrique est ainsi devenue le théâtre d'une guerre secrète entre les grandes puissances. Le démantèlement de certains pays riches en ressources stratégiques comme le Congo ou le Soudan (indépendance du Darfour après l'indépendance du Soudan du Sud) fait partie des options (Péan, 2010 ; Bowie, 2012).

Mais, si la remise en cause des frontières africaines héritées de la colonisation européenne ne va nullement retarder l'irrésistible ascension de la Chine vers le leadership du monde, ce détricotage frontalier va certainement mettre l'Afrique à feu et à sang et se retourner contre ses promoteurs. En effet, deux facteurs qui semblent méconnus par les promoteurs de la balkanisation des riches pays africains, au gré de leurs intérêts mercantiles et stratégiques du moment risquent de provoquer une déflagration générale en Afrique.

Le premier facteur qui risque de déclencher un désordre généralisé en Afrique subsaharienne, c'est le fait que les frontières coloniales plus que

---

publique à la fin du XXème siècle : en 1992 aux Etats-Unis d'Amérique[32] et en 1994 en France.[32] Elle est rapidement mise en œuvre par les Américains après l'échec de l'opération *Restore Hope* en Somalie notamment après la tragédie du 13 octobre 1993. Au cours de laquelle, une compagnie de *Rangers* subit des lourdes pertes dans Mogadiscio (12 tués, 66 blessés et 6 disparus). Le monde entier découvre stupéfait à la télévision des cadavres de soldats américains trainés dans les rues de Mogadiscio. De plus, trois années avant le 11 septembre 2001 qui voit les terroristes islamistes détruire les tours jumelles de New York et partiellement le Pentagone à Washington, nous sommes le 7 août 1998, ces mêmes groupes terroristes anti-américains frappent simultanément les ambassades américaines de Nairobi (Kenya) et de Dar es Salam (Tanzanie) en Afrique de l'Est. Le bilan est terrible : 243 morts et des milliers de blessés au Kenya, une douzaine de morts et des centaines de blessés en Tanzanie (Samson, 2011).

centenaires font aujourd'hui partie intégrante de l'architecture identitaire des peuples africains même dans des pays initialement construits dans des frontières historiquement et culturellement artificielles. On peut citer trois exemples :

- Premier exemple : L'attachement des Africains aux frontières coloniales ne fait plus aucun doute à la lumière de tous les conflits armés très meurtriers dont la motivation est justement leur défense acharnée. On peut citer les 38 années de conflit du Sahara occidental (1976-2014) intégré dans le Maroc (Bontems, 1984) ; les 31 années de guerre d'indépendance de l'Erythrée (1962-1993) annexé par l'Ethiopie (Goy, 1993) ; les 11 années de guerre de l'Ogaden (1977-1988), province éthiopienne annexée par la Somalie (Guay, 2014 ; Routin et Mazier, 2008) ; les 9 années de guerre de la bande d'Aozou (1978-1987), territoire tchadien annexé par la Libye (Koskenniemi, 1994) ; les 3 années de guerre du Biafra (1967-1970), province sécessionniste du Nigéria (Ugochukwu, 2009) ; les 3 années de guerre du Katanga (1960-1963), province sécessionniste du Congo (Gérard-Libois, 1963). Heureusement, très souvent, c'est la sagesse africaine qui prévaut. Ainsi, des nombreux conflits frontaliers se sont réglés devant la Cour Internationale de Justice : l'affaire du plateau continental entre la Tunisie et la Libye (24 février 1982) ; le différend frontalier Burkina/Mali (22 décembre 1986) ; le différend frontalier Guinée Bissau/Sénégal (12 novembre 1991) ; le différend sur la frontière maritime entre la Guinée et la Guinée Bissau (14 février 1985) ; le différend sur les frontières maritime et terrestre entre le Cameroun et le Nigéria (11 juin 1991) ; le différend sur l'île de Kasikili/Sedudu entre le Botswana et la Namibie (13 décembre 1999) (Sindjoun, 2002, p. 94).
- Deuxième exemple : L'attachement des Africains aux frontières coloniales se manifeste également par l'enfermement systématique des réfugiés africains dans des camps pour bien montrer le caractère provisoire de cet accueil et pour bien affirmer leur statut d'étrangers. On peut citer le parcage des réfugiés hutu rwandais en Tanzanie dans le camp de Kibeho de 1994 à 1996, au Congo-Zaïre dans les camps d'Adi-Kivu, Bidela, Chimanga, Gitemesho, Hongo I et II, Idjwi, INERA, Izangabo, Kabila, Kagunga, Kahindo, Kalehe, Kamaniola, Katale, Kibumba, Mugunga, Nyamirangwe, Nyangezi I et II, Panzi, Rumonge, Rubalika, Ruberizi, Ruvungi I et II, Sange et Shabahabe de 1994 à 1996 (De Schrijver, 1996) et au Congo-Brazzaville dans les camps de Liranga, Kintélé et Loukoléla de 1996 à 2013 (Martial, 2013). On peut citer également le parcage des réfugiés somaliens au Kenya dans les camps de Dadaab ou de Kakuma (Serjanian, 2012) et celui des Congolais-Zaïrois en Ouganda dans les camps de Kayakable et de Pamandja (Nzuzi, 2014).
- Troisième et dernier exemple : L'attachement des Africains aux frontières coloniales se traduit par de fréquents refoulements des étrangers africains

dans leurs pays d'origine pour des raisons idéologiques ou économiques même quand il existe des Conventions d'intégration régionale. Ainsi, le Ghana du Premier ministre Busia expulse deux millions d'Ouest-africains en 1969. Le Nigéria de Shehu Shagari expulse deux millions d'Ouest-africains en 1983. Rebelote, en 1985, le Nigéria de Muhammadu Buhari expulse 700.000 Ouest-africains (Maman Waziri Mato, 2007, pp. 177-178). En 1964/1965, c'est le Congo-Zaïre du Premier ministre Moïse Tshombe qui expulse de Kinshasa tous les Congolais de Brazzaville. Cinquante années plus tard, en avril/mai 2014, c'est au tour du Congo Brazzaville de Denis Sassou Nguesso d'expulser près de 150.000 Congolais du Congo-Zaïre (RFI, 2014). Quant aux expulsions violentes des Congolais d'Angola débutées en 2007, elles continuent en 2014 (Le Figaro/AFP, 2007 ; RFI, 2012). Ainsi, apparaît une autre réalité africaine : toutes ces expulsions s'appuient sur une identité nationale façonnée par les frontières coloniales. Une identité nationale qui s'avère aujourd'hui plus forte que l'appartenance historique aux mêmes communautés ethniques, linguistiques et religieuses qui caractérisent les peuplements des différents pays africains limitrophes qui procèdent pourtant à ces expulsions massives et violentes des étrangers africains. En effet, l'analyse ethnique des expulsés montre, par exemple, que les Bakongo d'Angola sont plus proches de leurs compatriotes angolais que des Bakongo du Congo-Zaïre. Que les Lunda d'Angola se sentent plus proches de leurs compatriotes angolais que des Lunda du Congo-Zaïre. Les Bakongo du Congo Brazzaville se sentent plus proches de leurs compatriotes congolais que des Bakongo du Congo-Zaïre. Que les Batéké du Congo Brazzaville se sentent plus proches de leurs compatriotes congolais que des Batéké du Congo-Zaïre.

Le deuxième et dernier facteur qui risque de déclencher un désordre généralisé en Afrique subsaharienne est le fait que tous les pays d'Afrique noire sont des « boîtes de pandore » : un problème peut toujours en cacher un autre plus grave et plus difficile à résoudre. Ainsi, remettre en cause les frontières coloniales, c'est ouvrir des boîtes de pandore à n'en plus finir qui risquent de mettre à jour divers problèmes régionaux et locaux jusqu'ici camouflés ou dissimulés mais beaucoup plus épineux. C'est donc en connaissance de cause que les pères fondateurs de l'Organisation de l'Unité Africaine (OUA), devenue l'Union Africaine (UA) le 26 mai 2001, ont adopté le principe de l'intangibilité des frontières coloniales.

Prenons l'exemple du Soudan du Sud qui symbolise la malédiction du pétrole. Une guerre civile éclate au Soudan le 16 mai 1983. Elle va durer près de 30 années et laisser derrière elle des centaines de milliers de morts et d'exilés. Les Sud-Soudanais (chrétiens, animistes et minoritaires dans un pays musulman) se révoltent contre la remise en cause de leur autonomie par le président Gaafar Mohamed Nimeiry. D'une part, Nimeiry impose la loi islamique (charia) assortie des peines corporelles sur l'ensemble du pays.

D'autre part, Nimeiry découpe le Sud-Soudan en trois provinces administratives pour diviser les Sud-Soudanais, diluer leur autonomie et réduire leur influence (Guay, 2014). Durant plusieurs années, cette guerre civile n'attire que des Humanitaires. Puis un beau jour arrive la Chine qui investit dans le pétrole dont la majeure partie des gisements se trouve justement dans le Sud-Soudan chrétien. L'arrivée des Chinois déclenche la guerre secrète entre les grandes puissances. L'Occident s'en mêle et met en œuvre sa politique d'endiguement de la Chine. L'intervention occidentale va transformer une guerre pour une large autonomie au sein du Soudan en guerre d'indépendance du Soudan du Sud malgré les fortes réticences des dirigeants africains, tous acquis au principe d'intangibilité des frontières coloniales. Le Soudan est divisé en deux Etats et le Soudan du Sud accède enfin à l'indépendance en juillet 2011. Mais la joie est de courte durée. Très rapidement, deux nouveaux problèmes font leur apparition. Le premier problème survient cinq mois seulement après l'indépendance. Mi-décembre 2011, l'unité apparente des Chrétiens du Sud face aux Musulmans du Nord vole en éclat et laisse apparaître un immense antagonisme interethnique qui déclenche une effroyable guerre civile. Les conséquences sont particulièrement lourdes et rendent très difficiles la réconciliation entre les deux ethnies principales : les *Dinka* et les *Nuer*. Sur le plan humain, les pertes directes et indirectes sont innombrables. La cruauté morale et physique pratiquée par les deux ethnies en conflit assombrit l'avenir de la paix. Sur le plan matériel, les pertes sont énormes : destruction des villes, de l'agriculture et des infrastructures de transport. Sur le plan économique, la production du pétrole s'arrête. Le personnel étranger (essentiellement chinois) qui fait fonctionner les installations quitte le pays. La corrosion commence à ronger dangereusement les oléoducs qui ont coûté des milliards de dollars. Le deuxième problème survient un mois après le début de la guerre civile au Sud-Soudan. En effet, en janvier 2012 éclate le différend sur les droits et redevances liés au transit du pétrole du Sud-Soudan par le Soudan (Patey, 2014).

Finalement, le bilan de l'intervention occidentale au Soudan est un fiasco total. Tout le monde est perdant. Les raisons d'espérer s'envolent. D'abord, les deux principales ethnies du Sud-Soudan (*Dinka* et *Nuer*) sont difficilement réconciliables. Ni l'Union Africaine ni les Occidentaux n'arrivent plus à y imposer la paix. De plus, l'instabilité politique et l'insécurité croissante pour le matériel, le personnel, le pétrole et le transit du pétrole augmentent la réticence à investir des capitaux importants. Enfin, pour la population, l'après indépendance est encore pire qu'avant l'indépendance : la paupérisation et la surmortalité explosent. Quant au Soudan du Nord, l'arrêt de transit du pétrole entraîne un manque à gagner considérable : environ 10 % de son budget (Patey, 2014).

L'exemple soudanais est une preuve supplémentaire que les interventions occidentales unilatérales en Afrique, au lieu de pacifier, souvent exacerbent les violences de masse. Comme le rappellent deux autres fiascos occidentaux : l'opération « *Restore Hope* » en Somalie en 1993 (Tallès, 2011) et l'élimination de Mouammar Kadhafi en Libye, le 20 octobre 2011. En effet, le désordre continue de régner en Somalie plus de vingt ans après l'opération « *Restore Hope*. » Laquelle Somalie exporte même son insécurité au Kenya (RFI, 2013) et sur la navigation maritime dans le golfe d'Aden et l'océan Indien nécessitant la mise en œuvre de l'*Opération Atalante* (Bléjean, 2014). Quant à la Libye post-Kadhafi, ce n'est plus qu'un chaos borné ayant entraîné l'exode de tous les étrangers et en premier lieu de tous les Occidentaux. Des experts font même une relation entre la chute de Kadhafi et la reprise foudroyante de la guerre au Mali voisin nécessitant l'intervention française (*Opération Serval*) en 2013 (Frachon, 2013) transformée en opération *Barkhane* en 2014 ainsi que celle de l'ONU (*MINUSMA*) (Nations Unies, 2013).

Quelle signification donnée à ces échecs à répétition des interventions occidentales en Afrique (Somalie, Soudan, Libye) ? Ces fiascos traduisent la méconnaissance de plus en plus profonde et grandissante en Occident (Europe, Etats-Unis d'Amérique) des réalités locales et de diverses dynamiques qui sont à l'œuvre en Afrique d'aujourd'hui.

CONCLUSION

Ce premier chapitre apporte un double éclairage :

- Le premier éclairage fait écho au bilan du régime Mobutu (1965-1997) et permet de révéler les deux faces de cet homme politique congolais : un Mobutu en blanc et un Mobutu en noir. En effet, nous avons cité Mobutu à comparaître devant le Tribunal serein et impartial de l'Histoire afin de reprendre le procès de son régime, mais cette fois-ci, à charge et à décharge. L'analyse des responsabilités révèle les deux faces de Mobutu : le bâtisseur et le fossoyeur. Une fraction de l'héritage de Mobutu est lourde à porter aujourd'hui. Ses décisions se sont avérées catastrophiques dans le domaine économique et financier. Elles ont détruit le tissu économique formel et tari la source de financement de l'Etat qui a fait faillite. L'autre fraction de l'héritage de Mobutu est une grande œuvre. Le seul mérite de Mobutu est celui d'être le créateur de la Nation congolaise. La politique d'authenticité fournit au Congo son identité nationale. Une identité nationale fondée sur le partage de la culture bantoue. Lumumba a rêvé de l'unité nationale. Mobutu en a fait une réalité. Mobutu est l'artisan de la Nation congolaise à partir des tribus et ethnies bantoues étrangères les unes par rapport aux autres voire rivales. Mobutu est le pendant de Léopold II. Le deuxième roi des Belges a créé un territoire, le Congo. Mobutu y a ancré une Nation. Le mépris dans lequel le tiennent ses détracteurs ne doit pas empêcher de mettre en valeur l'unique réalisation qu'il a menée à bien : la création d'une Nation congolaise et bantoue. Le Congo est aujourd'hui une Nation en quête d'Etat. C'est ça le véritable bilan de Mobutu. Il appartient aux Congolais de refonder un Etat pour créer une Nation-Etat à l'instar de l'Allemagne où la Nation allemande a préexisté à l'Etat allemand. De 1862 à 1890, l'action du Chancelier de fer Otto Von Bismarck va donner un Etat à la Nation allemande (Paraire, 1996, p. 184). Pour concrétiser cet espoir, il faut un leader. Ce leader existe déjà. Il est là, ici et maintenant, au Congo ou à l'extérieur dans la diaspora. Le Congo est à la recherche de ce leader. Le Congo d'aujourd'hui cherche son Otto Von Bismarck.

- Le second éclairage fait écho aux effets posthumes des œuvres de Mobutu et de Léopold II. Tous ceux qui veulent disloquer le Congo et qui fondent leur plan de démantèlement sur le caractère artificiel (virtuel) de ce pays font preuve d'une connaissance approximative des réalités congolaises. Car le Congo est une véritable Nation qui cherche seulement un Etat. C'est ainsi que ce premier chapitre fournit une partie mais une partie seulement de l'explication concernant l'échec des diverses tentatives de dislocation (balkanisation) du Congo par certaines grandes puissances et multinationales des matières premières (pétrole, minerais) associées aux voisins de l'Est du Congo (Ouganda, Rwanda). A la chute de Mobutu en 1997, le Congo est une Nation en quête d'Etat. Mais les casseurs du Congo l'ignorent. C'est cette Nation bantoue qui va jouer un rôle décisif dans la défense et la préservation de l'intégrité territoriale du Congo. En effet, les guerres de conquête territoriale imposées par les voisins de l'Est et qui ont battu tous les records de barbarie n'ont eu qu'un seul effet chez les Congolais : renforcer la cohésion nationale. Toutefois, Mobutu n'est pas le seul défenseur à titre posthume de l'intégrité territoriale du Congo. C'est aussi le cas de Léopold II, le créateur du Congo. Léopold II défend le Congo, l'œuvre de sa vie, en lui assurant une protection par l'étendue, par l'immensité territoriale. En effet, en août 1998, ce sont les distances autant que la résistance des habitants de Kinshasa (communes de Ndjili, Masina et Kimbanseke) qui vont jouer un rôle décisif dans l'échec de l'offensive aéroportée lancée sur la capitale Kinshasa via la base militaire de Kitona (Bas-Congo) par les envahisseurs rwandais et ougandais. Rappelant ainsi le sort des armées hitlériennes qui ont connu un destin identique dans leur campagne de Russie durant la Deuxième Guerre mondiale (Michel, 2014).

2
CONSACRER LA SUBSIDIARITE

Le 30 juin 1960, le jour de l'indépendance du Congo, les niveaux de développement économique du Congo belge et de l'Afrique du Sud sont comparables (Cros et Misser, 2006 ; Ergo, 2005 ; Janssens et al, 1992 ; Drachoussof et al, 1991 ; Van Langenhove, 1960). Un demi-siècle plus tard, l'Afrique du Sud est une puissance émergente membre du BRICS.[33] Alors que le Congo est classé parmi les derniers pays les moins avancés du monde (PMA) par le Programme des Nations Unies pour le Développement (PNUD, 2014).

Comment expliquer le déclin du Congo ? Au cœur du bond en arrière du Congo, il y a l'Etat. Le lien entre l'Etat et le développement en Afrique subsaharienne est maintes fois confirmé par des Africanistes éminents (Bouquet, 2009 ; Chabal, 1998 ; Chabal et Daloz, 1999 ; Chazan, 1994 ; Diamond, 1998 ; Mamdani, 1996 ; Vircoulon, 1996) notamment par des spécialistes du Congo (Bruneau et Simon, 1991 ; Bruneau, 2009 ; Pourtier, 1990, 1991, 1992, 1993, 1997, 2008).[34]

Partant du constat quasi unanime que le Congo est une Nation en quête d'Etat, la question à laquelle nous tentons de répondre ici est la suivante : quelle est la forme de l'Etat la plus pertinente pour promouvoir le développement du Congo et la prospérité des Congolais ?

La situation actuelle est bien connue, le Congo se trouve dans une impasse :

- D'une part, une nouvelle Constitution dite de la « Troisième République » a été proposée par le Sénat, adoptée par l'Assemblée nationale, approuvée par le référendum du 18 au 19 décembre 2005 et promulguée par le Président en date du 18 février 2006 (Présidence de la RDC, 2006). Cette Constitution est censée mettre le Congo à l'abri des crises, assurer un fonctionnement régulier et efficace de l'Etat mais aussi réconcilier les Congolais avec leurs institutions. Or, évalué par plusieurs observateurs attentifs du Congo (Bolle, 2007, 2008, 2011, 2013 ; Bruneau, 2009 ; Melmoth, 2007) parmi lesquels des enseignants-chercheurs Congolais (Balingene Kahombo, 2013 ; Kombo Yetilo, 2010 ; Metena, 2009 ; Toengaho, 2009), ce texte constitutionnel fait l'objet des vives critiques qui annoncent des difficultés d'application. Les dénonciations portent sur trois points : sur la façon dont cette Constitution a été conçue et structurée ; sur l'ineffectivité de cette Constitution, c'est-à-dire, sur les nombreux défauts qui risquent d'obérer sa mise en œuvre

[33] Acronyme désignant 5 pays (Brésil, Russie, Inde, Chine, Afrique du Sud) qui sont des puissances émergentes.

[34] A l'exception de R. Cox Kevin et Rohit Negri (2009) qui accordent le rôle décisif au mode d'appropriation du sol.

notamment le manque d'implication et de mobilisation des metteurs en œuvre (Elus et fonctionnaires) ; sur le refus prévisible d'appropriation de cette Constitution par les bénéficiaires (la population). Car cette Constitution *bouleverse leur vécu quotidien* affirme le professeur Jean-Claude Bruneau de l'université de Montpellier (2009). Bref, cette Constitution présente de nombreuses failles qui risquent d'occulter l'Etat.[35] Par ailleurs, les analyses des spécialistes précités du Congo se vérifient déjà sur le terrain où la contestation du nouveau découpage territorial, en application de la Constitution de 2006 dite de la Troisième République, prend déjà une tournure violente particulièrement au Katanga. Où nous avons effectué des enquêtes de terrain, depuis Lubumbashi/E'ville jusque Kalémie-Albertville.[36] La forme de l'Etat que cette Constitution de 2006 dite de la Troisième République est en train de construire soulève aussi beaucoup d'interrogations chez les juristes constitutionnalistes à l'instar de Stéphane Bolle de l'université de Montpellier en France : *le Congo est-il un Etat unitaire, fédéral, centralisé, décentralisé, déconcentré ou régionalisé ?* L'examen des textes ne permet pas une classification claire. Tandis que l'analyse de la pratique constitutionnelle au quotidien rend encore la situation plus floue pour les taxinomistes avertis. Les écarts sont nombreux entre la pratique du pouvoir et les textes constitutionnels. Et tout cela, sans aucune conséquence (Balingene, 2013 ; Bolle, 2007, 2008, 2011, 2013). Au point que cinq années, à peine après sa promulgation, cette nouvelle Constitution est obligée de subir une première révision express (Loi n° 11/002 du 20 janvier 2011).

- D'autre part, certains observateurs attentifs du Congo comme le géographe français Jean-Claude Bruneau (2009) suggèrent carrément le changement radical du modèle d'organisation de l'Etat, à l'instar de vastes Etats africains comparables tels que le Nigéria et l'Ethiopie ou l'Afrique du Sud. Il s'agit de passer du modèle jacobin[37] actuel cher à Patrice Emery Lumumba et à Joseph-Désiré Mobutu dont le fonctionnement est chaotique, au modèle ethno-fédéral cher à Joseph Kasa-Vubu et à Moïse Tshombe Kapenda « *qui correspond au vécu des Congolais* » et que tentent de faire fonctionner tant bien que mal l'Afrique du Sud, l'Ethiopie et le Nigeria. Il n'en demeure pas moins que l'idée fédérale est un véritable serpent de mer au Congo.[38] En effet, depuis la décolonisation en 1960 le Congo flirte souvent avec le modèle fédéral sans que cet édifice ait le temps de se consolider. Ainsi, de 1960 à 1962, les six provinces héritées de la colonisation belge (Equateur,

---

[35] Inhiber, entraver

[36] Du 17 août au 29 septembre 2013

[37] Partisan ardent d'une démocratie centraliste et révolutionnaire selon le Larousse.

[38] Un projet qui revient régulièrement dans l'actualité sans qu'il soit conduit à son terme.

Kasaï, Katanga, Kivu, Léopoldville, Province orientale) fonctionnent *de facto* comme des Etats fédérés avec une très large autonomie. Ces six provinces sont alors tiraillées entre un Premier ministre unitariste (Patrice Emery Lumumba) et un Président ethno-fédéraliste (Joseph Kasa-Vubu).[39] Plus tard, la Constitution du 1er août 1964 dite de Luluabourg instaure 21 « provincettes » quasi-fédérées dans leur fonctionnement (très large autonomie) (Balingene, 2010), par la transformation en provinces d'anciens districts hérités de la colonisation belge. Joseph-Désiré Mobutu met rapidement fin à cette expérience lorsqu'il prend le pouvoir le 24 novembre 1965. Plus près de nous, la Conférence Nationale Souveraine de 1991 à1992 est ouvertement fédéraliste : elle préconise le passage de l'Etat unitaire fortement centralisé à l'Etat fédéral (Bruneau, 2009).

Dès lors, que faire pour permettre au Congo de sortir de l'impasse actuelle ?

Dans ce débat récurrent entre un Etat unitaire (centralisé, décentralisé ou régionalisé) qui ne fonctionne pas ou mal et un Etat fédéral qui fait peur (risque de sécession), nous proposons une troisième forme d'Etat, l'entre deux, une forme mixte. *Il s'agit d'un Etat unitaire fonctionnant selon le principe de subsidiarité, c'est-à-dire, selon un fonctionnement d'Etat fédéral avec une organisation « à double étage ».*

Le principe de subsidiarité (fondé sur une plus grande efficacité de la gestion publique) est un remède à l'organisation centralisée, décentralisée ou régionalisée jusqu'à présent défaillante. Autre avantage, le maintien de l'Etat unitaire vient rassurer sur les incertitudes que ferait peser une fédération qui est associée encore et toujours au séparatisme. Par ailleurs, cette crainte ou cette méfiance à l'égard de la fédération est difficilement compréhensible. Est-ce à cause du bilan humain, matériel et économique désastreux des sécessions des années 1960 et des rébellions des années 1964 et 1965 (Ndaywel è Nziem, 1998) ? Est-ce le « Lumumbisme » qui est encore très prégnant chez les hommes politiques congolais de la Troisième République ?[40]

En tout cas, la forme de l'Etat que nous proposons se veut à la fois consensuelle et la plus bénéfique possible pour le développement économique, social et humain du Congo. C'est un compromis combinant les avantages des deux formes bien connues de l'Etat. De l'Etat unitaire, nous gardons la sécurité rassurante de l'unicité et de l'indivisibilité de l'Etat congolais depuis maintenant 129 ans (1885-2014). De l'Etat fédéral, nous retenons la gestion de proximité et la démocratie participative. Le principe de subsidiarité que nous proposons combine tous ces avantages étant fondé

---

[39] CRISP (1963) cité par Bruneau (2009).

[40] Les deux principaux partis au pouvoir, le PALU d'Antoine Gizenga et le PPRD de Joseph Kabila Kabange sont des partis plus ou moins lumumbistes.

sur l'efficacité de la gestion publique, la gestion de proximité (un Exécutif le plus près possible du citoyen) et la démocratie participative (Millon-Delsol, 1993).

Dans cette organisation de l'Etat à deux étages, quel est l'échelon de base retenu ? Le Territoire (circonscription rurale) ou la Commune (circonscription urbaine) devient la structure mère, l'unité administrative de référence, l'unique collectivité locale, c'est-à-dire, l'Exécutif du niveau inférieur ou le centre de décision du niveau local. Les autres subdivisions territoriales héritées de la colonisation belge (Province, District, Secteur ou Chefferie) auxquelles les Congolais sont affectivement très attachés sont conservées mais ne jouent plus qu'un rôle de limite géographique.

Par ailleurs, l'idée du principe de subsidiarité nous est venue, après une longue analyse de la crise congolaise. Nous avons cherché des pays modèles où les choses fonctionnent à peu près correctement afin d'en tirer des leçons politiques utiles pour le Congo. L'Allemagne et la Suisse ont retenu particulièrement notre attention. Est-il nécessaire de s'appesantir sur la puissance économique de l'Allemagne et la prospérité de la Suisse ? Il se trouve que ces deux pays ont en commun *un Etat subsidiaire*. Un mode de fonctionnement qui est même adopté par l'Union Européenne (Millon-Delsol, 1993 ; Hergenhan, 2000 ; Confédération helvétique, 2013). La nouvelle organisation politique que nous proposons ici est inspirée de celle de la Suisse (Confédération helvétique, 2013). Bien entendu, elle est largement adaptée à la géographie et à la géopolitique du Congo. Nous avons choisi le modèle helvétique parce que la Suisse est un hommage à la diversité ethnique (Allemands, Français, Italiens, Romanches), à la diversité linguistique (Allemand, Français, Italien, Romanche) (Confédération helvétique, 2013) ainsi qu'à la diversité religieuse (Baumann et Stolz, 2009). C'est comme le Congo en miniature. Sauf que l'unité des Helvètes et la prospérité suisse font rêver. Tandis que la résurgence de la préférence ethnique qu'introduit la Constitution de 2006 dite de la Troisième République (Bruneau, 2009) et la misère des Congolais (PNUD, 2014), pourtant héritiers d'un pays aux richesses incommensurables, sont révoltantes.

Après le rappel des failles de la Constitution de 2006 dite de la Troisième République, nous présenterons notre contribution au débat sur la recherche d'une nouvelle organisation de l'Etat ayant pour unique finalité le développement du Congo et la prospérité des Congolais. Nous nous interrogerons pour savoir comment peut s'organiser concrètement l'Etat subsidiaire au Congo et en quoi l'idée subsidiaire est-elle si prometteuse ?

SYNTHESE DE PRINCIPALES FAILLES DE LA CONSTITUTION DE 2006 DITE DE LA « TROISIEME REPUBLIQUE »

Une organisation politique ambigüe

Qui pourrait être opposé à la décentralisation, à un rapprochement des centres de décision du citoyen ? Les avantages sont en effet nombreux. Ce rapprochement est générateur des bonheurs car l'Exécutif semble se rapprocher des intérêts des citoyens : une communication facilitée, une plus grande efficacité des politiques publiques car répondant aux priorités des gens, des économies d'échelle et une répartition équitable de la richesse nationale (Fressoz, 2004).

Cependant, la décentralisation qu'est en train d'instaurer la Constitution de 2006 dite de la Troisième République au Congo risque de devenir l'exception (qui confirme la règle ?). Il y a deux explications :

- Première explication : la logique profonde de cette Constitution de 2006 est à l'origine de nombreuses lacunes soulignées par des observateurs attentifs du Congo. Ainsi, l'objectif de cette Constitution n'est pas le développement du Congo ni même l'enracinement de l'esprit démocratique. Les motivations principales de cette réforme institutionnelle de circonstance sont avant tout politiques : *« restaurer la paix et préserver l'unité nationale »* (Melmoth, 2007).
- Deuxième explication : il existe un lien évident entre les fragilités de ce texte constitutionnel et les circonstances historiques de sa rédaction. En effet, au niveau du contexte, la nouvelle Constitution est rédigée à un moment clé de l'histoire récente du Congo. Le professeur Jean-Claude Bruneau de l'université de Montpellier écrit (2009) : *cette Constitution est rédigée « après neuf années de déchirements faits de guerre civile, d'invasions étrangères, d'exodes, de massacres et de pillages.* » Sébastien Melmoth (2007) ajoute, c'est une Constitution rédigée « *durant la phase de sortie d'une décennie de conflits ; c'est une conséquence directe de la guerre ; c'est une réponse institutionnelle à la crise de l'unité.* » Ainsi, le contexte de violence et l'objectif politique de cette Constitution expliquent l'ambigüité de son contenu. « *Ce document, issu des longues tractations menées dans le cadre de la transition et de la réconciliation nationale, semble un compromis entre les exigences contradictoires des forces en présence : chefs de guerre rivaux reconvertis en hauts responsables du pays ; foule de partis politiques d'idéologie floue que leur base est clairement ethno-régionale ; Eglises chrétiennes ; société civile enfin, surtout citadine, et qu'appuient les fortes diasporas d'Europe et d'Amérique du Nord* » affirme le géographe français Jean-Claude Bruneau (2009).

Dès lors, deux questions se posent : Y-a-t-il rupture avec la Première et la Deuxième République ? Selon la nature et les rapports entre les différents pouvoirs, quel régime politique est ainsi instauré ? Deux observateurs attentifs du Congo, deux enseignants-chercheurs français de l'université de Montpellier, l'un géographe et l'autre juriste y répondent. Pour le géographe français Jean-Claude Bruneau (2009), « *une impression du déjà vu s'impose au niveau des symboles de l'Etat, qu'il s'agisse du nom, de l'hymne et même du drapeau, hérités de la Première République (donc du Lumumbisme) ou des armoiries et de la devise empruntés à la Seconde République (donc au Mobutisme). L'organisation du pouvoir est presque la copie conforme de celle de 1960 : le choix n'est pas clair ni entre régime présidentiel et régime d'Assemblées, ni entre Etat centralisé et fédéralisme – double ambigüité qui fit déjà imploser le pays en quelques mois, après l'indépendance.* » Quant au juriste français Stéphane Bolle (2008), dans son article intitulé « La RDC est-elle un Etat régional ? », ses nombreuses interrogations trahissent son embarras : « *La Constitution de la RDC est-elle bien celle d'un Etat régional que l'on peine souvent à distinguer d'un Etat fédéral ? Est-elle comparable au système retenu par la Constitution du 1er août 1964 dite de Luluabourg ? Comment se situe –t-elle par rapport au projet de la Constitution de la République Fédérale du Congo arrêté en 1992 par la Conférence Nationale Souveraine, projet sévèrement critiqué ? Autrement dit, faut-il se livrer aux poisons et aux délices de la taxinomie ou bien considérer qu'en RDC se construit une forme d'Etat unique en son genre* ? »

Nous pensons, au vu de la pratique actuelle du pouvoir et de l'article 1er de la Constitution dite de la Troisième République, que le Congo demeure un Etat unitaire et indivisible comme durant la Première République (Article 6 de la Loi fondamentale du 19 mai 1960) (MJP, 2009) et la Deuxième République (Article 1er de la Constitution du Zaïre) (Présidence du Zaïre, 1983). Si l'Etat unitaire est fortement centralisé dans la Constitution de la Seconde République par « *souci d'assurer la meilleure application de l'unité de commandement* » affirme-t-elle de façon explicite, l'Etat qu'est en train de construire la Constitution de 2006 dite de la Troisième République a l'apparence mais l'apparence seulement d'une régionalisation. En réalité, l'observation attentive de la pratique du pouvoir montre que le Congo est demeuré un Etat unitaire centralisé avec quelques atours « régionalistes » (autorités élues au niveau des provinces : Exécutif et Assemblée) pour amuser la galerie. L'impression générale est qu'il s'agit surtout d'une façon de caser et laisser les anciens seigneurs de guerre devenus responsables politiques[41] prospérer dans leurs fiefs, leurs provinces d'origine tout en gardant un contrôle vigilant sur eux. La révision express de la Constitution

---

[41] Comme le sous-entend l'Article 227 de la Constitution de la Troisième République

de la Troisième République, le 20 janvier 2011, qui a fait couler beaucoup d'encre, vient tout simplement rappeler la réalité. C'est-à-dire, la poursuite du centralisme au Congo. Cette révision express est une tentative réussie de faire correspondre la pratique réelle du pouvoir avec le texte constitutionnel afin d'échapper aux critiques, de plus en plus nombreuses et virulentes d'inconstitutionnalité, émanant des juristes éminents tant Congolais qu'étrangers. Ce que le Congolais Balingene Kahombo vient de brosser admirablement dans sa dernière livraison (2013).[42]

Une organisation administrative génératrice de nouveaux malheurs et de nouvelles douleurs

Un découpage provincial générateur des tensions interethniques voire intertribales

L'organisation administrative que la Constitution de la Troisième République (2006) est en train d'instaurer distingue une Administration centrale et une Administration décentralisée. L'Administration centrale est confiée au Président de la République, au Gouvernement (Premier ministre et Ministres) et aux offices publics. Quant à l'Administration décentralisée, elle comporte des collectivités territoriales décentralisées dotées de la personnalité juridique (Provinces, Secteurs/Chefferies ; Communes et Villes) à l'exclusion des Territoires qui deviennent des entités territoriales déconcentrées (Article 3). Le nombre de Provinces passe de 11 à 26 (multiplié par 2,5) à la suite des trois opérations : la transformation des anciens Districts de l'époque coloniale en mini-provinces ou Provincettes (similitude avec la Constitution de Luluabourg de 1964), le regroupement de certains Districts[43] et la rebaptisation de certains autres.[44]

Jean-Claude Bruneau (2009) souligne le problème principal de cette nouvelle architecture territoriale. Il réside dans sa logique identitaire, c'est-à- dire, ethnique : « *C'est une logique centrée sur l'ethnie qui ne tient pas compte du poids démographique, de la fonctionnalité et de la viabilité*

[42] Huit articles ont été amendés en janvier 2011 : les Articles 71, 110, 126, 149, 197, 198, 218 et 226.

[43] La ville-province de Kinshasa englobe les actuels districts de Funa, Lukunga, Mont-Amba et Tshangu ; la province du Kongo central réunit les actuels districts de Bas-Fleuve, de Cataractes et de Lukaya ; la province de Lualaba réunifie l'actuel district de Lualaba et l'actuel district urbano-rural de Kolwezi ; la province de Maïndombe réunifie le district de Maïndombe et le district des Plateaux.

[44] Le district de Kabinda devient la province de Lomami ; le district de Tshilenge devient la province de Kasaï-Oriental ; le district de Lulua devient la province de Kasaï-Central.

économique de chaque provincette. Les nouvelles provincettes renforcent la logique identitaire des anciens districts. La provincette peut se définir avec une toute autre réalité politique que le district qu'elle remplace – comme le territoire d'un groupe ethnique ou le territoire de quelques groupes ethniques majeurs. » En effet, le résultat de ce redécoupage territorial, ce sont quelques Provincettes qui sont les territoires d'un seul groupe ethnique majeur comme par exemple le Kongo Central avec l'ethnie *Kongo*, le Kasaï-Central avec l'ethnie *Lulua*, le Kasaï-Oriental avec l'ethnie *Luba*, le Lomami avec l'ethnie *Songye* et le Sankuru avec l'ethnie *Tetela*. A côté de ces quelques provincettes au peuplement homogène, il y a des nombreuses Provincettes qui sont le territoire des deux voire plusieurs groupes ethniques majeurs avec des poches d'importantes tribus. La Ville-Province de Kinshasa étant l'exception qui regroupe toutes les ethnies du pays.

Comment expliquer cette balkanisation ethno-centrée du Congo ? Elle est voulue par les auteurs de la Constitution de 2006. Nous soupçonnons les Sénateurs de la Transition (2003-2006), auteurs de cette Constitution, d'avoir divisé le pays *non pas dans l'intérêt du Congo mais afin de profiter personnellement des divisions ainsi créées*. Puisque les Provincettes telles qu'énumérées à l'Article 2 de la Constitution de 2006, peut-on lire, constituent les circonscriptions électorales des Sénateurs de la Transition (Article 227). Ainsi, comme l'ont prédit Sébastien Melmoth (2007) et Jean-Claude Bruneau (2009), ce redécoupage territorial relance un peu partout les rivalités interethniques au sein des Provincettes pluriethniques et l'antagonisme intertribal au sein des Provincettes mono-ethniques voire même des veilletés séparatistes. Les modalités du découpage sont contestées. Des territoires, des villes et des communautés se sentent lésés. L'équipement inégal des Provincettes est aussi fustigé. Un peu partout, on redoute des purifications ethniques ou des épurations tribales.

Prenons l'exemple de l'actuelle Province du Katanga. Nous y observons quatre foyers de tension actuellement :

- Le premier foyer de violence est l'œuvre des opposants au démembrement de la Province du Katanga en quatre Provincettes (Haut-Katanga, Haut-Lomami, Lualaba, Tanganyika) et qui affichent leurs velléités séparatistes. Ce sont les *Luba* du Katanga (*Lubakat*) qui peuplent le Nord de la province. Leur refus est motivé par la concentration de la plupart des richesses minières et des villes (Kambove, Kipushi, Kolwezi, Likasi et Lubumbashi) au Katanga méridional ou Haut-Katanga appelé aussi le Katanga utile (la ceinture du cuivre-cobalt). Les insurgés *Lubakat* se font appeler les *« Kata-Katanga »* (Contre le découpage du Katanga et pour l'indépendance du Katanga). Les *Kata-Katanga* pratiquent une politique de la terre brûlée (400.000 déplacés comptabilisés au début de 2014, incendie des villages, destruction des récoltes, saccage des écoles, violences sexuelles faites aux femmes, etc.) dont les civils sont les premières victimes. Longtemps circonscrite dans le triangle formé par les Territoires de Mitwaba, Manono et Pweto appelé aussi le « triangle de la mort », la violence des *Kata-Katanga* a gagné Lubumbashi, la capitale provinciale et ses alentours au début de l'année 2013 (AFPQC2, 2014 ; CICR, 2014 ; Radio Okapi, 2014). Même les violences du 30 décembre 2013 à Kinshasa participeraient à ce front de refus du démembrement de la province du Katanga : prise de contrôle momentanée de la radio-télévision nationale, coups de feu tirés sur l'aéroport de Kinshasa et sur l'Etat-Major général de l'armée. Des violences attribuées aux membres d'un mouvement politico-religieux dirigé par Gideon Mukungubila (France 24, 2013).

- Le deuxième foyer de tension est l'œuvre des opposants à la reconstitution de l'ancien District de Lualaba de l'époque coloniale comprenant 5 Territoires : Dilolo, Kapanga, Lubudi, Mutshatsha et Sandoa. Ce deuxième foyer de tension est dominé par les rivalités ethniques entre les *Sanga* et les *Lunda*. Les *Sanga* s'opposent au regroupement dans la même Provincette de Lualaba, de l'actuel District de Lualaba (Territoires de Dilolo, Kapanga et Sandoa) avec l'actuel District urbano-rural de Kolwezi (ville de Kolwezi, Territoires de Lubudi et Mutshatsha). Les *Sanga* estiment être les premiers occupants du District urbano-rural de Kolwezi et cherchent à en chasser les *Lunda*, jugés « trop nombreux » notamment dans la ville de Kolwezi, afin qu'ils retournent dans leur région d'origine, l'actuel District de Lualaba (Territoires de Dilolo, Kapanga et Sandoa). Ce conflit *Sanga-Lunda* au Katanga méridional rappelle le précédent *Kasaïen* : le conflit *Luba-Lulua* de 1959-1960 qui a vu les *Luba* chassés de Luluabourg-Kananga. Il rappelle aussi le conflit *Kasaïens-Katangais* qui a vu les refoulements massifs et violents des *Kasaïens* du Katanga en 1961 et en 1992 (Muamba Mumbunda, 2011, pp. 55-76 ; Pourtier, 1998 ; Bakajika Banjikila, 1997 ; Gouvernement de transition du Zaïre, 1993). Ce conflit ouvert entre les *Sanga* et les *Lunda* est aujourd'hui moins médiatisé, car l'insurrection sanglante des *Kata-Katanga* capte toute l'attention. Il est à craindre que le Katanga revive le scénario du Nord-Kivu. En effet, cette Province n'a pas retrouvé la paix après la neutralisation du M23. Car le M23 n'était pas le seul groupe armé à opérer au Nord-Kivu (OXFAM, 2014). On peut donc craindre que le conflit *Sanga-Lunda* dans le District urbano-rural de Kolwezi, notamment à Kolwezi, prenne une tournure violente et fasse bientôt les gros titres de l'actualité katangaise et congolaise. A moins que, dès maintenant, des mesures soient prises pour amorcer la désescalade.

- Le troisième foyer de tension se situe dans la Provincette de Tanganyika. Un conflit ouvert oppose les *Lubakat* et les *Tabwa* notamment à Kalémie qui devient le nouveau chef-lieu de la Provincette de Tanganyika au détriment de Manono. En effet, Kalémie se situe dans le pays *Tabwa* (l'ethnie majeure), *Hemba* et *Holoholo*. En revanche, Manono se trouve dans le pays *Lubakat* (l'ethnie majeure). Le déplacement du chef-lieu de la Provincette de

Tanganyika, de Manono à Kalémie, du pays *Lubakat* au pays *Tabwa-Hemba-Holoholo* est l'événement déclencheur du conflit ou l'étincelle qui a mis le feu à la poudre.

- Le dernier foyer de tension au Katanga concerne la région minière de Fungurume que se disputent les Provincettes du Haut-Katanga et la Provincette du Lualaba.

Bien que nos enquêtes de terrain aient porté principalement sur le Katanga, cette riche, grande et belle province congolaise n'est pas un cas isolé en ce qui concerne le réveil des rivalités ethniques et tribales engendré par la Constitution de 2006, dite de la « Troisième République. ». On peut multiplier les exemples à l'infini dans l'ensemble du pays.

Bien entendu, il n'y a pas que les modalités du redécoupage territorial qui exacerbent un peu partout les rivalités interethniques et intertribales. L'article 198 de la Constitution de la Troisième République a aussi une dynamique conflictogène. Cet article dispose que *« la composition du gouvernement provincial tient compte de la représentativité provinciale.* » Sébastien Melmoth (2007) relève *« la formulation relativement vague de cet article qui n'implique ni représentation proportionnelle ou majoritaire des ethnies au sein de l'exécutif provincial ni attribution du gouvernorat à un membre de l'ethnie majoritaire.* » On peut donc craindre qu'à cause de ces imprécisions, les ambitions concurrentes des Congolais originaires de la même Provincette ne s'expriment par des violences interethniques ou intertribales. Mais, la dynamique conflictogène de cet article 198 réside aussi dans le fait qu'il consacre, conforte et légitime l'exclusion des Congolais allochtones ou non originaires de la provincette. Cet article 198 autorise en quelque sorte la purification ethnique dans les Administrations provinciales et locales. Car il porte atteinte à l'esprit national. En effet, l'article 198 rend caduque, « *la règle d'évitement* », introduite naguère par Joseph-Désiré Mobutu qui consiste à ne pas affecter un haut-fonctionnaire dans sa région d'origine (Melmoth, 2007 ; Bruneau, 2009).

Une répartition incohérente des compétences entre l'Etat et les Provincettes

La Constitution de 2006 dite de la Troisième République fait une distinction entre les compétences exclusives du pouvoir central (Article 202), les compétences exclusives des Provinces (Article 204) et les compétences partagées entre l'Etat et les Provinces (Article 203). Cette répartition des compétences est vigoureusement critiquée par les spécialistes du Congo. Pour Sébastien Melmoth (2007), « *par leur nombre, les compétences partagées constituent une énumération éclectique, voire baroque, qui ne peut que laisser perplexe sur ce que sera la répartition effective des pouvoirs entre le Centre et les provinces. Définies de façon volontairement vaste et ouverte, les compétences partagées laissent donc une grande latitude d'interprétation et d'action aux acteurs institutionnels pour construire leur champ réel d'intervention. Quant aux compétences des provinces, elles forment un inventaire hétéroclite.* » Jean-Claude Bruneau (2009) ajoute : « *Ces compétences énumérées dans de longues listes d'un juridisme plutôt bâclé, se chevauchent plus qu'elles se complètent. On peut donc craindre sérieusement que s'instaurent aux divers niveaux autant de républiquettes et même de petites monarchies enchevêtrées, dont les prérogatives incertaines et les ambitions concurrentes ne peuvent que multiplier les conflits.* »

L'incohérence de cette répartition des compétences est telle que, moins d'une année seulement après sa promulgation, certains constitutionnalistes avertis comme le Français Stéphane Bolle (2007) évoquaient déjà sa révision. Celle-ci va finalement intervenir, cinq années, jour pour jour, après sa promulgation. Et ce sera une révision express (Bolle, 2011) qui va rétablir une tutelle déguisée sur les provincettes (Balingene Kahombo, 2013).

Une répartition financière inique entre l'Etat, les Provinces et les entités territoriales décentralisées

Une autre difficulté majeure de la décentralisation qu'est en train d'instaurer la Constitution dite de la Troisième République (2006) réside dans sa dimension financière. Pour alimenter le budget des Provincettes, l'Etat doit leur rétrocéder 40 % de leurs recettes locales à caractère national. Il reste encore à fixer la nomenclature des autres recettes locales et la modalité de leur répartition entre l'Etat et les Provincettes (Article 175). Par ailleurs, selon l'article 105 de la Loi organique n° 08/016 du 7 octobre 2008, les ressources financières d'une Entité territoriale décentralisée (Province, Ville, Commune, Secteur et Chefferie) comprennent : les ressources propres (l'impôt local, les recettes de participation, les taxes locales et autres droits locaux), les ressources exceptionnelles (l'emprunt intérieur, les dons et les legs), les ressources de la caisse nationale de péréquation et les ressources provinciales. Tandis que la répartition des ressources provinciales entre les différentes Entités territoriales décentralisées de la Province est fonction des critères de capacité de production, de superficie et de la population. Comme on le voit, fait remarquer Jean-Claude Bruneau (2009), « *ces règles sont fort discriminantes du fait de la disparité des ressources.* »

En ce qui concerne la caisse nationale de péréquation (créée par l'Article 181 de ladite Constitution), on peut sérieusement craindre que compte tenu des besoins, de la résurgence de l'ethnicité, de sa mission (financer les investissements publics) et de sa gestion centralisée, elle ne soit pas en mesure d'assurer la solidarité nationale : corriger le déséquilibre des ressources lié à des inégalités géographiques des entités territoriales décentralisées. Or, « *l'inégalité des services due à l'inégalité géographique des ressources est non seulement inacceptable. Mais, l'autonomie rendue aux collectivités territoriales sans suppléance de l'Etat en cas de besoin ne peut engendrer que le rejet* » (Millon-Delsol, 1993, p. 73).

Une régionalisation onéreuse et complexe

La Constitution de la Troisième République (2006) dispose que les nouvelles Provinces (il y en a 26) et les nouvelles entités décentralisées (les Villes, les Communes, les Secteurs et les Chefferies)[45] sont dotées de la personnalité juridique et gérées par des organes exécutifs et délibérants locaux (Articles 2, 196 à 198 ; Loi n° 08/016 du 7 octobre 2008). De plus, cette nouvelle Constitution prévoit trois fonctions publiques : nationale, provinciale et locale. Enfin, la Loi organique n° 08-016 du 7 octobre 2008 autorise les entités territoriales décentralisées à créer des services publics utiles pour satisfaire les besoins des populations locales (Articles 50, 64 et 92).

Cette décentralisation-là soulève deux principales critiques :

- Première critique : cette décentralisation est dispendieuse. Des spécialistes du Congo s'étonnent « *de la distribution à l'infini des charges de ministres, de parlementaires, de conseillers de tous acabits, dans un contexte financier réduit à peu de chose et sur fond d'omniprésente corruption* » (Bruneau, 2009).
- Deuxième critique : cette décentralisation est une construction trop complexe. Au point qu'il est impossible de la traduire en un seul dispositif législatif univoque. En effet, quatre lois organiques différentes sont prévues abordant chacune un aspect de l'organisation territoriale, politique et administrative. Ainsi, une première loi organique n° 08/016 portant composition, organisation et fonctionnement des Entités décentralisées et leurs rapports avec l'Etat et les Provinces est promulguée le 7 octobre 2008. Selon l'article 128, elle est en vigueur depuis le 10 novembre 2008, c'est-à-dire, trente jours après sa publication au journal officiel. Une deuxième loi organique n° 10/011 portant fixation des subdivisions territoriales à l'intérieur des provinces est promulguée le 18 mai 2010. Elle est publiée au Journal officiel du 7 juin 2010. On attend toujours la loi organique qui doit déterminer les compétences et les modalités de gestion (recrutement, sélection, mobilité, politique salariale, gestion de la carrière, promotion, sanction, etc.) des trois fonctions publiques : nationale, provinciale et locale. De sorte que sont perdus tous les avantages, notamment le côté pratique, qu'on aurait pu tirer d'une seule et unique loi organique portant organisation

[45] Il y aurait 854 secteurs et chefferies selon le décompte de Jean-Claude Bruneau (2009).

et fonctionnement de la décentralisation territoriale au Congo. En revanche, la promulgation de quatre lois organiques multiplie les risques de contradiction et d'interprétation erronée souligne le Congolais L. Toengaho (2009). Dans l'attente de la loi organique relative aux trois fonctions publiques (nationale, provinciale et locale), les agents de l'Etat mis à la disposition de l'Administration territoriale par le pouvoir central restent en place. D'autres malheurs se profilent donc à l'horizon. Quel avenir pour les fonctionnaires affectés naguère hors de leur province d'origine après la promulgation de cette loi organique ?

Un scepticisme généralisé quant à l'avenir de cette nouvelle régionalisation

Compte tenu des analyses précédentes, il est donc logique de s'interroger sur l'avenir de cette nouvelle décentralisation congolaise Acte III (Article 175 de la Constitution dite de la Troisième République). La question mérite d'être posée car durant le long règne de Joseph-Désiré Mobutu (Deuxième République), deux lois de décentralisation ont été votées et promulguées notamment l'ordonnance-loi n° 82/006 du 25 février 1982 et la loi n°95/005 du 20 décembre 1995.[46] Mais aucune n'a été appliquée. Certains politologues congolais évoquent le manque de volonté politique (Kombo Yetilo, 2010). En effet, s'il existe une unanimité sur l'intérêt de mettre en place une administration de proximité au Congo, depuis l'indépendance en 1960, le moins que l'on puisse dire est que la régionalisation préconisée par la Constitution de 2006 dite de la Troisième République ne fait pas l'unanimité. Les spécialistes du Congo émettent beaucoup de réserves à son sujet et ne parient pas sur son succès. Sébastien Melmoth (2007) estime que la réussite de cette décentralisation est incertaine si l'on tient compte des précédents africains (Burkina Faso, Ethiopie, Mali, Sénégal, Soudan). De plus, cette réussite repose sur quatre conditions préalables qui ne sont pas faciles à remplir. Première condition préalable : il faut beaucoup de temps et de longs efforts. Deuxième condition préalable : il faut des moyens financiers et humains considérables. Troisième condition préalable : il faut éviter les manœuvres politiques dilatoires visant à neutraliser le transfert des compétences et de dotation financière aux collectivités territoriales. Quatrième et dernière condition préalable : il ne faut pas remettre en cause ce compromis politique accepté à un moment donné sous la pression de la guerre et de la menace sur l'unité nationale. Hélas, ce n'est pas gagné. Car le détricotage de la nouvelle Constitution a déjà commencé. D'une part, la

[46] Le décret-loi n° 081 du 2 juillet 1998 ne peut être considéré comme une loi de décentralisation car les entités décentralisées sont limitées aux communes de Kinshasa.

Constitution de 2006 vient de subir une révision express en 2011 (Balingene Kahombo, 2013). D'autre part, le débat sur le nombre de mandats présidentiels actuellement limité à deux (Article 70) est de nouveau relancé (Kibangula, 2013). Enfin, d'autres lois portant révision de la Constitution de 2006 sont déjà à l'étude. Quant au géographe français Jean-Claude Bruneau (2009), il souligne le risque de réveil fort dommageable des rivalités interethniques ou intertribales dans les nouvelles Provincettes, une ethnicité génératrice des malheurs.

Nous partageons le scepticisme de ces deux observateurs attentifs du Congo. Nous pensons que cette régionalisation est une construction intellectuelle et politicienne très éloignée des réalités. Elaborée par certains technocrates à la demande des politiques (Sénateurs), on y trouve toutes les attentes des politiques. En revanche, cette régionalisation brille par l'absence des attentes des citoyens (les bénéficiaires) et des fonctionnaires des entités décentralisées et déconcentrées (les metteurs en œuvre). Car ils n'ont été ni impliqués ni mobilisés. Ils ne sont pas l'objet de cette Constitution qui cherche seulement à arrêter la guerre et à restaurer l'unité nationale. Il s'ensuit que sur le terrain, les citoyens et les fonctionnaires ignorent la portée théorique et pratique de cette décentralisation. Cette négligence-là risque d'obérer durablement sa mise en œuvre (ineffectivité) et son adoption par la population congolaise.

Après ce préambule sur les fragilités de la Constitution dite de la Troisième République (2006), voyons à présent comment l'idée subsidiaire peut-elle se trouver opérationnelle au Congo ?

CONCRETISATION DE L'ETAT SUBSIDIAIRE

Le principe de subsidiarité

Le principe de subsidiarité, qu'est-ce que c'est ?[47] Le principe de subsidiarité prône le partage des compétences entre deux niveaux de l'Exécutif, le niveau supérieur de l'Etat et le niveau inférieur de l'Etat, en fonction de *l'efficacité érigée en principe de gestion publique*. Dans la dévolution des compétences au sein de l'Exécutif, il est réservé à l'échelon inférieur de l'Etat, ce que l'échelon supérieur de l'Etat ne peut effectuer que de manière moins efficace. Et, il est réservé à l'échelon supérieur de l'Etat ce que l'échelon inférieur ne peut effectuer que de manière moins efficace. Toutefois, la subsidiarité récuse la dévolution figée des compétences et traduit une recherche d'équilibre permanente presqu'au cas par cas. « *Le*

[47] Nous n'entrerons pas dans les détails pour expliquer le principe de subsidiarité. A cet égard, le lecteur pourra se reporter aux articles spécialisés dont pour certains nous indiquons les références ici.

problème de la compétence (qui décrète l'insuffisance d'une instance et de la délégation de compétences à l'instance supérieure) donne matière à un débat permanent tant en Allemagne qu'en Suisse » (Millon-Delsol, 1993, p. 35).

Le principe de subsidiarité donne droit également au même respect tant au travail réalisé par le pouvoir national qu'au travail réalisé par les pouvoirs locaux. Car chaque échelon est le seul à pouvoir le faire de façon efficace. Le principe de subsidiarité privilégie enfin la gestion de proximité et la participation. Les décisions sont prises autant que possible le plus près des citoyens (Vie publique, 2013). En effet, « *l'acteur le plus proche est jugé par principe plus capable, parce qu'il connaît davantage et parce qu'il joint à l'action la ferveur et l'intérêt au sens noble* » (Millon-Delsol, 1993, p. 70).

Par ailleurs, le principe de subsidiarité est le véritable pilier de la doctrine sociale de l'Eglise catholique. Ainsi, en 1931, le Pape Pie XI dans *Quadragesimo Anno* écrit : « [...] *Ce serait commettre une injustice, en même temps que troubler d'une manière très dommageable l'ordre social, que de retirer aux groupements d'ordre inférieur, pour les confier à une collectivité plus vaste et d'un rang plus élevé, les fonctions qu'ils sont en mesure de remplir eux-mêmes. L'objet naturel de toute intervention en matière sociale est d'aider les membres du corps social et, non pas de les détruire ni de les absorber* » (Millon-Delsol, 1993, p. 28 et 35). On retrouve également l'idée subsidiaire dans le droit Canon qui considère comme « *une erreur le fait de laisser faire par l'échelon supérieur ce qui peut être fait par l'échelon inférieur, car on prive l'échelon inférieur de tout ce qu'il peut faire* » (Lapointe, 2007).

Parmi d'autres défenseurs indirects du principe de subsidiarité mais de véritables pourfendeurs du modèle jacobin (Etat centralisé), il y a également un célèbre franc-maçon, l'Américain Albert PIKE (1871) : « *Quand la plus intime vie locale est abandonnée à la tutelle directe de l'Etat et, que la réparation du beffroi d'une église de campagne requiert un ordre écrit du pouvoir central, un peuple est en état de gâtisme. Les hommes sont élevés dans l'imbécillité, dès l'aube de la vie sociale. Quand le gouvernement central nourrit des portions de la population, il les prépare à être esclaves. Quand le gouvernement central dirige lui-même les affaires des paroisses et des comtés, la population est déjà esclave.* »

Il convient de signaler également que la subsidiarité appliquée à l'entreprise serait l'une des clés de la compétitivité japonaise. L'ouvrage de Masaaki Imai, *Kaizen,* traduit en français par René Piétri, décrit les fondements de cette organisation (Imai, 1989).

Enfin, il faut préciser que « *le principe de subsidiarité s'intéresse peu à la question du régime politique ou aux modes d'attribution du pouvoir. Le principe de subsidiarité s'attache à définir les critères de dévolution des compétences au sein d'un Etat ou d'une société. Au sein de la société, il s'applique à définir, au-delà de la participation politique (acte de voter), ce que l'on peut appeler les libertés d'action, en précisant leurs limites et leurs conditions d'exercice, une citoyenneté d'un autre ordre* » (Millon-Delsol, 1993, pp. 7-8).

Une organisation politique fondée sur la séparation nette des pouvoirs

Election du Parlement qui exerce le Pouvoir législatif par le peuple souverain[48]

Par rapport à la situation actuelle (Constitution de 2006 dite de la Troisième République), nous apportons six innovations majeures :
- Première innovation : *Le Parlement devient monocaméral.* Il est composé uniquement de la Chambre des Députés. Trois facteurs justifient notre choix : la qualité exceptionnelle de nouveaux Députés, le souci d'économie et la volonté d'efficacité législative. En effet, le Parlement est réservé à l'élite congolaise. Seuls les meilleurs fils et les meilleures filles du Congo peuvent prétendre devenir membres du Parlement congolais. La rigueur intellectuelle est exigée par la complexité du travail parlementaire notamment faire des lois, élire les membres de l'Exécutif du niveau supérieur ainsi que les membres de l'autorité judiciaire suprême, contrôler le Gouvernement, analyser et voter le budget. Mais le choix du monocaméralisme est aussi dicté par la bonne gestion des deniers des contribuables congolais. Autant que possible, ces deniers doivent être orientés en priorité vers des activités productrices de richesses. Enfin, c'est un choix de bon sens et d'efficacité : les navettes législatives entre la Chambre et le Sénat ne font que ralentir et complexifier la production des textes. Par ailleurs, plusieurs pays dans le monde ont fait le choix d'un Parlement monocaméral.[49]
- Deuxième innovation : *Le Parlement devient représentatif* du peuple congolais. En nous référant à l'organisation subsidiaire, le Territoire (circonscription rurale) et la Commune (circonscription urbaine) constituent la circonscription électorale des Députés. Nous discuterons de la pertinence du choix du Territoire dans la suite de cet exposé. Par conséquent, nous considérons que le Congo est divisé en Territoires et Communes (*territorialisation*), de la même façon que l'Allemagne est divisée en Länder

[48] Le peuple souverain, c'est l'ensemble des Congolais âgés d'au moins 18 ans et jouissant de leurs droits civiques et politiques. Le peuple souverain détient l'autorité politique suprême, c'est-à-dire, la souveraineté.

[49] Le Danemark, la Nouvelle-Zélande, la Slovaquie et la Suède et bien d'autres pays ont un Parlement monocaméral.

(*länderisation*) et la Suisse en Cantons (*cantonisation*). Les Députés sont élus directement au cours d'un scrutin uninominal, majoritaire simple et à un seul tour. Le scrutin uninominal veut dire qu'il y a un seul poste de Député à pourvoir par Territoire ou Commune. Ainsi, le peuple souverain de chaque Territoire ou de chaque Commune élit un Député ou une Députée avec son suppléant ou sa suppléante. Le scrutin majoritaire simple veut dire que le candidat ou la candidate qui obtient le plus des suffrages exprimés est élu. Ce dispositif institutionnel présente plusieurs avantages :

1. Le Parlement devient représentatif du peuple congolais dans toute sa diversité ethnique et tribale mais aussi dans toute la diversité territoriale du pays. Le dispositif institutionnel prévoit une représentation spéciale des Congolais vivant à l'étranger, des communautés minoritaires et des communautés marginales. Ainsi, des sièges sont réservés pour assurer la représentation des Congolais de l'étranger : un Député pour les Amériques, un Député pour l'Europe-Asie, un Député pour l'Afrique. Des sièges sont réservés pour assurer la représentation des communautés minoritaires : un Député pour les Banyamulenge et un Député pour les Banyarwanda. Des sièges sont réservés pour assurer la représentation des communautés marginales notamment les quatre ethnies de Pygmées du pays : un Député pour les Baka, un Député pour les Gyeli, un Député pour les Mbuti et un Député pour les Twa. En effet, *un Parlement qui incarne réellement la diversité sociale de la population assure une grande qualité de la vie publique, une stabilité du système politique ainsi que la cohésion sociale* (UIP, 2006).
2. Le droit électoral est pérennisé. En effet, la circonscription électorale devient désormais fixe. C'est le Territoire ou la Commune. Or, actuellement, le droit électoral change à chaque élection. Un Député représente la population d'une circonscription électorale donnée mais dont le découpage varie à chaque élection. Ce qui donne lieu à tous les tripatouillages (ACP, 2011 ; Bolle, 2011).
3. Cette réforme institutionnelle est efficiente. Elle divise le nombre de Parlementaires par trois. Le choix que nous avons fait est celui d'avoir des Députés moins nombreux, plus érudits, plus professionnels et mieux payés. Le Congo compte actuellement 193 Territoires et Communes, selon notre décompte (Annexe 2). Ce qui donne lieu à 193 Députés. Si on y ajoute les quelques Députés représentant les Congolais de l'étranger ainsi que les communautés minoritaires et marginales, on aura un peu plus de 200 Députés au nouveau Parlement. Or, le Congo compte aujourd'hui 500 Députés et 108 Sénateurs.
4. Ce dispositif permet d'éviter les pièges ethniques, religieux et linguistiques au moment des élections avec leur cortège d'horreurs (pertes humaines et destructions matérielles) dans un pays où l'ethnicité est de nouveau exacerbée. En effet, la compétition électorale change d'échelle. La joute

politique est désormais circonscrite au niveau de chaque Territoire et de chaque Commune. La joute politique met en compétition les meilleurs fils et les meilleures filles du même Territoire ou de la même Commune. Les meilleurs enfants du cru sont départagés par les membres de leur propre communauté territoriale ou communale. Le combat politique se transforme en une confrontation de programmes et de personnalités (savoir, savoir-faire, savoir-être). Le combat politique se limite à une joute oratoire entre les différents enfants du même Territoire ou de la même Commune. L'emporte, le meilleur fils ou la meilleure fille du Territoire ou de la Commune.

5. Le Député de chaque Territoire et de chaque Commune est identifiable. Le lien et le contact permanent entre l'élu et ses électeurs lui permettent d'être utile, c'est-à-dire, d'être un acteur du développement local. Toutefois, il convient de préciser que le mandat de Député n'est pas impératif.[50]

- Troisième innovation : *L'éligibilité est réservée à l'élite.*[51] Les conditions requises pour exercer les fonctions de Parlementaire deviennent draconiennes. Car les fonctions du Parlement sont accrues. En effet, le travail parlementaire ne se limite plus à faire des lois. Le pouvoir exécutif et le pouvoir judiciaire procèdent désormais du Parlement. Ainsi, pour être candidat à la députation, il faut remplir quatre conditions draconiennes :

1. Il faut être titulaire au minimum d'un diplôme de fin d'études universitaires : une licence congolaise, un master européen ou anglo-saxon, un doctorat en médecine ou en médecine vétérinaire, un diplôme d'ingénieur civil ou de pharmacien. Nous discuterons de la pertinence de l'instauration de ce régime censitaire et élitiste dans la suite de cet exposé.
2. Il faut avoir un lien de sang (Etre originaire dudit Territoire) et un lien matériel (Avoir impérativement sa résidence principale dans ledit Territoire) pour les Ruraux. Quant aux citadins, le lien matériel suffit (Avoir sa résidence principale dans ladite Commune).
3. Il faut prouver sa probité exemplaire.
4. L'âge minimum pour poser sa candidature est porté à 30 ans contre 25 ans dans la Constitution de 2006 dite de la Troisième République (Article 102).

Il appartient donc à chaque Congolaise et à chaque Congolais qui ambitionne de servir son pays comme législateur (membre du Parlement) de se fortifier intellectuellement, de cultiver un comportement exemplaire et d'emporter le suffrage des membres de sa communauté territoriale ou communale.

- Quatrième innovation : La durée de tous les mandats politiques au Congo est portée à 11 ans non renouvelable. Alors qu'actuellement, la durée de

---

[50] Chaque Député est un représentant du peuple. Il peut se prononcer en conscience sur tous les sujets. Il n'est pas le porte-parole ni le représentant uniquement de la population de son Territoire ou de sa Commune. Il représente la Nation congolaise. Le principe de la souveraineté nationale interdit le mandat impératif.

[51] Des exceptions seront faites le temps qu'il faudra concernant les quatre ethnies des Pygmées.

mandat est de 5 ans renouvelable une fois pour le Président du Congo (Article 70) et les Gouverneurs de Province (Article 198) mais renouvelable indéfiniment pour les autres élus (Députés, Sénateurs). Cette durée exceptionnelle de mandat politique répond à l'objectif d'un pouvoir qui vise le développement du Congo et la prospérité des Congolais. Trois raisons permettent d'expliquer la pertinence d'un mandat d'une durée de 11 ans :

1. Une volonté de faire correspondre le timing politique avec le timing d'un programme de développement. Nous considérons que les Elus du Congo sont avant tout des acteurs du développement. Or qui dit développement dit temps. Il faut donc laisser le temps au temps. La durée du mandat politique que nous proposons correspond à la durée normale des programmes de développement qui sont en général des plans décennaux. On peut citer deux exemples. Il y a le Plan décennal de développement du Congo belge (1949-1958) élaboré et mis en œuvre naguère par le pouvoir colonial (Vanthemche, 1994). Il y a aussi en France, les Chartes de Pays (Loi Pasqua du 04/02/1995 ; Loi Voynet du 25/06/1999) relatives au développement durable qui sont à un horizon de dix ans. En effet, le turnover des dirigeants, s'il est rapide, peut devenir incompatible avec des programmes de développement au long court. Car, l'expérience montre qu'il ne faut surtout pas que la mise en œuvre des projets de développement dans le Tiers-Monde s'arrête ou soit perturbée par le départ (fin de mandat) des initiateurs. D'autant que, sur un mandat de onze années, la première année est en général consacrée à élaborer le Plan décennal de développement avec le concours de tous les acteurs locaux concernés, à la fois politiques, économiques, sociaux et culturels sans oublier la population elle-même. Par ailleurs, le mandat d'une durée de 11 ans oblige les électeurs congolais à bien choisir leurs dirigeants. Car, le droit à l'erreur n'est pas permis. Le Congo a besoin de cette durée exceptionnelle de mandat parce que la stabilité politique est un facteur de développement comme le donne fièrement en exemple au monde entier le régime communiste chinois avec le miracle économique de la Chine. Régime communiste qui change sa direction à peu près tous les dix ans maintenant. Cette stabilité politique qui « *permet à cette dictature de faire un virage économique soudain* » suscite même l'admiration de Justin Trudeau, chef du parti libéral canadien, dans une déclaration « controversée » faite sur le ton certes de la blague, le 07 novembre 2013 (Radio Canada, 2013). Mais, le Congo peut faire encore mieux que la Chine : allier la démocratie véritable (choix libre de ses représentants) avec une stabilité politique choisie et non imposée. Après tout, un mandat de 11 ans pour mettre en œuvre un Plan Décennal de développement du pays, mûrement préparé ayant l'adhésion et le soutien de la population, est de loin préférable à l'absence du tout de changement à la tête de l'Etat.

Une situation que l'Afrique subsaharienne ne connaît que trop bien (Tableau 2). « *Une situation qui plonge le pays dans une tragique léthargie sociale, institutionnelle, politique et économique* » (Lado, 2014).

Tableau n° 2
Longévité au Pouvoir en Afrique subsaharienne en 2015

Pays	Président	Année de prise de pouvoir	Nombre d'années au pouvoir
Angola	José Eduardo Dos Santos	1979	36 ans
Guinée Equatoriale	Teodoro Obiang Nguema	1979	36 ans
Cameroun	Paul Biya	1982	33 ans
Congo Brazzaville	Sassou Nguesso	1979-1992, 1997	31 ans
Ouganda	Yoweri Kaguta Museveni	1985	30 ans
Zimbabwe	Robert Mugabe	1987	28 ans
Soudan	Omar Hassan el-Béchir	1989	26 ans
Tchad	Idriss Deby	1990	25 ans
Rwanda	Paul Kagamé	1994	21 ans

2. Une volonté de réduire le coût de la démocratie. En effet, le Congo n'est pas assez riche pour organiser des élections tous les cinq ans et surtout à deux tours. La facture est trop salée. L'argent des contribuables congolais est très précieux et doit servir en priorité à des investissements productifs des richesses (éducation, formation professionnelle, santé, infrastructures, promotion de l'agriculture et de l'industrie).
3. Un souci d'efficacité de la gestion publique. C'est une question de bon sens. Avec un mandat de cinq ans renouvelable, on travaille vraiment trois ans pour l'intérêt général (deuxième, troisième et quatrième année de mandat). On travaille un an voire plus pour sa réélection (cinquième année de mandat). Tandis que la première année de mandat est souvent consacrée à la mise en place.
- Cinquième innovation : L'instauration d'une présidence tournante au Parlement. Les Députés élisent le « *Primus inter pares* » (le premier parmi ses pairs) qui devient le Président du Parlement pour une année non renouvelable et le Vice-Président qui remplace le Président en cas d'absence ou d'empêchement. C'est un scrutin majoritaire simple à un seul tour. Simple parce que le candidat qui obtient la majorité des suffrages exprimés est élu. Le Président et le Vice-Président du Parlement doivent être, à tour de rôle, originaires de chacune des 11 provinces du pays, en respectant l'ordre alphabétique des provinces comme indiqué dans le tableau 3.

Tableau n° 3

Turnover des Présidents et Vice-Présidents du Parlement en fonction de l'ordre chronologique des provinces d'origine

	Président	Vice-Président
1ère année	Bandundu	Bas-Congo
2ème année	Bas-Congo	Equateur
3ème année	Equateur	Kasaï occidental
4ème année	Kasaï occidental	Kasaï oriental
5ème année	Kasaï oriental	Katanga
6ème année	Katanga	Kinshasa
7ème année	Kinshasa	Maniema
8ème année	Maniema	Nord-Kivu
9ème année	Nord-Kivu	Province orientale
10ème année	Province orientale	Sud-Kivu
11ème année	Sud-Kivu	Bandundu

Cette flexibilité des rôles a pour but de favoriser l'humilité et d'encourager l'esprit et le travail d'équipe, une équipe qui doit être exclusivement au service du bien commun ou de l'intérêt général, c'est-à-dire, le développement du Congo et la prospérité des Congolais. L'humilité dit-on est *la mère de la créativité*.[52] Le Congo, comme tous les pays pauvres, a besoin des dirigeants très humbles ayant un esprit créatif, qui réfléchissent davantage afin de résoudre des problèmes à la fois nombreux et variés avec des idées moins onéreuses, avec des trésors d'astuces.[53]

- Sixième et dernière innovation : L'instauration du vote obligatoire pour tous les Congolais. La participation obligatoire de chaque citoyen aux élections assure une bonne représentativité de la diversité sociale au sein du Parlement, procure une plus grande légitimité aux Elus et assure un bon fonctionnement du système démocratique et de l'Etat (Gosselin, 2006).

[52] HOMELIE DU PAPE FRANCOIS POUR LA SAINT IGNACE, 2013, « Le Christ et l'Eglise, le service, l'humilité et la prière », [En ligne], http://www.zenit.org/fr/articles/homelie-du-pape-francois-pour-la-saint-ignace

[53] Cette idée est inspirée du turnover des présidents en Suisse. Mais sa justification au Congo est fondée sur une pensée de David Lynch, particulièrement adaptée aux pays pauvres : « *Il y a des fois où les contraintes obligent à réfléchir davantage. Si, on a de l'argent à ne plus savoir qu'en faire, on peut se détendre et résoudre à coups de dollars tous les problèmes qui se présentent. On n'a pas trop à se creuser les méninges. Mais, lorsqu'on est financièrement limité, on trouve parfois des idées peu onéreuses, des trésors d'astuce.* » Extrait de : LYNCH David, 2008, *Mon histoire vraie ; Méditation, Conscience et créativité*, SONATINE, Paris, 156 p., traduit de l'anglais par Nicolas Richard.

Le vote est obligatoire dans plusieurs pays : Australie, Belgique, Bolivie, Brésil, Chypre, Egypte, Equateur, Grèce, Liechtenstein, Singapour, Suisse, Pérou, Turquie etc. (Joseph, 2013).

Election du Gouvernement qui exerce le Pouvoir exécutif à l'échelon supérieur par le Pouvoir législatif (Parlement)

Par rapport à la situation actuelle (Constitution de 2006 dite de la Troisième République), nous introduisons six innovations majeures :
- Première innovation : Le Gouvernement procède désormais du Parlement qui représente le peuple souverain. Les membres du Gouvernement sont appelés Ministres d'Etat. Chaque Ministre d'Etat est élu individuellement au suffrage indirect par le Parlement. C'est un scrutin majoritaire simple à un seul tour. Cela signifie que le candidat qui recueille le plus de suffrages exprimés est élu. Alors qu'actuellement (Constitution de la Troisième République), le Gouvernement procède du Président. C'est le Président qui choisit le Premier ministre et nomme les Ministres (Article 78).
- Deuxième innovation : Ce scrutin est uninominal. Un seul siège de Ministre d'Etat est à pourvoir par province. Ce qui entraîne deux conséquences. D'abord, le Gouvernement du Congo ne peut compter que 11 Ministres d'Etat (un par province : Bandundu, Bas-Congo, Equateur, Kasaï-Oriental, Kasaï-Occidental, Katanga, Kinshasa, Maniema, Nord-Kivu, Province Orientale, Sud-Kivu). En effet, le principe de subsidiarité s'accompagne d'un recentrage des missions du Gouvernement qui ne s'occupe plus que des tâches dites régaliennes[54] et des tâches pour lesquelles les Territoires et les Communes constatent leur inefficacité. Ensuite, la compétition électorale pour le poste de Ministre d'Etat devient provinciale et se déroule au Parlement qui n'élit que la meilleure fille ou le meilleur fils de chacune des 11 provinces du Congo, après trois débats contradictoires publics et diffusés à la fois à la radio et à la télévision. Au cours du premier débat, les candidats doivent répondre à une seule question : pourquoi chaque candidat croit-il être le meilleur pour le poste de Ministre d'Etat ? C'est l'occasion donnée à chaque candidat de faire étalage pendant 30 minutes de son savoir (diplômes), savoir-faire (compétences) et savoir-être (comportements sociaux et professionnels, attitudes relationnelles et de communication, attitudes éthiques) et de souligner surtout ses connaissances générales du Congo (histoire, géographie, langues nationales parlées ou comprises, principaux défis, voyages, etc.) et du monde. Au cours du deuxième débat, les candidats doivent présenter aux Parlementaires et aux

[54] Police, justice, défense, relations extérieures, monnaie, nationalité, enseignement supérieur et recherche scientifique, infrastructures de base, solidarité et cohésion nationales, douanes, etc.

Congolais leur vision du Congo. Il s'agit d'imaginer l'avenir du Congo. L'image du futur du Congo que les Parlementaires demandent aux candidats de brosser, c'est une déclaration d'ambition de la part des personnes qui vont être investies des responsabilités nationales. Au cours du dernier débat, les candidats sont invités à débattre de façon contradictoire entre eux. Le Parlement passe ensuite au vote.

- Troisième innovation : quatre conditions draconiennes sont exigées pour être candidat au poste de Ministre d'Etat.

1. Il faut avoir un doctorat à thèse (doctorat congolais ou européen, PhD anglo-saxon). En effet, l'histoire de l'Afrique noire montre que n'importe qui peut devenir Président à la suite d'un coup d'Etat ou d'un accident de l'histoire. Or, pour développer un pays, il faut avoir non seulement une tête bien faite mais aussi une tête bien pleine. Et ça, ce n'est pas à la portée de n'importe qui. Il n'est pas étonnant que l'Afrique noire soit toujours sous-développée alors que les pays développés choisissent leurs meilleurs fils et leurs meilleures filles pour diriger les affaires publiques.[55]
2. Le candidat Ministre d'Etat doit aussi avoir un lien de sang et un lien matériel avec la province au nom de laquelle il se porte candidat.
3. Le candidat Ministre d'Etat doit également être revêtu d'une probité exemplaire et le prouver.
4. Enfin, l'âge minimum de candidature est fixé à 30 ans : aucun changement par rapport à la situation actuelle (Article 72 de la Constitution de la Troisième République).

Il appartient donc à chaque Congolaise et à chaque Congolais qui ambitionne de servir un jour le Congo au niveau de l'Exécutif du niveau supérieur, en qualité de Ministre d'Etat, de cultiver ses compétences, ses talents, son savoir-être, de se porter candidat et de se faire élire.

- Quatrième innovation : L'instauration d'une présidence tournante. Chaque année, l'ordre alphabétique des provinces d'origine permet aux Ministres d'Etat de désigner « *le Primus inter pares* », le premier parmi ses pairs ainsi que son second qui deviennent respectivement le Président et le Vice-Président du Congo après la prestation de serment devant le Parlement. La durée du mandat de Président et de Vice-Président est d'une année non renouvelable. Le tableau 2 indique l'ordre alphabétique des provinces qui détermine le turnover pour l'accès à la présidence et à la vice-présidence du Congo. En principe, au cours de leur mandat non renouvelable de 11 années, chacun des Ministres d'Etat est appelé à exercer pendant un an la

[55] Angela Merkel, Chancelière d'Allemagne, est docteur en chimie ; Elio Di Rupo, Premier ministre belge, est docteur en chimie ; David Cameron, Premier Ministre de Grande Bretagne, est diplômé d'Oxford ; Barack Obama, Président des Etats-Unis d'Amérique, est diplômé d'Harvard ; le nouveau Pape François est Ingénieur chimiste.

fonction de Président et durant une autre période d'un an la fonction de Vice-Président du Congo. Le Vice-Président du Congo remplace le Président en cas d'absence ou d'empêchement. La présidence et la vice-présidence du Congo sont des charges supplémentaires. Le Président et le Vice-Président continuent de diriger leurs départements ministériels respectifs. Ce turnover est inspiré du système suisse.

- Cinquième innovation : L'instauration du principe de collégialité comme mode de fonctionnement du Gouvernement. Le Pouvoir exécutif est entre les mains de 11 Ministres d'Etat qui fonctionnent comme une équipe. Les Ministres d'Etat n'ont aucun pouvoir propre de décision. Chaque Ministre d'Etat est seulement chargé de préparer les travaux du Gouvernement relatifs à son département. Tous les travaux préparés par chacun des Ministres d'Etat sont examinés par les 11 Ministres d'Etat réunis en Conseil. Ce qui permet d'enrichir la réflexion. Les décisions sont prises à la majorité absolue. Chaque membre du Gouvernement y compris le Président et le Vice-Président dispose chacun d'une voix. Ainsi, les décisions prises en Conseil des ministres reflètent la position du Gouvernement. Tous les Ministres d'Etat sont collectivement responsables tant politiquement que juridiquement de l'ensemble des décisions arrêtées. Chaque Ministre d'Etat est chargé de l'application des décisions prises par le Gouvernement relatives à son département.

- Sixième et dernière innovation : L'existence d'une volonté que le pays soit incarné, même si le Pouvoir exécutif est confié à une équipe restreinte des meilleurs cerveaux du Congo. Ainsi, la « primauté » du Président apparaît évidente surtout en cas de crise grave. En effet, outre son rôle qui est de présider les séances du Conseil des Ministres et d'assurer certains devoirs protocolaires, la prééminence du Président se manifeste vraiment en cas de péril extrême.[56] Le Président dispose des pouvoirs exceptionnels par rapport aux autres Ministres d'Etat comme le montre le texte de sa prestation de serment devant le Parlement. Ainsi, le Président jure d'observer la Constitution et les lois du Congo, d'être le garant de la souveraineté nationale, de l'indépendance politique, de l'intégrité du territoire national et de l'honneur du Congo. A ce titre, il est le commandant suprême des forces armées, il déclare la guerre et il préside les séances du Conseil de défense nationale. En politique extérieure, le Président assure la représentation du Congo à l'étranger. Le Président signe tous les traités impliquant le Congo, il reçoit les accréditations des Ambassadeurs étrangers et il entre en relation directe avec les Chefs d'Etat étrangers. Le Président signe les accréditations

[56] Remise en cause de l'honneur, de l'indépendance, de la souveraineté nationale (Menaces graves sur le fonctionnement régulier des pouvoirs publics, sur les institutions du Congo, sur l'exécution de ses engagements internationaux) et de l'intégrité territoriale.

des Ambassadeurs congolais à l'étranger. Quant au Vice-Président du Congo, il remplace le Président en cas d'absence ou d'empêchement.

Toutes ces innovations apportent plusieurs avantages :

1. Le principe de collégialité favorise l'objectivité dans un pays où l'ethnicité est de nouveau exaspérée. Il engage chacun des Ministres d'Etat à promouvoir le bien commun ou l'intérêt général.
2. La présidence tournante et le principe de collégialité favorisent l'humilité qui est la mère de la créativité. Les Congolais étant pour la plupart trop fiers, trop orgueilleux frisant la vantardise.
3. Le haut niveau d'exigences intellectuelles (doctorat à thèse) et morales limite le nombre de candidatures au poste de Ministres d'Etat dans chaque province. Il contraint aussi les Congolais désireux de servir leur pays au plus haut niveau à se fortifier intellectuellement et moralement.
4. Le suffrage indirect (élection des Ministres d'Etat par les Députés) et la présidence tournante permettent de limiter le pouvoir personnel ou la tentation monarchiste et les abus liés à l'exercice du pouvoir (arbitraire, autocratie) comparés à l'élection du Président au suffrage universel direct.
5. La désignation du Président par les Ministres d'Etat permet d'éviter les pièges ethniques, religieux et linguistiques constatés au moment des élections présidentielles au suffrage universel direct, avec son cortège d'horreurs (pertes humaines et matérielles) au Congo et dans la plupart des pays d'Afrique subsaharienne. En effet, le Congo peut ainsi connaître une alternance démocratique pacifique grâce au passage du suffrage universel direct (élection du Président par le peuple souverain) au suffrage indirect (désignation du Président par les Ministres d'Etat). L'époque des élections au Congo ne sera plus une période agitée, ne sera plus une période de crise sanglante, ne sera plus une période de folie destructrice comme en 2006 (division du pays en deux : affrontements entre les Congolais pro-Bemba et les Congolais pro-Kabila Kabange) ou comme en 2011 (division du pays en deux : affrontements entre les Congolais pro-Tshisekedi Wa Mulumba et les Congolais pro-Kabila Kabange).

Ces innovations traduisent une rupture avec le passé. En effet, le mode d'accès au pouvoir exécutif que nous proposons ici est à l'opposé des trois modes actuels d'accès au pouvoir au Congo. D'une part, on accède au pouvoir au Congo par des coups d'Etat. D'autre part, on accède au pouvoir par des élections présidentielles au suffrage universel truquées, contestées et contestables qui s'accompagnent des heurts sanglants. Enfin, on accède au pouvoir en créant un groupe armé avec l'appui de l'étranger, en assassinant des centaines de milliers de Congolais et en causant des milliards de dollars de destructions matérielles sur le chemin du pouvoir.

Par ailleurs, l'histoire montre que l'élection du Président au suffrage universel direct n'est pas adaptée aux pays de l'Afrique subsaharienne caractérisés par des fortes diversités ethniques, linguistiques et religieuses où elle allume systématiquement des poudrières. Nous distinguons deux cas de figure :

- Premier cas de figure : Les élections sont démocratiques. Mais, comme le vote demeure communautaire, c'est-à-dire, ethnique, linguistique ou religieux, le Président est toujours issu du groupe communautaire majoritaire qu'il soit ethnique, linguistique ou religieux. La démocratie devient donc une source de tensions ethniques, religieuses ou linguistiques. La démocratie est ressentie comme la loi du plus grand nombre par les communautés minoritaires. De plus, le Président issu de la communauté la plus nombreuse se montre souvent très partial favorisant ses électeurs, c'est-à-dire, les siens. Ainsi, l'époque de chaque élection présidentielle est une grave crise pour le pays. Qui se divise. Le sang coule à flot. Les assassinats et les empoisonnements se multiplient. Les carnages succèdent aux carnages. Les infrastructures sont saccagées. Les résultats des élections sont contestés. La légitimité des élus est remise en cause. Le divorce est consommé entre une partie de la population et ses dirigeants. Cette situation concerne des nombreux pays en Afrique noire. Point n'est besoin de les citer. Chaque lecteur a des dizaines d'exemples en tête.
- Deuxième cas de figure : Les élections sont antidémocratiques. Lorsque l'élection présidentielle au suffrage universel implique un Président sortant issu d'une minorité ethnique, religieuse ou linguistique et qui est arrivé au pouvoir par « un coup d'Etat » ou « un accident de l'histoire », le « vainqueur » est connu d'avance. C'est toujours le Président sortant. Le Président sortant se maintient au pouvoir par la terreur et la tricherie. Très souvent, il emprisonne, exile, empoisonne et assassine ses opposants ainsi que les journalistes, les défenseurs des droits de l'homme, les hommes d'Eglise, les professeurs d'université et les étudiants. Parfois, quand le besoin de se faire des alliés se fait sentir, il n'hésite pas à « acheter » certains opposants en leur distribuant des faveurs et des postes prestigieux. Cette situation concerne également des nombreux pays d'Afrique subsaharienne. Point n'est besoin de les citer. Tout le monde les reconnaîtra.

Election de l'Autorité judiciaire suprême qui exerce le Pouvoir judiciaire par le Pouvoir législatif (Parlement)

Par rapport à la Constitution de 2006 dite de la Troisième République (section 4, Articles 149-169) et aux lois organiques y afférentes, nous apportons plusieurs innovations majeures à l'organisation de la justice au Congo. Les principales innovations sont les suivantes :

- Première innovation : La Cour Suprême de Justice devient l'autorité judiciaire suprême du Congo.

- Deuxième innovation : La Cour Suprême de Justice se compose de 66 Hauts-Magistrats.
- Troisième innovation : Les 66 Hauts-Magistrats de la Cour Suprême de Justice sont élus par les Députés. Ces grands électeurs représentant le peuple souverain.
- Quatrième innovation : Il y a 6 sièges à pourvoir par province d'origine (Bandundu, Bas-Congo, Equateur, Kasaï occidental, Kasaï oriental, Katanga, Maniema, Nord-Kivu, Province orientale, Sud-Kivu).
- Cinquième innovation : L'élection des Hauts-Magistrats comporte quatre étapes. Première étape : tous les candidats envoient leur dossier au Parlement. Deuxième étape : Après un examen hautement sélectif des dossiers, un premier vote des Députés permet de retenir les dix meilleurs profils par province. Troisième étape : les dix candidats retenus par province sont soumis à deux auditions par le Parlement sur leur futur rôle de *gardien des lois* et *d'arbitre impartial*. La première audition porte sur des questions ouvertes posées par les Parlementaires. Cette audition est diffusée à la radio et à la télévision. Les dix candidats sont soumis ensuite à une épreuve écrite. La question tirée au sort est posée par la Commission juridique du Parlement. Les candidats ont 3 heures pour préparer leur dissertation dans une salle prévue à cet effet au sein du Parlement et 30 minutes pour la soutenir au cours d'une dernière audition par le Parlement, une audition également radiotélévisée. Quatrième étape : Le Parlement passe au vote. C'est un scrutin majoritaire simple à un seul tour. Les six candidats ayant obtenu le plus des suffrages exprimés par province d'origine sont élus. Toutefois, si le critère d'élection est provincial, la responsabilité des Hauts-Magistrats est nationale. Ce système est inspiré du système de confirmation des candidats Commissaires européens par le Parlement européen ainsi que du système de confirmation des Juges à la Cour suprême des Etats-Unis d'Amérique par le Congrès mais adapté aux réalités congolaises.
- Sixième innovation : Les candidats Magistrats à la Cour suprême doivent être des juristes de haut niveau ayant fait des études universitaires et postuniversitaires de droit. La préférence est donnée aux professeurs d'université titulaires d'un doctorat à thèse congolais, européen ou d'un PhD anglo-saxon. Sont également acceptées les candidatures des Magistrats en fonction depuis 15 ans au moins ou des avocats inscrits au barreau depuis plus de 15 années mais titulaires d'un diplôme postuniversitaire de droit.
- Septième innovation : Les candidats Magistrats doivent faire montre d'une probité exemplaire et les prouver.
- Huitième innovation : L'âge minimum est fixé à 35 ans.
- Neuvième innovation : Les candidats doivent avoir un lien de sang et un lien matériel avec la province au nom de laquelle ils se présentent à l'élection.

- Dixième innovation : Les Hauts-Magistrats sont élus à vie. Les limites inférieures et supérieures d'âge pour faire valoir ses droits à la retraite sont toutefois fixées entre 75 et 78 ans. Les Hauts-Magistrats retraités conservent certaines prérogatives et obligations notamment leur salaire plein.
- Onzième innovation : Les Hauts-Magistrats réunis en formation plénière élisent à bulletin secret le Président et le Vice-Président de la Cour Suprême de Justice. Le Président de la Cour Suprême de Justice est à la tête de la Justice au Congo. La présidence de la Cour Suprême de Justice est tournante. Le mandat de Président et de Vice-président est de quatre ans non renouvelable. Le turnover des Présidents et Vice-présidents de la Cour Suprême de Justice est fonction de l'ordre alphabétique des provinces d'origine comme indiqué dans le tableau 2.
- Douzième innovation : Les Hauts-Magistrats réunis en séance plénière, sous la présidence du Président, disposent du pouvoir d'organisation interne de la Cour Suprême de Justice. Ils fixent la composition des différentes Cours, adoptent les règlements et élisent à bulletin secret les Présidents des différentes Cours en respectant toujours l'équilibre provincial. Le mandat des Présidents des différentes Cours est de quatre ans renouvelable mais pas successivement. Les Hauts-Magistrats réunis en séance plénière, sous la présidence du Président, disposent aussi du pouvoir d'organisation des juridictions inférieures (Tribunaux d'appel, Tribunaux de première instance, Tribunaux de paix). Ils fixent la composition des différents tribunaux, adoptent les règlements et désignent par vote à bulletin secret les Présidents, les Procureurs et les Greffiers de ces différents tribunaux en respectant toujours l'équilibre provincial et autant que possible le principe d'égalité hommes/femmes. Les Hauts-Magistrats réunis en formation plénière, sous la présidence du Président, disposent du pouvoir de promotion et de transfert des Magistrats du siège ou du parquet des instances inférieures (Tribunaux d'Appel, Tribunaux d'instance, Tribunaux de paix) par vote à bulletin secret. Les dossiers de candidatures sont présentés par le Conseil Supérieur de la Magistrature.
- Treizième innovation : La Cour Suprême de Justice statue en dernière instance sur tous les domaines juridiques mais pas sur le fond.
- Quatorzième innovation : La Cour Suprême de Justice est composée de six Cours :
1. La Cour de droit civil ou Cour civile de cassation : Juge ultime des litiges entre Congolais ;
2. La Cour de droit pénal ou Cour pénale de cassation : Juge ultime des infractions passibles des sanctions pénales ;
3. La Cour de droit administratif ou Cour administrative de cassation ou encore Conseil d'Etat : Juge ultime des infractions impliquant les Congolais et les administrations y compris les offices publics ou les autorités publiques

entre elles ; Conseiller du gouvernement dans la préparation des projets de lois, d'ordonnances et de certains Décrets ;
4. La Cour de droit constitutionnel ou Cour Constitutionnelle : Sa mission est de garantir les droits constitutionnels des Congolais, de contrôler la constitutionnalité des lois et des engagements internationaux, de juger de la régularité des opérations de référendums et d'élections ainsi que des conditions d'éligibilité mais aussi de l'incompatibilité des mandats des élus ;
5. La Cour de Justice de la République : Sa mission est de juger les membres de l'Exécutif du niveau supérieur pour les crimes et délits commis dans l'exercice de leurs fonctions ;
6. Le Conseil Supérieur de la Magistrature : C'est le préfet de police ou de discipline de tous les Magistrats. A ce titre, il a une double mission : celle de prévenir (élaboration et diffusion du recueil des obligations déontologiques des Magistrats) et celle de châtier (le cas échéant). C'est aussi un Conseiller. Ainsi, il se prononce sur toutes les questions relatives au fonctionnement de la Justice. Il charge un ou plusieurs de ses membres de mission d'information auprès des différents tribunaux. C'est également le Responsable des ressources humaines de la Magistrature. Ainsi, il est compétent en matière de promotions et de transferts dans les juridictions inférieures. A cet effet, il est chargé de présenter à l'élection par la Cour Suprême réunie en séance plénière les candidatures aux places vacantes de Magistrat de siège ou de Magistrat de parquet. Le Conseil Supérieur de la Magistrature est enfin chargé de la gestion de l'Ecole Nationale de la Magistrature. Le Conseil Supérieur de la Magistrature est placé sous la direction du Président de la Cour Suprême de Justice. Il est composé de 33 Hauts-Magistrats soit la moitié des effectifs de la Cour Suprême de Justice : Trois Hauts-Magistrats par province d'origine.

Il est impératif de recréer une Ecole Nationale de la Magistrature (ENM) chargée de la formation des Magistrats de siège et du parquet. C'est une formation postuniversitaire ouverte aux titulaires d'un master ou d'une licence congolaise en droit. La durée de formation est de 24 mois (12 mois de cours théorique, 9 mois de stages et 3 mois pour la rédaction d'un mémoire de 40 pages). Le Conseil Supérieur de la Magistrature dispose du pouvoir de sélection des candidats. Il récence les candidatures, étudie les dossiers des candidats, soumet les candidats au concours. Les besoins estimés en Magistrats de toutes les provinces du pays déterminent le numerus clausus. Le numerus clausus divisé par 11 donne le nombre de candidats à sélectionner par province d'origine. Les diplômés sont nommés et affectés par la Cour Suprême de Justice réunie en séance plénière à l'issue d'un vote à bulletin secret. Les élèves de l'Ecole Nationale de la Magistrature sont rémunérés par l'Etat.

Tout Congolais a le droit d'agir et de se défendre en justice même s'il ne dispose pas des moyens pour payer les frais de justice et/ou d'avocat. Si son action a une chance de succès et s'il est impécunieux, il appartient à l'Etat de prendre en charge les frais de justice et d'avocat. C'est à l'intéressé de faire la demande d'une assistance judiciaire au commencement de chaque procédure. Autre innovation, les justiciables ont la possibilité dorénavant de saisir les Tribunaux d'instance, d'appel et de cassation à partir du Tribunal de paix situé dans leur Territoire ou Commune de résidence. Dernière innovation, compte tenu de la longueur des distances au Congo, ce n'est plus aux justiciables d'aller vers le Tribunal d'appel situé à l'ex-chef-lieu de province ou vers le Tribunal de Cassation qui se trouve à Kinshasa. Mais, c'est à ces Tribunaux supérieurs d'aller vers les justiciables. Ainsi, les Tribunaux d'appel et de cassation deviennent des Tribunaux itinérants. Les Tribunaux d'appel sont appelés à siéger à tour de rôle dans les locaux des Tribunaux d'instance situés dans les anciens chefs-lieux de districts. Les Cours de cassation vont siéger une fois l'an dans chacun des 11 anciens chefs-lieux de provinces, durant une période prédéterminée en fonction des affaires en cours.

Quatre principaux avantages résultent de ces innovations :

- Premier avantage : L'accès à la justice et la justice de proximité sont facilités grâce à la possibilité de saisine locale, l'itinérance des tribunaux d'appel et de cassation ainsi que l'assistance judiciaire aux impécunieux.
- Deuxième avantage : Compte tenu de la complexité de plus en plus grande du droit, l'efficacité de la justice est obtenue grâce à l'obligation de formation postuniversitaire spécialisée des Magistrats dans une école spécialement dédiée.
- Troisième avantage : L'indépendance du Pouvoir judiciaire est renforcée 1) par le maintien de la maîtrise de son budget (Article 146 de la Constitution de la Troisième République), 2) par l'élection des Magistrats suprêmes par le Parlement, 3) par le pouvoir exclusif de la Cour Suprême à la fois sur l'organisation de la Justice, sur la discipline, sur la révocation, sur les promotions et les transferts des Magistrats et, enfin, 4) par le développement d'un esprit de corps.
- Quatrième et dernier avantage : L'impartialité de la justice est renforcée par l'influence bénéfique de la collégialité et de l'équilibre provincial de l'autorité judiciaire dans un pays où les jeux politiciens sont en train d'exaspérer l'ethnicité.

A ce stade de ce descriptif, deux différences fondamentales distinguent déjà notre dispositif institutionnel de celui de la Troisième République (Constitution de 2006) :

- La première différence fondamentale porte sur la naissance des différents pouvoirs. Le Pouvoir législatif procède du peuple souverain directement (Election au suffrage universel). Le Pouvoir exécutif et le Pouvoir judiciaire procèdent du Parlement, des Représentants du peuple souverain (Suffrage indirect). En revanche, la Constitution de la Troisième République dispose que les Députés et le Président sont élus au suffrage universel (Articles 70 et 101), les Sénateurs au suffrage indirect (Article 104) tandis que le Gouvernement procède du Président (Article 78). Quant aux Magistrats de la Cour constitutionnelle, ils sont nommés pour partie par le Pouvoir exécutif (Article 158) et pour partie par le Pouvoir législatif (Article 119).

- La deuxième différence fondamentale porte sur la séparation des pouvoirs. La logique profonde de notre réforme institutionnelle est une séparation nette des trois pouvoirs. Ainsi, l'indépendance de chacun de ces trois pouvoirs se traduit mieux dans sa façon de mourir. D'un côté, l'Exécutif n'a plus le pouvoir de dissoudre le Parlement. En effet, le Parlement est fait pour élire l'Exécutif et le Judiciaire, voter les lois et contrôler le Gouvernement sans sortir de ce rôle. De l'autre côté, le Parlement n'a plus le pouvoir de renverser le Gouvernement. En effet, le Gouvernement est fait pour gouverner. Il est libéré du Parlement par la suppression de la motion de censure du Gouvernement ou de défiance vis-à-vis d'un Ministre d'Etat. Enfin, ni l'Exécutif ni le Législatif ne peut révoquer le pouvoir judiciaire.

La séparation nette ou l'indépendance des trois pouvoirs doit consacrer la recherche du compromis (qui est l'art de la politique) ou l'orientation du consensus qui est un critère de bonne gouvernance (FIDA, 1999). En effet, la séparation nette des trois pouvoirs permet d'écarter deux dangers. D'une part, elle évite *l'instabilité ministérielle* en empêchant la toute-puissance du Parlement au détriment de l'Exécutif. D'autre part, elle évite *la dictature* en empêchant la concentration de tous les pouvoirs au profit de l'Exécutif. C'est ainsi que les libertés individuelles et les droits fondamentaux des citoyens sont mieux garantis (Montesquieu, 1748, livre XI). C'est donc une différence fondamentale avec la Constitution de 2006 dite de la Troisième République qui accorde aux uns d'avoir une influence sur les autres (interdépendance des trois pouvoirs) notamment le droit du Président de dissoudre le Parlement (Article 148) ou le droit du Parlement de censurer le Gouvernement ou de défier un Ministre (Articles 146 et 147) ou encore le droit du Président de démissionner le Gouvernement (Article 78).

Par ailleurs, l'indépendance ou l'interdépendance des trois pouvoirs (Exécutif, Législatif, Judiciaire) est un critère qui permet de distinguer la nature du régime. L'existence des moyens de révocabilité réciproques dans la Constitution de 2006 tend à classer la « Troisième République » dans le régime parlementaire. Tandis que notre dispositif institutionnel qui exclut ces moyens réciproques de révocabilité tend à instaurer un régime présidentiel au Congo du type étatsunien.

Une organisation administrative à double étage

Un Pouvoir exécutif au plus près possible des citoyens

La structure de l'Etat que nous proposons ici simplifie l'organisation administrative au Congo qui comprend désormais deux échelons du Pouvoir exécutif : une Administration nationale et une Administration locale.

L'Administration nationale forme l'Exécutif du niveau supérieur. Elle est organisée autour du Gouvernement et structurée en 11 départements ministériels auxquels il convient d'ajouter les offices publics à l'instar de la Société Congolaise des Transports et des Ports par exemple et les Etablissements publics à l'instar des Universités d'Etat. Un Ministre d'Etat se trouve à la tête de chaque département. Tandis que des Directeurs Généraux et des Recteurs dirigent respectivement les offices et les alma-mater publics.

L'Administration locale forme l'Exécutif du niveau inférieur. C'est l'échelon le plus proche des citoyens. L'Administration locale comprend une seule collectivité territoriale (la Commune ou le Territoire) et un service déconcentré de l'Etat (la Préfecture). A la tête de chaque Commune, de chaque Territoire et de chaque Préfecture, on trouve respectivement un Bourgmestre, un Administrateur et un représentant du gouvernement, le Préfet.

Comment expliquer notre choix du Territoire comme organe exécutif de l'échelon inférieur ? Une seule raison : le Territoire est le meilleur espace pour un projet de développement dans l'actuel découpage territorial du Congo hérité de la colonisation belge, à savoir : la Province, le District, le Territoire, le Secteur ou la Chefferie. En effet, le Territoire est la seule strate administrative capable de se développer harmonieusement dans tous les domaines et qui est, à la fois, à peu près homogène à divers points de vue :

- Sur le plan du *peuplement*, le Territoire est un espace assez homogène. Ce qui permet d'éviter *le piège ethnique* dans lequel est tombée la régionalisation initiée par la Constitution de 2006 (Bruneau, 2009). En effet, le Territoire correspond très souvent au contour d'une tribu. Ainsi, on peut dire que dans l'actuelle province du Bas-Congo, dans le District de la Lukaya, le Territoire de Kasangulu correspond au pays des *Lemfu*, le Territoire de Madimba correspond au pays des *Ntandu* et le Territoire de Kinvula correspond au pays des *Mbeko*. Même s'il peut exister çà et là dans chaque Territoire à côté d'une tribu majeure, une petite enclave de population qui constitue en fait une sous-tribu. Il existe ainsi une sous-tribu des *Nzungi* dans le Territoire de Kasangulu et une sous-tribu des *Mbata* dans le Territoire de Madimba autour et aux alentours de la localité de Ngidinga. Mais le plus important pour le développement du Congo est que le territoire administratif qui se confond avec le territoire tribal est un espace de population suffisamment homogène où se sont forgées des identités, des habitudes, des solidarités très fortes voire des fraternités dites « territoriales » qui expliquent l'attachement solide de chaque Congolais à son territoire d'origine. L'exception qui confirme la règle se trouve dans les Territoires frontaliers du Congo de l'Est, à cause d'importants mouvements de population liés à l'insécurité régionale (guerres civiles au Soudan, en Ouganda, au Rwanda et au Burundi). Par exemple, l'île Territoire d'Idjwi au Sud-Kivu a une tribu majeure, les Havu, à laquelle s'ajoutent trois autres populations : les Shi (tribu majeure du Territoire de Kabare), les pygmées (Twa) et les Congolais issus des unions mixtes avec des Rwandais (Tshiakani Mbwebwe et al, 2004). Mais ces derniers cas de figure sont minoritaires.

- Sur le plan *démographique*, les Territoires sont numériquement capables de rentabiliser les divers investissements (équipements, infrastructures). Ainsi, la population estimée par Territoire pour 2006 par le Programme des Nations Unies pour le Développement (PNUD) varie d'un peu moins de 125.000 habitants pour la trentaine de Territoires les moins peuplés à plus de 430.000 habitants pour la trentaine de Territoires les plus peuplés (Tableau 4).

Tableau n° 4

Population estimée pour 2006 par Territoire

Province	Territoires ayant moins de 125.000 habitants	Territoires ayant plus de 430.000 habitants
Bandundu	*Bolobo, Kwamouth, Mushie, Yumbi*	*Bulungu, Gungu, Idiofa, Kasongo-Lunda, Kutu, Masi-Manimba*
Bas-Congo	*Kinvula*	*Mbanza-Ngungu*
Equateur	*Befale, Bomongo, Lukolela, Makanza, Monkoto*	*Bumba, Gemena*
K.-Occidental	*Dekese*	
Kasaï-Oriental	*Lusambo*	*Ngandajika, Lodja*
Katanga	*Kapanga*	*Bukama, Malemba-Nkulu*
Maniema	*Kibombo, Lubutu, Punia*	
Nord-Kivu	*Beni*	*Lubero, Masisi, Nyiragongo, Rutshuru*
Province orientale	*Aketi, Ango, Bafwasende, Bambesa, Bondo, Buta, Niangara, Opala, Poko, Yahuma*	*Aru, Djugu, Irumu, Mahagi*
Sud-Kivu		*Fizi, Kabare, Kalehe, Mwenga, Uvira, Walungu*

Source : PNUD (2007)

- Sur le plan *géographique*, le Territoire favorise une administration de proximité. En effet, dans l'état actuel des transports, seul le Territoire permet des contacts réguliers des Administrateurs avec les Administrés. Ainsi, le Territoire offre la possibilité à l'Administrateur de Territoire d'accéder au point le plus reculé en 2 heures maximum avec un véhicule tout terrain (4X4), y traiter les problèmes urgents pendant 4 heures et retourner au chef-lieu du Territoire en 2 heures : soit une journée normale de travail de 8 heures. La vitesse moyenne retenue étant de 25 Km/heure sur des routes chaotiques. Pour les Territoires les plus étendus, nous avons retenu la possibilité pour l'Administrateur de Territoire d'accéder au point le plus reculé en 4 heures de route (100 Km) ; Y traiter les problèmes saillants en 4 heures afin d'être de retour au chef-lieu du Territoire, 4 heures plus tard. Soit une journée bien remplie de 12 heures. Ce dernier cas de figure concerne les Territoires les plus étendus tels que Bafwasende (47.000 Km^2), Kamina (40.000 Km^2), Oshwe (42.000 Km^2) et Ubundu (42.000 Km^2).

Par ailleurs, le pouvoir colonial belge qui l'a bien compris a fait du Territoire, la colonne vertébrale de toute l'Administration belge au Congo, c'est-à-dire, l'unité administrative du Congo belge. Ainsi, *« le Territoire est la cellule administrative de base. C'est à l'échelon du Territoire qu'aboutit l'impulsion donnée par le sommet de l'Etat et c'est du Territoire que partent vers la population les actions de développement* » (AFACBELCO, 1994). Tandis que « *l'Administrateur de Territoire se tient constamment en contact avec les chefs indigènes. Il veille à maintenir ou à relever l'autorité et le prestige de ceux-ci, à conserver et à faire progresser les institutions indigènes. Il facilite de tout son pouvoir les relations entre Européens et Indigènes. Il doit faciliter les rapports de l'administration avec les populations, la pénétration de la civilisation et du commerce et, enfin, la mise en valeur progressive de son Territoire* » (Durieux, 1952, p. 531). De sorte que le terme « Territoriale » est devenu le synonyme de l'Administration belge au Congo et le terme « Territorial » le synonyme du fonctionnaire de cette administration (Ryckmans, 1995, p. 27). La carte 2 représente les différents Territoires du Congo.

Carte n° 2

Carte des Territoires

Election de l'équipe administrative de chaque Territoire et de chaque Commune qui exerce le Pouvoir exécutif à l'échelon inférieur par le peuple souverain

C'est une élection au suffrage universel direct. C'est un scrutin de liste, à un seul tour, pour un mandat de 11 années non renouvelable. Chaque liste comporte les noms de 11 membres titulaires et les noms de 11 membres suppléants en alternance homme-femme si possible, pour respecter la parité entre les sexes. Est élue, la liste qui recueille le plus de suffrages exprimés.

Pour être éligible, les candidats doivent conjuguer quatre qualités :

- La rigueur intellectuelle : Les serviteurs de l'Etat doivent être choisis parmi l'élite, parmi les meilleurs fils et les meilleures filles du Territoire ou de la Commune. C'est la consécration du principe « *de l'homme ou de la femme qu'il faut à la place qu'il faut.* » Les candidats doivent être titulaires au minimum d'un diplôme de fin d'études universitaires (Licence congolaise, Master européen ou anglo-saxon, diplôme de Docteur en médecine ou de Docteur en médecine vétérinaire, diplôme d'ingénieur civil ou de pharmacien) ;
- La rigueur morale : Cette élite doit avoir des façons d'agir attendues et exemplaires et en apporter la preuve ;
- La rigueur spirituelle : Cette élite doit être capable de discernement et en apporter la preuve ;
- L'enracinement local : Cette élite doit avoir un lien personnel avec ledit Territoire ou ladite Commune. Pour les Territoires, il s'agit d'un lien de sang (En être originaire) et d'un lien matériel (Avoir une résidence principale dans ledit Territoire). Pour les Communes, il s'agit d'un lien exclusivement matériel (y avoir sa résidence principale depuis 10 ans). Ainsi, indépendamment de leur origine ethnique ou provinciale, tous les Congolais peuvent prétendre participer à la gestion de leur Commune de résidence partout au Congo. C'est là un droit important dans le contexte actuel où l'ethnicité est de nouveau exacerbée chez les Bantous du Congo par la Constitution de 2006 dite de la Troisième République (Bruneau, 2009). En effet, l'histoire du Congo nous apprend que la haine des Katangais à l'égard des Kasaïens qui a déjà donné lieu à deux pogroms (1961 et 1992) date de la victoire des Kasaïens aux premières élections municipales organisées par le pouvoir colonial en 1957 à Elisabethville/Lubumbashi et à Jadotville/Likasi (Gouvernement de transition du Zaïre, 1993 ; Bakajika Banjikila, 1997 ; Pourtier, 1998).

L'administration du Territoire ou de la Commune est entre les mains des 11 élus qui constituent le Conseil territorial ou le Conseil municipal. Le Bourgmestre ou l'Administrateur du Territoire préside respectivement le Conseil municipal ou le Conseil territorial. Le Conseil municipal ou le

Conseil territorial fonctionne selon le principe de collégialité. Chaque élu dispose d'une voix. Les décisions sont prises à la majorité.

La fonction de Bourgmestre et celle d'Administrateur de Territoire sont tournantes. Chaque année, les Conseillers municipaux ou territoriaux élisent le premier parmi ses pairs (*Primus inter pares*) qui exerce les fonctions de Bourgmestre ou d'Administrateur ainsi que son Adjoint. L'Adjoint au Bourgmestre ou à l'Administrateur du Territoire remplace le titulaire en cas d'absence ou d'empêchement. Le Bourgmestre et l'Administrateur ainsi que leurs Adjoints exercent cette fonction pendant un an non renouvelable. En principe, chacun des 11 Conseillers est appelé à exercer pendant un an la fonction d'Administrateur de Territoire ou de Bourgmestre de la Commune et durant une autre période d'une année la fonction d'Adjoint. Le turnover des Administrateurs de Territoire, des Bourgmestres et de leurs Adjoints est fonction de l'ordre alphabétique des noms (tableau 5).

Tableau n° 5

Exemple du turnover des Administrateurs de Territoire et des Bourgmestres en fonction de l'ordre alphabétique des noms.

	Bourgmestre ou Administrateur de Territoire	**Bourgmestre Adjoint ou Administrateur de Territoire Adjoint**
1ère année	A	B
2ème année	B	C
3ème année	C	D
4ème année	D	E
5ème année	E	F
6ème année	F	G
7ème année	G	H
8ème année	H	I
9ème année	I	J
10ème année	J	K
11ème année	K	A

Après leur élection, les membres de l'Administration du Territoire ou de la Commune ont une obligation de formation. Ils doivent suivre une formation (théorique et pratique) d'une durée maximum de 6 mois sur l'administration d'une Commune ou d'un Territoire avant d'exercer effectivement leur mandat de 11 années. Le semestre de formation se décompose ainsi : 4 mois de formation théorique, 1 mois de stages et 1 mois pour la rédaction collective d'une monographie de la Commune ou du Territoire. La monographie de la Commune ou du Territoire a pour but de synthétiser en un ensemble cohérent toutes les données utiles à la connaissance de la collectivité locale (Commune ou Territoire) qu'ils s'apprêtent à administrer.

La formation des élus est à la charge de l'Etat. Durant leur formation, les élus touchent une indemnité fixée par la loi. La formation est assurée par l'Ecole Nationale d'Administration (ENA) réorganisée. En effet, administrer une Commune ou un Territoire est un métier. Or, aucun cursus universitaire ne l'apprend. C'est la raison pour laquelle il faut former les futurs Administrateurs durant un cycle postuniversitaire court, dense et hautement spécialisé.[57] L'ENA est également chargée d'assurer la formation continue de ces Administrateurs. Par ailleurs, la 11ème année de mandat des équipes sortantes devrait coïncider avec l'année de l'organisation des élections et de la formation des équipes entrantes.

Dans la constitution des listes candidates aux élections municipales ou territoriales, il est impératif que la formation initiale des candidats soit la plus diversifiée possible (juristes, agronomes, vétérinaires, géologues, pédagogues, psychologues, médecins, sociologues, anthropologues, économistes, managers, comptables, logisticiens, informaticiens, géomètres, géographes, historiens, architectes, biologistes, chimistes, politologues, philosophes, polytechniciens, etc.). Car, afin de combattre la pléthore du personnel et d'en limiter le coût, ce sont les Conseillers territoriaux ou municipaux qui doivent assumer les fonctions de Responsables de différents services qui composent l'administration territoriale ou communale : enseignement ; budget et finances ; agriculture, eaux, forêts et service vétérinaire ; travaux publics ; transports, communications et télécommunications ; service médical ; affaires économiques ; tourisme ; terres, mines et conservation des titres fonciers ; affaires sociétales, sociales et des cultes ; personnel ; Intercommunalité ; etc. La fonction de Bourgmestre ou d'Administrateur est une charge supplémentaire.

On peut donc s'attendre qu'au niveau des Communes et des Territoires, de telles élections aient une portée réelle très importante dans la mesure où elles donnent un droit de regard plus direct de la population sur leurs Administrateurs.

Nomination par le gouvernement d'un représentant au niveau de chaque Commune et de chaque Territoire

Cette déconcentration est inspirée du système français (Vie publique, 2012). Le principe de subsidiarité préconise un partage des tâches entre

[57] La France dispose d'un Centre National de la Fonction Publique Territoriale qui a l'expérience de la formation des Agents de la fonction publique territoriale. Le Congo peut solliciter le concours de cet organisme avec le soutien financier de la coopération française.

l'Exécutif du niveau supérieur (Gouvernement) et l'Exécutif du niveau inférieur (Administration territoriale ou municipale) selon l'efficacité de la gestion publique. Ensuite, le même principe de subsidiarité préconise une gestion de proximité. Pour concilier ces deux exigences, l'Exécutif national doit créer un relais du Gouvernement national au niveau de chaque Commune ou Territoire appelé *préfecture.* Ce service déconcentré du Gouvernement doit être dirigé par un haut-fonctionnaire appelé Préfet.

Les missions du Préfet sont triples :

- Première mission : Le Préfet représente le Gouvernement et chacun des Ministres d'Etat au sein de chaque Territoire ou de chaque Commune. Il est chargé au niveau local des prestations dévolues au Gouvernement. On peut citer la délivrance des divers documents : les cartes d'identité, les titres de séjour aux étrangers, les permis de conduire, les passeports, l'inscription au registre national de commerce, les immatriculations et les transferts des véhicules (cartes roses), l'étude des demandes de naturalisation, etc. Ainsi, les Congolais de l'intérieur n'ont plus à se déplacer jusque Kinshasa pour obtenir ces documents, comme c'est le cas actuellement. Le Préfet est ainsi le patron des services relevant de l'Exécutif national au niveau local comme les hôtels des impôts, la gendarmerie, la police nationale, les relais des offices publics.
- Deuxième mission : Le Préfet renseigne le Gouvernement. Il est les yeux et les oreilles du Gouvernement sur le terrain. En contact constant avec la population, il a une parfaite connaissance du terrain et garantit au Gouvernement une information la plus objective possible.
- Troisième et dernière mission : Le Préfet assure l'ordre et la tranquillité publics, la sécurité des personnes et des biens y compris des réseaux de transport, des réseaux de distribution d'eau, des oléoducs (pipeline) et des lignes de haute tension. Il a aussi la haute main sur les forces de l'ordre, la gendarmerie et la police, mais n'exerce pas lui-même le commandement qui est assumé par un officier de gendarmerie ou de police. Il préside le comité de défense et de sécurité du Territoire ou de la Commune.

Election par le peuple souverain de l'autorité de contrôle et de surveillance des Territoires et des Communes

Pour répondre au principe démocratique qui veut qu'à chaque pouvoir, il y ait un contre-pouvoir, notre dispositif institutionnel prévoit une instance non exécutive dont le rôle est de contrôler et de surveiller sur place les Territoires et les Communes qui composent chaque District. Le contrôle des actes du Conseil territorial ou municipal se fera *a posteriori* par les Commissaires de District qui ne statuent que sur la légalité des décisions prises. Leur rôle est ainsi de veiller à la conformité au droit de l'activité des Territoires et des Communes, c'est-à-dire, de garantir la sécurité juridique des actes administratifs. Ce contrôle administratif s'exerce après les actes et après la transmission de ces actes au Commissariat de district, sans entraver leur exécution et dans un esprit d'aide et de conseil. Les Commissaires de district doivent inspecter au moins deux fois l'an tous les Territoires du District et peuvent se faire aider par des conseillers techniques itinérants pour certaines questions spécifiques : agriculture et service vétérinaire, terres, travaux publics ou autres. Ils font rapport sur l'administration des Territoires ou des Communes de leur District au Gouvernement. En cas de problème (actes administratifs contraires au droit), les Commissaires de district ont le pouvoir de saisir le Juge compétent, administratif ou constitutionnel.

Bien entendu, ce contrôle administratif se double d'un contrôle financier. En effet, les Territoires et les Communes sont également l'objet d'un contrôle financier annuel. Il est l'œuvre de la Chambre Provinciale des Comptes qui vérifie toujours *a posteriori* si les dépenses faites sont légales, ne dépassent pas les crédits alloués, n'empiètent pas sur les crédits affectés à d'autres objets. Ces deux instances de contrôle annuel de l'Administration locale sont de nature à limiter la mauvaise gouvernance ainsi que la corruption des élus.

Le mode d'élection, le mode de scrutin et la durée du mandat des Commissaires de district ainsi que les critères d'éligibilité sont identiques à ceux des Administrateurs de Territoire. La différence porte seulement sur le nombre de membres titulaires et le nombre de membres suppléants. La liste doit comporter obligatoirement un membre titulaire et un membre suppléant ayant un lien personnel avec chacun des Territoires (lien de sang et lien matériel) ou chacune des Communes (lien matériel : résidence principale) composant le District. Prenons par exemple, le District de l'Equateur dans la province de l'Equateur. Ce District comporte 7 Territoires : Basankusu, Bikoro, Bolomba, Bomongo, Ingende, Lukolela et Makanza. Chacun de ces 7 Territoires doit être représenté par un membre titulaire et un membre suppléant. Les listes concurrentes doivent donc comporter 7 membres titulaires et 7 membres suppléants, en alternance homme/femme pour respecter le principe de l'égalité des sexes autant que possible.

Les Conseillers de district désignent le premier parmi leurs pairs (*Primus inter pares*) qui devient le Commissaire de district. La fonction de Commissaire de district est tournante. Sa durée doit être la même pour tous les Conseillers de District. Si on reprend l'exemple du District de l'Equateur, la durée sera de 19 mois pour chaque Commissaire de District et encore de 19 mois pour chaque Adjoint au Commissaire de District durant les 11 années de mandature. L'ordre alphabétique des noms de Territoires ou Communes du District désigne le turnover des Commissaires de District. Le Commissaire de District dirige les réunions du Conseil de District. Les décisions sont prises collégialement à la majorité de tous ses membres.

Chaque Conseiller de District dispose d'une voix. Les rapports du commissariat de District sont cosignés par tous les Conseillers de District et adressés chaque année au Gouvernement. Le Commissariat de District a son siège à l'ex-chef-lieu de District.

Après leur élection, les Conseillers de District ont une obligation de formation. Ils doivent suivre une formation (théorique et pratique) d'une durée maximum de 6 mois sur le contrôle des administrations municipales et territoriales avant d'exercer effectivement leur mandat : quatre mois de formation théorique, 1 mois de stages et un mois pour la rédaction d'une monographie collective sur le District sous leur juridiction. La formation des élus est à la charge de l'Etat. Durant leur formation, les élus touchent une indemnité fixée par la loi. Par ailleurs, les élections et la formation des équipes entrantes sont organisées durant la 11ème année de mandat des équipes sortantes. De façon à faire coïncider le départ des uns avec l'entrée en fonction des autres afin de garantir la continuité du fonctionnement du Commissariat de District. La formation des Commissaires de District est assurée par l'Ecole Nationale d'Administration du Congo qu'il faut absolument réorganiser.

Un statut spécial pour les villes

Une ville est un ensemble formé par plusieurs communes, d'un seul tenant et sans entrave, qui compte au moins 100.000 habitants.[58] Peuvent être considérées comme des villes au Congo, les 23 agglomérations suivantes : Kinshasa (9.500.000 habitants), Lubumbashi (1.786.000 habitants), Mbuji-Mayi (1.681.000 habitants), Kananga (1.061.000 habitants), Kisangani (936.000 habitants), Bukavu (807.000 habitants), Tshikapa (500.000 habitants), Kolwezi (453.000 habitants), Likasi (447.000 habitants), Goma (431.000 habitants), Kikwit (398.000 habitants), Bunia (366.000 habitants), Kalemie (355.000 habitants), Mbandaka (346.000 habitants), Matadi (306.000 habitants), Mbanza-Ngungu (299.000 habitants), Butembo (218.000 habitants), Mwene-Ditu (196.000 habitants), Kindu (172.000 habitants), Boma (163.000 habitants), Bandundu (143.000 habitants), Baraka (115.000 habitants) et Beni (100.000 habitants).[59]

Les villes sont détachées de l'Administration du Territoire pour former une circonscription administrative spéciale. La ville fonctionne comme un Etablissement public de coopération intercommunale (EPCI). « *Les communes s'associent, au sein d'un espace de solidarité, pour élaborer et*

---

[58] Loi organique n° 08/016 du 7 octobre 2008

[59] Données 2012 sauf indications contraires (WIKIPEDIA). L'appareil statistique congolais étant en reconstruction, les chiffres présentés ici doivent être considérés comme indicatifs ou des ordres de grandeur.

conduire ensemble un projet commun de développement urbain et d'aménagement de leur territoire » (Vie publique, 2013). « La mutualisation (mise en commun) et la gestion commune des services ainsi que la réalisation commune des équipements permettent de mieux répartir les coûts et de profiter des économies d'échelle. Tandis que la conduite collective des projets devient un levier d'optimisation des politiques de développement de la ville dans les domaines économique, social, culturel, sportif et en matière d'aménagement de l'espace » (Vie publique, 2013). Ce regroupement intercommunal est imposé par la Loi. Les compétences déléguées par les Communes à l'EPCI donc à la ville sont aussi déterminées par la Loi. La ville a la personnalité civile.

La gestion de la ville est assurée par un Conseil urbain dans lequel toutes les Communes sont représentées par un délégué. Les membres de l'Exécutif urbain prennent le titre de Conseiller urbain. Tous ces Conseillers urbains désignent le « *Primus inter pares* » (le premier parmi ses pairs) qui assume les fonctions de Premier Bourgmestre. La fonction de Premier Bourgmestre est tournante. Sa durée doit être la même pour tous les Conseillers urbains. L'ordre alphabétique des noms de communes composant la ville désigne le turnover des Premiers Bourgmestres. Un adjoint au Premier Bourgmestre est également désigné : c'est le suivant dans l'ordre alphabétique des noms de communes qui composent la ville. Il remplace le titulaire en cas d'absence ou d'empêchement. Le Premier Bourgmestre dirige les réunions du Conseil urbain. Les décisions sont prises collégialement à la majorité. Chaque Conseiller urbain dispose d'une voix. Le Premier Bourgmestre assume également les fonctions de représentation de sa ville. A titre d'exemple (Tableau 6), le Conseil urbain de Lubumbashi comprendra 7 Conseillers urbains, soit un Conseiller urbain représentant chaque Commune (Commune Annexe, Kamalondo, Kampemba, Katuba, Kenya, Lubumbashi, Ruashi). Chaque Conseiller urbain assumera une première fois les fonctions de Premier Bourgmestre de Lubumbashi et une autre fois les fonctions de Premier Bourgmestre Adjoint, chaque fois pendant un temps équivalent à 19 mois, durant la mandature de 11 ans. Ce sont les Conseillers municipaux de chaque Commune qui élisent le délégué de la Commune qui devient le Conseiller urbain. L'élection se fait à bulletin secret. C'est un scrutin majoritaire simple à un seul tour. C'est un scrutin de liste comportant deux noms : celui du titulaire et celui du suppléant en respectant la parité entre les sexes. Les conditions d'éligibilité sont identiques à celles des Conseillers municipaux. Après leur élection, les Conseillers urbains ont une obligation de formation à l'Ecole Nationale d'Administration comme les Conseillers municipaux.

Tableau n° 6

Exemple du turnover des Premiers Bourgmestres et des Premiers Bourgmestres Adjoints à Lubumbashi

Durée	Premier Bourgmestre	Premier Bourgmestre Adjoint
19 mois	Commune Annexe	Kamalondo
19 mois	Kamalondo	Kampemba
19 mois	Kampemba	Katuba
19 mois	Katuba	Kenya
19 mois	Kenya	Lubumbashi
19 mois	Lubumbashi	Commune Annexe

Par ailleurs, si la définition d'une ville fait l'unanimité, tel n'est pas le cas en ce qui concerne la Commune. La Troisième République (Loi de décentralisation du 7 octobre 2008) fait des chefs-lieux de Territoire et des Cités d'au moins 20.000 habitants des Communes, à part entière, administrées par un Conseil exécutif communal et un Conseil communal. C'est là une différence importante avec notre dispositif qui veut éviter toute confusion. Dans notre acception, le terme de Commune est réservé à un espace urbain qui est une composante d'une ville. Tandis que le terme de Cité est attribué à tout espace urbain de moins de 100.000 habitants qui est une composante d'un territoire rural. Ces cités grandes ou petites bénéficient de l'installation permanente d'une annexe ou d'une antenne de l'Administration territoriale.

Enfin, selon notre décompte, le Congo compte actuellement 11 Provinces, 30 Districts, 142 Territoires, 23 villes et 107 Communes, avant la mise en œuvre complète du nouveau découpage territorial en application de la Constitution de 2006 dite de la Troisième République (Annexe 2).

Des conseils consultatifs de développement à la place des organes délibérants

Notre ambition est qu'il existe dans chaque Territoire, dans chaque Commune et dans chaque ville un *Conseil de développement* exclusivement consultatif et bénévole, à la place d'un *organe délibérant* coûteux. Le principal but des Conseils de développement est d'établir au Congo une démocratie participative chère au principe de subsidiarité afin que les élus impliquent la société civile et la population dans l'élaboration et la mise en œuvre des projets de développement. L'idée de remplacer les organes délibérants onéreux par des Conseils consultatifs de développement est inspirée par l'Administration belge du Congo (Durieux, 1952, p. 531).

Le Conseil de développement est composé des élus (Conseillers territoriaux, Conseillers municipaux, Conseillers urbains, Conseillers de district), des responsables des services déconcentrés de l'Etat (Préfet, Responsables des impôts et des douanes, le commandant du bataillon de la gendarmerie, le patron local de la police, etc.), des acteurs économiques (les personnalités représentant les cultivateurs, les éleveurs, les pêcheurs, les forestiers, les commerçants, les transporteurs, etc.), des acteurs sociaux (associations des femmes, syndicats, associations patronales, présidents des comités de santé, organisations non gouvernementales, etc.), des acteurs spirituels (prêtres, pasteurs, grands maîtres des principales obédiences maçonniques), des acteurs culturels (responsables des comités de parents, les représentants des enseignants), des notables (chefs coutumiers, anciens combattants, anciens élus, anciens fonctionnaires et magistrats, retraités) et des personnalités représentant la population choisies en raison de leurs compétences locales ou techniques.

Les notables et les personnalités composant le Conseil de développement doivent être de nationalité congolaise et sont désignés par l'Administration territoriale, municipale ou urbaine. L'Administrateur de territoire ou le Bourgmestre ou encore le Premier Bourgmestre en assume la présidence.

Les Conseillers de développement se réunissent une fois par semestre et en cas de besoin sur convocation du Président et dans un lieu qu'il détermine. Le transport, la nourriture et le logement des membres sont à la charge de l'Administration territoriale, municipale ou urbaine. Ces réunions ne sont pas publiques. Le rôle des Conseillers de développement est triple :

1. Examiner les propositions de l'Administration. Ils délibèrent et donnent leur avis sur toutes les questions que le Président leur soumet notamment les propositions budgétaires.
2. Informer l'Administration territoriale, municipale ou urbaine. En contact constant et à l'écoute de la population, de ce fait, au courant des réalités du terrain, les Conseillers de développement ont le devoir de signaler les nouvelles interrogations, les nouveaux problèmes ou les nouveaux désirs de la population et sont encouragés à adresser des vœux à l'Administration territoriale, municipale ou urbaine.
3. Participer à l'élaboration et à la mise en œuvre du Plan Décennal de Développement (PDD) du Territoire ou de la Commune ou encore de la ville. Le conseil de développement est associé à la consultation de la population pour l'identification des problèmes, l'élaboration, la mise en œuvre et l'évaluation des actions intéressant le Territoire, la Commune ou la ville. Ainsi, la première année de la mandature doit servir à la consultation de la population et à l'élaboration du Plan Décennal du Développement. Le Conseil de développement se réunit pour réfléchir sur la politique à mener et qui doit déboucher sur un projet commun de développement. Le Conseil de développement est ainsi un espace de concertation et de mutualisation des

données. Un espace où les parties prenantes analysent les problèmes, fixent les enjeux et les objectifs, déterminent la stratégie, décrivent les orientations fondamentales à un horizon de dix ans dans une Charte dite de développement avant de les décliner en programmes d'actions. Après l'élaboration du plan d'action, le Conseil se charge de lister les ressources nécessaires pour réaliser ces actions afin de déterminer un budget prévisionnel. Les élus peuvent enfin signer des contrats avec des partenaires pour la mise en œuvre de ces actions (Indaba, 2012). Toutefois, le rôle du Conseil de développement est seulement d'émettre des avis et des propositions ainsi que d'accompagner les projets. Les décisions sont en définitive prises par les élus. Bien entendu, la population de chaque Territoire, Commune et ville est également associée tant à la conception que dans la mise en œuvre du Plan Décennal conformément à la démocratie participative chère au principe de Subsidiarité.

Pour l'élaboration des Plans Décennaux de Développement, les Territoires peuvent bénéficier des méthodologies qui ont fait leurs preuves (Indaba, 2012) et de l'expertise des Instituts Supérieurs de Développement Rural (ISDR).[60] Le ministère du Plan dispose également des services qui ont acquis une bonne expertise dans l'élaboration des plans de développement de Territoire. Il s'agit des « unités de pilotage du processus d'élaboration du document de stratégie de réduction de la pauvreté » (UPPE-SRP) (Tshikani Mbwebwe et al, 2004).

Le nouvel organigramme des institutions du Congo

La figure 1 présente la nouvelle organisation de l'Etat au Congo selon le principe de subsidiarité. En chiffres, le Congo sera soumis à l'autorité d'environ 200 Députés (1 Député/Territoire ou Commune), 66 Hauts-Magistrats de la Cour Suprême de Justice (6 Hauts-Magistrats/province), 11 Ministres d'Etat (1 Ministre d'Etat/province), 30 Commissaires de District et 163 Conseillers de District, 193 Administrateurs de Territoire et 1.365 Conseillers territoriaux (11 élus/Territoire), 107 Bourgmestres et 1.070 Conseillers municipaux (11 élus/Commune), 23 Premiers Bourgmestres et 84 Conseillers urbains auxquels il convient d'ajouter 193 Préfets pour assurer les services attendus par la totalité de la population grâce à un maillage de l'ensemble du pays.

[60] Bukavu, Mbandaka, Mbeo et Tshibashi.

Figure 1

ORGANIGRAMME DES INSTITUTIONS DU CONGO

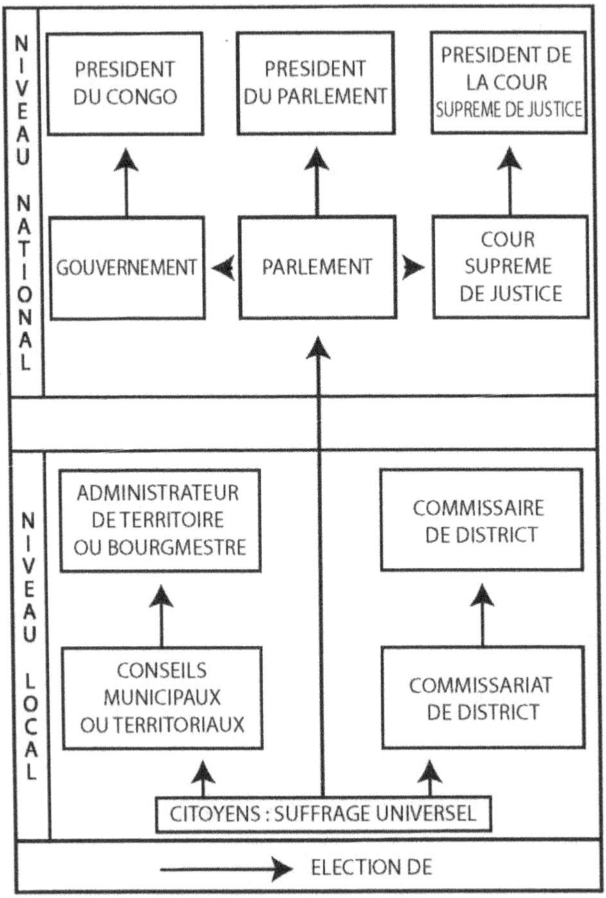

Du découpage territorial hérité de la colonisation belge à savoir la Province, le District, le Territoire, le Secteur ou la Chefferie, seul le Territoire demeure un échelon exécutif. Toutes les autres subdivisions territoriales cessent d'être exécutives et deviennent des simples limites géographiques. Ainsi, les Gouverneurs de province, les Commissaires de District et les Chefs de secteur ou de chefferie ayant un pouvoir exécutif disparaissent de l'échiquier politique congolais de même que les organes délibérants y afférents.

La Province servira désormais de critère d'origine pour l'élection des Ministres d'Etat, des Hauts-Magistrats de la Cour Suprême de Justice ainsi que pour le turnover des Présidents et Vice-présidents à la fois du Congo, du Parlement et de la Cour Suprême de Justice. Le District servira désormais de critère d'origine pour l'élection des Conseillers de District. Les Secteurs ou Chefferies recevront une Annexe permanente ou itinérante de l'Administration territoriale.

LES PROMESSES DU PRINCIPE DE SUBSIDIARITE

Des institutions qui assurent un fonctionnement régulier de l'Etat

Des institutions qui assurent la stabilité politique

La logique profonde de notre dispositif institutionnel est de mettre le pays à l'abri des crises politiques. En effet, l'indépendance des trois pouvoirs permet au Congo d'être dirigé et gouverné. Car cette indépendance empêche les trois pouvoirs de sortir de leurs rôles respectifs. Ainsi, le Gouvernement est fait pour gouverner (exécuter les lois). Le Parlement est élu pour légiférer (faire des lois). Tandis que la justice, indépendante des deux autres pouvoirs, se charge d'appliquer les lois. Aucun pouvoir n'a le droit de mettre fin à l'existence de l'autre. Le Président n'a pas le droit de dissoudre le Parlement. Le Président, membre du Gouvernement, n'a pas le pouvoir de démissionner le Gouvernement. Et le Parlement n'a pas le droit de censurer le Gouvernement.

La mise en place d'une telle architecture politique s'explique par l'existence d'un lien étroit entre la stabilité politique et le développement. Ce lien est une prise en compte du facteur temps. En effet, la mise en œuvre des programmes de développement économique et social exigent du temps. D'où notre volonté de laisser le temps au temps, de faire coïncider le timing politique avec le timing de développement.

En revanche, la Constitution de 2006 dite de la Troisième République ne favorise pas la stabilité politique en permettant aux différents pouvoirs d'avoir une influence les uns sur les autres. Ainsi, le Président peut dissoudre le Parlement (Article 148). Le Président peut démissionner le Gouvernement (Article 78). Le Parlement peut censurer le Gouvernement ou adopter une motion de défiance contre un membre du Gouvernement (Articles 146 et 147).

Des institutions qui orientent le consensus

Une autre préoccupation fondamentale de notre projet institutionnel est celle de promouvoir le compromis (l'art de la politique) ou encore mieux de rechercher le consensus. La recherche d'un large consensus est un critère de bonne gouvernance requis par les investisseurs privés et les bailleurs de fonds bilatéraux et multilatéraux pour intervenir dans les pays en voie de développement (FIDA, 1999 p. 6 ; OCDE, 2011). Ainsi, notre dispositif institutionnel multiplie les espaces où toutes les autorités publiques s'expriment, dialoguent et délibèrent sur tous les sujets d'intérêt général à l'aide d'analyses et d'arguments objectifs dans le respect des avis des autres et des personnes (principe d'égalité et d'indépendance) afin de rechercher un large consensus sur ce qui sert le mieux le bien commun ou l'intérêt général. L'organisation subsidiaire que nous proposons est une organisation où chacun a droit à l'erreur (Millon-Delsol, 1993, p. 42), où personne n'a le monopole de la vérité, où il n'y a pas de honte à se tromper. L'erreur n'est-elle pas humaine !

C'est la raison pour laquelle notre dispositif institutionnel consacre le principe de collégialité comme mode de fonctionnement des instances dirigeantes (Gouvernement, Administration territoriale ou municipale, Commissariat de district, Administration urbaine) afin de favoriser l'objectivité. Chaque dirigeant dispose d'une voix et les décisions se prennent à la majorité. C'est la raison pour laquelle notre dispositif institutionnel institue aussi la présidence tournante pour favoriser l'humilité et la créativité ainsi que le sens de l'intérêt général chez toutes les autorités publiques. C'est la raison pour laquelle notre dispositif institutionnel préfère enfin l'indépendance et l'égalité des trois pouvoirs qui obligent les Responsables politiques à se parler, à rechercher des compromis, à orienter leurs débats vers la recherche d'un large consensus sur ce qui sert le mieux l'intérêt général. Notre dispositif institutionnel précise les nouveaux rôles des trois pouvoirs :

- Le rôle du Parlement doit être de rendre efficaces les politiques du Gouvernement par son œuvre législative.
- Le rôle du Gouvernement doit être de tenir compte des améliorations apportées par les amendements du Parlement.
- Le rôle de la Cour suprême de Justice est d'appliquer les lois.

Ainsi, d'un Parlement « politicien », on doit passer à un Parlement « responsable » ayant comme seul critère le bien commun ou l'intérêt général. D'une relation d'opposition et de méfiance (attitudes politiciennes), ce projet institutionnel cherche à promouvoir une relation de franche collaboration entre les trois pouvoirs dont les membres sont avant tout des acteurs de développement du Congo qui poursuivent le même but, la prospérité des Congolais.

Des institutions qui assurent un fonctionnement efficace de l'Etat

La subsidiarité, une formule simple et facile d'application

L'Etat centralisé (Première et Deuxième République) et l'Etat décentralisé en cours de concrétisation (Troisième République) se caractérisent par la complexité structurelle (Tableau 7). En effet, malgré la suppression de l'actuelle province et la transformation de l'ancien district en province, la décentralisation en cours de mise en œuvre (Loi n° 08/016 du 7 octobre 2008) maintient encore 4 échelons administratifs entre le citoyen et le Gouvernement parmi lesquels trois centres de décision (Kinshasa, Province, Secteur ou Chefferie) et un échelon déconcentré ou centre d'application (Territoire).[61] Finalement, le bénéfice de la décentralisation (Troisième République) par rapport à la centralisation précédente (Première et Deuxième République) qui entretenait cinq échelons administratifs est donc mince ou pratiquement nul. La réduction de la pesanteur administrative risque de ne pas être perçue par les usagers de l'Administration congolaise.

En revanche, la simplicité structurelle de l'Etat subsidiaire tranche avec la complexité structurelle de l'Etat décentralisé de la Troisième République (Tableau 7). L'Etat subsidiaire réduit la pesanteur administrative de façon drastique. Car, il admet seulement deux échelons exécutifs ou deux centres de décision, notamment, le Gouvernement de Kinshasa et une collectivité locale de base (le Territoire ou la Commune). De plus, l'Etat subsidiaire ne déconstruit pas, c'est-à-dire, il ne supprime pas les autres subdivisions territoriales héritées de la colonisation belge. Il modifie seulement leurs finalités ou fonctions. Ces subdivisions territoriales cessent d'être exécutives, autrement dit, elles ne gèrent plus leur territoire et leur population. Elles deviennent de simples limites géographiques. L'Etat subsidiaire respecte le fait que la population congolaise est viscéralement attachée aux subdivisions territoriales héritées de la colonisation belge qui font partie de son identité.

---

[61] La déconcentration correspond au transfert des compétences à des agents locaux d'un centre de décision.

Tableau n° 7

Pesanteurs structurelles comparées des Etats centralisé, décentralisé et subsidiaire

Divisions du territoire	***Centralisation*** *(2ème République)*	***Décentralisation Loi n° 08/016 du 07/10/2008*** *(3ème République)*	***Subsidiarité*** *(Etat subsidiaire)*
Kinshasa	**Centre de décision**	**Centre de décision**	**Centre de décision**
Province	Centre d'application	-	Limite géographique
District	Centre d'application	**Centre de décision***	Limite géographique
Territoire/Commune	Centre d'application	Entité déconcentrée	**Centre de décision**
Secteur/Chefferie	Centre d'application	**Centre de décision**	Limites géographiques
Population	Usagers	Usagers	Usagers

* Nouvelle province

La subsidiarité, une formule efficiente

La décentralisation Acte III préconisée par la Constitution dite de la Troisième République (2006) demande des efforts très coûteux à tous les Congolais pour un résultat qui reste à démontrer. En effet, cette décentralisation multiplie les fonctionnaires et les élus rémunérés ainsi qu'on peut le voir dans le tableau 8.

Trois facteurs expliquent cette pléthore du personnel politico-administratif générée par la Constitution de 2006 :

- Premier facteur : Le transfert des compétences aux entités décentralisées (provinces, villes, communes et secteur) ne s'accompagne d'aucun recentrage des missions du Gouvernement et d'aucune restructuration au niveau gouvernemental : il n'y a ni suppression des départements ministériels ni suppression de personnel.
- Deuxième facteur : La décentralisation Acte III multiplie le nombre d'entités territoriales décentralisées (provinces, villes, communes, secteurs) et par conséquent le nombre d'organes exécutifs et délibérants. Le nombre de provinces passe de 11 à 26 (Article 2). Cela entraîne 26 Assemblées provinciales (Article 197) et 26 Gouvernements provinciaux composés de 10 Ministres au plus (Article 198). On se retrouve au niveau des villes avec des Conseils urbains et des Conseils exécutifs urbains, au niveau des communes avec des Conseils municipaux et des Conseils exécutifs municipaux et au niveau des secteurs ou chefferies avec des Conseils de secteur ou de

chefferie et des Conseils exécutifs de secteur ou de chefferie (Article 3 ; Loi du 08/016 du 7 octobre 2008). Auxquels, il convient d'ajouter tous les agents administratifs associés aux entités territoriales décentralisées (provinces, secteurs et chefferies) et à l'entité territoriale déconcentrée (Territoires).
- Troisième et dernier facteur : Le choix du secteur ou de la chefferie comme unité administrative ou collectivité territoriale de base (Loi de décentralisation de 2008) entraîne des coûts supplémentaires pour la reconstruction des bâtiments et la fourniture des équipements. Car, ainsi que l'affirme O. Muyer (1986, p. 46), « *l'administration est embryonnaire au niveau du secteur et primitive voire inexistante dans les chefferies* ».

Tableau n° 8

Pléthore du personnel politico-administratif consécutive à l'application de la Constitution de 2006

Découpage administratif	**Organe**	**Personnel politico-administratif**
Kinshasa	Exécutif	Gouvernement, Administration + Offices publics
	Législatif	Sénat
		Chambre des Députés
Province	Exécutif	Gouvernement provincial + Administration
	Délibérant	Assemblée provinciale
Ville	Exécutif	Conseil Exécutif urbain + Administration
	Délibérant	Conseil Urbain
Commune	Exécutif	Conseil Exécutif Communal + Administration
	Délibérant	Conseil Communal
Territoire	Etd*	Transfert des compétences à un Administrateur de territoire
Secteur/ Chefferie	Exécutif	Conseil Exécutif de secteur ou de chefferie + Administration
	Délibérant	Conseil de secteur ou de chefferie

Etd* = Entité territoriale déconcentrée

En revanche, l'Etat subsidiaire que nous proposons nécessite des efforts beaucoup moins coûteux. Il y a quatre facteurs explicatifs :
- Premier facteur explicatif : L'Etat subsidiaire permet de faire des économies grâce à un personnel politico-administratif beaucoup moins

nombreux, plus qualifié et mieux payé. La logique fondamentale de la subsidiarité est de restructurer l'Etat. Restructurer l'Etat signifie deux choses. Il s'agit d'abord de ne garder que deux organes de décision, le Gouvernement de Kinshasa et le Territoire ou la Commune, en transformant les autres entités territoriales en limites géographiques (Provinces, Districts, Secteurs et Chefferies). Ce qui se solde par la suppression automatique du personnel, c'est-à-dire, des autorités élues et des agents administratifs y afférents. Il s'agit ensuite de recentrer les missions du Gouvernement de Kinshasa sur ses tâches régaliennes. Ce qui entraîne l'allégement des fonctions gouvernementales qui s'accompagne d'un transfert des compétences au profit de l'unique collectivité territoriale, le Territoire ou la Commune. Cet allégement des fonctions gouvernementales entraîne par conséquent une restructuration gouvernementale qui doit se traduire par une réduction du nombre de départements ministériels à 11 et par une suppression de personnel. Par ailleurs, nous avons introduit trois innovations majeures qui réduisent considérablement le personnel politico-administratif et les dépenses y afférentes. Le monocaméralisme supprime le Sénat. Cela fait 108 élus de moins par rapport à la situation actuelle. De plus, le Territoire et la Commune deviennent les circonscriptions électorales des Députés. Le nombre de Députés est ainsi réduit à environ 200. Cela fait 300 Députés de moins par rapport à la situation actuelle. En outre, des Comités consultatifs de développement composés des bénévoles remplacent des organes délibérants (élus rémunérés) au niveau des Communes, des Territoires et des villes.

- Deuxième facteur explicatif : L'Etat subsidiaire permet de faire des économies lorsqu'il assume son rôle de promoteur des actions citoyennes d'intérêt général (association sans but lucratif ou ASBL). Le principe de subsidiarité permet à l'Etat d'offrir aux actions citoyennes d'intérêt général des conditions de meilleure réalisation notamment par des aides financières, la mise à disposition des conditions matérielles satisfaisantes ou par des incitations fiscales (Millon-Delsol, 1993, pp. 74-75). Selon Chantal Millon-Delsol (1993, p. 74) « *le principe selon lequel l'Etat subsidiaire doit accompagner les initiatives citoyennes, là où elles se développent efficacement, répond à une exigence économique autant qu'à une confiance dans l'action de proximité. Il s'avère que l'action de proximité aperçoit les besoins et leur trouve des solutions plus appropriées et plus humaines. De plus, les subventions que l'Etat verse aux groupes citoyens qui exercent une mission d'intérêt général n'équivalent pas aux dépenses qu'il devrait réaliser pour les remplacer. Car, les groupes en question délivrent un apport gratuit en temps et en énergie au point que leur substitution par des agents de l'Etat coûterait nécessairement fort cher à la Nation.* » Bien entendu, la confiance n'exclut pas le contrôle. Ainsi, « *l'Etat garant du bien commun*

doit toujours s'assurer que les actions citoyennes d'intérêt général répondent bien à cette finalité. »
- Troisième facteur explicatif : L'Etat subsidiaire permet de faire des économies sur le produit des recettes fiscales parce qu'il se contente de suppléer les acteurs publics défaillants (Commune ou Territoire) au lieu de veiller sur tout (Millon-Delsol, 1993, p. 74).
- Quatrième facteur explicatif : L'Etat subsidiaire fait enfin des économies grâce au choix du Territoire et de la Commune comme unité administrative ou Exécutif du niveau inférieur. En effet, l'Administration territoriale ou municipale existe encore au Congo et fonctionne tant bien que mal, malgré la vétusté des bâtiments et un équipement obsolète. Les travaux de réfection et le coût des équipements seront toujours moins dispendieux comparés à la Troisième République qui a fait le choix du Secteur et de la Chefferie. Car, comme tout est détruit à ce niveau (Muyer, 1986, p. 46), il faut tout reconstruire et tout équiper.

Comme on peut le voir, le principe de subsidiarité répond à l'ambition d'assurer à la population tous les services attendus mais avec un personnel politico-administratif moins nombreux, plus professionnel et mieux payé.[62] Ce qui doit donner aux dirigeants de l'Etat la volonté politique nécessaire pour combattre de façon implacable la corruption des fonctionnaires nationaux et territoriaux. Car, « *un Etat sans Administration est un Etat fantôme* » (Facon, 2008).

L'efficacité de la gestion publique, un principe de la Subsidiarité

Cinq facteurs favorisent l'efficacité de la gestion publique :
- Le premier facteur, c'est le choix de la subsidiarité. En effet, dans un Etat subsidiaire, l'efficacité de la gestion publique est le critère primordial de dévolution des compétences entre les deux échelons de l'Exécutif. Comme la subsidiarité favorise au premier chef la gestion de proximité, on dévolue la compétence d'abord à l'instance la plus proche des citoyens. Dans le cas du Congo, c'est le Territoire ou la Commune. L'acteur le plus proche est jugé par principe *plus capable, parce qu'il connaît davantage et parce qu'il joint à l'action la ferveur et l'intérêt au sens noble.* C'est seulement en cas d'insuffisance de l'acteur le plus proche que la compétence est dévolue au plus lointain. L'acteur lointain ici, c'est le Gouvernement. De plus, le constat d'insuffisance par lequel la compétence passe d'une instance (Territoire ou Commune) à l'autre (Gouvernement) ou vice versa doit être l'objet des discussions et des débats. Si la priorité de compétence est accordée à l'instance la plus proche de l'action à accomplir (Territoire ou Commune),

---

[62] Dont les rémunérations sont en rapport avec le panier de la ménagère.

en cas d'insuffisance, le secours venant d'en haut (Gouvernement) est un devoir. Car, l'intérêt général exige la concrétisation d'un certain bien-être. La subsidiarité prend également en compte les intérêts des Territoires et des Communes défavorisés. *L'inégalité des services à la population due à l'inégalité géographique des ressources est inacceptable* (Millon-Delsol, 1993, pp. 68-73). Ainsi, même si la subsidiarité rend l'autonomie aux Territoires et aux Communes, elle prévoit toujours la suppléance du Gouvernement en cas de besoin. Après ce rappel théorique, voyons maintenant le côté pratique des choses. Comment réaliser la répartition des compétences en fonction de l'efficacité de la gestion publique entre les deux niveaux de l'Exécutif : le Gouvernement et les Territoires ou les Communes ? Nous suggérons la méthode suivante. Au départ, il convient d'arrêter une liste de la totalité des tâches dévolues à l'Exécutif. Ensuite, il faut définir quelques critères d'efficacité de la gestion publique qui guideront le débat. Ce débat doit réunir des esprits réalistes, des hommes ayant un sens aigu du concret et le goût de l'action. Ce débat a besoin des hommes qui examinent concrètement chaque tâche, qui réfléchissent ensuite sur ce que cette tâche suggère, avant de déterminer l'échelon de l'Exécutif le plus efficace pour réaliser cette tâche. La dévolution des compétences procède ainsi du meilleur empirisme. Le principe de subsidiarité a l'avantage éminent de conserver suffisamment de souplesse. Rien n'est définitif. On peut toujours revenir en arrière si l'expérience montre l'insuffisance de l'échelon choisi. Le tableau 9 résume cette méthode de travail qui est adaptée à l'esprit, aux hommes et aux femmes Bantous du Congo (palabres bantoues sous un arbre).

Tableau n° 9

Dévolution des compétences entre les deux niveaux de l'Exécutif en fonction de l'efficacité de la gestion publique

Totalité des tâches de l'Exécutif	Critère d'efficacité				Décision	
	1	2	3	4	Territoire ou Commune	Gouver-nement
Défense nationale						
Relations extérieures Commerce extérieur						
Monnaie						
Enseignement primaire et secondaire général						
Enseignement technique et professionnel						
Enseignement supérieur et universitaire						

Centre de santé primaire						
Centre hospitalier municipal ou territorial						
Centre hospitalier provincial et universitaire (CHPU)						
Etc.						

La répartition des tâches permet ainsi d'avoir une idée exacte des responsabilités de chaque échelon de l'Exécutif : d'une part, le Gouvernement ; d'autre part, les Territoires et les Communes. Cette clarification des compétences permet et facilite la clarification de financement. En effet, c'est à partir de la connaissance des responsabilités du Gouvernement ainsi que celles des Territoires et des Communes que l'on peut discuter de façon objective de la répartition des finances entre les deux échelons de l'Exécutif pour leur permettre d'assurer convenablement leurs missions respectives. En revanche, dans la Constitution dite de la Troisième République, le partage des tâches entre l'Etat et les collectivités territoriales décentralisées (provinces, secteurs ou chefferies) n'obéit qu'à un seul critère : la finalité des actions en question. Ainsi, l'Etat s'occupe des intérêts nationaux, les provinces des intérêts provinciaux et les secteurs ou chefferies des intérêts locaux (Articles 3, 201-204). La principale critique faite à ce partage des tâches est de ne pas prendre en compte le critère le plus pertinent : la capacité d'assumer cette responsabilité de façon efficace (Melmoth, 2007 ; Bruneau, 2009).

- Le deuxième facteur qui favorise l'efficacité de la gestion publique, c'est le choix du Territoire en tant qu'Exécutif du niveau inférieur. Le Territoire répond à l'objectif d'un fonctionnement efficace de l'Etat parce qu'il est capable de se développer harmonieusement dans tous les domaines (peuplement homogène, démographie capable de valoriser les investissements, etc.). D'autre part, la taille des Territoires favorise une gestion de proximité. Les décideurs peuvent maintenir un contact constant avec la population. Car, ils peuvent accéder à n'importe quel coin du territoire en 2 ou 4 heures maximum de route défoncée avec un véhicule tout terrain (4X4).

- Le troisième facteur qui favorise l'efficacité de la gestion publique, c'est le choix de la déconcentration. [63] La déconcentration favorise le fonctionnement efficace de l'Etat car elle se traduit par la nomination dans

[63] La déconcentration est un processus d'aménagement de l'Etat unitaire qui consiste à implanter dans les circonscriptions administratives locales des autorités administratives représentant l'Etat. Ces autorités sont dépourvues de toute autonomie et de la personnalité morale (Recteurs des universités publiques, Préfets).

chaque Territoire et dans chaque Commune du Congo d'un Préfet, représentant du Gouvernement. Sa mission est d'assurer une présence permanente du pouvoir national au contact de la population mais aussi les services généraux relevant du Gouvernement à toute la population du pays, là où elle se trouve (Territoire ou Commune). La décision de réunir la subsidiarité et la déconcentration au niveau local permet aux Congolais de l'intérieur d'obtenir tous les documents nationaux sur place, à la préfecture. Les demandes sont introduites auprès de l'Administration territoriale ou municipale qui opère un premier contrôle. L'Administration territoriale ou municipale transmet ensuite les demandes vérifiées à la préfecture qui opère un deuxième contrôle avant de délivrer les documents. Cette procédure permet de limiter le trafic généralisé des documents congolais délivrés à Kinshasa sans aucun moyen réel pour contrôler l'identité et la nationalité des demandeurs. Alors que la Constitution de 2006 dite de la Troisième République a fait le choix du secteur et de la chefferie comme collectivités territoriales de base. Or, ces collectivités de base ne peuvent pas se développer harmonieusement dans tous les domaines dans un régime d'autonomie à cause de la conjugaison de plusieurs facteurs négatifs notamment l'insuffisance démographique pour valoriser les investissements et surtout la nécessité de tout reconstruire. Car la plupart des infrastructures sont détruites et inopérantes depuis l'indépendance (Muyer, 1986, p. 46).

- Le quatrième facteur qui favorise l'efficacité de la gestion publique, c'est l'obligation de formation des Administrateurs de Territoire, des Bourgmestres de Commune, des Commissaires de District, des Conseillers urbains ainsi que des Magistrats avant leur prise de fonction. Cette obligation de formation favorise le fonctionnement efficace de l'Etat. En effet, administrer un Territoire ou une Commune, contrôler un Territoire, administrer une ville et Juger sont des métiers. Et un métier, ça s'apprend.
- Le cinquième et dernier facteur qui favorise le fonctionnement efficace de l'Etat, c'est la volonté de confier le pouvoir aux mains des élites congolaises. En effet, la logique profonde des institutions que nous proposons est de rompre avec le passé, c'est-à-dire : Mettre fin au pouvoir entre les mains de la médiocrité ; Mettre fin à la bêtise au pouvoir ; Mettre fin à l'amateurisme politique au pouvoir. C'est ce facteur humain défavorable qui enfonce inexorablement le Congo dans les abîmes du sous-développement et les Congolais dans les abîmes de la paupérisation et de la pauvreté. Selon le PNUD, le Congo est le pays le plus pauvre du monde en 2013 et l'avant dernier pays le plus pauvre du monde en 2014. Voilà pourquoi, le Congo doit suivre l'exemple des pays développés qui confient la gestion des affaires publiques à leurs meilleurs fils et à leurs meilleures filles : la Chancelière allemande Angela Merkel est Docteur en chimie ; le Premier ministre belge Elio Di Rupo est Docteur en chimie ; le Président des Etats-Unis d'Amérique Barack Hussein Obama est diplômé d'Harvard, la première

université du monde selon le classement de Shanghai ; le Premier ministre du Royaume-Uni David Cameron est diplômé d'Oxford, l'une des dix meilleures universités du monde selon le classement de Shanghai ; le Pape François est Ingénieur chimiste. Le Congo doit également suivre l'exemple des Congolais. Lorsqu'il s'agit de lui-même ou de sa famille, le Congolais choisit toujours ce qu'il y a de meilleur, le Congolais donne la préférence à l'excellence. Que font les Congolais qui veulent inscrire leur enfant au Collège ? Ils choisissent le meilleur collège de la ville, celui qui peut contribuer à la réussite de leur enfant. Que font les Congolais qui souffrent du cœur ? Ils vont voir le meilleur cardiologue de la ville. Celui dont le savoir et le savoir-faire peuvent mieux contribuer à la recouvrance de leur santé. Que font les Congolais qui veulent voyager à l'étranger ? Ils choisissent la meilleure compagnie aérienne. Celle qui assure un entretien régulier de ses avions et emploie les meilleurs pilotes. Ce qui contribue à la sécurité des vols et augmente les chances d'être de retour chez lui pour retrouver sa famille. Le meilleur choix que les Congolais font tous les jours quand il s'agit des affaires personnelles ou familiales, c'est celui qu'ils doivent désormais faire concernant les personnes à investir des responsabilités publiques (élus ou fonctionnaires).

Ainsi, la nouvelle République que nous appelons de nos vœux, c'est la « *République de l'homme qu'il faut à la place qu'il faut.* » La logique profonde des nouvelles institutions est de confier chaque fonction au meilleur des Congolais. La finalité de notre dispositif institutionnel est d'ouvrir la possibilité à une grande variété de compétences et de talents de s'exprimer tant à la tête de l'Etat que dans les autres échelons de l'Etat. La refondation de l'Etat doit être donc basée sur *l'élite*, c'est-à-dire, sur les quatre piliers suivants : sur le règne de l'intelligence, sur le règne de la probité, sur le règne du discernement et sur le règne de l'exemple.[64]

Les élites revêtues de probité, de discernement et d'exemplarité doivent prendre le pouvoir pour refonder l'Etat. Le pouvoir entre les mains de *l'excellence bâtisseuse* doit se substituer au pouvoir entre les mains de *la médiocrité prédatrice*. Le seul moyen d'avoir des Congolaises et des Congolais à la fois *intelligents*, *honnêtes*, agissant avec *discernement* et de façon *exemplaire* au pouvoir, c'est de rendre les conditions d'éligibilité très sélectives et rigoureuses. L'instauration d'un régime censitaire qui réserve

---

[64] « *L'intelligence, c'est l'aptitude d'un être humain à s'adapter à une situation, à choisir des moyens d'action en fonction des circonstances. L'intelligence, c'est également la qualité de quelqu'un qui manifeste dans un domaine donné un souci de comprendre, de réfléchir, de connaître et qui adapte facilement son comportement à ces finalités. La probité, c'est la qualité de quelqu'un qui observe parfaitement les règles morales, qui respecte scrupuleusement ses devoirs, les règlements, etc. Le discernement, c'est l'action de distinguer, discriminer : le discernement du vrai du faux ; c'est la faculté d'apprécier sainement les choses* » (Larousse).

l'éligibilité à l'élite va faire débat, sera l'objet de désaccord ou de controverses. Nous le savons. Mais en droit, cette proposition respecte l'Article 25 du Pacte international relatif aux droits civils et politiques qui dispose que *chaque citoyen doit avoir le droit et la possibilité de voter, de participer à la conduite des affaires publiques par le biais des représentants librement choisis.*[65] Même si tous les Congolais ne peuvent pas se faire élire en raison de l'insuffisance des compétences ou des talents, ils peuvent voter et choisir leurs représentants. En revanche, l'Etat subsidiaire doit favoriser la formation de tous les citoyens. Toutefois, ce n'est ni le lieu ni le moment de discuter des modalités de cette mission formatrice de l'Etat subsidiaire.

La participation favorisée par la Subsidiarité

La question que l'on peut raisonnablement se poser est celle de savoir pourquoi la participation des citoyens aux actions d'intérêt général est-elle si importante ? Nous distinguons trois raisons. La première raison porte sur les bienfaits que la participation procure au citoyen qui s'engage. En effet, « *l'action engagée en vue de la solidarité construit le lien social et façonne des citoyens : la chose de tous devient, à proprement parler, leur affaire* » (Millon-Delsol, 1993, p. 59-61). La deuxième raison porte sur l'efficacité des actions engagées par la société civile. En effet, *« toute action menée avec passion porte des fruits plus lourds parce qu'elle engage l'être entier »* (Millon-Delsol, 1993, p. 59-61). La troisième et dernière raison découle du fait que la participation est un critère de bonne gouvernance qui est requis par les investisseurs privés ainsi que par les bailleurs de fonds bilatéraux et multilatéraux pour intervenir dans les pays en développement (FIDA, 1999 ; OCDE, 2011).

Le dispositif institutionnel que nous proposons ici favorise une administration participative. Parce que les dirigeants du Territoire et de la Commune remplissent les conditions requises pour assurer une administration participative et de proximité définies par François Gauthier (1967, p. 13) : *« Administrateurs et administrés présentent une structure mentale identique qui se traduit par des intérêts similaires, des réactions analogues et des conclusions semblables face à leurs problèmes.* » En effet, les conditions de candidature à l'administration du Territoire ou de la Commune exigent que l'on soit les fils et les filles originaires dudit Territoire ou résidant dans ladite Commune. Ces fils et ces filles du cru parlent la langue vernaculaire et peuvent donc communiquer facilement avec tous les habitants qui font partie de leur communauté. Ces fils et filles du cru ont une parfaite connaissance des réalités et des problèmes de terrain ainsi

[65] Haut-Commissariat des Nations-Unies aux droits de l'homme, [En ligne], http://www2.ohchr.org/french/law/ccpr.htm

qu'une maîtrise des subtilités culturelles (traditions et coutumes). Ces fils et ces filles du cru, Administrateurs ou Bourgmestres élus, sont plus indiqués pour intéresser, mobiliser et fédérer tous les acteurs locaux y compris les habitants autour d'un projet commun de développement économique et social de leur propre Territoire ou de leur propre Commune.

A travers la participation, nous constatons que la société congolaise vit déjà l'idée subsidiaire sans l'avoir conceptualisée. En effet, lorsqu'on examine les trois conditions requises pour l'application de la subsidiarité dans une société, dans un groupe ou dans un pays, on se rend compte que le Congo les remplit déjà.

La première condition est « *une confiance dans la capacité des acteurs sociaux et dans leur souci de l'intérêt général.* » Cela veut dire que la subsidiarité reconnaît aux privés (individus, groupes) une vocation à travailler à l'intérêt général. Autrement dit, elle reconnaît la citoyenneté sociale. « *L'initiative privée qui concourt à l'intérêt général développe une forme de citoyenneté différente de la citoyenneté politique (acte de voter) et, plus profonde, une citoyenneté d'action ou une citoyenneté sociale* » (Millon-Delsol, 1993, p. 36). Cette citoyenneté sociale est ainsi définie : « *il s'agit de l'individu qui concourt au bien-être commun par l'engagement d'une partie de son temps, de son énergie et de son imagination. Dans la mesure du désir qu'il éprouve de participer à la « chose de tous » et du temps dont il dispose, il s'associe pour organiser des actions correspondant aux besoins sociaux qui lui semblent les plus négligés et, correspondant, aux domaines dans lesquels il se considère compétent et créatif* » (Millon-Delsol, 1993, p.52- 66). Comment les Congolais pourraient-ils douter de la vocation des privés à travailler à l'intérêt général ? D'autant que depuis l'effondrement de l'Etat, ils sont livrés à eux-mêmes et doivent le plus souvent leur survie à la citoyenneté sociale ! Ainsi que le prouve la multitude d'associations sans but lucratif (ASBL) ou organisations non gouvernementales (ONG) travaillant à l'intérêt général impliquant les cultivateurs, les éleveurs, les pêcheurs, les parents d'élèves, les promoteurs de l'hygiène et de la santé publique, les défenseurs des femmes, les défenseurs des droits humains, les promoteurs de la paix, les protecteurs de l'environnement, les Eglises, etc. A travers les activités bénévoles de tous genres, des nombreux Congolais cherchent, non pas à tirer un quelconque profit, mais à accomplir une œuvre. On peut citer l'œuvre emblématique du Dr Denis Mukwege, à l'hôpital de Panzi à Bukavu qui s'est spécialisé dans la réparation des organes génitaux des femmes victimes des viols collectifs utilisés comme une arme de guerre au Congo oriental.
Le bilan fait état de plus de 40.000 femmes violées, opérées et soignées à la fin du mois de décembre 2013 (Cojean, 2013).

La deuxième condition, c'est « *la volonté d'autonomie et d'initiative des acteurs sociaux* » (Millon-Delsol, 1993, p. 36). Infantilisés par un Etat omnipotent, omniprésent et surtout paternaliste durant le demi-siècle de la colonisation belge (Malengreau, 1952, p. 212), les Congolais se sont réveillés après l'indépendance en 1960 avec un Etat affaibli et quasi absent, mais avec un mot d'ordre : « *Débrouillez-vous, Article 15* ». Malgré nos recherches, nous ne savons toujours pas de quel texte ce fameux article 15 est-il extrait ? Un demi-siècle d'indépendance plus tard, « la débrouillardise » dans laquelle se mêlent l'esprit d'initiative, une grande capacité d'autonomie et l'instinct de survie est devenue une seconde nature chez tous les Congolais.

La troisième et dernière condition, c'est « *l'intuition que l'autorité n'est pas détentrice par nature de la compétence absolue quant à la qualification et quant à la réalisation de l'intérêt général* » (Millon-Delsol, 1993, p. 36). A ce sujet, les Congolais ont même dépassé le stade de l'intuition. Au point de se méfier de l'Etat comme les poules se méfient des renards. En effet, les Congolais perçoivent l'Etat comme une mafia, les Agents de l'Etat comme des mafiosi et les initiatives publiques comme des arnaques de plus. Comment expliquer le manque de confiance des Congolais à l'égard de l'Etat ? Il est lié d'abord à la corruption généralisée qui gangrène l'appareil d'Etat et au manque d'exemplarité des hommes et des femmes investis des responsabilités publiques. En effet, le Congo demeure l'un des pays les plus corrompus du monde. Selon l'indice de perception de la corruption de l'ONG *Transparency International*, le Congo est classé 154ème sur 177 pays en 2013 avec une note globale de 22/100 et 160ème sur 175 pays en 2012 avec une note de 21/100 (Radio Okapi, 2013). Quant au manque d'exemplarité des dirigeants congolais, la lecture du Rapport de la Commission « Biens Mal Acquis » de la Conférence Nationale Souveraine (1991/1992) qui cible les autorités de la Deuxième République donne envie de vomir.[66] Le manque de confiance des Congolais à l'égard de l'Etat est aussi lié au désert administratif que connaît le Congo. La lecture des deux articles sur le désert administratif publiés à 15 ans de distance par deux politologues congolais est suffisamment parlante : « *Décentralisation en RDC : un pouvoir et une administration lointains, cas de la loi n° 95-005 du 20 décembre 1995* » (Muamba, 1995) ; « *La sous-administration territoriale en RDC. Etat des lieux et perspectives* » (Kombo Yetilo, 2010). Ces deux contributions mettent en lumière la distance qui existe entre les Administrateurs et les Administrés. Le désert administratif congolais a comme principale origine l'insuffisance en nombre et en qualité des Agents de l'Etat au niveau local (Kombo Yetilo, 2010 ; Muamba, 1995 ; Muyer, 1986 ; Toengaho, 1991). Alors que les fonctionnaires de qualité sont pléthoriques dans la capitale du pays et dans les chefs-lieux de provinces.

[66] En ligne, http://www.congoone.net/PDF/RapportbienmalacquisCNS.pdf

Cette sous-administration entraîne un éloignement ou une distance dommageable entre l'Administration et les usagers de l'Administration. C'est pourquoi la décentralisation Acte III (Constitution de 2006 dite de la Troisième République) est selon notre analyse une mauvaise réponse à un problème réel. Le manque de confiance des Congolais à l'égard de l'Etat est lié également à l'abus de pouvoir des Agents de l'Etat notamment les forces armées (soldats, gendarmes et policiers). Ces Congolais armés vivent des exactions à l'encontre des Congolais non armés, la population civile. Les Congolais armés considèrent la population civile comme leur garde-manger, leur source d'eau potable, leur compte d'épargne, leur jardin potager, leur poulailler, leurs champs de manioc, leurs arbres fruitiers, leur étang piscicole, leur ruche qui produit du miel. Ils passent leur temps à rançonner la population. Au point que dans beaucoup de contrées reculées rapporte le Congolais Jéthro Kombo Yetilo (2010), la population excédée constitue des groupes d'autodéfense contre ces rançonneurs patentés. Le manque de confiance des Congolais à l'égard de l'Etat est lié enfin à des précédents fâcheux qui alimentent leur méfiance instinctive. « *Chat échaudé craint l'eau froide* » dit le proverbe. Comment les Congolais peuvent-ils faire confiance à un Etat qui a laissé faire voire même organisé des jeux d'argent utilisant la pyramide de Ponzi (*Bindo promotion, Nguma promotion, Mandova, Panier de la ménagère, Tontine, Trésor*) et qui ont ruiné toute la population de Kinshasa et celle de Matadi au premier semestre de 1991 (Jewsiewicki, 1991 ; Villers, 1992 ; Yoka, 1994 ; Devisch, 1998) ?

Un dispositif institutionnel qui réconcilie les Congolais avec leurs institutions

Une formule viable

La viabilité des réformes structurelles est un critère de bonne gouvernance. Ce critère est requis par les investisseurs privés mais aussi les bailleurs de fonds bilatéraux et multilatéraux dans leur décision d'aider ou non un pays en développement (FIDA, 1999 ; OCDE, 2011).

Quatre facteurs expliquent la viabilité de notre dispositif institutionnel :
- Premier facteur explicatif : Notre dispositif institutionnel favorise la paix civile. La paix civile est préservée grâce à la maîtrise de l'ethnicité contrairement à la Constitution de 2006 dite de la Troisième République qui l'exacerbe (Bruneau, 2009). Pour éviter d'allumer les poudrières des rivalités interethniques et intertribales, notre dispositif institutionnel ne déconstruit pas. Il respecte le découpage territorial hérité du Congo belge à savoir la Province, le District, le Territoire, le Secteur ou la Chefferie. En revanche, il modifie seulement la finalité de ces subdivisions territoriales. En accord avec

les Français Bernard et Jean-Louis Kayser (1971, p. 49), ces subdivisions territoriales plus que centenaires « *demeurent une vérité d'expérience quotidienne, un sentiment profond. Elles ont forgé des habitudes et des solidarités inaltérées. Elles sont enracinées dans la conscience au point de se constituer en infrastructures.* » En effet, ces subdivisions fondent l'identité des Congolais. On peut le vérifier aisément dans leur façon de s'identifier selon leur pays, leur province, leur district, leur territoire, de même que selon leur ethnie et leur tribu. Citons quelques exemples. Les Citoyens se perçoivent comme : *des Congolais, des Kasaïens, Bena Tshilenge, Baluba et Bena-Kalambayi ; des Congolais, Bana Maniema, Bana Kasongo et Bazula ; des Congolais, Bana Équateur Mabenga, Bana Lisala Ngomba et Bangombe ; des Congolais, Bana Kivu, Bana Idjwi, Bana Ntambuka et Bahavu ; des Congolais, Bakongo, Bana Lukaya, Bana Madimba et Bantandu ; des Congolais, Bana Katanga, Bana Malemba-Nkulu, Balubakat ; des Congolais, Bana Bandundu, Bana Kwango, Bana Popokabaka, Bankanu.* Ces liens affectifs vieux de 129 ans aujourd'hui (1885-2014) expliquent pourquoi toute tentative de redécoupage territorial devient un enjeu majeur dominé par des passions. C'est la raison pour laquelle dans notre dispositif institutionnel, la province est maintenue mais devient une simple limite géographique qui sert au respect de l'équilibre provincial au moment des élections pour les fonctions de Ministre d'Etat et de Haut-Magistrat à la Cour Suprême de Justice ainsi que pour déterminer le turnover à la présidence tournante de plusieurs institutions nationales (Présidence du Congo, Présidence du Parlement, Présidence de la Cour Suprême de Justice). Le District est également préservé mais devient une simple limite géographique qui sert à justifier du lien personnel des candidats avec ce District lors de l'élection des Conseillers de District. Le secteur et la chefferie sont sauvegardés. Mais ces subdivisions territoriales ne correspondent plus qu'à des simples délimitations géographiques qui peuvent recevoir des annexes permanentes ou itinérantes de l'Administration territoriale. Par ailleurs, pour éviter les pièges ethniques et linguistiques, notre dispositif institutionnel met en place un système électoral qui favorise l'alternance démocratique pacifique. D'une part, l'élection de l'Exécutif du niveau supérieur se fait désormais aux suffrages indirects : élection du Président par le Gouvernement et celle du Gouvernement par le Parlement. Ces suffrages indirects de l'Exécutif du niveau supérieur mettent fin au chaos (destructions matérielles et tueries) qui accompagne systématiquement les élections présidentielles aux suffrages universels directs en Afrique subsaharienne telles que celles du Congo en 2006 et en 2011 (HRC, 2011). D'autre part, toutes les élections au suffrage universel direct sont circonscrites au niveau de chaque Territoire ou de chaque Commune : élection du Député, élection du Conseiller de District, élection de l'Administration territoriale ou municipale. De cette façon, ces élections ne peuvent opposer que les meilleurs fils et filles dudit Territoire ou de ladite Commune. Le Territoire étant un échelon infranational où la population est à peu près homogène et sociologiquement solidaire, on peut raisonnablement penser que les joutes politiques demeureront orales et ne prendront pas une tournure violente et sanglante.

- Deuxième facteur explicatif : Notre dispositif institutionnel est une formule viable parce qu'il est efficient sur le plan économique. En effet, la subsidiarité favorise un aménagement politico-administratif beaucoup moins coûteux pour les contribuables Congolais. Parce qu'elle propose des services publics adaptés aux besoins de la population tout en utilisant au mieux les ressources de l'Etat. Cette performance institutionnelle est obtenue grâce à une profonde restructuration : Moins de centres de décision, limités à deux niveaux de l'Exécutif (Gouvernement ; Territoire ou Commune) ; Moins de départements ministériels limités à 11 en raison du recentrage des missions gouvernementales et du transfert des tâches au profit des Territoires et Communes ; Moins de fonctionnaires ; Moins de Députés ; Suppression du Sénat (monocaméralisme) ; Remplacement des organes délibérants élus par des Conseils de développement bénévoles.

- Troisième facteur explicatif : Notre dispositif institutionnel est une formule viable parce qu'il est efficace. En effet, la subsidiarité met en place des politiques publiques efficaces pour deux raisons. D'une part, la subsidiarité favorise une gestion de proximité. Le rapprochement du pouvoir de décision des citoyens lui permet de se rapprocher de leurs intérêts et de proposer des politiques adaptées aux priorités des gens. D'autre part, la subsidiarité favorise la participation constructive des bénéficiaires (les populations locales) au développement économique et social de leurs Territoires et Communes. La subsidiarité offre aux populations locales la possibilité de contribuer à la formulation des stratégies de développement, à l'amélioration de la conception et à la mise en œuvre des projets publics. Cette prise en compte des avis de la population par un système quelconque de consultation offre deux avantages : elle assure l'adhésion et le soutien des populations locales aux projets. Ce qui améliore leur faisabilité.

- Quatrième et dernier facteur explicatif : Notre dispositif institutionnel est enfin une formule viable parce qu'il est équitable. En effet, la subsidiarité favorise une répartition équitable de la richesse nationale contrairement à la décentralisation Acte III (Constitution de 2006). Ainsi, l'Etat subsidiaire veille strictement à l'égalité des Territoires. On peut citer l'égalité d'accès aux services sociaux de base (santé, éducation, eau potable, électricité) et aux nouvelles technologies (Internet, etc.). En effet, la subsidiarité n'accepte pas l'inégalité des services due à l'inégalité géographique des ressources (Millon-Delsol (1993, p. 73). Le devoir du Gouvernement, hors de ses missions régaliennes, est d'être le garant d'un certain niveau de vie dans l'ensemble du pays et de la solidarité nationale.

En revanche, la viabilité de la décentralisation Acte III, en cours de mise en œuvre au Congo, en application de la Constitution dite de la Troisième République (2006) est mise en doute par plusieurs spécialistes du Congo (Bruneau, 2009 ; Melmoth, 2007). Pour le Français Jean-Claude Bruneau (2009), professeur à l'université de Montpellier, « *C'est une régionalisation qui déconstruit, qui désorganise la territorialité vécue par les Congolais et qui bouleverse l'existence quotidienne des populations entières.* » Par conséquent, on assiste un peu partout dans le pays, au retour des tensions ethniques ou tribales voire même à des situations insurrectionnelles. Comme celle qui prévaut au Katanga impliquant les insurgés *Kata-Katanga.* Toutefois, l'apparition des tensions lors des divisions territoriales n'est pas nouvelle ni particulière au Congo ex-Zaïre. Naguère, la France a connu la même situation. En effet, la révolution française a déclenché de tels troubles lors de la création de 83 départements, 4.700 cantons et 40.411 municipalités par les lois des 24 et 26 janvier 1790 (Raffestin, 1980, p. 151). Imposant une nouvelle division territoriale de la France qui respectait les anciennes limites des provinces lorsque les changer ne présentait pas d'utilité réelle (Soboul, 1977).

Une formule durable

La subsidiarité est une formule qui peut résister au temps. Quatre facteurs expliquent pourquoi la subsidiarité est une formule durable :
- Premier facteur explicatif : La subsidiarité est une formule qui augmente l'attractivité des chefs-lieux de Territoire. La subsidiarité apporte par conséquent un remède au désert administratif ou à la sous-administration territoriale que connaît le Congo depuis trop longtemps. Un mal récurrent du Congo mis en évidence par les travaux des enseignants-chercheurs congolais F. Muamba (1995) et J. Kombo Yetilo (2010). En effet, la subsidiarité renforce les chefs-lieux de Territoire. On peut raisonnablement s'attendre à un retour massif de meilleurs fils et de meilleures filles du Territoire, attirés actuellement par la grande ville, la capitale nationale ou les chefs-lieux de provinces. Car, le Territoire d'origine devient la principale source de légitimité politique au Congo. D'une part, le Territoire d'origine accorde la légitimité locale : il faut avoir un lien personnel avec ledit Territoire pour se porter candidat à l'élection d'Administrateurs territoriaux ou de Commissaires de district. D'autre part, le Territoire accorde la légitimité nationale : il faut avoir un lien de sang et un lien matériel (résidence principale) pour se porter candidat à l'élection de Député, de Ministre d'Etat ou de Magistrat à la Cour Suprême de Justice. Les Territoires d'origine vont attirer plus que jamais tous les meilleurs cerveaux du cru qui rêvent d'un destin local ou national. Obligés sont-ils d'avoir dorénavant un ancrage local fort afin d'y faire leurs preuves en participant au développement de

leur Territoire d'origine. S'ils veulent avoir quelque chance de triompher à une quelconque élection. La subsidiarité peut ainsi mettre un frein à l'exode rural des intellectuels. La subsidiarité permet aux élites du cru de revenir travailler au développement de leur Territoire d'origine dans le cadre de l'Administration territoriale, du Commissariat de District, de la Préfecture, des services déconcentrés des offices publics ainsi que dans les secteurs primaire (agriculture, forêts), secondaire (industrie) et tertiaire (commerces, services, tourisme) en fonction des potentialités et des vocations naturelles de chaque Territoire.

- Deuxième facteur explicatif : La subsidiarité est une formule durable parce qu'elle permet de montrer aux habitants de la campagne que le développement est désormais axé à la fois sur leurs intérêts et sur ceux du pays. Pour y parvenir, la subsidiarité opère une double transformation. D'une part, la subsidiarité transforme chaque Territoire du Congo en *foyer de développement*. D'autre part, la subsidiarité renforce le chef-lieu de chaque Territoire en le transformant en *pôle organisateur* de chaque foyer de développement. En tant que pôle organisateur du foyer de développement, chaque chef-lieu de Territoire doit bénéficier désormais des équipements mais aussi des fonctions et des activités d'un niveau supérieur réservés auparavant aux anciens chefs-lieux de province. Ces fonctions et activités supérieures sont les suivantes :

1. Administrer, diffuser les biens et assurer les services courants attendus dans un milieu rural pour la satisfaction des besoins de la population, là où elle se trouve. Il est bien connu que pour des raisons économiques (concentration des hauts revenus), les fonctions tertiaires d'un certain niveau (banques, hôpitaux, pharmacies, lycées, collèges, commerces de détail, de demi-gros et de gros, etc.) s'installent toujours là où se trouvent les centres de décision (Administration du Territoire, Préfecture, Gendarmerie, Police, Relais des offices publics). La présence des équipements, des activités et des fonctions d'un niveau supérieur va certainement attirer une population croissante. Car elle modifie l'attractivité des anciens chefs-lieux de provinces au profit des chefs-lieux de Territoire. Par ailleurs, tous les chefs-lieux de Territoire doivent être dotés, dans les meilleurs délais, de la distribution d'eau et d'électricité ainsi que des moyens de télécommunication modernes (Internet à haut débit), s'ils ne le sont déjà.
2. Assurer le développement des activités agricoles pour atteindre l'autosuffisance alimentaire.
3. Améliorer le niveau de vie dans les milieux ruraux. Ce qui suppose la motivation des paysans à augmenter les surplus à vendre par le développement des circuits de commercialisation et des échanges monétarisés mais aussi en favorisant l'implantation des industries agro-alimentaires (conserveries, huileries, sucreries, minoteries, etc.).

En transformant les Territoires en foyers de développement et les chefs-lieux de Territoire en pôles organisateurs des foyers de développement, la subsidiarité réussit à constituer ainsi l'élément le plus structurant des activités rurales au bénéfice à la fois des paysans et du pays. La subsidiarité est une formule qui permet ainsi de concrétiser les recommandations faites naguère par les chercheurs du Bureau d'Etudes et d'Aménagement Urbain (1982, pp. 22-23).[67]

- Troisième facteur explicatif : La subsidiarité est une formule durable parce qu'elle contribue à renforcer l'unité nationale. La subsidiarité opère des deux façons. D'abord, la subsidiarité favorise un développement équilibré de tous les Territoires du Congo. Ce point est évident. Ensuite, la subsidiarité permet la constitution de l'élément le plus structurant de l'espace congolais. Ce point mérite explication. Après la transformation des Territoires en foyers de développement et des chefs-lieux de Territoire en pôles organisateurs des foyers de développement, une des grandes priorités nationales est de relier les différents pôles organisateurs entre eux afin de construire un réseau des chefs-lieux de Territoire. La construction d'un réseau de chefs-lieux de Territoires ne peut se faire qu'en complémentarité avec la création d'une armature nationale de transport pour constituer ainsi l'élément le plus structurant de l'espace congolais. Un tel réseau permet un bon encadrement de toute la population (intégration nationale) et une structuration des activités rurales (développement des circuits de commercialisation et des échanges). En fin de compte, la création d'un réseau structurant des pôles de développement doit constituer le cadre de cohérence qui concourt à la refondation de l'Etat en répondant aux objectifs d'unité nationale, d'intégration nationale et de développement territorial équilibré.

- Quatrième et dernier facteur explicatif : La subsidiarité est une formule durable parce qu'elle cherche à répondre à la question de la pertinence de l'autorité. Pourquoi l'autorité ? Quelle finalité doit-elle servir ? Quel rôle doit-elle jouer ? La Française Chantal Millon-Delsol (1993, pp. 3-4) y répond : « *L'autorité vise à suppléer les manques des communautés ou des personnes libres, responsables de leur destin, mais insuffisantes dans la poursuite de leur épanouissement. L'autorité ne doit donc se reconnaître aucune finalité autre que celle des êtres qu'elle commande. Elle est nécessaire comme telle, parce que ces êtres ne sont pas autosuffisants. Mais son rôle demeure secondaire : elle représente un moyen à leur service exclusif.* »

Mais, il n'y a pas que l'application du principe de subsidiarité qui est une formule durable. La nouvelle organisation politique que nous proposons ici permet également de résister au temps. Il y a trois raisons à cela :

---

[67] Bureau d'Etudes d'Aménagement et d'Urbanisme

- La première raison, c'est une organisation politique qui permet une meilleure défense des libertés individuelles et des droits des citoyens. En effet, les libertés et les droits humains sont mieux garantis dans un régime de séparation des pouvoirs. Puisque l'indépendance des trois pouvoirs instaure un régime modéré qui empêche le Gouvernement d'avoir trop de pouvoirs (dictature de l'Exécutif), le Parlement d'avoir trop de pouvoirs (dictature du législatif ou régime des partis) et les cours et tribunaux d'avoir trop de pouvoirs (dictature du judiciaire ou République des Juges) (Montesquieu, 1748 ; Vie publique, 2013).

- La deuxième raison, c'est une organisation politique qui est le présage d'une bonne gouvernance. L'instauration de la *responsabilité* oblige le Gouvernement ainsi que les Administrations territoriales et municipales de rendre réellement compte de leur gestion. Le Parlement et la Cour des comptes, sans sortir de leurs rôles respectifs, contrôlent l'action du Gouvernement. Tandis que les Commissariats de District et les Cours de compte provinciales contrôlent la gestion des Administrations territoriales et municipales. Par ailleurs, l'indépendance de la justice doit garantir dorénavant la suprématie du droit. Or la *responsabilité* et *la suprématie du droit* sont deux critères de bonne gouvernance requis par les investisseurs privés et les bailleurs de fonds bilatéraux et multilatéraux pour intervenir dans un pays en développement (FIDA, 1999 ; OCDE, 2011). Ainsi que l'affirment les partenaires de Busan, « *l'aide seule ne suffit pas. Il faut qu'il existe dans les pays en développement des institutions efficaces assurant les fonctions de l'Etat afin de faciliter l'effet de levier sur les ressources d'aide* » (OCDE, 2011, p. 11).

- La troisième et dernière raison, c'est un dispositif institutionnel qui permet l'enracinement de l'esprit démocratique. En effet, une élection démocratique n'augure pas de l'esprit démocratique. Car, des gens élus démocratiquement peuvent se transformer en véritables despotes dépourvus d'esprit démocratique. Ces despotes peuvent confisquer tous les pouvoirs au profit de l'Exécutif. Ainsi, la Constitution peut exister mais n'est plus appliquée. Le Parlement peut exister mais n'a plus aucun pouvoir et, par conséquent, il ne fait qu'entériner les lois préparées par l'Exécutif. L'indépendance de la justice peut exister sur le papier mais pas dans la réalité. Par conséquent, la justice peut être placée aux ordres de l'Exécutif. La séparation des trois pouvoirs peut exister sur le papier mais pas dans la réalité, devenant ainsi une fiction. D'autre part, ces despotes peuvent bafouer tous les droits humains et toutes les libertés individuelles. Notre dispositif politique (collégialité, élection de l'Exécutif et du Judiciaire au suffrage indirect, présidence tournante, indépendance des trois pouvoirs) rend seulement la dictature plus difficile au Congo ex-Zaïre ex-Belge ex-Léopoldien même s'il ne peut l'exclure totalement. Notre dispositif politique pose au moins des limites destinées à minimiser l'influence corruptrice du pouvoir et l'abus du pouvoir.

CONCLUSION

Le Congo est une Nation en quête d'Etat. Mais la refondation de l'Etat se trouve dans l'impasse. D'une part, l'Etat unitaire fortement centralisé (Deuxième République) ou fortement décentralisé (Première et Troisième République) dysfonctionne. D'autre part, le modèle fédéral est frappé d'ostracisme à cause du risque réel ou supposé de séparatisme.

Pour sortir de cette impasse, nous préconisons une troisième forme de l'Etat, l'entre deux. Qui paraît la plus pertinente pour promouvoir le développement du Congo et la prospérité des Congolais. Cette forme de l'Etat combine la structure de l'Etat unitaire à laquelle les Congolais sont viscéralement attachés avec un fonctionnement de l'Etat fédéral. Le résultat est un Etat fonctionnant selon le principe de subsidiarité, c'est-à-dire, une organisation « à double étage » avec un Exécutif national (le Gouvernement) et un Exécutif local (le Territoire ou la Commune).

Dans cette organisation, le Territoire (campagne) ou la Commune (ville) devient l'Exécutif local, l'unique collectivité locale, l'unité administrative du Congo. Les autres subdivisions territoriales héritées de la colonisation belge (Province, District, Secteur/Chefferie) sont conservées. Car elles constituent l'identité des Congolais qui y sont affectivement très attachés. Mais, ces subdivisions territoriales ne jouent plus qu'un rôle de limites géographiques.

Le nouveau dispositif institutionnel que nous présentons ici est en rupture presque totale avec le passé, ce qu'on appelle communément la Première, la Deuxième et la Troisième République. Grâce à plusieurs innovations majeures et souvent audacieuses, les nouvelles institutions sont conçues *pour résister au temps et au changement, pour assurer un fonctionnement régulier et efficace de l'Etat, pour mettre le Congo à l'abri des crises et pour réconcilier les Congolais avec leurs institutions*.

La logique profonde de ces nouvelles institutions, c'est le développement du Congo et la prospérité des Congolais. Les élus, les Agents de l'Etat et la population congolaise sont transformés en acteurs de développement.

Ainsi, notre dispositif institutionnel répond à l'appel du géographe français Jean-Claude Bruneau (2009) qui demande aux Congolais de « *trouver, pour réussir, une régionalisation utile qui construise et non déconstruise, des formules viables et surtout durables*. »

Toutefois, la mise en place de nouvelles institutions doit être considérée comme une condition nécessaire mais pas suffisante pour refonder un Etat. Pour cela, il faut encore remplir d'autres conditions, notamment la maîtrise du territoire. C'est l'objet du prochain chapitre de notre exposé.

3
MAITRISER LE TERRITOIRE

Il existe une relation organique entre l'Etat et le territoire. « *Un Etat est constitué d'une population, d'un territoire et d'une organisation commune. L'Etat est l'institution qui détient le pouvoir sur la population et son territoire* » (Larousse).

Or au Congo, l'Etat n'est plus en mesure ni de contrôler son territoire ni d'administrer la population qui y habite. Ainsi, pour définir des pays comme le Congo, les spécialistes français des Tiers-Mondes emploient des expressions terriblement éloquentes. Le Congo ex-Zaïre est l'archétype d'un chaos borné : « *un pays qui pour des raisons diverses voit ses structures sociales et économiques éclater, un territoire où les infrastructures se détériorent, où la violence s'installe, où les conflits de toute nature s'exacerbent* » (GEMDEV[68], 1992). Le Congo ex-Zaïre est un « *territoire en quête d'Etat* » (Pourtier, 1997). Le Congo ex-Zaïre est l'exemple type « *d'un territoire où le pouvoir de l'Etat ne s'exerce pas. Où quelques potentats locaux se sont appropriés les richesses du lieu et gouvernent la région en marge des lois, en totale transgression avec les règles du pouvoir central* » (Bouquet, 2009). Pour les politologues anglo-saxons, le Congo est une belle illustration de ce qu'ils qualifient d'Etats défaillants ou *Failed States*, d'Etats mous ou *Soft States* (Myrdal, 1971) et d'Etats faillis ou *Collapsed States* (Zartman, 1995) rapporte Christian Bouquet (2009).

Au cœur de l'effondrement de l'Etat au Congo, il y a l'effondrement des moyens de transport s'accordent tous les spécialistes du Congo (BEAU, 1982 ; Bruneau et Simon, 1991 ; Pourtier, 1990, 1991, 1992, 1993, 1997, 2008 ; RDC, 2004). L'effondrement des moyens de transport entraîne trois conséquences terriblement négatives :

- La première conséquence de l'effondrement des transports, « *c'est l'unité compromise du Congo. Le Congo devient un sous-continent à la dérive* » (Pourtier, 1992). En effet, dès 1991, le travail des géographes français Jean-Claude Bruneau et Thiery Simon montre que le pays est divisé. Le territoire du Congo est écartelé entre trois parties tournées vers l'extérieur. Le Congo occidental (Kinshasa et son arrière-pays) s'oriente vers l'Ouest et l'océan Atlantique. Son système de transports converge vers Kinshasa et aboutit aux ports de Matadi ou de Boma. Le Congo oriental (Ituri, Kivu, Maniema, Tanganyika) se tourne vers l'Afrique de l'Est et l'océan Indien. En effet, l'Est congolais est assez bien relié au réseau routier et ferré Est-africain qui aboutit aux ports de Mombasa (Kenya) et de Dar-Es-Salaam (Tanzanie).

---

[68] GIS ECONOMIE MONDIALE, TIERS MONDE, DEVELOPPEMENT (Paris).

Le Congo méridional (Katanga) se tourne vers l'Afrique australe et l'océan Indien. Le Sud congolais est assez bien relié au réseau routier et ferré qui aboutit aux ports sud-africains de Durban et East London. Nous disposons d'une étude plus récente (2004) sur les transports. Une étude réalisée par le Gouvernement du Congo en collaboration étroite avec ses principaux partenaires bilatéraux et multilatéraux. Les données sont présentées dans un document de base intitulé Programme Minimum de Partenariat pour la Transition et la Relance au Congo (PMPTR). Ces données montrent que la situation des transports s'est sérieusement aggravée depuis le début des années 1990 : « *L'essentiel du territoire congolais est inaccessible. La capitale Kinshasa est plus ou moins coupée des chefs-lieux de provinces. La communication entre les chefs-lieux de province et les centres urbains de ces provinces est souvent inexistante. L'accès aux zones rurales, même densément peuplées, n'est souvent plus possible. Là où l'accès est encore possible, le trafic est faible, du fait de la disparition des véhicules, de l'insécurité et de l'interruption des échanges dans beaucoup de zones. Le trafic fluvial est encore interrompu ou reste modeste. Le trafic ferroviaire, sur les voies encore en service, est souvent limité à 2 trains par semaine, avec des vitesses qui dépassent rarement 30 Km/h. Le trafic aérien a baissé de 40 pour cent par rapport au début des années 1990. Le trafic du port de Matadi est tombé de 1,6 million de tonnes en 1989 à environ 1 million de tonnes en 2000* » (RDC, 2004).

- La deuxième conséquence de l'effondrement des transports, « *c'est un pays pris dans une spirale du sous-développement* » (Pourtier, 1990, 1991, 1993). En effet, toutes les régions isolées et enclavées où l'autorité de l'Etat ne s'exerce plus sont plongées dans une longue période de malheurs et de difficultés de tous genres. Sur le plan social, la population est abandonnée à elle-même et ne reçoit plus les services de base (éducation, santé). Les grandes endémies tropicales ressurgissent (bilharzioses ou schistosomiases, choléra, Ebola, Kwashiorkor, lèpre, méningite cérébro-spinale, onchocercose, paludisme, poliomyélite, rougeole, sida, trypanosomiase humaine, tuberculose, variole) (UN-OCHA, 2013 ; MSF, 2014). La paupérisation s'aggrave. En témoigne, l'évolution de la situation de pauvreté multidimensionnelle qui prend en compte la santé, l'éducation et le niveau de vie (PNUD, 2014). Les villes, coupées de leur hinterland, doivent faire face à de graves difficultés d'approvisionnement qui se traduisent par le renchérissement des denrées de première nécessité. Quant aux campagnes, coupées de leurs débouchés et de leurs sources d'approvisionnement, elles retombent dans l'autosubsistance (RDC, 2004, p. 1).

- La troisième et dernière conséquence de l'effondrement des transports, « *c'est une irrésistible plongée des régions isolées et enclavées dans une longue période d'insécurité.* » En effet, des conflits de tous genres éclatent consacrant l'essor de la violence des masses, le retour de la barbarie et le triomphe de l'impunité (Gouvernement de Transition du Zaïre, 1993 ; Vircoulon, 1996 ; Bakajika Banjikila, 1997 ; Pourtier, 1998, 2003 ; Haut-Commissariat des Nations Unies aux Droits de l'homme, 2010 ; GRIP, 2012).

On distingue trois phases dans l'apparition de l'insécurité :

- La première phase commence au début des années 1990, vers la fin du long règne de Joseph-Désiré Mobutu. Le vide laissé par l'Etat dégénère :

1. En révoltes dans les Campus universitaires notamment à Lubumbashi en 1990 (Digekisa Piluka, 1993) ;
2. En rivalités ethniques. Les Kasaïens au Katanga et les Banyarwanda au Nord-Kivu sont victimes des pogroms en 1992 (Gouvernement de Transition du Zaïre, 1993 ; Bakajika Banjikila, 1993) ;
3. En jacqueries (révoltes paysannes) dans les campagnes notamment au Kivu (Nzeza Kabu Zex-Kongo, 1999 ; Laurent, 2000) ;
4. En mutineries dans les casernes en septembre 1991 ;
5. En émeutes accompagnées des pillages de villes en 1991 et 1993 (Trefon, 2004).

- La deuxième phase débute en 1996. La situation du Congo s'aggrave et tourne aux violences de masse avec l'arrivée au pouvoir des Kabila, père et fils. Ainsi, de 1998 à 2003, le pays est le théâtre de la première guerre africaine opposant le Congo soutenu par l'Angola de José Eduardo Dos Santos, la Namibie de Sam Nujoma et le Zimbabwe de Robert Mugabe contre ses voisins de l'Est, l'Ouganda de Yoweri Kaguta Museveni et le Rwanda de Paul Kagamé qui occupent tout l'Est congolais (Braeckman, 1999 et 2003 ; Pourtier, 2003 ; Péan, 2010).[69]

- La troisième et dernière phase débute en 2003. Le retrait « officiel » des armées d'occupation ougandaises et rwandaises du Congo oriental s'accompagne de la prise de contrôle de ces régions par de multiples groupes armés organisés, équipés et souvent téléguidés de l'étranger (Van Acker et Vlassenroot, 2001 ; Melmoth, 2007 ; Lanotte, 2010 et 2011 ; Rolley, 2013). Sur le plan moral, tous les records de cruauté et de barbarie sont battus. Profitant de leur impunité, les envahisseurs ougandais et rwandais comme les bandes armées commettent des horreurs et des atrocités innommables dont les civils sont les principales victimes. Les viols des femmes sont ainsi utilisés comme une arme de guerre. Sur le plan humain, les derniers bilans de ces violences de masse font état de 5,4 à 6,9 millions de victimes directes et indirectes. Sans oublier les déplacés internes que les Nations Unies estiment fin décembre 2013 à 3 millions au Nord-Kivu, au Sud-Kivu, au

[69] Nous disons les armées de Yoweri Kaguta Museveni et Paul Kagamé pour bien souligner la distinction que nous faisons entre les régimes politiques et les peuples ougandais et rwandais.

Katanga et en Ituri (James, 2010 ; Kristof, 2010 ; IRC, 2010 ; Lanotte, 2010, 2011 ; Mediapart, 2013 ; RDC, 2004 ; RFI, 2014).

Pour restaurer la paix et résoudre la crise de l'unité nationale, les Congolais choisissent une réponse institutionnelle ou juridique sous la forme d'une Constitution dite de la Troisième République (Melmoth, 2007 ; Bruneau, 2009). Une Constitution concoctée par les Sénateurs de la Transition (2003-2006), des anciens chefs de guerre transformés en responsables politiques. Une Constitution avalisée par référendum le 18 et le 19 décembre 2005 et promulguée le 18 février 2006.

Seulement, cette réponse juridique ou institutionnelle est inappropriée. Car la menace de désintégration nationale relève, pour une part non négligeable, de l'effondrement des transports qui a entraîné avec lui l'effondrement de l'Etat. C'est l'effondrement des transports qui compromet l'unité du territoire congolais et alimente le spectre de l'éclatement du pays (Bruneau et Simon, 1991 ; Pourtier, 1992 ; RDC, 2004). En effet, il est bien connu que le système de transports constitue un élément important de l'intégration nationale. D'une part, le système de transports a un grand pouvoir intégrateur sur le plan politique : « *il est indispensable au fonctionnement d'une bonne administration, tant pour la collecte des informations qui doivent être acheminées vers les autorités supérieures que pour la transmission au niveau local des décisions de ces autorités.* » D'autre part, le système de transports a un grand pouvoir intégrateur sur le plan économique : « *il doit atteindre le plus aisément les populations là où elles se trouvent pour donner les meilleures chances de valorisation à leurs productions. Il est ainsi l'armature la plus efficace pour le développement économique du pays* » (BEAU, 1982, p. 12).

Pour résoudre la crise congolaise, des Africanistes avertis conseillent aux Congolais de « *reconstruire le territoire pour reconstruire l'Etat* » (BEAU, 1982 ; Bruneau et Simon, 1991 ; Pourtier, 2008).

Après avoir cerné les principaux obstacles à l'aménagement des transports, présenté l'état actuel du réseau et tenté d'expliquer comment l'effondrement des transports a entraîné l'effondrement de l'Etat, nous allons essayer de répondre à cette question centrale : quelle armature nationale de transport convient-il de réhabiliter ou de construire en priorité pour maîtriser le territoire, dans une stratégie de refondation de l'Etat visant d'une part l'intégration nationale (unifier l'espace et permettre un développement équilibré de toutes les provinces) et, d'autre part, l'indépendance du pays pour ses importations et ses exportations (s'affranchir de la dépendance à l'égard de transit par un port maritime étranger) ?

DES CONDITIONS DIFFICILES POUR DES TRANSPORTS INDISPENSABLES

Les contraintes du milieu naturel

Le développement des transports au Congo connaît plusieurs entraves. Ces entraves proviennent tout autant de la nature, de l'économie, de l'histoire que des Congolais eux-mêmes.

Voyons d'abord les contraintes naturelles. On distingue quatre obstacles naturels au développement des transports :

- Le premier obstacle naturel, c'est l'immensité du pays et sa situation géographique. En effet, le territoire congolais a des dimensions d'un sous-continent : 2.345.000 km², 80 fois la Belgique et 4,5 fois la France. Mais, le Congo n'est pas seulement un pays immense, il est également un pays enclavé. Il s'ouvre sur l'Atlantique à l'ouest du pays, dans la province du Bas-Congo, par une petite façade maritime de 30 Km. Cette façade maritime se situe dans le prolongement d'un étroit corridor qui engendre une discontinuité territoriale de l'Angola. Cette situation géographique impose aux réseaux intérieurs de transports une direction orientée vers l'Ouest qui aboutit aux ports maritimes de Matadi et Boma en attendant Banana (port en eaux profondes en projet) qu'on appelle *Voie Nationale.* Cette immensité du territoire et cette sortie obligée vers l'Ouest entraînent trois contraintes dues à la distance : l'extrême longueur des réseaux à construire et à entretenir, les coûts élevés des investissements à engager et la durée des trajets à effectuer. De plus, lorsqu'on fait la relation entre l'immensité du territoire et la faible densité de la population, il se trouve que les dépenses d'infrastructures *per capita* sont en moyenne beaucoup plus élevées au Congo que dans de nombreux pays plus denses d'Afrique et, par conséquent, plus faciles à équiper comme le Burundi et le Rwanda (BEAU, 1982, p. 18 ; BEAU, 1989, 68-69 ; Remilleux, 1989, pp. 119-120).
- Le deuxième obstacle naturel, c'est la présence d'une vaste cuvette vide au centre du territoire. Une cuvette recouverte par une épaisse forêt dense et inondée qui représente plus de la moitié du pays (Sys, 1960). Ce qui rend la circulation terrestre (fer, route) très difficile dans le sens Est-Ouest. D'une part, ce couvert forestier impose à la circulation terrestre des longs détours coûteux (BEAU, 1982, p. 7). D'autre part, s'il est techniquement possible de relier des régions entières comme le Nord et l'Est à l'Ouest congolais, à travers cette immense zone forestière vide et inondée, il se pose tout de même des problèmes de coût et de rentabilité. En effet, le faible nombre d'usagers ne permet pas de rentabiliser les investissements en matière des transports terrestres (fer, route). Tandis que la construction et la maintenance

des routes et des chemins de fer en zone forestière inondée occasionne des surcoûts onéreux (Derruau, 1976, pp. 302-304).

- Le troisième obstacle naturel, c'est la présence des reliefs marqués aux frontières orientales. On distingue deux types de reliefs : une zone surélevée bordée par une zone effondrée. Les deux zones sont disposées Nord-Sud et posent des sérieux problèmes de communication dans le sens Est-Ouest, entre l'extrême Est-congolais et l'intérieur du pays.

La zone surélevée est une chaîne montagneuse (Monts Mitumba, Altitude moyenne : 1800 m). Elle s'allonge de l'Ituri au Nord jusqu'au Tanganyika au Sud. Cette chaîne montagneuse engendre deux difficultés de circulation terrestre (route, fer) (Drevet, 1974). La première difficulté de circulation terrestre est liée aux fortes pentes et aux courbes raides qui ralentissent ou interdisent carrément la circulation. La raideur des pentes et des courbes condamne particulièrement le chemin de fer au Congo oriental. Car, le rail exige des pentes modérées et des courbes à grand rayon. Quant à la route, sa construction est techniquement possible. Mais, se posent des problèmes de coût et de rentabilité. Le prix de revient d'une route de montagne est plus élevé qu'en plaine, à longueur égale. Il y a deux explications. Première explication, la circulation routière n'est possible que si l'on réduit la raideur des pentes et des courbes. Or, les ouvrages d'art qui permettent de réduire les déclivités sont non seulement très onéreux à construire et à entretenir mais ils allongent aussi les parcours. Deuxième explication, une route de montagne augmente considérablement les charges d'exploitation. Selon le géographe français Jean-François Drevet (1974), ancien professeur à l'institut supérieur pédagogique de Bukavu, une pente modérée de 5 % ralentit la marche et double les dépenses d'exploitation pour un camion diesel de 10 tonnes mais triple les dépenses d'exploitation pour un camion diesel de 18 tonnes. La deuxième difficulté de circulation terrestre en montagne est liée à l'altitude. En effet, l'altitude modifie les conditions climatiques et provoque notamment une humidité importante. La pluie abondante et la raideur des pentes engendrent des phénomènes d'érosion, d'éboulements et de glissements de terrain très nombreux au Kivu (BEAU, 1989). Ces conditions naturelles défavorables exigent des travaux réguliers et fréquents de maintenance pour assurer un trafic routier plus ou moins normal. Ce qui représente une charge lourde.

La zone effondrée, quant à elle, est constituée des fossés tectoniques ou graben[70] de l'Afrique centrale (Annexe 3). Ce graben de l'Afrique centrale limite des deux façons les relations Est-Ouest, entre l'Est congolais et l'intérieur du pays. D'une part, l'escarpement de faille du côté congolais expose des hautes falaises abruptes qui sont inaccessibles. En effet, ces

[70] Zone de fracture de l'écorce terrestre qui s'élargit jusqu'à donner naissance à un océan à l'échelle des temps géologiques.

hautes falaises n'offrent pas des passages faciles dans le sens Est-Ouest (rares échancrures) pour l'ouverture d'une circulation terrestre (route, rail) vers l'intérieur du pays. En revanche, du côté ougandais, rwandais et burundais, l'escarpement de faille est très atténué et accessible. Il s'ouvre sur de grandes plaines comme celles de la Ruzizi, de la Rutshuru, de la Rwindi et de la Semliki. Ce qui favorise l'ouverture de l'extrême Est-congolais sur l'Afrique orientale. D'autre part, le graben de l'Afrique centrale a donné naissance à de vastes plaines (Ruzizi, Rutshuru, Rwindi, Semliki) et à de grands lacs (Tanganyika, Kivu, Edouard, Albert) qui favorisent une circulation locale (terrestre et lacustre) orientée Nord-Sud (méridienne) ou orientée vers l'Est (vers l'Ouganda, le Rwanda, le Burundi et la Tanzanie).

- Le quatrième et dernier obstacle naturel, c'est la barrière des eaux. La circulation par voie d'eau est gênée par des obstacles minéraux (affleurements rocheux), des obstacles végétaux (papyrus, nénuphars et lotus) et par la dénivellation (rapides, cataractes). Ainsi, à cause des cataractes, le fleuve Congo n'est pas navigable dans son cours inférieur entre Kinshasa et Matadi où pourtant le peuplement est dense (BEAU, 1982, p. 10). Quant au *Lualaba*, le cours supérieur du fleuve Congo, il n'est pas navigable entre Kisangani et Ubundu à cause des rapides notamment sept cataractes baptisées chutes Wagenia (Stanley Falls) mais aussi entre Kindu et Kabalo, à cause de la présence des seuils rocheux notamment en face de Tubila et de Kongolo appelés Portes de l'Enfer.[71] Le *Lualaba* est enfin difficilement navigable entre Kabalo et Bukama[72] (640 Km) à cause de l'encombrement de la passe navigable par une abondante végétation de lotus, de nénuphars et surtout de papyrus notamment à travers le lac Kisale (Frederick et Gielen, 1952, pp. 434-435). La circulation par voie d'eau est gênée aussi par la période d'étiage. En effet, la sécheresse qui engendre de longues périodes de « basses eaux » condamne toute navigation. Ainsi, des nombreux tronçons navigables du *Lualaba* voire du *Congo* posent des sérieux problèmes de navigation durant la période d'étiage. La circulation par voie d'eau est gênée enfin par la situation des cours d'eau navigables. Ces cours d'eau passent souvent loin des zones de fortes densités de population. On peut citer le cas du fleuve Congo qui passe à plusieurs centaines de Km du plateau très peuplé de Gemena (province de l'Equateur). Ou le cas de la rivière Kasaï, principal affluent du fleuve Congo, qui longe de loin en loin le plateau peuplé du Kwilu (BEAU, 1982, p. 10). On peut aussi citer le cas des quatre grands lacs du graben (Albert, Edouard, Kivu et Tanganyika) situés dans les zones les plus densément peuplées du Congo

---

[71] Portes de l'Enfer : seuil rocheux ainsi nommé par l'explorateur anglais Mohun en 1894.

[72] Le Lualaba devient navigable à Bukama.

mais qui ne peuvent assurer qu'un trafic local ainsi que les relations du Congo oriental avec l'Afrique de l'Est et l'océan Indien : liaisons entre le port de Kalundu à Uvira et le port de Kigoma en Tanzanie, terminus du chemin de fer de Dar-Es-Salaam (Drevet, 1974).

Enfin, le réseau hydrographique très dense du fleuve Congo est aussi un facteur défavorable au développement d'un réseau routier et ferré. Ce réseau hydrographique très dense renchérit le coût des travaux. Parce qu'aux passages de différentes rivières, ces cours d'eau nécessitent l'installation de nombreux bacs ou la construction de nombreux ponts sans oublier le coût de leur maintenance. De plus, « *un passage par bac, outre les aléas qu'il représente, occasionne toujours une sérieuse perte du temps, même lorsque tout s'effectue dans les meilleures conditions* » (Frederick et Gielen, 1952, p. 440). Ainsi, le bilan de l'Office des routes 2011 fait état de la maintenance de 175 bacs (à moteur, à traille et à pirogue) et de 3.500 ponts de 4 à 750 m de portée, pour une longueur totale de 68 Km.

Les contraintes du milieu économique

Les transports constituent une condition vitale de l'économie congolaise mais également son principal goulot d'étranglement. Examinons la carte 3. Cette carte montre une première réalité congolaise : l'abondance et la diversité des ressources naturelles (matières premières minérales, pétrole) mais en même temps l'éloignement de ces ressources naturelles des ports maritimes d'exportation. En effet, l'unique débouché maritime du pays (Voie Nationale) se trouve à l'Ouest (ports de Matadi et Boma) tandis que les principales ressources naturelles se situent au Sud (charbon, cobalt, cuivre, étain, germanium, manganèse, or, uranium, terres rares et zinc au Katanga), à l'Est (Or et pétrole de l'Ituri ; Béryllium, Coltan, Etain, Or, Pétrole, Silicium, Titane du Kivu ; Etain, Or et Tungstène du Maniema) et au Centre (Diamants industriels du Kasaï) (EUROMIN, 2013).

La comparaison entre la carte de population et la carte du potentiel de productions agricoles présente une deuxième discordance : la dissociation entre les principales zones à plus fort potentiel de productions agricoles situées à l'Est (Kivu, Ituri, Maniema) et au Nord (Ubangi, Uélé) avec les principaux lieux de consommation situés à l'Ouest (Kinshasa), au Centre (Mbuji-Mayi et Kananga) et au Sud (Lubumbashi, Likasi, Kolwezi) (BEAU, 1989, p. 69). Ce dernier déséquilibre s'accroît avec l'effondrement des transports favorisant l'autosubsistance faute de pouvoir évacuer les surplus de consommation familiale et locale.

Ces discordances entre les lieux de production et les lieux de consommation, d'une part, entre les lieux d'extraction et les ports maritimes d'exportation, d'autre part, expliquent le besoin vital des transports au Congo.

Carte n° 3

Population et ressources du sous-sol

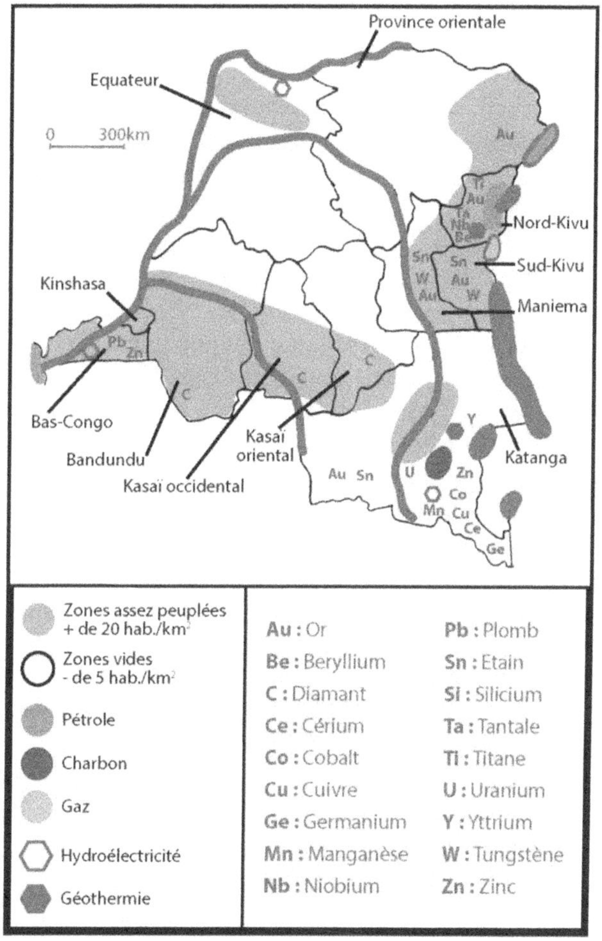

Sources : PNUD, 2007 ; Robert, 1952 ; EUROMIN, 2013

Les marques du passé

L'échec pour rattacher le Kivu au reste du pays par une bonne infrastructure de transports

Quatre marques du passé sont encore bien présentes au Congo. Ces héritages de la colonisation belge marquent encore le manque d'unité de l'espace congolais.

Examinons d'abord l'échec du désenclavement Est-Ouest, c'est-à-dire, l'échec de l'intégration du Kivu à l'espace national. Jean-François Drevet[73] (1974) a étudié le problème de transport au Kivu. Il a recensé trois raisons pour lesquelles l'Administration coloniale n'est pas parvenue à rompre l'isolement du Kivu.

La première raison est liée à des contraintes économiques. En effet, les capitaux sont investis en priorité là où les gros profits sont à la fois prévisibles et rapides. Ce qui explique l'équipement avant tout du Bas-Congo (rail), de l'Equateur (eau), du Haut-Congo (rail, eau) et du Katanga (rail, eau) pour l'exportation dans un premier temps des produits de la prédation (Caoutchouc, Ivoire, minerais non ferreux, Or, Diamant) et dans un second temps des produits de la culture (Coton, Café, Thé, Huile de palme, etc.). Quant au Kivu, il n'est pas attractif car il cumule deux handicaps. En effet, son déblocage demande des investissements importants (capitaux énormes) pour des perspectives de profit lointaines. A cet égard, l'histoire des Chemins de Fer de Grands Lacs nous fournit un exemple révélateur. En janvier 1902, la « Compagnie des Chemins de Fer du Congo Supérieur aux Grands Lacs » (CFL) qui appartient au groupe Empain signe une convention avec l'Administration de l'Etat Indépendant du Congo pour la construction des deux lignes de chemin de fer : l'une reliant Kisangani/Stanleyville au lac Albert et l'autre reliant Kisangani/Stanleyville au lac Tanganyika. Pourquoi Kisangani ? Parce que le fleuve Congo est navigable au-delà de cette ville jusque Kinshasa/Léopoldville. Mais, l'année suivante, en juin 1903, cette convention est amendée suite à la découverte d'importants gisements miniers dans le Haut-Katanga. La ligne Kisangani-Lac Albert est abandonnée. Désormais, la préoccupation principale est de permettre la mise en valeur d'immenses richesses minières du Haut-Katanga. Pour cela, la nouvelle priorité est de relier le Haut-Katanga au port maritime de Matadi dans le Bas-Congo, en utilisant la boucle du fleuve Congo. Comme la navigabilité du *Lualaba*[74] est coupée en plusieurs endroits par des

---

[73] Géographe français et ancien professeur à l'institut supérieur pédagogique de Bukavu

[74] Nom du cours supérieur du fleuve Congo, depuis sa source au Katanga à *Musofi* à la frontière zambienne jusqu'à Kisangani.

chutes et des rapides, la CFL est chargée de construire et d'exploiter rapidement la ligne Kisangani-Kalémie via Ubundu-Kindu-Kongolo-Kabalo en reliant les biefs par des voies ferrées. Le tronçon ferroviaire qui contourne les chutes Wagenia (Stanley-Falls) entre Kisangani et Ubundu/Ponthierville (125 Km) est terminé en 1906. Le tronçon ferroviaire qui contourne les rapides de Sendwe et les rapides des Portes d'Enfer entre Kindu et Kongolo (355 Km) est terminé en 1910. Le tronçon ferroviaire Kabalo-Kalémie qui relie le Lualaba au lac Tanganyika est terminé en 1915. Ainsi, dès 1915, la CFL peut relier le Maniema, le Katanga septentrional et le Tanganyika à la grande voie mixte eau-rail aboutissant à Matadi via Kinshasa. Quant au tronçon ferroviaire Kamina-Kabalo, réalisé par la Compagnie du Chemin de Fer du Katanga (CFK), créée en mars 1902, il permet de raccorder le réseau ferré Katangais à celui de la CFL à Kabalo. Réalisant ainsi la liaison ferroviaire entre la frontière zambienne (Sakania) et le fleuve Congo à Kabalo. Enfin, en 1935, afin de supprimer deux ruptures de charge, de gagner du temps dans le transport des hommes et des marchandises et de remédier au problème des basses eaux, la CFL est chargée de doubler le tronçon navigable du Lualaba entre Kabalo et Kongolo (75 Km) par une voie ferrée. Ce tronçon ferroviaire est terminé en 1937. La fin de tous ces travaux permet de relier Sakania (Haut-Katanga) à Matadi (Bas-Congo) par une voie mixte (eau-rail) utilisant principalement la boucle du fleuve Congo (Frederick et Gielen, 1952, pp. 431-434).

En dehors des raisons économiques, l'Administration coloniale va échouer à intégrer le Kivu[75] à l'espace national à cause de la méconnaissance de la géographie régionale. En effet, cette négligence va entraîner la sous-estimation des difficultés techniques, partant, la sous-évaluation des coûts des infrastructures de transports. Mettant ainsi en échec deux projets de déblocage du Kivu : un projet ferroviaire et un projet routier.

Commençons par le projet ferroviaire. Le projet du « *Chemin de Fer du Kivu* » (CEFAKI) est financé par le Comité National du Kivu (CNKi) auquel participent l'Etat, le Groupe Empain et la Société Générale de Belgique. Ce rail prévoit de relier Bukavu au lac Tanganyika (port de Kalundu à Uvira). Un peu moins de 100 Km sont réalisés entre 1929 et le 20 décembre 1931 entre Kalundu et Kamaniola, à travers la plaine de la Ruzizi. Où il n'y a aucune difficulté majeure. La pente moyenne étant faible (135 m sur 93 Km). Mais, les 30 à 40 derniers Km entre Kamaniola et Bukavu, à travers la montagne escarpée, ne seront jamais construits. En effet, faute d'une étude préalable sérieuse, le choix du tracé va s'avérer difficile sur cette rive droite de la Ruzizi qui multiplie les obstacles naturels : une forte pente (500 m de dénivellation sur cette courte distance), des escarpements

[75] Un Kivu dont le climat tempéré se révèle pourtant particulièrement favorable au peuplement européen.

vertigineux et surtout la fameuse gorge de la rivière Ruzizi. Par ailleurs, si les entraves naturelles sont surmontables, les obstacles financiers s'avèrent plutôt insurmontables. D'une part, il y a les embarras financiers du CEFAKI : la réalisation du tronçon Kalundu-Kamaniola a coûté plus de trois fois le capital de cette société de chemin de fer. D'autre part, il y a la crise économique mondiale de 1929 qui impose une restriction des crédits. Décision est alors prise de relier Kamaniola à Bukavu par la route, non pas à travers la rive congolaise de la Ruzizi, mais à travers le Rwanda. « *Onéreux dans sa réalisation, déficitaire dans son exploitation, le CEFAKI inachevé va se révéler plus encombrant qu'utile à l'OTRACO*[76] *qui l'a repris* » (Drevet, 1974).

Après l'échec du projet ferroviaire de désenclavement du Kivu, examinons à présent le sort du projet routier. Selon Jean-François Drevet (1974), ce projet routier de déblocage du Kivu est établi dans le cadre du « Plan Décennal 1948-1958. » En effet, la fin de la Deuxième Guerre mondiale s'accompagne d'un état d'esprit nouveau du pouvoir colonial. D'un système de transports trop exclusivement tourné vers l'extérieur, c'est-à-dire, vers les exportations, le pouvoir colonial décide de créer des liaisons inter-régionales pour développer un vaste marché intérieur susceptible d'absorber de larges surplus. La route devient l'outil fondamental de planification et d'aménagement du territoire. La priorité donnée à la route apparaît dans la répartition des investissements destinés aux transports. La route reçoit la moitié des capitaux à investir. Précisons que la route présente quelques avantages par rapport à la voie ferrée (Derruau, 1976, pp. 307-308). Souple d'utilisation, l'automobile permet un transport porte-à-porte : du lieu d'enlèvement au lieu de livraison. Ainsi, c'est un bon instrument de mise en valeur (transport des produits et des hommes). Souple d'utilisation, l'automobile l'est également grâce à l'avantage de la route sur le rail notamment en montagne. La route supporte des pentes et des courbes plus raides que le rail. De plus, construire une route surtout en montagne revient en moyenne beaucoup moins cher que le rail. C'est pourquoi, le Plan Décennal dessine trois axes routiers prioritaires destinés à désenclaver le Kivu : l'axe Est-Ouest entre Bukavu et Kisangani avec un embranchement Walikale-Goma qui relie le Kivu au tronçon navigable du fleuve Congo ; l'axe Est-Ouest, Bukavu-Kindu-Matadi qui relie le Kivu à l'océan Atlantique ; l'axe Nord-Sud, le long des frontières orientales entre Aba et Lubumbashi via Watsa-Bunia-Irumu-Beni-Butembo-Goma-Bukavu-Uvira-Fizi-Baraka-Kalémie-Mitwaba-Likasi qui donne au Kivu son épine dorsale où viendront se greffer des routes secondaires. Après l'insuccès du chemin de fer Bukavu-Lac Tanganyika (CEFAKI), les projets routiers du « Plan Décennal » se soldent de nouveau par un échec. Il y a deux explications.

[76] Office d'Exploitation des Transports Coloniaux fondé en 1935

D'une part, les travaux ont été, une fois encore, largement sous-évalués. D'autre part, l'Etat s'est rangé trop vite au point de vue des transporteurs traditionnels qui s'inquiétaient de l'essor de la route. Parmi lesquels des transporteurs publics comme l'OTRACO qui a absorbé le CEFAKI en 1946 et des transporteurs privés comme la CFL et le CNKi. En 1954, les projets routiers destinés à désenclaver le Kivu sont abandonnés à 80 %. Du Plan Décennal, « *le Kivu retire seulement quelques tronçons épars des routes revêtues et surtout un axe asphalté Bukavu-Kalundu reliant les lacs Kivu et Tanganyika.* » La réalisation de la route Bukavu-Kalundu permet à l'OTRACO de fermer le déficitaire chemin de fer Kalundu-Kamaniola (CEFAKI) et de procéder à l'enlèvement des rails. Malheureusement, le tronçon routier entre Bukavu et Kamaniola, construit en territoire rwandais pour contourner la gorge de la Ruzizi, va devenir l'étranger à l'indépendance du Congo, en 1960. Dès lors, trois nouveaux obstacles vont se dresser devant les véhicules congolais : administratifs, douaniers et financiers. Le péage demandé par le Rwanda est tellement lourd que les véhicules congolais paient en quatre ans (1960-1964) de quoi construire une route moderne sur la rive escarpée congolaise de la Ruzizi entre Bukavu et Kamaniola.

Après le double échec du déblocage du Kivu pour des raisons économiques et techniques, l'Administration coloniale se fourvoie une troisième fois en adoptant une politique de transport que Jean-François Drevet (1974) qualifie « *à courte vue.* » En effet, le pouvoir colonial décide de rattacher le Kivu au reste du pays par des mesures administratives. Ainsi naît la politique qu'on peut appeler de « *préférence de la Voie Nationale.* » Au nom de laquelle, l'Administration coloniale adopte deux attitudes : une attitude offensive et une attitude défensive. Dans son attitude offensive, l'Administration coloniale aligne les tarifs de l'itinéraire Kivu-Océan Atlantique (plus de 3000 Km) sur ceux avantageux de l'itinéraire Kivu-Océan Indien (moins de 2000 Km). A cet effort financier, s'ajoutent les facilités douanières. Il n'y a pas de frontières à franchir entre le Kivu et Matadi. Dans son attitude défensive, l'Administration coloniale adopte des mesures restrictives pour rendre l'itinéraire Kivu-Océan Indien moins attractif. Les tarifs de la liaison lacustre entre le port de Kalundu (Congo belge) et le port de Kigoma (Tanganyika anglais) sont renchéris. De plus, le pouvoir colonial refuse de garantir un trafic régulier aux chemins de fer du Tanganyika anglais (*East African Railways and Harbours*). L'utilisation de la voie extérieure doit rester exceptionnelle (basses eaux du fleuve Congo ; encombrement du chemin de fer Matadi-Kinshasa). Ainsi, le pouvoir colonial va orienter vers l'Ouest, le fonctionnement du réseau local constitué des routes non revêtues et inadaptées au transport lourd mais qui assure un bon rendement grâce à un entretien régulier aux frais de l'administration centrale. Cette politique se solde par un succès, mais un succès mitigé. « *C'est un succès car la Voie Nationale réussit à drainer la majorité du trafic du Kivu vers l'Ouest notamment 80 % des exportations jusqu'en 1960.* » Mais, on ne peut pas ignorer l'envers de la médaille. A y regarder de plus près, cette tarification préférentielle en faveur de l'itinéraire Kivu-Atlantique est une politique à courte vue. « *Car le Kivu n'y gagne rien du tout. En effet, les sommes dépensées à transporter à perte les produits du Kivu auraient été mieux utilisées à construire des infrastructures modernes de désenclavement du Kivu. De plus, ces pertes sont couvertes par les autres provinces du Congo belge donnant au Kivu une fausse image de province déficitaire alors qu'elle n'a jamais bénéficié des moyens de sa mise en valeur* » (Drevet, 1974).

L'inachèvement de la Voie Nationale reliant directement le Katanga à la façade maritime du pays

Il n'y a pas que l'échec de l'intégration du Kivu à l'espace national qui montre la distance qui sépare souvent un projet de sa réalisation. Il convient d'y ajouter le manque de concrétisation d'une liaison ferrée directe entre le Haut-Katanga et le Bas-Congo. En effet, en 1927, selon la déclaration de G. Bousin, directeur général du Chemin de fer du Congo belge, rapportée par l'*Afrique française* (mai 1927, p. 215), l'Administration coloniale prend la décision de relier le Katanga à Matadi par une ligne ferrée directe : « *D'ici trois ou quatre ans, un voyage ininterrompu dans le même compartiment du Cap (Afrique du Sud) à la Rhodésie (Zimbabwe, Zambie) et à Matadi, au total un peu moins de 6.000 Km, sera possible* » (Célérier, 1928). Au moment de cette déclaration, la situation est la suivante. La ligne ferrée Sakania-Bukama est déjà achevée et livrée à l'exploitation depuis 1918. Ses caractéristiques lui permettent de se raccorder au réseau ferré de l'Afrique australe anglaise, à savoir : un écartement de 1,07 m en rails de 30 Kg par mètre courant. Les travaux de la ligne Bukama-Ilebo (Port-Francqui) sur la rivière Kasaï débutés en 1923 sont achevés l'année suivante en 1928. D'autre part, pour remplir son rôle de principale voie d'importation et d'exportation dans l'ensemble du système de transports congolais, compte tenu de l'augmentation prévisible du trafic, l'Administration coloniale entame les travaux de transformation du chemin de fer Matadi-Kinshasa. Les principales modifications portent sur cinq points : l'écartement passe de 0,75 à 1,07 m pour s'aligner sur le réseau ferré de l'Afrique australe anglaise ; le rayon de courbure minimum passe de 50 à 150 m ; la pente maximum est réduite de 4 à 1,7 % ; le nouveau tracé permet de réduire la longueur du trajet de 398 à 365 Km ; la vitesse commerciale est portée à 60 Km par heure. Un gain de temps appréciable, alors qu'auparavant, il fallait deux jours à un train pour voyageurs composé des deux voitures pour effectuer les 398 Km du trajet et trois jours à un train de marchandises. Tous ces travaux de transformation sont terminés en 1932 (Célérier, 1928 ; Frederick et Gielen, 1952, p. 431 et 434).

Malheureusement, la déclaration de G. Bousin sera démentie par les faits. Le tronçon ferré entre Ilebo/Port Francqui et Kinshasa/Léopoldville qui doit permettre de relier Sakania dans le Haut-Katanga à Matadi dans le Bas-Congo, de façon ininterrompue, ne verra jamais le jour ni pendant la colonisation belge ni même après. Parce que les accords belgo-portugais signés en juillet 1927 à Saint Paul-de-Luanda permettent à l'Administration coloniale belge de résoudre ses deux principaux problèmes du moment, à savoir : créer un débouché plus avantageux sur l'Atlantique pour les minerais du Katanga et procéder à l'extension des quais du port de Matadi (Célérier, 1928).

D'une part, la création d'un débouché sur l'Atlantique pour les minerais du Katanga doit permettre d'éviter le long détour par les chemins de fer rhodésiens (Zambie, Zimbabwe) et mozambicains débouchant au port de Beira sur l'océan Indien. Pour ce faire, les Portugais concèdent aux Belges le maximum de facilités pour le transit congolais à travers l'Angola par le chemin de fer de Benguela (*Benguela Railways Compagny*). Par rapport à l'itinéraire Haut-Katanga-Beira sur l'océan Indien, l'utilisation du Chemin de fer de Benguela et de l'excellent port de la Baie de Lobito permet de gagner des centaines de Km de transport continental et plusieurs journées de navigation maritime. Par rapport à la Voie Nationale (port de Matadi), le trajet Dilolo-Lobito a l'avantage d'une distance plus courte de moitié (1.200 Km) (Célérier, 1928).

D'autre part, la nécessité d'étendre les quais du port de Matadi est une exigence de l'augmentation du trafic mais que la proximité de la frontière angolaise rend impossible. Un échange de territoires entre la Belgique et le Portugal règle ce problème : « *Les Belges cèdent aux Portugais ce qu'on appelle « la Botte de Dilolo ». Un territoire de 3.500 Km² enserré par un arc de cercle que décrit la rivière Kasaï, après le confluent de la rivière Luakano. Les Belges reçoivent une parcelle mille fois plus petite de 3 Km² dans l'Angola mais qui présente pour eux d'inappréciables avantages : elle dégage le port de Matadi ; elle permet d'apporter au profil du chemin de fer Matadi-Kinshasa une amélioration considérable sans être obligé de multiplier les ouvrages d'art* » (Célérier, 1928).

Le choix du transit par les pays étrangers fait par l'Administration belge du Congo va s'avérer satisfaisant tant que l'Afrique sera sous la domination coloniale européenne. Hélas, les indépendances africaines remettent en cause ces options politico-économiques. En effet, les violences qui accompagnent l'indépendance de l'Angola entraînent la fermeture du chemin de fer de Benguela en 1975. Le non-acheminement des minerais du Katanga provoque le grippage de la machine économique congolaise et vient aggraver la crise économique du pays engendrée par l'échec de la « zaïrianisation » de 1973 et l'échec de la « radicalisation » de 1974. La conjugaison de ces trois événements (fiasco de la zaïrianisation de 1973, fiasco de la radicalisation de 1974 et grippage de la machine économique en 1975 à la suite de la fermeture de la voie ferrée Dilolo-Lobito) marque le véritable début de la fin du régime de Joseph-Désiré Mobutu dont la longue agonie va encore durer près d'un quart de siècle (raréfaction des recettes de l'Etat).

Le rappel des cas rwandais (tracasseries administratives et douanières, péage prohibitif sur le tronçon Bukavu-Kamaniola de 1960 à 1964) et le rappel du cas angolais (fermeture de la ligne ferroviaire de Benguela à partir de 1975) ont pour but d'attirer l'attention des Congolais sur les dangers de l'enclavement de leur immense pays et de l'importance du choix de la Voie Nationale. Qui exige certes des efforts coûteux de reconstruction mais des efforts et des sacrifices nécessaires à une puissance régionale pour s'affranchir d'une dépendance de transit via l'étranger dangereuse sur le plan économique et politique. Rien n'est possible au Congo, si les Congolais ne relèvent pas ce défi majeur. Le choix du transit à travers les pays étrangers est pour le Congo une politique *à courte vue* de notre point de vue.

La localisation des villes le long des frontières orientales

Un autre héritage du passé colonial qui s'avère aujourd'hui handicapant pour le Congo, c'est la localisation des principaux centres urbains du Congo de l'Est, parmi lesquels deux chefs-lieux de provinces, non seulement aux frontières orientales mais aussi sur des reliefs marqués et difficilement accessibles depuis l'intérieur du pays (Monts Mitumba, Graben de l'Afrique centrale). Du Bas-Uélé dans le Nord au Tanganyika dans le Sud, nous pouvons citer les villes ou cités suivantes : Aba, Aru, Mahagi, Bunia, Irumu, Beni, Butembo, Lubero, Rutshuru, Goma, Bukavu, Uvira.

Cette localisation pose aujourd'hui deux types de problèmes. D'une part, cette présence aux frontières des principaux centres urbains pose *des problèmes économiques*. En effet, l'isolément de ces villes et cités favorise leur dépendance envers l'extérieur (Afrique de l'Est) pour leurs approvisionnements. Ainsi, elles s'approvisionnent à partir de Kampala ou de Nairobi grâce à des frais d'approche plus supportables. Cet isolément favorise aussi les exportations en fraude vers l'Afrique orientale de leurs principales productions agricoles (café, thé, coton, huile de palme, etc.) et minérales (Béryl, Coltan, Cassitérite, Titane, Wolfram, Or) (Drevet, 1974 ; Paluku Live Rive Kyaka, 1989). D'autre part, cette localisation pose *des problèmes sécuritaires*. Ces grandes concentrations humaines sont difficiles à défendre comme viennent de le démontrer les conflits récents du Congo (1998-2003) avec ses voisins de l'Est (Rwanda, Ouganda).

Une classe dirigeante congolaise qui perpétue l'organisation des transports du « Plan décennal » de 1948

Jean Célérier (1928) décrit ainsi la méthode du pouvoir colonial en matière de construction des transports terrestres au Congo. « *Elle est souple, faite de vues d'ensemble et de sens pratique, qui va d'abord au plus pressé, mais en réservant l'avenir.* » En effet, le réseau de transport construit par le pouvoir colonial belge a un caractère élémentaire au départ afin de réduire au minimum les frais de construction et d'entretien. Les améliorations sont décidées en fonction du trafic. Le chemin de fer Matadi-Kinshasa est à cet égard un exemple probant, comme le confirment les Belges J. Frederick et G. Gielen (1952, p. 431) : « *La réalisation d'une œuvre de pareille envergure exige l'investissement des capitaux énormes, alors qu'on est dans l'incertitude quant au développement futur du trafic. Il est dès lors indispensable de réduire les frais de premier établissement au strict minimum, quitte à y apporter ultérieurement des aménagements nécessaires, lorsque les besoins s'en font sentir. Les caractéristiques adoptées pour la réalisation de cette voie ferrée (1890-1898) sont inspirées par ces considérations.* » C'est ainsi que trente ans plus tard (1928-1932), des travaux de transformation sont engagés pour adapter cette ligne à l'augmentation du trafic, à transporter plus vite et à meilleur compte, tout en alignant ses caractéristiques à celles du réseau ferré de l'Afrique australe anglaise (Célérier, 1928 ; Frederick et Gielen, 1952, p. 434).

Concernant la localisation du réseau et la forme du tracé, le pouvoir colonial utilise essentiellement la boucle du fleuve Congo et ses principaux affluents. C'est un réseau bien hiérarchisé avec des axes principaux (voies navigables, rails de contournement entre deux biefs) et des voies secondaires constituées essentiellement des routes carrossables affluentes qui assurent un maillage complet du territoire. C'est un réseau bien entretenu et apte à la vitesse (électrification des voies ferrées du Katanga) (Frederick et Gielen, 1952, p. 434). Ces choix expliquent les multiples défauts de ce réseau de transports multimodal (eau, rail, route) notamment la longueur du réseau, la durée des trajets et la multiplicité des ruptures de charges.

Après la Seconde Guerre mondiale, le pouvoir colonial change de politique. Le Plan Décennal de 1948 donne le rôle décisif des transports au réseau routier avec l'aménagement de 5 axes principaux et de 11 feeder-line (Annexe 4).

A soixante ans de distance, la similitude est frappante entre le réseau routier du Plan « Cinq chantiers » de Joseph Kabila Kabange de 2008 et celui du Plan décennal de 1948 de l'Administration coloniale. L'héritage colonial explique la permanence de cette organisation des transports.

Les contraintes du milieu humain

Il ressort du Programme Minimum de Partenariat pour la Transition et la Relance au Congo (PMPTR) de 2004 que la reconstruction des infrastructures de transports demande des capitaux énormes. Mais, lorsqu'on a trouvé l'argent nécessaire, la mise en œuvre de cette reconstruction exige de relever un autre défi beaucoup plus important, celui du facteur humain (RDC, 2004, p. 15-16).

Pour une bonne compréhension de l'impact du facteur humain, nous faisons une distinction entre la faute des choses et celle des hommes proprement dits.

La faute des choses, ce sont ces situations dont personne n'est vraiment responsable mais qui pèsent lourdement sur la réalisation des travaux. Deux problèmes peuvent être distingués. D'une part, il y a un problème de professionnalisme des intervenants. Il s'agit du manque d'entreprises en capacité d'assurer l'exécution des travaux publics d'ampleur dans les meilleures conditions de coûts et de délais. Cette faiblesse du secteur privé congolais nécessite le recours à des appels d'offre internationaux qui soulève par conséquent la question des délais. D'autre part, il y a un problème logistique. Il s'agit du délabrement du réseau actuel de transports qui rend difficile l'acheminement du matériel, des engins et des équipements lourds vers les nombreux chantiers.

La faute des hommes proprement dits permet aussi de distinguer deux problèmes. D'une part, il y a un manque criant et cruel de main d'œuvre congolaise formée ou expérimentée. La qualité médiocre de la main d'œuvre congolaise nécessite un encadrement étranger beaucoup plus important ou un recours à une mécanisation plus poussée. Deux opérations qui grèvent encore, un peu plus, les coûts. Par ailleurs, la médiocrité de la main d'œuvre congolaise fait de la réhabilitation des écoles professionnelles officielles des métiers (EPOM), une priorité des priorités. D'autre part, il y a la corruption généralisée qui constitue le plus grand fléau national. Les auteurs de l'étude susmentionnée recommandent aux bailleurs des fonds de prêter une attention particulière aux questions de transparence et de gestion financière. « *Des mécanismes adéquats doivent être mis en œuvre afin d'assurer la plus grande transparence au niveau des gestionnaires de contrats (autorités, institutions techniques) et des maîtres d'œuvre sélectionnés*. » En effet, il y a trois instances qui interviennent dans la reconstruction des transports. Il y a d'abord les bailleurs de fonds. Il y a ensuite les gestionnaires de contrats parmi lesquels il y a, d'une part, les responsables du ministère des travaux publics qui jouent le rôle de maîtres d'ouvrage et, d'autre part, les responsables des institutions techniques d'appui à la maîtrise d'œuvre : office des routes(OR) ; régie des voies aériennes(RVA) ; régie des voies fluviales (RVF) ; régie des voies maritimes(RVM) ; société congolaise des transports et des ports (SCTP) ; société nationale des chemins de fer du Congo(SNCC) ; chemins de fer des Uélé (CFU). Ces institutions techniques apportent aux maîtres d'œuvre leur excellente connaissance du réseau de transports et de ses difficultés. Elles sont également chargées de la réception des travaux. Enfin, il y a les entreprises qui jouent le rôle de maîtres d'œuvre.

En résumé, pour que les Congolais s'approprient leur territoire, ils doivent vaincre plusieurs obstacles à la circulation des hommes et des marchandises : ceux de la nature, ceux de l'économie, ceux de l'histoire et ceux des hommes.

Les atouts de l'immensité

Il convient de souligner toutefois que l'immensité du territoire n'engendre pas seulement des contraintes. En effet, l'immensité du territoire est aussi une source de nombreux atouts pour le Congo. Des atouts qu'il est utile de rappeler.

Le premier atout de l'immensité du territoire, c'est la diversité des milieux naturels. On peut citer les forêts du Congo équatorial (Cuvette centrale), les savanes du Congo tropical (plateaux du Bas-Congo, de l'Ubangi, de l'Uélé, du Maniema, du Kasaï, du Katanga et du Kwango-Kwilu) et les steppes du Congo tempéré (hautes terres de l'Ituri et du Kivu) (Annexe 5). Ces milieux naturels offrent des nombreux avantages. Le Congo peut trouver dans sa forêt, les bases de son essor économique. D'une part, cette forêt regorge des bois précieux ayant pour noms : « *Emien*, *Iroko*, *Limba*, *Mépépé*, *Mubangu noir*, *Mukulungu*, *Tola*, *Tshitola* et *Wengé* » (Poli, 1983). D'autre part, cette forêt recèle un autre trésor : c'est un sanctuaire de la biodiversité (RDC, 1999). A titre d'exemple, nous pouvons citer deux plantes que l'on trouve en abondance au Kivu qui sont bien connues pour leurs vertus médicinales : le quinquina (*Chinchona officinalis*) et le prunier d'Afrique (*Prunus africana* ou Ngothe en vocable local). Des écorces de quinquina, on extrait la quinine pour soigner la malaria (paludisme). Tandis que des écorces du prunier, on extrait des molécules qui s'avèrent efficaces dans le traitement des maladies de la prostate. De plus, dans la forêt de terre ferme, il est possible de pratiquer des cultures toute l'année grâce à la chaleur et l'humidité à la fois élevées et constantes qui favorisent la pousse des plantes. Enfin, cette forêt est nourricière (cueillette, chasse, pêche) (Beguin, 1958, p. 19-21). Mais, cette forêt n'a pas seulement une grande valeur économique. Elle est aussi vitale pour toute l'humanité. Car, c'est le deuxième poumon vert du monde derrière la forêt amazonienne. En effet, cette forêt est importante pour la qualité de l'air et pour la stabilité du climat (Bras, 2011). Les savanes du Congo ont aussi une grande valeur économique. C'est le domaine de la faune sauvage qui est une source d'émerveillement. Le Congo entretient huit parcs nationaux (Garamba, Kahuzi-Biega, Kundelungu, Lomami, Maïko, Mangroves, Salonga, Upemba, Virunga) et cinq réserves de faune (Bomu, Epulu, Kokolopori, Lomako-Yokokala, Tayna) où des milliers d'animaux d'espèces variées donnent à voir à longueur des journées ou des nuits, des spectacles insolites de la vie sauvage (Van Straelen, 1952, p. 505 ; RDC, 1999 ; BCH-CDB, 2013). Quant aux steppes de hautes terres tempérées de l'Est (Kivu et Ituri), elles peuvent supporter un élevage bovin important (Nzeza Kabu Zex-Kongo, 2000) grâce à l'absence de trypanosomiase ou maladie du sommeil propagée par la mouche tsé-tsé.

Le deuxième atout de l'immensité du territoire, c'est l'importance des potentialités agricoles grâce à l'abondance des terres arables, à la variété des sols et à la diversité des climats (Sys, 1960). Ce qui permet au Congo de produire pratiquement de tout : des cultures tropicales comme certaines cultures tempérées, des cultures vivrières comme des cultures commerciales : arachides, blé, cacao, café, condiments, coton, froment, fruits (agrumes, ananas, bananes, papayes, etc.), haricots, huile de palme, igname, légumes tropicaux et tempérés, maïs, manioc, millet, patate douce, pomme de terre, pyrèthre, quinquina, riz, sisal, soja, sorgho, sucre de canne, tabac, taro, thé, etc. (Opsomer, 1952 ; Pynaert, 1952).

Le troisième atout de l'immensité du territoire, c'est l'importance des eaux intérieures congolaises (lacs, fleuve, rivières). Ces eaux intérieures forment un gigantesque garde-manger. Le potentiel de pêche a été estimé naguère à 340.000 tonnes par an (Gomez, Halut et Collin, 1961 ; Capart et Kufferath, 1956). Mais, ce chiffre doit être interprété comme un ordre de grandeur.

Le quatrième atout de l'immensité du territoire, c'est l'abondance et la diversité des ressources minérales (carte 3).

Le cinquième atout de l'immensité du territoire, c'est l'abondance et la diversité des sources d'énergie (carte 3). La source d'énergie la plus abondante, c'est l'hydroélectricité. En effet, « *le bassin du fleuve Congo constitue l'une des régions les plus riches du monde pour la production de l'énergie hydraulique* » (Simon, 1952, p. 450). Les différentes estimations de la puissance sauvage de ses eaux s'accordent sur le chiffre de 100.000 MW, soit 37 % du potentiel hydraulique africain (IFDD, 2003). Le Congo regorge aussi des énergies fossiles. A ce jour, deux principaux gisements de pétrole sont repérés au Congo. Ils sont localisés à l'Ouest (le littoral et le plateau continental) et au Nord-Est (le graben de l'Afrique centrale : Lac Albert, Parc de Virunga) (Perenco, 2013 ; Reuters, 2012). Le lac Kivu regorge du gaz méthane (65 milliards de mètres cubes). Mais, son exploitation comporte des risques mortels pour les populations riveraines et les animaux des parcs nationaux environnants : un risque d'intoxication au dioxyde de carbone (Rouat, 2005). Le Congo possède enfin des gisements importants de charbon situés à Luena au Katanga. Outre les énergies fossiles, le Congo peut aussi miser sur la géothermie (*Mayi-Ya-Moto*[77] en vocable local) à l'instar du Kenya dont l'exploitation géothermique a déjà commencé à Menengai dans sa vallée du Rift (Caramel, 2012 ; BAD, 2013). Les sept principaux sites de geysers se situent entre les cités de Rutshuru et de Rwindi au Nord-Kivu, dans la vallée du graben (Van Straelen, 1952, p. 507). On les trouve également au Katanga dans la vallée du lac Upemba (Robert, 1952). Le Congo possède enfin des gisements importants de pechblende (minerai d'uranium) situés à Shinkolobwe au Katanga. La pechblende congolaise est tristement célèbre car elle a servi à fabriquer les premières bombes atomiques américaines (projet Manhattan) qui ont vitrifié les villes japonaises de Hiroshima et Nagasaki en 1945. Ce qui a mis fin rapidement à la Seconde Guerre mondiale dans le Pacifique Nord et sauvé ainsi beaucoup de vies américaines.

Le sixième et dernier atout de l'immensité du territoire, c'est le fait qu'elle offre au Congo de nombreuses possibilités pour le tourisme. A cet égard, la région congolaise du Kivu et ses alentours sont un hymne à la fois au tourisme[78] et à la culture.[79] De nombreux superlatifs sont utilisés dans la littérature pour évoquer le Kivu : « *Joyau du Congo touristique* », « *Pays de merveilles* », « *Mecque des touristes* », « *Route de la beauté* », « *Paradis des touristes* », « *Terrain de récréation de l'Afrique* », « *Côte d'Azur de l'Afrique* » (Moeller de Laddersous, 1952, p. 473). Ces superlatifs ne sont nullement usurpés. Ils sont justifiés avant tout par la concentration dans une seule région de plusieurs merveilles que la nature nous donne à voir. Ce qui nous épargne de longs et coûteux voyages à travers les quatre coins du monde pour faire autant de découvertes grandioses, avec en prime, plusieurs espèces endémiques. Ainsi, la variété de paysages présente quatre contrastes extrêmes :

- Le premier contraste est celui formé par les zones surélevées et les zones effondrées du graben de l'Afrique centrale. Les zones surélevées sont les Monts Mitumba, le Mont Ruwenzori, le Parc des volcans et le Mont Hoyo. Les zones effondrées sont les Grandes plaines de Semliki, de Rwindi-Rutshuru et de Ruzizi ainsi que les Grands lacs Albert, Edouard, Kivu et Tanganyika. Le graben de l'Afrique centrale, cet effondrement de la croûte terrestre, expose de vertigineux escarpements de failles (falaises) dont les plus spectaculaires sont ceux de *Kabasha* et d'*Ishango*. Le Mont Ruwenzori ou Mont de la lune est ce qu'on appelle une très haute montagne (plus de 4.000 m). Avec ses 5.119 m, il est le toit du Congo mais aussi le troisième

[77] Eau chaude ou geysers.

[78] Satisfaction du besoin de bien-être, du désir d'évasion, du désir d'exotisme, de l'esprit d'aventure.

[79] Satisfaction du besoin de l'esprit.

sommet d'Afrique derrière le Kilimandjaro (5.895 m) et le Mont Kenya (5.199 m). Montagne enneigée sous l'Equateur, son éternel glacier apparaît sublime et irréel au-dessus de 4.500 m. Trois autres glaciers existent en Afrique sous l'Equateur : ils recouvrent les sommets du Kilimandjaro (Tanzanie), du mont Kenya et du volcan Karisimbi (Congo). Le Ruwenzori présente la particularité de réunir en un lieu et au même moment, sous l'Equateur, tous les climats de la terre : de la chaleur équatoriale torride et étouffante au niveau du piémont au froid glacial et polaire à partir de 4.500 m. Outre le choc climatique, le Ruwenzori vaut le détour pour son lac vert situé au-delà de 4.000 m. Le Belge V. Van Straelen (1952, p. 508) , ancien directeur des parcs nationaux au Congo, le décrit de façon remarquable : « *La couleur intense de ses eaux et les formes torturées de sa végétation classent le lac vert parmi les sites les plus extraordinaires et les plus grandioses du monde.* » Quant au Mont Hoyo ou Mont des Homas[80], c'est un dôme rocheux ou un massif karstique flottant sur une mer de verdure (forêt équatoriale). Le Mont Hoyo évoque l'*Uluru/Ayers Rock*, le célèbre monolithe de grès rouge situé au centre de l'Australie qui est bien connu comme la montagne sacrée des Aborigènes. Toutefois, le Mont Hoyo est plus long (12 Km contre 3 Km), plus large (8 Km) et plus haut (500 m contre 348 m) que l'Uluru/Ayers Rock. Comme un caméléon, la couleur du Mont Hoyo varie du rouge à l'orangé sous l'influence de la lumière du jour, du lever au coucher du soleil. Outre cette symphonie de couleurs, le Mont Hoyo est un ensemble de cascades dont la plus pittoresque est baptisée « *Escaliers de Vénus.* » Enfin, les dessous du Mont Hoyo sont aussi beaux que ses dessus. En effet, le sol s'ouvre sous le Mont Hoyo pour dévoiler vingt-huit grottes qui exposent de superbes stalactites et stalagmites (Moeller de Laddersous, 1952, p. 487 ; Michel, 1991). Un autre site extraordinaire se trouve au Nord de Goma où se dresse l'une des plus grandes concentrations de volcans au monde. Pour voir un tel spectacle, ailleurs dans le monde, il faut se rendre aux Etats-Unis d'Amérique (Archipel d'Hawaï, parc de Yellowstone, la chaîne Augustine en Alaska), en France (Parc auvergnat de Volcans), en Indonésie, en Islande et en Russie (région de Kamchatka). On dénombre huit grands volcans répartis en trois groupes qui occupent toute la largeur du graben, sur environ 80 Km. A l'Est se dressent le *Muhavura* (4.127 m), le *Kahinga* (3.474 m) et le *Sabinio* (3.634 m). Au centre s'élèvent, le *Visoke* (3.711 m), le *Mikeno* (4.437 m) et le *Karisimbi* (4.507 m). A l'Ouest trônent le *Nyiragongo* (3.470 m) et le *Nyamulagira* (3.058 m) (Robert, 1952, p. 263). Ces deux derniers sont toujours actifs (Annexe 6).
L'Est congolais présente un autre phénomène spectaculaire qui n'est visible en Afrique que dans deux endroits seulement : un graben[81] (Annexe 7).

---

[80] Grottes en vocable *Kilese*, la population locale.

[81] « C'est une vallée qui naît de l'effondrement d'un bloc rocheux de la croûte

Il y a d'abord le graben de l'Afrique orientale bien connu sous l'appellation de Vallée de Rift ou *Rift Valley* au Kenya. Il est le plus célèbre et le plus grand du monde (9.000 Km). Il y a ensuite le graben de l'Afrique centrale. Il coïncide avec la frontière orientale du Congo. Large de 20 à 80 Km, il s'étend sur plus de 2000 Km, selon une direction méridienne (Nord-Sud), du lac Albert au lac Tanganyika. Les deux grabens se rejoignent au nord du lac Malawi pour s'étendre jusqu'à l'escarpement de *Sofala* au Sud de la ville mozambicaine de Beira (Robert, 1952, p. 257). « *Les failles importantes qui se forment depuis la mer Rouge, à travers ces deux grabens africains, vont donner naissance à un futur océan qui va séparer l'Afrique de sa corne, à l'échelle des temps géologiques (des dizaines de millions d'années). C'est de la même façon que l'Afrique et l'Amérique du Sud se séparèrent* » (Encyclopédie visuelle de la terre, 1995, pp. 12-14).

- Le deuxième contraste est celui formé par la belle forêt équatoriale « *sempervirente* »[82] et l'exceptionnelle végétation endémique qui recouvre les très hautes montagnes. Cette végétation endémique ne se trouve que sur quatre sites en Afrique : le Mont Ruwenzori, le volcan Karisimbi, le Kilimandjaro (Tanzanie) et le Mont Kenya. Le Belge A.J. Moeller de Laddersous (1952, p. 483), ancien président de l'office du tourisme du Congo décrit celle du Mont Ruwenzori en ces termes : « *Entre 2.600 et 3.800 m d'altitude, on trouve une forêt de bruyères géantes (12 à 15 m). Ces bruyères géantes poussent sur un tapis de mousses et sont chargées de lichens qui flottent dans l'air en évoquant les saules pleureurs. Entre 3.800 et 4.500 m, début du manteau neigeux, on rencontre des pelouses d'alchémilles, des séneçons arborescents et des lobélies géantes.* »

- Le troisième contraste est celui formé par la guirlande de grands lacs (Albert, Edouard, Kivu, Tanganyika) et par les sublimes chutes (Rutshuru), rapides (Semliki) et déversoirs (rivière Semliki à Ishango). Ces grands lacs sont des terrains de repos. Le farniente est favorisé grâce à des plages de sable blanc et fin, ensoleillées toute l'année. L'eau chaude et turquoise rend la baignade agréable. La limpidité du lac Tanganyika est exceptionnelle : c'est une eau dans laquelle on peut voir jusqu'à 25 m. Ces grands lacs sont aussi des terrains de loisirs recherchés pour leur fraicheur. Les magnifiques plans d'eau sont propices aux sports de l'eau (navigation de plaisance, ski nautique). La pêche sportive est aussi favorisée par la richesse et la variété des poissons, à l'exception du lac Kivu dont l'eau est acide (gaz méthane, gaz carbonique). Le célèbre « capitaine » (*Sangara* en vocable local) est abondant dans le lac Tanganyika. Le lac Tanganyika est le plus grand des quatre lacs. Il est le deuxième lac le plus profond au monde (1.642 m) après

---

terrestre compris entre deux failles. Leurs falaises peuvent alors être visibles » (Encyclopédie visuelle de la terre, 1995, p. 12-14).

[82] Qui reste verte toute l'année.

le lac Baïkal situé en Russie. Le lac Tanganyika est aussi le plus grand aquarium d'eau douce du monde. C'est le paradis des cichlidés. On y dénombre plus de 300 espèces dont le *Cyphotilapia frontosa* considéré par les aquariophiles comme le roi du Tanganyika (Poll, 1956 ; Takahashi, 2003). Le lac Kivu est le plus haut. Son climat est tempéré. Il est aussi considéré comme le plus beau. Le Belge A.J. Moeller de Laddersous (1952, p. 479) le compare à « *une gemme prestigieusement sertie avec ses îles (dont la plus importante est Idjwi), ses baies notamment celle de Bombana semblable à un fjord norvégien, ses promontoires et ses plages.* » Le lac Edouard est le plus animé de tous. C'est un sanctuaire ornithologique d'espèces aquatiques où canards, cormorans, flamants, hirondelles, ibis, mouettes, oies, spatules, tantales et d'autres migrateurs par dizaines de milliers y rejoignent les pélicans pour former de véritables colonies multicolores à dominante blanche. Les oiseaux aquatiques partagent ce sanctuaire avec de nombreuses colonies d'hippopotames (Moeller de Laddersous, 1952, p. 486 ; République du Zaïre, 1981). Inconnus partout ailleurs au Congo oriental, les crocodiles ont fait du lac Albert et du Nil Albert leur fief. (Moeller de Laddersous, 1952, p. 486 ; République du Zaïre, 1981). Le tableau 10 résume les dimensions de ces grands lacs.

Tableau n° 10
Dimensions des lacs

	Superficie	**Altitude**	**Longueur**	**Profondeur**	**Limpidité**
Albert	5.170 Km²	+ 618 m	280 Km	-	-
Edouard	2.240 Km²	+ 912 m		-	-
Kivu	2.110 Km²	+ 1.463 m	280 Km	-	-
Tanganyi-ka	38.570 Km²	+ 715 m	740 Km	1.433 m	25 m

Sources : Moeller de Laddersous, 1952, p. 479 ; Frederick et Gielen, 1952, p.424

- Le quatrième et dernier contraste est celui des tailles humaines notamment entre les Bantous (habitants de la savane et des steppes) et les Pygmées *Mbuti* (habitants de la forêt) (Moeller de Laddersous, 1952, pp. 486-487 ; République du Zaïre, 1981).

En dehors, de cette diversité de paysages, de climats, de faune, de flore et de populations, le Congo possède plusieurs espèces endémiques : l'Okapi, le Paon congolais, le *Bolobo*, le Poisson aveugle et le Rhinocéros blanc du Nord. L'Okapi (*Okapia johnstoni* ou *Mondonga* en lingala) est un animal singulier entre la girafe et le zèbre (Bomsel, 2013). Il vit à l'état sauvage dans la forêt d'Ituri (Moeller de Laddersous, 1952, p. 484) ou protégé dans le parc national de Maïko ainsi que dans la réserve faunique d'okapis (BCH-CDB, 2013). Le paon congolais (*Afropavo congensis* Chapin 1936 ; *Itundu* en patois Bakumu) est le seul paon d'Afrique. C'est un oiseau étrange loin des pintades et des dindons mais si proche des faisans (Chapin, 1936 ; Encyclopédie Larousse, 2013). La forêt du Centre et du Nord-Est est son habitat naturel. Il est protégé dans deux parcs nationaux : Maïko et Salonga (BCH-CDB, 2013). Le chimpanzé nain du Congo (*Pan paniscus*) est bien connu sous l'appellation de *Bolobo*. Sa célébrité trouve son origine dans sa façon particulière de régler les différends au sein du groupe qui évoque un célèbre slogan : « *Faites l'amour et pas la guerre.* » Son habitat naturel est la forêt de Bolobo (Allen, 1998, p. 231 ; Burnie et coll., 2002, p. 134). Le poisson aveugle et dépigmenté (*Caecobarbus geertsii*, *Barbu aveugle* en français, *Blind barb* en anglais) vit dans les grottes de Mbanza-Ngungu/Thysville, à 150 Km à l'Ouest de Kinshasa (Boulenger, 1921 ; Vreven et al, 2011). Enfin, vivant protégés depuis 1960 dans le parc national de la Garamba, lors de la mise à jour des espèces en novembre 2011, l'Union Internationale pour la Conservation de la Nature (IUCN) a classé les rhinocéros blancs du Nord (*Ceratotherium simum cottoni*) parmi les espèces en danger critique d'extinction (Van Straelen, 1952, pp. 509-510 ; TV5, 2012).

DES TRANSPORTS, CONDITION VITALE MAIS PRINCIPAL HANDICAP A L'EXERCICE DE L'AUTORITE DE L'ETAT

Un réseau vieux et détérioré

Le système de transport du Congo, héritage du passé colonial, est basé sur les tronçons navigables du fleuve et de ses affluents. Les biefs sont reliés par des voies ferrées (Matadi-Kinshasa ; Kisangani-Ubundu ; Kindu-Kabalo) qui ferment la boucle du fleuve afin d'assurer la liaison entre le Katanga et le Bas-Congo. Un réseau routier vient compléter ce système mixte eau-rail : il relie les principaux centres urbains du pays au fleuve et les centres urbains avec leur arrière-pays. Un maillage d'aérodromes à travers le territoire permet un accès rapide à l'ensemble des provinces. Deux ports maritimes (Boma, Matadi), le long du bief maritime du fleuve, ouvrent le pays sur l'océan Atlantique (Frederick et Gielen, 1952, p. 423 ; RDC, 2004, p. 4).

L'état actuel du réseau est bien connu grâce à une étude récente du gouvernement congolais avec ses partenaires bilatéraux et multilatéraux. Cette étude confirme l'effondrement des transports au Congo. On peut y lire : « *l'essentiel du territoire congolais est inaccessible. Les relations sont difficiles et limitées entre Kinshasa et les chefs-lieux de provinces (Matadi est accessible par la route ; Bandundu, Kisangani et Mbandaka sont accessibles par le fleuve ; Bukavu, Goma, Kananga, Kindu, Lubumbashi et Mbuji-Mayi sont accessibles par avion). Les liaisons entre les chefs-lieux de provinces et les principaux centres urbains de ces provinces sont souvent inexistantes. Tandis que l'accès aux zones rurales, même densément peuplées, n'est le plus souvent pas possible. Là où l'accès est possible, le trafic est très faible* » (RDC, 2004, p. 1). Nos enquêtes de terrain et auprès des responsables montrent que ces données demeurent encore valables aujourd'hui. Elles sont même en dessous de la réalité concernant la navigation fluviale qui n'est plus assurée que par quelques opérateurs privés (Radio Okapi, 2014).

Globalement, le réseau est vétuste et délabré. Beaucoup d'éléments de ce réseau sont aujourd'hui obsolètes et obèrent la reprise du trafic. Deux facteurs expliquent l'effondrement du système des transports. D'une part, il y a la dégradation des infrastructures et la détérioration du matériel. D'autre part, il y a les dysfonctionnements des institutions techniques publiques en charge de la gestion et de la maintenance des transports : l'office des routes OR), la société congolaise des ports et des transports (SCTP), la société nationale des chemins de fer du Congo (SNCC), les chemins de fer des Uélé (CFU), la régie des voies fluviales (RVF), la régie des voies maritimes (RVM) et la régie des voies aériennes (RVA). La dégradation des infrastructures fait suite à la conjugaison des trois facteurs : l'obsolescence normale du matériel, les destructions directes (guerres, pillages) et le défaut de maintenance. Tandis que l'affaiblissement des institutions techniques publiques est le résultat de l'action conjuguée de plusieurs autres facteurs : la perte d'une part importante du personnel qualifié (irrégularité des salaires, retraite), les destructions et les pillages, l'obsolescence des équipements, les problèmes financiers (absence de fonds de roulement ; coûts d'exploitation non couverts par les recettes), les problèmes de gestion (manque de transparence) et l'extension de leurs activités[83] (RDC, 2004, pp. 2-4).

Les problèmes spécifiques des voies navigables

Le bassin immense du fleuve Congo facilite la pénétration à l'intérieur du pays à partir de Kinshasa (Carte 4) (Frederick et Gielen, 1952, p. 433). Les voies navigables jouent un rôle économique et social important particulièrement dans les zones forestières de la Cuvette centrale qui sont difficiles d'accès par d'autres modes de transport. Mais, où les populations se concentrent le plus souvent le long des cours d'eau.

---

[83] Par exemple, l'ex-ONATRA actuellement SCTP ne s'occupait pas seulement des transports mais aussi de l'exploitation forestière, de l'imprimerie, de la production d'oxygène et d'acétylène

Carte n° 4

Les voies navigables

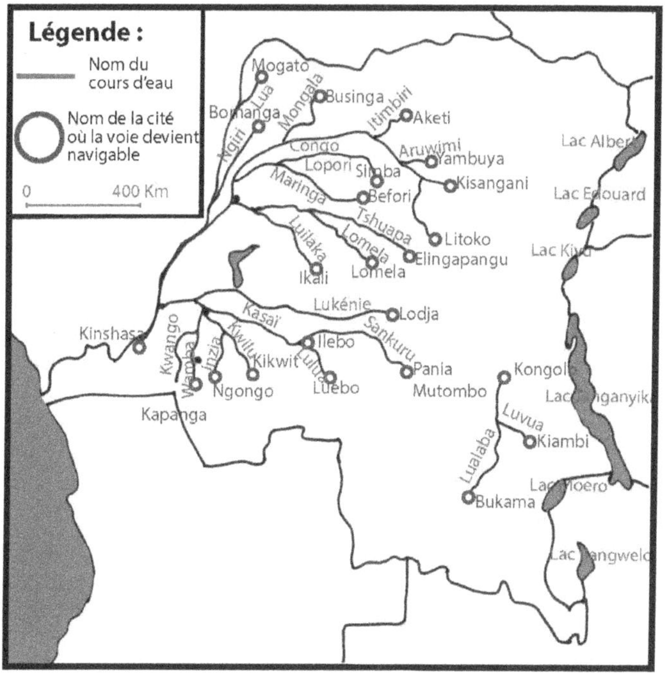

Source : J. Frederick et G. Gieblen, 1952, p.433

Les cours navigables totalisent 16.238 Km et sont desservis par 40 ports fluviaux (RDC, 2004, p. 4). Le principal avantage des voies navigables, c'est le prix. Les frais de transport sont faibles comparés aux autres modes de transport. Son principal inconvénient, c'est la lenteur. Aussi, est-il adapté seulement au transport des produits pondéreux non périssables sur des longues distances (matériel, minerais, sources d'énergie, bois, aliments secs).

Au cours de nos enquêtes, nous avons identifié plusieurs problèmes qui obèrent le transport par voies d'eau et qui viennent confirmer les résultats de la littérature (RDC, 2004, p. 5). Le premier problème est celui posé par le transporteur public : la société commerciale des transports et des ports ou SCTP en sigle. La SCTP n'a plus de bateaux et ne peux plus assurer le trafic fluvial.[84] Deux problèmes sont soulevés aussi bien par les exploitants publics (SNCC) que privés. Il s'agit de l'insécurité de la navigation et de l'inadaptation des installations portuaires au gain de manutention.

L'insécurité de la navigation est engendrée par cinq facteurs :

- l'absence de balisage des voies navigables ;
- l'absence de dragage des passes sur le fleuve ;
- l'absence de signalement et de dragage des passes en déplacement dans les zones divagantes du fleuve ;
- la vétusté des embarcations ;
- les erreurs humaines notamment l'inexpérience et le manque de formation des conducteurs de bateaux, la surcharge des embarcations, l'irrespect des normes de sécurité en matière de gilets et bouées de sauvetage, l'absence des signalisations lumineuses des embarcations, etc.

Cette insécurité se traduit par la multiplication des naufrages meurtriers (Tableau 11) ou d'échouage, obligeant même le président congolais à limoger son ministre des transports et des voies de communication, le 3 mai 2011 (Radio Okapi, 2010). Le décompte des naufrages sur les cours d'eau repris dans le tableau 11 n'est pas exhaustif.

Tableau n° 11

Quelques naufrages récents sur les cours d'eau du Congo

Date	Nombre de morts	Nombre de disparus	Cours d'eau	Lieu	Sources
22-23/12/ 2014	30	60	Fleuve Congo	Isangi	Radiookapi.net
14/12/2014	129	-	Lac Tanganyika	-	I-Télé
23/02/2013	-	187	Lac	-	Radiookapi.net

[84] Un bateau vient d'être réhabilité pour la relance du trafic fluvial. Il s'agit de l'ITB Kokolo composé de 8 barges : 5 barges pour les passagers et 3 barges pour le fret. La SCTP l'a réceptionné le 7 février 2015.

			Tanganyika		
Juin 2012	1	-	Lac Tanganyika	-	Radiookapi.net
06/04/2012	2	-	Lac Tanganyika	Piana Tambwe	Xinhua
02/05/2011	100	-	Kasaï	Tshikapa	Radiookapi.net
05/09/2010	15	60	Ruki	Balonda	Radiookapi.net
28/07/2010	5	44	Fleuve Congo	Longoyi	ACP, 30/07/2010
28/07/2010	138	-	Kasaï	Lingali	Radiookapi.net
24/07/2008	42	100	Ubangi	Gbongi	Radiookapi.net
26/01/2008	Des dizaines	Des dizaines	Lac Tanganyika	Kalémie	MISNA, 30/01/08
16/01/2006	1	-	Kimbimbi	Kamonia	Radiookapi.net, 17/01/2006
17/01/2005	Des dizaines	-	Kasaï	Tshikapa	IRIN, 18/01/05

Quant à l'inadaptation des installations portuaires au gain de manutention, elle est due à trois facteurs : l'obsolescence du matériel portuaire, le délabrement des magasins d'entreposage, la détérioration et l'insuffisance des quais d'accostage. Le manque d'entretien et les pillages expliquent ces détériorations. Il convient de préciser que les installations portuaires sont gérées par deux entreprises publiques : la SCTP et la SNCC. Tandis que deux autres entreprises publiques, la RVF et la RVM (tronçon Matadi-Banana) sont chargées du balisage et du dragage.

Un dernier problème est évoqué par les entrepreneurs privés. Ils se plaignent de ne pas pouvoir optimiser le rendement de leur matériel flottant par la réduction de la durée de rotation des embarcations (bateaux, barges). En effet, des pertes de temps conséquentes sont occasionnées par l'interdiction de la navigation nocturne, faute d'une signalisation lacustre et fluviale en état de fonctionnement.

Par ailleurs, les conditions de navigation dans le bief maritime du fleuve entre Matadi et l'océan Atlantique (148 Km) sont également très préoccupantes. Le dragage des passes est insuffisant. La vétusté des dragues ne permet pas toujours de maintenir la hauteur d'eau à 28 pieds sur les seuils pour une navigation plus sûre des navires de gros tonnage. Ce qui rend difficile l'accueil des grands navires et explique certains cas d'échouage. Il existe deux seuils critiques qui nécessitent une attention soutenue. En aval de Boma, où une zone divagante favorise le déplacement des passes. Mais aussi, entre Boma et Matadi, où il existe des affleurements rocheux en plein milieu du fleuve. En dehors du problème de dragage, il convient de signaler l'insuffisance des quais d'accostage (une partie des dix quais n'est pas fonctionnelle à Matadi) et l'insuffisance du matériel portuaire dans les deux ports maritimes (Matadi à 150 Km de l'embouchure et Boma à 90 Km de l'embouchure). Enfin, l'état du balisage lumineux de nuit laisse à désirer et la station côtière demande à être modernisée (RDC, 2004, pp. 11-12).

Mais les problèmes de transport par voies d'eau ne concernent pas seulement les transporteurs. Ils touchent également les usagers. Ainsi, les commerçants se plaignent surtout de l'irrégularité du trafic qui entraîne de longs délais de transit (Radio Okapi, 2014). Ce qui engendre trois conséquences dommageables : le coût élevé des pertes ; le coût élevé du capital lié aux délais importants entre l'achat et la vente ; le taux élevé du loyer de l'argent. Quant aux passagers, ils fustigent les conditions épouvantables de voyage dues à la fois à la vétusté des embarcations et à leur aménagement inadapté au transport des personnes.

Les problèmes spécifiques des voies ferrées

Les principales caractéristiques des voies ferrées du Congo figurent dans l'Annexe 8. Les réseaux urbains totalisent 75 Km à Kinshasa et 10 Km à Lubumbashi et sont exploités respectivement par la SCTP et la SNCC.

Dans l'ensemble, le réseau ferroviaire congolais est vétuste, à voie unique et aux écartements très différents. Ce réseau ferré a connu son heure de gloire à l'époque coloniale. Aujourd'hui, une grande partie de ce réseau est impraticable. Un peu partout, les rails et les traverses sont détériorés. Les ouvrages d'art (ponts) sont dégradés. Les câbles et les équipements de télécommunication et de signalisation sont vétustes ou vandalisés. Pour faire circuler quelques trains au Katanga, la SNCC est contrainte de louer quelques locomotives à l'Afrique du Sud (RDC, 2004, pp. 7-8).[85]

Les problèmes spécifiques des voies aériennes

Officiellement, le Congo compte 270 aéroports, aérodromes et pistes d'atterrissage qui forment un maillage assez dense du territoire. Parmi lesquels, il y a cinq aéroports internationaux : Kinshasa, Lubumbashi, Kisangani, Gbadolite et Goma. Le réseau aérien domestique s'étend sur 45.000 Km. Les liaisons Kinshasa-province représentent 80 % du trafic domestique. Un ensemble de 125 stations météorologiques installées sur les aérodromes est censé contribuer à la sécurité des vols par leurs informations (RDC, 2004, pp. 9-10). Toutefois, ces données chiffrées sont anciennes et ne reflètent plus la réalité.

Actuellement, la navigation aérienne est confrontée à deux épineux problèmes. Le premier problème est celui de la vétusté des installations

[85] Le 27 juillet 2015, la société nationale des chemins de fer du Congo (SNCC) a réceptionné un lot de 18 nouvelles locomotives diesel acquises grâce à un financement de la Banque Mondiale.

aéroportuaires. Les pistes et les bâtiments sont fortement dégradés. Le matériel aéroportuaire est partout insuffisant et fortement usé. La détérioration est accélérée par le manque de maintenance ou par l'impossibilité d'opérer des réparations du matériel, si petites soient-elles, faute de pouvoir se procurer les pièces de rechange indispensables. Le deuxième problème est celui de la sécurité des vols qui soulève plusieurs questions relatives à la qualité et à la maintenance de la flotte mais aussi à la qualité du personnel navigant. Le problème de sécurité des vols met aussi en lumière les défaillances des trois établissements techniques publics chargés du secteur aéronautique : la régie des voies aériennes (RVA) chargée de la gestion de la navigation aérienne ; la direction de l'aviation civile chargée de veiller au respect des normes internationales édictées par l'organisation de l'aviation civile internationale (OACI) ; l'agence nationale de météorologie et de télédétection par satellite (METTELSAT) chargée de gérer l'ensemble des activités météorologiques au niveau national. Les défaillances de ces trois établissements techniques publics en charge de l'aviation civile ne sont pas seulement dues aux problèmes matériels mais surtout aux problèmes humains. Il s'agit d'une qualification insuffisante du personnel pour exercer les différents métiers liés à l'aéronautique (RDC, 2004, pp. 9-10). La conséquence de toutes ces défaillances est un accroissement de l'insécurité des vols qui explique la multiplication des accidents aériens (Tableau 12) et l'inscription de toutes les compagnies aériennes du pays sur la liste noire de l'Union Européenne.

Tableau n° 12

Accidents aériens les plus récents et les plus meurtriers au Congo

Date	Lieu	Nombre de victimes	Sources
4 Mars 2013	Goma	9	lemonde.fr, 04/03/13
5 Février 2013	Goma	7	Air-journal.fr, 06/03/13
30 Janvier 2012	Namoya	5	Air-journal.fr, 01/02/12
12 Février 2012	Bukavu	5	RFI.fr, 12/02/12
83 crashs : 2007- 15 Avril 2013	RDC	214	ACP/digitalcongo.net, 14/04/2013
148 crashs : 2001 – 2011	RDC	400	lephareonline.net 27/07/11
25 crashs en 2011	RDC	497	Air-journal.fr, 01/02/12
Juillet 2011	Kisangani	83	RFI.fr, 13/07/2011
Février 2003	Kinshasa	500	RDC, 2004, p. 9
Janvier 1996	Lubumbashi	200	RDC, 2004, p. 9

Pour trouver des remèdes à cette insécurité des vols, Kinshasa a organisé les premières assises aéronautiques au Congo, du 10 au 12 avril 2013. Dans son allocution d'ouverture, le ministre congolais des transports et des voies de communication attribue la responsabilité de l'insécurité des vols principalement au facteur humain notamment à la défaillance des services publics de l'aviation civile. Cette défaillance se manifeste par l'absence de culture de sécurité chez les fonctionnaires (ACP, 2013). L'analyse du quotidien congolais *Le Phare* (2011) est beaucoup plus équilibrée et complète. Car elle envisage l'insécurité des vols sous tous les angles. Les compagnies aériennes utilisent des avions vétustes mis au rebut par les pays développés et ne souscrivent même pas de police d'assurance. Les contrôleurs aériens sont insuffisamment qualifiés et leur matériel est obsolète. La direction de l'aviation civile n'est pas en mesure de vérifier la validité des licences professionnelles des pilotes ni la capacité de voler des appareils. Le service météorologique, par défaut de matériel et par insuffisance de qualification professionnelle de ses agents, ne peut plus fournir les informations fiables à la sécurité des vols. Plusieurs services obligatoires dans des aéroports sont soit défaillants soit n'existent même pas. On peut citer par exemple le service anti-incendie, le service médical d'urgence, la centrale électrique et le service de quarantaine. Enfin, les installations aéroportuaires sont partout en piteux état.[86]

Les problèmes spécifiques des routes

Le rôle de la route au Congo a évolué avec le temps, en fonction du développement de l'économie. On distingue deux périodes : une place modeste avant la Seconde Guerre mondiale et un développement rapide après-guerre, avec la mise en place du Plan Décennal en 1948.

Avant le Plan Décennal de 1948, le réseau de transports au Congo est axé sur un système mixte eau-fer fondé sur l'utilisation des biefs navigables du fleuve avec ses affluents et le contournement des obstacles par une voie ferrée. Cette voie mixte de communication est chargée d'acheminer les produits de l'intérieur vers un port maritime. Le rôle de la route est de contribuer au développement économique des régions en apportant aux gares et aux ports échelonnés le long de cette principale voie mixte de communication (eau/fer), les produits des régions non desservies par elle.

Mais après la Deuxième Guerre mondiale, les imperfections de ce système deviennent préoccupantes sur le plan économique. En dehors du fait que certaines régions sont mal desservies, deux principaux défauts sont

---

[86] Dans le cadre de sa réhabilitation, l'aéroport de Ndjili vient d'être doté d'une nouvelle tour de contrôle et d'une nouvelle aérogare modulaire inaugurées le 25 juin 2015.

particulièrement décriés : son éloignement qui occasionne de longs trajets ou de longs détours et la multiplicité des ruptures de charge. C'est ainsi que va naître l'idée des axes routiers principaux et des «feeder-line» destinés à relier les principaux centres du pays par des routes directes pour véhicules lourds et rapides. Cinq axes routiers principaux et onze « feeder-line » sont ainsi définis. Le Plan Décennal (1948-1958) est chargé de les aménager. L'annexe 4 en précise les tracés et le rôle (Frederick et Gielen, 1952, 441-442).

Plus près de nous (2004), l'état du réseau routier congolais nous est connu grâce à une étude conjointe du gouvernement congolais avec ses partenaires (Banque Mondiale, Union Européenne, Coopération britannique). Cette étude constate le délabrement généralisé du réseau routier. Sa longueur s'établit à 145.000 Km : 58.300 Km de routes nationales et provinciales, 7.400 Km de voies urbaines et environ 86.600 Km de routes secondaires et rurales essentiellement des pistes. Mais, ces chiffres sont trompeurs s'empresse-t-elle de souligner. Car le réseau est impraticable à 95 %. Ainsi, sur le total des routes nationales et provinciales, seule la route Matadi-Kinshasa et quelques tronçons routiers au Katanga méridional sont encore praticables. Tandis que les routes secondaires et rurales sont très difficilement praticables car elles sont soit parsemées des nids-de-poule soit ravinées soit recouvertes par la végétation. Cette étude évoque aussi la maintenance très onéreuse du réseau routier. D'une part, l'action conjuguée du sol argileux et du climat chaud et humide s'avère très agressive. D'autre part, des inondations fréquentes rendent les routes boueuses et impraticables. De plus, l'action conjuguée d'un relief tourmenté avec un climat pluvieux entraîne des érosions et des éboulements fréquents. Enfin, la végétation luxuriante nécessite un fauchage fréquent. Cette étude souligne enfin le problème important de la sécurité routière : l'absence de signalisation tant verticale, horizontale que lumineuse (RDC, 2004, pp. 6-7).

Depuis 2008, la situation des infrastructures routières connaît une légère amélioration. Ce, grâce au Plan dénommé « Cinq chantiers » de Joseph Kabila Kabange qui donne de nouveau à la route le rôle décisif pour unifier le territoire (Kabila Kabange, 2011, p. 21-23). Cette volonté politique se traduit par la reconstruction des grands axes interprovinciaux et des axes qui ont un rôle important dans l'économie du pays. Ainsi, la réfection de la route *Matadi-Kinshasa* (RN1) est presque terminée. Elle a bénéficié des trois aménagements importants. D'une part, un nouveau pont à plusieurs voies est construit à Mpozo (entrée de Matadi). D'autre part, la plate-forme est élargie pour permettre le croisement aisé et sûr des véhicules lourds en courbe, notamment entre Kimpese et Matadi (plateau de Bangu/Monts de Cristal). Enfin, la plate-forme est bien drainée tant dans le sens longitudinal que dans le sens vertical. Sont presqu'achevés également, les travaux de reconstruction de la route *Kinshasa-Kikwit* (RN1). Quant à l'exécution des travaux de la route *Lubumbashi-Kalémie* et *Beni-NiaNia-Kisangani*, elle avance de façon encourageante. Mais les travaux routiers sont surtout spectaculaires dans les villes de Kinshasa (vitrine extérieure du pays) et de Lubumbashi (chef-lieu du Katanga). A Kinshasa, par exemple, cinq réalisations sont remarquables : l'aménagement et la modernisation du boulevard du *30 juin 1960* (l'ancien boulevard *Albert 1er*), du boulevard *Lumumba* (l'ancien boulevard *Léopold III*), de l'avenue des poids lourds, de l'avenue des Huileries, de l'avenue *Pierre Mulele* (l'ancienne avenue du *24 Novembre 1965* de l'époque Mobutu ou *Princesse Joséphine-Charlotte* de l'époque coloniale) et de la route de Mbinza (entre l'*UPN*[87] et le quartier *Ma campagne*). Toutes ces routes ont deux chaussées séparées avec deux à trois voies chacune. Certains accotements sont même fleuris au Centre-ville de Kinshasa.

Toutefois, si les travaux sur les grands axes routiers prioritaires sont presque terminés au Bas-Congo ainsi qu'au Bandundu et avancent de façon remarquable au Katanga de même que dans les villes de Kinshasa et de Lubumbashi, la situation est loin d'être aussi satisfaisante dans les autres provinces et dans les autres grandes villes du pays. Quant à la circulation sur les autres axes principaux non prioritaires ainsi que sur les routes secondaires et rurales, elle demeure chaotique : impossible de rouler au-delà de 20 Km/heure.

Par ailleurs, de nombreuses contraintes de transport demeurent. Nous pouvons citer l'entretien médiocre des axes routiers nouvellement réhabilités, l'existence de nombreux ponts et bacs dangereux d'utilisation, la vétusté du parc automobile, l'absence généralisée de signalisation routière tant horizontale, verticale que lumineuse [88], le manque des garages équipés en pièces de rechange, le manque de professionnalisme des mécaniciens[89], la vente généralisée des contrefaçons de pièces de rechange, des huiles et des liquides des automobiles, la capacité insuffisante de l'office des routes, les exactions de la police de roulage laquelle continue de rançonner les automobilistes, la vente des permis de conduire, l'ignorance généralisée du code de la route[90], le problème d'alcoolémie au volant ainsi que les difficultés de prise en charge des préjudices qui font dire aux automobilistes que le contrat d'assurance obligatoire avec l'assureur public n'est rien d'autre qu'un impôt de plus pour certains et une arnaque de plus pour les autres.

---

[87] Université Pédagogique Nationale.

[88] Là où elle existe, comme sur certains tronçons à Kinshasa, seule la signalisation lumineuse est respectée, plus ou moins.

[89] Par manque de formation ou d'expérience, les mécaniciens ajoutent des problèmes au lieu de les résoudre.

[90] La conduite à Kinshasa est basée sur « l'évitement » et non sur le respect du code de la route qui provoque même des accidents.

Enfin, il convient de préciser que trois établissements publics sont chargés de la gestion des infrastructures routières selon leur typologie : l'Office des Routes (OR), l'Office des Voiries et de Drainage (OVD) et la Direction des Voies de Desserte Agricole (DVDA) (Annexe 9).

Un effondrement concomitant des transports et de l'Etat

Après l'effondrement du réseau de transports, comment expliquer l'effondrement concomitant de l'Etat avec son fleuve de sang et de larmes ?[91]

La position que nous défendons ici tourne autour de l'idée que l'effondrement des transports entraîne l'enclavement ou l'isolément des régions entières qui deviennent inaccessibles ou alors très difficilement accessibles. Ainsi, les provinces sont plus ou moins coupées de Kinshasa tandis que les centres urbains sont plus ou moins coupés de leur arrière-pays. Or, l'enclavement et l'isolément engendrent trois conséquences négatives : une crise économique qui se généralise, devient sociale et politique puis tourne à la violence.

Tout d'abord, l'enclavement ou l'isolément est *antiéconomique*. Il provoque la coupure plus ou moins forte entre les zones de production et les zones de consommation (RDC, 2004, p. 1). En effet, le non-acheminement des produits vers les débouchés provoque un grippage de la machine économique qui se traduit par une remise en cause du système économique (diminution ou arrêt des échanges ; baisse de la production). Cette limitation du potentiel de croissance s'explique par le désintérêt des commerçants et le découragement des paysans.

C'est bien connu que le commerce ne s'intéresse pas à une région éloignée et fortement handicapée au niveau des transports. Car, le commerce est rarement profitable. En effet, la fonction du commerçant est de bien acheter et de bien vendre. Or, les prix de revient des produits des régions difficiles d'accès sont élevés sur les marchés extérieurs. Ce qui entraîne deux conséquences : soit les prix de revient sur les marchés extérieurs sont tellement élevés et ils ne laissent que très peu de marge bénéficiaire. Ce n'est donc pas intéressant pour le commerçant de prendre des risques inutiles. Soit les prix de revient sur les marchés extérieurs sont élevés au point d'obérer leur compétitivité. Dans ce cas de figure, ces produits ne peuvent plus

[91] La plupart des exemples que nous présentons ici se rapportent au Nord-Est du Congo pour plusieurs raisons. La première est le fait que le Nord-Est est enclavé (Kivu) ou isolé (Ituri, Uélé). La deuxième raison est le fait que ces régions ont bénéficié de plusieurs projets de développement agricole s'échelonnant sur deux périodes quinquennales. De ce fait, on dispose des données fiables portant sur une dizaine d'années autorisant des comparaisons utiles.

rivaliser avec les autres produits locaux ou importés. Et ne pouvant plus soutenir la concurrence, ils sont tout simplement éliminés des marchés. Au Congo, les données disponibles d'avant la première guerre africaine (1998/2003) montrent que quatre facteurs influent fortement sur les prix de revient des produits du Nord-Est enclavé sur les marchés extérieurs : le coût élevé des transports, le coût élevé des pertes[92], le coût élevé du capital[93] et le coût élevé des transactions[94] (Rapport COMAGRI, 1981, pp. 48-51 ; Sarniguet, 1982, pp. 102-104). Mais, ce sont surtout les coûts élevés de transport qui obèrent la compétitivité des produits du Nord-Est congolais enclavé ou isolé. En effet, les coûts de transports expliquent les écarts les plus importants des prix observés entre la zone de production au Kivu-Ituri et les grands centres congolais de consommation. Sur le trajet routier Butembo-Kisangani par exemple, les coûts de transport expliquent à eux seuls 91 % du différentiel des prix observé pour le haricot et 78 % pour la pomme de terre (Rapport COMAGRI, 1981, p. 48). Sur le trajet aérien Bunia-Kinshasa, le différentiel de prix observé attribuable au coût d'affrètement s'établit à 54 % pour la viande bovine (Sarniguet, 1982, p. 104). Autre exemple : en septembre 1991, le transporteur privé « Domaine de Katale » qui assure le trafic aérien à des tarifs spéciaux entre Goma et Kinshasa arrête ses activités à la suite du pillage de ses installations. Conséquences immédiates : le nombre de bouchers expéditeurs de la viande bovine du Nord-Kivu vers Kinshasa baisse de dix à quatre tandis que le tonnage expédié est divisé par quatre, chutant de 2.400 tonnes l'année précédente à 600 tonnes (Nzeza Kabu Zex-Kongo, 1998, p. 251). Par ailleurs, Jean-Pierre Nzeza Kabu Zex-Kongo (1998, pp. 118, 121, 146-147) a comparé les prix de revient à Kinshasa des viandes locales et des viandes importées en 1992. Le prix rendu Kinshasa de 1 Kg de viande bovine du Nord-Kivu était équivalent à celui de 2 Kg de viande bovine (caparaçon) et à celui de 2,5 Kg de poules à bouillir surgelées d'origine européenne. Or, lorsqu'on est pauvre avec une famille nombreuse, comme c'est le cas de presque tous les Congolais, la quantité prime sur la qualité. Signalons enfin que de nombreuses études belges, canadiennes, congolaises, françaises et onusiennes (FAO) faites durant les années 1980 et 1990 ont mis en évidence le problème de l'écoulement des produits agricoles du Nord-Est du Congo et tenté mais en vain d'attirer l'attention des autorités sur le problème de l'enclavement du Kivu et de l'isolément de l'Ituri, deux régions excédentaires mais incapables d'assurer correctement l'approvisionnement des villes congolaises notamment Kinshasa, la première d'entre elles (Rapport COMAGRI, 1981 ; Chagnaud, 1982 ; Sarniguet, 1982 ; BDPA-

[92] Long délai de transit dû à la lenteur ou à l'irrégularité du trafic fluvial

[93] Taux élevé du loyer de l'argent ; délais importants entre l'achat et la vente

[94] Frais de déplacement élevés pour l'achat d'un faible tonnage

SCETAGRI, 1989 ; CCZC, 1988 ; Goossens, Minten et Tollens, 1994 ; Jean, 1991 ; Nzeza Kabu Zex-Kongo, 1998).
Si les difficultés de transports engendrent l'indifférence ou le désintérêt des commerçants, le non-acheminement des produits décourage aussi les producteurs. Ils réagissent par la baisse de la production accompagnée ou non d'un changement de spéculation. En effet, lorsqu'on demande aux paysans ce qui les pousse à produire, leurs réponses sont invariablement les mêmes. Les deux principales motivations des paysans sont toutes simples : « Produire pour manger » et « Produire pour vendre » afin d'augmenter le pouvoir d'achat. Ainsi, la production est déterminée à la fois par l'autoconsommation[95] mais aussi par les débouchés qui peuvent être trouvés en dehors de la consommation familiale afin de se procurer de l'argent. Or, en cas de non-acheminement des produits, pour que leurs efforts ne restent pas vains, les paysans adaptent leur production à leur autosuffisance alimentaire et à la consommation locale. Pour la consommation locale, la production est limitée à celle qui nécessite tout simplement le portage ou le convoyage à pieds comme moyens de transport. Au Nord-Kivu, certains paysans ont réagi aux difficultés de transport en privilégiant d'autres produits moins périssables. Ainsi, dans le Territoire de Lubero, secteur de Baswaga, les terres autrefois valorisées par des cultures maraîchères à destination de Kinshasa ont été transformées en terres à blé grâce aux actions encourageantes de la minoterie de Matadi (MIDEMA) (BEAU, 1989, p. 31-32).

Mais, l'enclavement ou l'isolément n'est pas seulement antiéconomique. Il est aussi *antisocial*. En effet, l'enclavement ou l'isolément engendre la paupérisation des régions entières (RDC, 2004, p. 1) en accentuant le déséquilibre entre les besoins élémentaires des populations enclavées et les moyens dont ils disposent pour les satisfaire. Ainsi, l'enclavement provoque la pauvreté en renchérissant le coût des transports. En effet, le coût élevé des transports a une double incidence. D'une part, il renchérit le coût des approvisionnements et, par conséquent, le coût de la vie. D'autre part, pendant que les prix des produits manufacturés de première nécessité augmentent (médicaments, savons, carburant, pétrole, vaisselle, vêtements, chaussures, cigarettes, allumettes, insecticides, etc.), les prix des produits agricoles et alimentaires locaux baissent à cause de l'inaccessibilité des marchés rémunérateurs. Ce qui limite les revenus des paysans et entraîne une chute de leur pouvoir d'achat. Ainsi, au début de 1982, l'économiste français Jean Sarniguet (p. 96) compare les prix du gros bétail des quatre régions productrices du Congo. A poids égal, les prix de l'Ituri sont les plus bas. Les prix du Nord-Kivu et du Katanga affichent un tiers de mieux tandis que les prix du Bas-Congo sont deux fois plus élevés que ceux de l'Ituri. Ce qui

[95] Quantité d'aliments produite et consommée par le paysan et sa famille

s'explique par l'isolément de l'Ituri et son éloignement du marché rémunérateur de Kinshasa. Autre exemple : de 1989 à 1992, les prix de la viande bovine par Kg abattu à Goma sont divisés par deux passant de 1,37 à 0,61 euro (Nzeza Kabu Zex-Kongo, 2000, p. 144). Or, durant la même période, les prix des produits manufacturés de première nécessité sont multipliés par quatre à cause d'une inflation galopante (Nzeza Kabu Zex-Kongo, 1998, p. 115). Ce déséquilibre persistant entre les prix de revient et de vente va même poser le problème de la rentabilité des élevages modernes et entraîner de nombreuses plaintes des éleveurs modernes auprès de la direction du projet de développement de l'élevage bovin au Nord-Kivu (PENK). La direction du PENK va réagir en mettant en place le bien nommé plan de « *valorisation de l'élevage bovin au Nord-Kivu* » (VALENOKI) avec un financement canadien (Jean, 1991).

Enfin, l'enclavement ou l'isolément n'est pas seulement antiéconomique et antisocial. Il est également contre-indiqué au point de vue *politique*. Car il entraîne l'affaiblissement de l'autorité de l'Etat qui cesse de s'exercer dans les régions inaccessibles ou difficilement accessibles. Or, l'absence de l'Etat engendre l'insécurité. En effet, la coupure entre les centres politiques et les régions administrées engendre l'émergence des bandes armées qui comblent le vide laissé par l'Etat (RDC, 2004, p. 1). Comme l'illustre le déferlement de violence dont le Kivu, l'Ituri et le Katanga ont été ou sont encore le théâtre depuis 1998. Trois régions dont le point commun est d'être des régions depuis longtemps enclavées ou isolées. Sébastien Melmoth (2007, p. 7) décrit admirablement « *ce remplacement de l'Etat par des groupes armés, installés dans une situation d'auto-administration et d'autofinancement, profitant de la disparition de l'Etat, grâce à la rupture des axes principaux de communication : le Rassemblement Congolais Démocratique branche Goma (RCD-G) au Kivu*[96]*, l'Union des Patriotes Congolais (UPC) en Ituri, le Mouvement de Libération du Congo (MLC) en Equateur et les Maï-Maï dans la cité de Malemba-Nkulu au Katanga.* » Les Belges Franck Van Acker et Koen Vlassenroot (2001, p. 4) ajoutent : « *le contexte de désintégration étatique et d'insécurité croissante a permis à de nouvelles stratégies de contrôle économique de se développer. Le désordre, l'insécurité ainsi qu'une situation générale d'impunité ont encouragé la formation de nouveaux réseaux militarisés pour l'extraction de profits économiques.* »

Que le Nord-est congolais depuis longtemps enclavé ou isolé soit devenu le théâtre des conflits locaux avec une escalade régionale pour se solder par la première guerre africaine est une situation qui n'a nullement étonné les observateurs attentifs du monde rural. En effet, Jean-Pierre Nzeza Kabu Zex-

[96] Il va se rebaptiser CNDP (Congrès national pour la défense du peuple) puis M23 (Mouvement du 23 mars).

Kongo (1999) a montré comment le projet de modernisation de l'élevage bovin traditionnel au Nord-Kivu en sigle PENK (1980/1990) a engendré la question agraire et la violence dans cette province. La crise du système rural survenue sur ces hautes terres surpeuplées est la conséquence de l'accaparement excessif et abusif des terres par un petit nombre d'éleveurs citadins, non nationaux de surcroît, au détriment des éleveurs traditionnels et des paysans. Une agitation analogue va également mobiliser la masse paysanne en Ituri. Où le projet de modernisation de l'élevage bovin traditionnel en sigle BPI (1978/1988) finit par exaspérer l'ensemble du monde rural, en provoquant une concurrence aigüe pour la terre entre les cultivateurs et les éleveurs. Car, si ce projet est un succès sur le plan technique (multiplication du nombre de bestiaux par 1,5 pour atteindre 418.350 têtes), il est en revanche un échec sur le plan commercial. La demande commerciale va s'avérer insuffisante à cause de l'isolément et de la sous-urbanisation de l'Ituri (Nzeza Kabu Zex-Kongo, 2000). Ce qui va poser deux problèmes. D'une part, on va dénombrer 64.000 têtes de bétail excédentaires qui vont se mettre à détruire les patrimoines nourriciers (sol et végétation) à cause du surpâturage (BDPA-SCETAGRI, 1989, p. 1). D'autre part, des tensions vives voire des heurts vont éclater au sein du monde rural entre les cultivateurs et les éleveurs suite à la concurrence aiguë pour l'espace. Les cultivateurs vont reprocher aux éleveurs la multiplication des dégâts aux cultures, puis vont exiger beaucoup plus d'espace sous la pression à la fois technique (cultures itinérantes sur brûlis), familiale (plus de bouches à nourrir) et économique (produire plus pour gagner plus). Les éleveurs, de leur côté, vont également exiger plus d'espace sous la pression d'un cheptel en surnombre qui entraîne la surcharge des parcours, le surpâturage et la surmortalité (manque de nourriture). Or l'espace villageois disponible sur ces hautes terres surpeuplées n'est pas extensible (Nzeza Kabu Zex-Kongo, 2000, pp. 143-144). Les agro-pasteurs, ce sont les *Lendu*. Et les pasteurs stricts, ce sont les *Hema*. Et nous allons retrouver ces deux ethnies plus tard en train de s'affronter à mort, à partir de 1998, l'une dirigée par Mathieu Ngudjolo Chui (Chef de milice Lendu) et l'autre commandée par Thomas Lubanga (UPC), le chef de milice Hema. Deux ethnies manipulées par le Rwanda. Une manipulation orchestrée sur place par Bosco Ntaganda selon les déclarations du colonel rwandais dissident Patrick Karegeya, ancien chef des renseignements extérieurs du Rwanda de Paul Kagamé, déclarations recueillies par Sonia Rolley (2013), journaliste à Radio France Internationale.[97] On observe enfin la même agitation paysanne au Sud-Kivu. Ainsi, au début des années 1980, T. Kambaza (1982) rapporte que trois litiges sur quatre jugés dans les tribunaux de la commune rurale de

[97] Peu après cette déclaration à RFI, Patrick Karegeya sera assassiné en Afrique du Sud où il s'était réfugié.

Walungu portent sur le gros bétail. La question agraire comme facteur de violence au Kivu est confirmée par le Belge Pierre-Joseph Laurent (2000). En utilisant la méthode anthropologique et historique, Pierre-Joseph Laurent montre que « *les événements tragiques dont le Kivu est encore aujourd'hui le théâtre résultent pour une part non négligeable de l'augmentation de l'insécurité des groupes de population paysanne.* » Il montre comment « *l'Etat a rendu possible l'appropriation des terres rurales par des groupes d'acteurs nantis* », comment « *l'Etat et ces acteurs extérieurs ont créé une insécurité sociale et économique envers les populations rurales à la faveur d'une appropriation progressive de la terre par des agents extérieurs.* »

Enfin, comme le montre la chronologie des événements au Congo/Zaïre/Congo établie par le Belge Olivier Lanotte (2010, 2011), le bilan de l'effondrement de l'Etat à la suite de l'effondrement des transports, quel que soit l'angle sous lequel on se place (humain, matériel ou moral), se résume en un mot : *la ruine*. Dans ces conditions, quelle armature nationale de transport doit-on construire ou réhabiliter en priorité afin de maîtriser le territoire (vaincre les obstacles à la circulation des hommes et des marchandises) et contribuer ainsi à refonder l'Etat ?

UNIFIER L'ESPACE ET RELEVER LE DEFI DE LA VOIE NATIONALE POUR MAITRISER LE TERRITOIRE

Exploitation maximale des avantages comparatifs de chaque mode de transport

Le Congo est un pays particulier. Le Congo est particulier parce qu'il est à la fois immense et quasi enclavé. En effet, dans le cas du Congo, il ne suffit pas pour maîtriser le territoire, d'unifier l'espace par des moyens de transport classiques tels que le rail, la route, l'air ou la voie d'eau pour assurer la circulation des hommes et des marchandises. Encore faut-il que tous ces moyens de transport traditionnels soient orientés vers l'Ouest et aboutissent aux ports maritimes du pays : Matadi et Boma aujourd'hui mais surtout Banana demain (port en eaux profondes en projet) afin de s'affranchir du transit par des ports maritimes étrangers.

Ainsi, il existe trois différences fondamentales entre notre projet d'armature nationale de transport avec le « Plan Décennal de 1948 » de l'Administration coloniale belge et le Plan « Cinq chantiers » de Joseph Kabila Kabange de 2008 :

- La première différence porte sur la prise en compte de l'enclavement du Congo, de ses dangers et des problèmes difficiles et onéreux de communication qu'il pose. En effet, notre armature prioritaire de transport

traduit notre ferme volonté de conjuguer *l'intégration nationale* avec *l'indépendance nationale* en matière d'approvisionnement et des exportations du pays.
- La deuxième différence est *stratégique*. Notre projet prend en compte les problèmes de voisinage avec l'Ouganda et le Rwanda qui viennent d'imposer une guerre au Congo qui a entraîné la mort de 5 à 6 millions de Congolais de l'Est, directement et indirectement, selon les estimations les plus plausibles.
- La troisième et dernière différence porte sur notre choix assumé de l'exploitation maximale des avantages comparatifs de chaque mode de transport. Alors que le Plan Décennal de 1948 et le Plan Kabila Kabange de 2008 privilégient la route.

L'armature nationale de transport qu'il convient de construire ou de réhabiliter, en priorité, fait l'objet de la carte 5. Cette armature prioritaire de transport s'inscrit dans une stratégie de refondation de l'Etat qui vise, à la fois, à s'approprier le territoire national pour unifier l'espace congolais et favoriser un développement équilibré de tous les Territoires (intégration nationale) mais aussi à s'affranchir du transit par un port maritime étranger (indépendance nationale).

Priorité au chemin de fer pour désenclaver et mettre en valeur les ressources des régions isolées de l'Ubangi, de l'Uélé, de l'Ituri, du Kivu, du Maniema et du Katanga

Le rôle décisif est confié au rail. Le chemin de fer est utilisé pour des liaisons longues. Il est adapté pour le transport de masse, notamment, des pondéreux[98] non périssables (minerais, carburant, bois, matériel, produits agricoles, etc.).

Le réseau ferré dont il faut en priorité favoriser la réhabilitation, la modernisation et la construction comprend cinq lignes principales qui forment un maillage complet du territoire national :
- La première, c'est la ligne Sakania-Banana en trajet direct ou *Transcongolais n° 1*. Elle sert à désenclaver le Katanga (Voie Nationale). Le tronçon Sakania-Ilebo et le tronçon Kinshasa-Matadi demandent à être réhabilités et modernisés. Il s'agit ensuite de raccorder ces deux tronçons ferroviaires au tronçon Ilebo-Kinshasa via Kikwit et Kenge à construire. Un tronçon dont le projet date de 1927. Enfin, il faut prolonger cette ligne de Matadi à Banana (port en eaux profondes en projet). Par ailleurs, il convient d'électrifier ce chemin de fer en profitant de la ligne haute tension Inga-Katanga. L'exportation des minerais du Katanga peut contribuer largement à rentabiliser ces investissements coûteux.

---

[98] De faible valeur pour leur poids

Carte n° 5

Armature Nationale de Transport Priotitaire

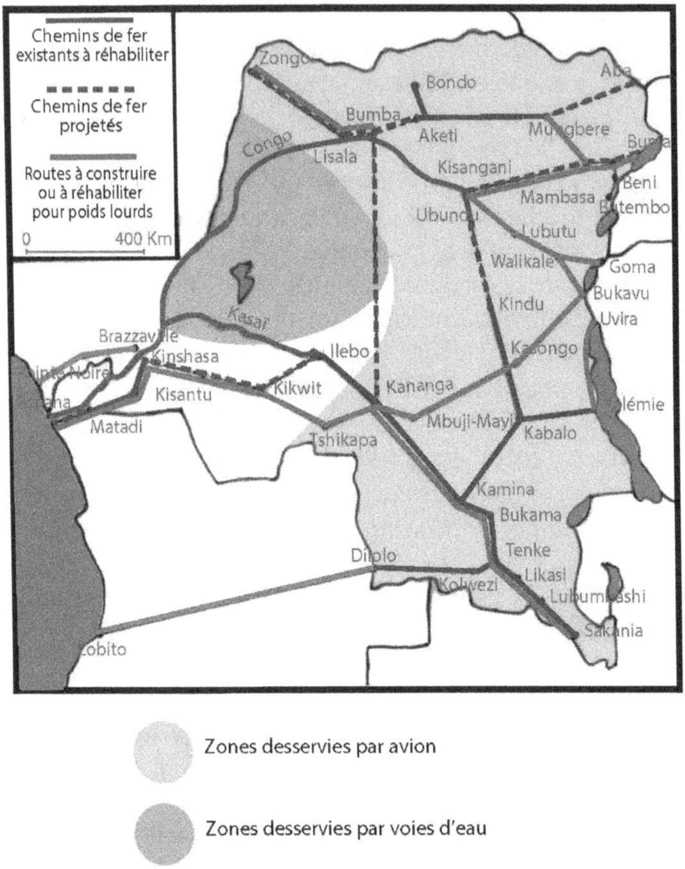

De plus, l'acheminement des hommes et d'autres marchandises peut apporter un supplément de recettes. Car, ce chemin de fer traverse la zone densément peuplée qui va de Banana dans le Bas-Congo jusqu'à Ngandajika au Kasaï oriental et dessert également les principales villes du Katanga (Kamina, Likasi, Lubumbashi).

- La deuxième ligne, c'est la ligne Kalémie-Banana via Kamina ou *Transcongolais n° 2.* Le tronçon ferroviaire Kalémie-Kamina existe déjà. Il demande seulement à être réhabilité et modernisé (électrification). Il est à raccorder au *Transcongolais n° 1* à Kamina. Cet axe ferroviaire sert à débloquer les trois régions suivantes : le Tanganyika, le Sud du Maniema ainsi que le Sud-Kivu. Cette ligne doit favoriser la réorientation vers l'Ouest, vers le Congo, des courants commerciaux actuellement dirigés vers l'Afrique de l'Est, vers Kigoma et Dar-Es-Salaam en Tanzanie.
- La troisième ligne, c'est la ligne Bunia-Banana via Kisangani-Kindu-Kabalo-Kamina ou *Transcongolais n° 3.* Cette ligne est à raccorder au *Transcongolais n° 1* à Kamina. Sont à construire, le tronçon Bunia-Kisangani (600 Km)[99] et le tronçon Ubundu-Kindu. Sont à réhabiliter et à moderniser le tronçon Kisangani-Ubundu (125 Km) et le tronçon Kindu-Kabalo (453 Km). Cette ligne sert à désenclaver l'Ituri, le Nord-Kivu, le Sud-Kivu et le Maniema. Cette ligne donne surtout à la vallée du Lualaba le rôle d'intégrer l'Est du Congo à l'espace national. Ce qui correspond à une ancienne recommandation des chercheurs du BEAU (1982, p. 21). Le *Transcongolais n° 3* est destiné à réorienter les principaux courants commerciaux du Nord-Est vers l'Ouest, c'est-à-dire, vers l'espace congolais. Quant à son tracé, il est stratégique : cette voie ferrée s'éloigne des frontières orientales. Le transport des minerais (Or, Cassitérite, Coltan, Wolfram), des produits agricoles, agro-forestiers et de l'élevage ainsi que les produits de la pêche peuvent améliorer les perspectives financières de cette ligne ferroviaire.
- La quatrième ligne, c'est la ligne Aba-Banana via Mungbere-Aketi-Bumba-Kananga ou *Transcongolais n° 4* et la cinquième et dernière ligne, c'est la ligne Zongo-Banana via Bumba ou *Transcongolais n° 5.* Le Transcongolais n° 5 vient se raccorder au Transcongolais n° 4 à la gare de Bumba. Ces deux lignes sont raccordées au Transcongolais n° 1 au carrefour de Kananga. Sont à construire le tronçon Aketi-Bumba-Kananga et un pont enjambant le fleuve *Congo* ainsi que le tronçon Zongo-Bumba. Sont à réhabiliter et à moderniser, les tronçons Mungbere-Aketi (688 Km) et Komba-Bondo (121 Km). Ces deux lignes ont une double fonction : économique et stratégique. Sur le plan économique, elles servent à

[99] Le Groupe Empain, en fondant « La Compagnie du Chemin de Fer du Congo Supérieur aux Grands Lacs Africains » au début du XXème siècle avait projeté la construction de cette voie ferrée Kisangani-Lac Albert.

désenclaver l'Uélé et l'Ubangi (extrême Nord) ainsi qu'à débloquer la Cuvette centrale (mise en valeur des ressources naturelles de la forêt équatoriale). Les têtes de ces lignes situées à Zongo (à la porte de Bangui, la capitale centrafricaine) et à Aba (à la porte de Juba, la capitale du Soudan du Sud) sont de nature à capter une partie du trafic de ces deux pays enclavés via le Congo et le port en eaux profondes de Banana (en projet). Ces opportunités peuvent améliorer les perspectives financières de ces infrastructures coûteuses. Par ailleurs, pour des raisons stratégiques (éloignement des frontières orientales), le Transcongolais n° 4 (Aba-Banana) vient doubler le Transcongolais n° 3 (Bunia-Banana).

Le rôle décisif que nous confions au rail dans notre système de transports est une différence fondamentale avec le mode d'organisation des transports préconisé jusqu'ici par d'autres plans :
- Rôle décisif des voies navigables avant 1948 (Frederick et Gielen, 1952, p. 423) ;
- Rôle décisif des routes dans le Plan décennal de 1948 (Frederick et Gielen, 1952, p. 441-442) ;
- Rôle décisif des routes dans le « Programme Minimum de Partenariat pour la Transition et la Relance » de 2004 (RDC, 2004) ;
- Rôle décisif des routes dans le Plan « Cinq chantiers » de Joseph Kabila Kabange de 2008 (Kabila, 2011).

Priorité à la route pour relier les villes entre elles, les villes avec leur arrière-pays ainsi que les zones de production ou d'extraction aux gares du Transcongolais

Les routes à construire ou à réhabiliter qu'il convient de favoriser en priorité répondent à trois logiques complémentaires :
- La première logique consiste à construire ou à réhabiliter des routes qui relient principalement les villes des zones densément peuplées. Trois axes routiers reposent sur cette logique :
1. Le grand axe routier Matadi-Kinshasa-Bukavu (RN1 et RN2). Il est ici question de construire ou de réhabiliter une route revêtue utilisable par des transports lourds (trains routiers) entre Bukavu et Kikwit via Kasongo, Kabinda, Mbuji-Mayi, Kananga et Tshikapa (RN2) qui vient se connecter à la route revêtue Matadi-Kinshasa-Kikwit (RN1) dont la réhabilitation vient de se terminer. Cet axe routier doit jouer quatre rôles : Débloquer le Kivu et le Maniema ; Relier les deux zones les plus densément peuplées du Congo notamment l'axe de peuplement qui s'étend de Banana dans le Bas-Congo à Kabinda au Kasaï oriental et l'Est congolais ; Dynamiser les activités de ce Nord-Est densément peuplé ; Réorienter le trafic de l'Est congolais vers l'intérieur du pays.

2. Le grand axe routier Zongo-Gemena-Lisala-Bumba (RN23-RN6). Cette route revêtue, qui vient doubler le tronçon ferroviaire de même axe, est destinée à désenclaver cette région isolée qui est la plus peuplée de la province de l'Equateur, à dynamiser les activités de cette région densément peuplée et à relier cette région avec la capitale Kinshasa par le fleuve *Congo* grâce à la réhabilitation et à la modernisation du port fluvial de Bumba.
3. Le grand axe routier Matadi-Kinshasa-Kasumbalesa (RN1) qui doit être prolongé jusque Banana sur l'Atlantique (port projeté en eaux profondes). Il est question ici de construire ou de réhabiliter une route revêtue pour des transports lourds partant de Kasumbalesa à la frontière zambienne qui vient se connecter au grand axe routier Matadi-Kinshasa-Bukavu (RN1/RN2) au carrefour de Mbuji-Mayi via Lubumbashi, Likasi, Kamina et Mwene-Ditu. Ce tronçon routier vient doubler le rail de même axe pour constituer une Voie Nationale bimodale (route et rail) reliant le Katanga à la façade maritime du Congo en trajet direct. Les fonctions de cette Voie Nationale bimodale sont doubles : assurer l'intégration du Katanga à l'espace national et favoriser l'essor du trafic entre les grandes unités urbaines de l'Ouest (Bas-Congo, Kinshasa, Kwango-Kwilu) et du Centre (Kasaï) avec les villes minières du Katanga notamment Fungurume, Kambove, Kamina, Kolwezi, Likasi, Lubumbashi, Musoshi et Tenke.
- La deuxième logique consiste à construire des routes affluentes au réseau ferroviaire *(Transcongolais)*. Ces routes doivent apporter des éléments du trafic au Transcongolais. Trois routes revêtues pour poids lourds, à aménager ou à réhabiliter en priorité, reposent sur cette logique :
1. La route Bukavu-Kisangani via Walikale et Lubutu (RN3). Une desserte de Goma et Rutshuru via Sake est à prévoir à partir de Walikale. Cette route revêtue est destinée à débloquer le Sud du Nord-Kivu (Territoires ou villes de Goma, Masisi, Nyiragongo, Rutshuru, Walikale) et le Nord du Sud-Kivu (Territoires ou villes de Bukavu, Kabare, Kalehe, Idjwi, Walungu) mais aussi à dynamiser les activités de cette dense population de l'Est du Congo et à réorienter le trafic vers l'Ouest, vers l'intérieur du Congo. Ce qui répond à une ancienne recommandation faite par le BEAU (1982, p. 18).
2. La route Bunia-Komanda-Kisangani (RN4-RN27). Son rôle est de désenclaver l'Ituri. Une desserte de Butembo est à prévoir à partir de Komanda (RN4-RN2) pour débloquer aussi le Nord du Nord-Kivu (Territoires de Lubero et Beni). Ainsi, pour des raisons stratégiques (proximité des frontières orientales), l'intégration nationale de l'Ituri et du Nord du Nord-Kivu nécessite l'aménagement des deux réseaux de transport : l'un est routier et l'autre est ferroviaire. Cette route revêtue doit contribuer à dynamiser les activités sur ces hautes terres surpeuplées et à réorienter le trafic vers l'Ouest, vers l'intérieur du Congo.
3. La route Uvira-Baraka-Fizi-Kalémie (RN5). Son rôle est de débloquer le Sud du Sud-Kivu et de relier cette région au réseau ferroviaire Kalémie-

Banana (Transcongolais n° 2). Cette route revêtue qui vient doubler la navigation sur le lac Tanganyika est destinée à dynamiser les activités agricoles dans cette région densément peuplée et à réorienter le trafic vers le Congo.

- La troisième et dernière logique est de construire ou de réhabiliter des routes revêtues destinées à nourrir les grandes villes en les reliant avec leurs principales zones agricoles. Quatre routes reposent sur cette logique :

1. La bretelle Mwanza-Kabondo Dianda au Katanga (RN3, 210 Km). La vallée de l'Upemba qui occupe une position centrale au Katanga a deux atouts. Elle est la zone la plus peuplée du Katanga et la plus active en exploitations agricoles. La liaison routière Mwanza-Kabondo Dianda qui vient se connecter à la Voie Nationale (Transcongolais n° 1, RN1), en amont de Kamina, a deux rôles à jouer : relier la zone minière (Sud du Katanga) et la zone agricole la plus active (Nord du Katanga) ; favoriser le développement de cette zone agricole (Nord du Katanga) pour lui permettre de jouer un rôle de contrepoids à la prépondérance actuelle de la zone minière (Sud du Katanga). Cette idée est en accord avec une ancienne recommandation des chercheurs du BEAU (1982, p. 20). De plus, la prépondérance du Sud-Katanga minier motive partiellement le refus du découpage provincial du Katanga imposé par la Constitution de 2006 dite de la Troisième République et l'insurrection des groupes rebelles bien connus sous l'appellation de « *Kata Katanga* » (Anti-découpage du Katanga ; sécession du Katanga).
2. La bretelle Bandakani-Pioka-Mbanza-Ngungu (RN12, 140 Km) dans le Bas-Congo.
3. La bretelle Tshela-Boma (RN12, 140 Km) dans le Bas-Congo.
4. La bretelle Kisantu-Kinvula (RN16, 140 Km) dans le Bas-Congo.

Les trois dernières bretelles viennent se connecter à la Voie Nationale (RN1, Transcongolais). Elles doivent dynamiser le développement agricole respectivement des régions du Manianga, du Mayombe et du Bantandu (la vallée de l'Inkisi) afin de nourrir Kinshasa. Cette préconisation est en accord avec celle faite par les chercheurs du BEAU (1990, 1991) et les chercheurs belges de l'université catholique de Leuven (Goossens et al., 1994). Par ailleurs, la liaison Bandakani-Pioka-Mbanza-Ngungu doit permettre de désenclaver la région isolée du Manianga qui occupe la rive droite du fleuve Congo. Laquelle a été le théâtre en 2007 et 2008 d'une insurrection meurtrière, fondée sur des frustrations d'origines diverses se traduisant par un sentiment de « laissés pour compte » ou « de ras-le bol » habilement exploité par un mouvement politico-religieux dénommé « *Bundu Dia Kongo* » ou BDK en abrégé. Ces violences sont aujourd'hui bien documentées (Ambassade des Etats-Unis à Kinshasa, 2009).

Bien entendu, il ne s'agit pas de construire des routes asphaltées ou macadamisées qui sont vite dégradées. Les routes à construire doivent être en béton armé dont la durabilité se mesure en dizaines d'années. De plus, il faut que tous les principaux axes routiers soient équipés des stations et des garages en capacité d'assurer l'entretien, les réparations et la distribution de carburants. Par ailleurs, une solution devrait être étudiée pour favoriser le renouvellement du parc automobile congolais qui est vétuste (exonération des frais de douanes pour l'importation des véhicules utilitaires neufs ou âgés de moins de cinq ans durant une période déterminée, par exemple). En outre, des mesures devraient être prises pour assurer la sécurité routière (mise en œuvre de la signalisation, rigueur dans l'octroi des permis de conduire, lutte contre l'alcoolémie au volant, etc.). Enfin, les autorités devraient juguler l'insécurité des contrefaçons. Il s'agit de protéger les automobilistes contre les contrefaçons des pièces de rechange, des huiles et des liquides des automobiles. Car, en achetant ces contrefaçons dangereuses, les automobilistes du Congo sont trois fois victimes : ils risquent leur vie (accidents), ils perdent leur argent (les marchandises vendues ne sont ni reprises ni échangées) et parfois leurs véhicules (accidents) à cause des défauts techniques de ces contrefaçons.

Pour finir, la comparaison entre notre projet et le « Plan Décennal » de 1948 ou le Plan « Cinq chantiers » de Joseph Kabila Kabange de 2008 montre une différence fondamentale. Pour des raisons stratégiques (proximité des frontières avec l'Ouganda et le Rwanda belliqueux) et économiques (favoriser le trafic vers l'intérieur du pays), l'axe routier Aba-Uvira, le long des frontières orientales du Congo n'est plus prioritaire. Toutes les routes prioritaires du Congo de l'Est, éléments importants de l'intégration nationale, sont orientées vers l'Ouest, vers l'intérieur du pays.

Priorité à l'avion, seul moyen pratique pour désenclaver les régions isolées du Nord (Ubangi, Uélé), de l'Est (Ituri, Kivu, Maniema), du Centre (les deux Kasaï) et du Sud (Katanga)

L'avion est le moyen pratique le plus adapté à l'immensité du territoire congolais pour le transport rapide des passagers. L'essor du réseau aérien intérieur est possible à trois conditions :

- La première condition est une politique des tarifs à très bas prix à partir de 750 Km (distance Kinshasa-Kananga).[100]
- La deuxième condition est une réhabilitation et une modernisation des aérodromes dans les 23 villes du Congo (plus de 100.000 habitants)[101], dans

[100] Le Congo vient de créer une nouvelle compagnie aérienne nationale baptisée « Congo Airways. » Qui a réceptionné son premier avion, un Airbus A320 d'occasion, le 30 juillet 2015. Il est baptisé Patrice Emery Lumumba (le nom du premier « Premier ministre » du Congo indépendant).

[101] Bandundu, Baraka, Beni, Boma, Bukavu, Bunia, Butembo, Goma, Kalémie,

d'autres grandes cités permettant de désenclaver de grandes régions économiques comme Bumba (Mongala), Gemena (Ubangi), Isiro (Uélé), Kamina (Haut-Lomami) ainsi que dans des cités moyennes qui peuvent constituer une base arrière stratégique en raison de la proximité des frontières orientales comme Watsa (Uélé), Mambasa (Ituri), Walikale (Nord-Kivu) et Kabalo (Katanga).

- La troisième et dernière condition concerne l'amélioration de la sécurité des vols. A ce sujet, il est urgent que soient mises en œuvre très rapidement toutes les préconisations faites par les premières assises de l'aéronautique civile tenues à Kinshasa du 10 au 12 avril 2013. D'une part, une obligation est faite aux compagnies aériennes opérant au Congo de demander une ré-certification immédiate assurée, cette fois-ci, par des experts de l'AITA. D'autre part, le gouvernement congolais est prié de concrétiser plusieurs recommandations :[102]

1. Doter l'Autorité de l'aviation civile au Congo (AAC) des ressources nécessaires (finances, matériel, installations) pour lui permettre d'accomplir sa mission de supervision de la sécurité aérienne dans les meilleures conditions ;
2. Mettre en place un système d'audit interne répondant aux normes internationales pour l'amélioration de la sécurité ;
3. Installer un bureau chargé d'enquêter sur les accidents et les incidents d'aviation (BEAIA).
4. Réhabiliter et moderniser les infrastructures (Finaliser la construction d'une aérogare modulaire dans chaque aéroport international ; Sécuriser les installations aéroportuaires par la construction d'une solide clôture ; Renforcer les pistes ; Doter chaque aérodrome d'une tour de contrôle moderne, d'une centrale électrique, des équipements de sécurité et de lutte anti-incendie (caserne des pompiers) ainsi que des services médicaux d'urgence ; Assurer une disponibilité permanente en kérosène dans tous les aéroports du pays ; Favoriser l'importation des pièces de rechange par la simplification des procédures et l'octroi des facilités douanières ; Créer des zones de quarantaine ; Relancer les activités de METTELSAT (système météorologique laissé à l'abandon) qui fournit des informations essentielles à la sécurité de la navigation aérienne.

5) Assurer une formation du personnel chargé de l'aviation civile (Former les Agents chargés de contrôler les passagers et les bagages ; Appliquer le décret présidentiel qui limite le nombre de services chargés de la protection des frontières à quatre) (ACP, 2013).

Kananga, Kikwit, Kindu, Kinshasa, Kisangani, Kolwezi, Likasi, Lubumbashi, Matadi, Mbandaka, Mbanza-Ngungu, Mbuji-Mayi, Mwene-Ditu, Tshikapa.

[102] L'aéroport de Ndjili à Kinshasa est doté depuis le 25 juin 2015 d'une nouvelle tour de contrôle et d'une nouvelle aérogare modulaire.

Priorité à la relance de la navigation fluviale pour le déblocage de la Cuvette centrale

Ce mode de transport est le plus adapté pour pénétrer jusqu'au fin fond de l'épaisse forêt équatoriale qui recouvre la dépression centrale (District de l'Equateur, District de Maï-Ndombe, District des Plateaux, District de la Tshopo, District de la Tshuapa, District de Sankuru, District du Sud-Ubangi).[103] En effet, à cause des obstacles naturels (forêts denses inondées) et humains (zones vides), la rentabilité d'une route ou d'un chemin de fer s'avère problématique à travers la forêt équatoriale congolaise. Sauf, si on y découvre comme en Amazonie brésilienne, sa grande sœur, de grands gisements gaziers et miniers (Bauxite, Cassitérite, Chromite, Kaolin, Malachite, Manganèse, minerai de fer, Nickel, Or, Potassium, Titane) (Rodrigues da Silva, 2006). Car, le transport du bois si abondant se fait par flottage. La relance de la navigation est susceptible de développer l'immigration et de renforcer l'économie dans ces régions vides qui sont retombées dans l'autosubsistance. En effet, la relance de la navigation peut influencer le peuplement et développer des activités anciennes ou créer des activités nouvelles spontanément ou par intervention de la demande.

Il est également prioritaire de relancer la navigation sur le lac Tanganyika (relation Uvira/Kalundu-Kalémie) et sur le lac Kivu (relation Goma-Idjwi-Bukavu). En effet, ces deux lacs sont les derniers chainons de la grande voie de communication dite « Voie Nationale » qui doit relier les régions du Nord-Kivu et du Sud-Kivu au port maritime de Banana (en projet). Cette relance doit minimiser la part du trafic de ces régions qui échappe à la Voie Nationale au profit de l'Afrique de l'Est et d'un port maritime étranger (Dar-es-Salaam ou Mombasa).

Pour remédier aux principales difficultés qui caractérisent le transport par voies d'eau, cinq actions doivent être envisagées en priorité (RDC, 2004, pp. 11-12) :

- La première action consiste à renouveler le matériel flottant (bateaux courriers, remorqueurs, barges, etc.) des transporteurs publics (SCTP, SNCC) pour leur permettre de relancer les navettes fluviales et lacustres. Les navettes fluviales sont pour le moment interrompues faute de bateaux (Radio Okapi, 2014).[104]

[103] Conformément à la Constitution de 2006, les District sont devenus des provinces en 2015.

[104] Le transporteur public, la société commerciale des transports et des ports (SCTP) a réceptionné un premier bateau le 7 février 2015 pour relancer le trafic fluvial entre Kinshasa et Kisangani. Il s'agit de *l'ITB* Kokolo composé de 8 barges dont 5 pour les passagers et 3 pour le fret.

- La deuxième action consiste à améliorer les conditions de navigation sur les grands axes du fleuve, sur ses principaux affluents ainsi que sur les lacs Kivu et Tanganyika. Il faut de nouvelles dragues pour assurer un dragage régulier et efficace des passes. Il faut faciliter la navigation de nuit et la navigation à travers les zones difficiles (zones divagantes, affleurements rocheux) par la modernisation de la signalisation (renouvellement des baliseurs, des signaux et des bouées).
- La troisième action consiste à réhabiliter les installations portuaires des principaux ports fluviaux et lacustres par le renouvellement du matériel, l'aménagement des quais, la réhabilitation des bâtiments (entrepôts et bureaux) mais aussi par la fourniture des équipements de bureaux et de télécommunication modernes.
- La quatrième action consiste à améliorer la sécurité de la navigation fluviale et lacustre. Les contrôles doivent être rigoureux concernant la qualification des conducteurs de bateaux, la présence en nombre suffisant de gilets et bouées de sauvetage, la présence et le fonctionnement effectif des signalisations lumineuses des bateaux sans oublier le respect de la charge.
- La cinquième et dernière action consiste à relancer la formation aux différents métiers de la navigation par voies fluviale et lacustre au Congo.

Priorité à l'aménagement du port maritime en eaux profondes de Banana

Le port de Matadi présente quelques défauts rédhibitoires qui le rendent relativement difficile d'accès. Parmi ces défauts, nous pouvons citer les affleurements rocheux entre Boma et Matadi, le chaudron d'enfer à deux Km du port de Matadi, les passes divagantes en aval de Boma et la nécessité d'un dragage constant du chenal maritime pour maintenir une calaison minimale de 25 pieds. Par conséquent, le port de Matadi ne peut pas accueillir les navires à fort tirant d'eau. Et son activité est très modeste comparée aux autres ports africains : la moitié de celle de Pointe Noire (République du Congo) et moins du quart de celle de Mombasa (Kenya) (RDC, 2004, p. 11).

Pour assurer l'indépendance du Congo en matière d'approvisionnement et d'exportations, le port de Matadi s'avère inadapté. D'autant que l'armature prioritaire de transport que nous préconisons ici vise à capter aussi une partie du trafic des pays voisins enclavés (Centrafrique, Soudan du Sud) afin d'améliorer les perspectives financières de toutes ces infrastructures coûteuses. Pour toutes ces raisons, l'aménagement du port en eaux profondes de Banana, en projet depuis 1927, est une priorité des priorités afin d'accueillir les navires de tous les tonnages. C'est la raison pour laquelle la Voie Nationale que nous préconisons part et aboutit au port de Banana.

Priorité à la qualité de gestion, à la capacité de maintenance et à la formation professionnelle des agents des Etablissements techniques publics chargés des transports

Tous les efforts de réhabilitation et de construction des infrastructures de transports au Congo risquent d'être vains, si on ne règle pas au préalable deux autres problèmes connexes (RDC, 2004, p. 3 ; ACP, 2013) :

- Le premier problème concerne la gestion des Etablissements techniques publics chargés des transports et des voies de communication. Il s'agit de la SCTP (transport ferroviaire et fluvial ; gestion des ports), de la SNCC (transport ferroviaire, fluvial et lacustre ; gestion des ports), des C.F.U. (transport ferroviaire), de l'Office des routes (construction et maintenance), de la RVF (dragage et balisage du fleuve et de ses affluents), de la RVM (dragage et balisage du bief maritime du fleuve ; pilotage des navires entre Banana et Matadi) et de la RVA (gestion des aéroports et supervision de la navigation aérienne). La gestion des Etablissements techniques publics chargés des transports et des voies de communication dépend en grande partie de la qualité du management. Le management doit être apprécié à l'aune de deux critères : la rentabilité et la capacité de maintenance. Pour remplir ces deux conditions, les tarifs applicables doivent couvrir les frais d'exploitation et de maintenance. Deux autres principes de bonne gestion doivent être d'application stricte : la transparence[105] et la responsabilité.[106]
- Le deuxième et dernier problème concerne la qualification professionnelle des agents de ces établissements techniques publics. En effet, la maintenance des moyens de transports intérieurs dépend pour une part non négligeable de la qualité du personnel. Or, tous les rapports d'expertise font état du manque de professionnalisme du personnel dû au manque de formation ou d'expérience. Une formation professionnelle en interne est donc une priorité des priorités.

Rupture avec le mode de pensée du passé

L'armature nationale de transports que nous préconisons ici de construire ou de réhabiliter, en priorité, permet d'assurer une véritable maîtrise du territoire. Elle favorise l'intégration nationale (unification de l'espace, développement équilibré de toutes les provinces) et l'indépendance de transit

---

[105] Droit du public d'accéder aux informations sur les orientations choisies, les décisions prises, l'utilisation faite des ressources et le mode de tarification adopté. La transparence réduit le gaspillage et la corruption (FIDA, 1999, p. 3).

[106] Obligation faite aux dirigeants des entreprises publiques de rendre compte de leur gestion (FIDA, 1999, p. 3)

par un port maritime étranger. En effet, cette armature prioritaire de transport est le reflet de l'organisation économique, démographique et stratégique actuelle du pays. Cette armature prioritaire de transport dessert plus ou moins directement la totalité de la population et les principales ressources à mettre en valeur, tout en s'éloignant suffisamment des frontières orientales bordées des pays belliqueux (Ouganda, Rwanda).

Par ailleurs, certains tronçons routiers de notre programme sont déjà en cours de réalisation dans le cadre du volet « infrastructures routières » du Plan « Cinq chantiers » de Joseph Kabila Kabange de 2008 (Annexe 10). Mais, si nous avons une similitude de vues sur la finalité des infrastructures de transports avec le Plan « Cinq chantiers » de Joseph Kabila Kabange de 2008, une différence fondamentale existe et porte sur la logique de cette reconstruction. En effet, le Plan « Cinq chantiers » de Joseph Kabila Kabange reste fidèle au mode de pensée du passé colonial et perpétue globalement l'organisation des transports du Plan Décennal de 1948 : même logique et mêmes marques. Ce qui se traduit par le rôle décisif de la route, la similitude des tracés routiers et surtout l'acceptation du transit des exportations et des importations du Congo via un port maritime étranger.

Or, la géopolitique de ce milieu des années 2010 est tout à fait différente de celle suivant la Deuxième Guerre mondiale (1940-1945). En 1945, sur le plan externe, l'Afrique médiane est encore un ensemble de colonies sous la domination européenne notamment anglaise, belge, espagnole, française et portugaise. Le Congo, le Burundi et le Rwanda forment même un ensemble commun sous l'autorité belge. Le transit vers un port maritime étranger se fait dans des conditions de sécurité. Et le respect des contrats de transit est, non seulement dans l'intérêt bien compris de toutes les parties, mais il fait partie intégrante de la culture des puissances coloniales européennes. En géopolitique interne, il n'y a pas de raison pour le pouvoir colonial belge de refuser la localisation aux frontières orientales des cités et villes congolaises comme Aba, Aru (en face d'Arua), Mahagi, Bunia, Irumu, Beni, Butembo, Rutshuru, Goma (collée à Gisenyi), Bukavu (en face de Cyangugu), Uvira (en face de Bujumbura).

En revanche, depuis les années 1960, l'Afrique médiane a donné naissance à plusieurs pays indépendants dont la géopolitique interne et la géopolitique externe sont caractérisées par l'insécurité. Nous pouvons citer les guerres civiles (Angola, Burundi, Congo Brazzaville, Congo/Zaïre, Kenya, Mozambique, Ouganda, Rwanda, Soudan), les rivalités interethniques (Burundi, Congo/Zaïre, Kenya, Rwanda, Ouganda, Soudan du Sud), les rivalités religieuses (Centrafrique, Kenya, Soudan), les guerres de sécession (Congo, Soudan) et les remises en cause des frontières avec des tentations expansionnistes (Ouganda, Rwanda). Ces dernières tentations expansionnistes se traduisant même par la première guerre africaine opposant le Congo soutenu par l'Angola, la Namibie et le Zimbabwe contre ses voisins de l'Est, l'Ouganda et le Rwanda.

Par ailleurs, la géopolitique interne de certains pays de transit est actuellement en suspens. Comment se feront les successions de Yoweri Kaguta Museveni en Ouganda, de Paul Kagamé au Rwanda, de José Eduardo Dos Santos en Angola et de Robert Mugabe au Zimbabwe ? Quelle issue au coup de force de Pierre Nkuruziza au Burundi (un troisième mandat anticonstitutionnel) ? Quelle issue aux rivalités interreligieuses au Kenya notamment dans la région de Mombasa où se situe le port qui constitue la principale porte d'entrée et de sortie maritime d'une bonne partie de l'Afrique de l'Est, mais où les musulmans sont majoritaires et très proches de leurs coreligionnaires somaliens (Jazairess, 2012 ; Le Temps, 2013) ? La vengeance des Shebab somaliens à l'intervention kenyane dans leur pays peut-elle s'étendre aux voies de communication, après leur attaque meurtrière du centre commercial « Westgate » à Nairobi, le 21 septembre 2013 ou le massacre des étudiants chrétiens du campus de Garissa, le 06 avril 2015 ?

Outre les risques élevés d'insécurité dans certains pays de transit (Angola, Burundi, Kenya, Ouganda, Rwanda, Zimbabwe), le Congo doit tirer les leçons des mésaventures du passé notamment le grippage de l'économie à la suite de la fermeture du chemin de fer angolais de Benguela en 1975 ou le péage exorbitant des véhicules congolais utilisant la route rwandaise Bukavu-Kamaniola de 1960 à 1964. Le Congo doit tirer aussi les leçons de plusieurs exemples étrangers actuels ou récents (difficultés de transit du gaz russe par l'Ukraine ou du pétrole sud-soudanais par le Soudan).

Toutes ces incertitudes et les leçons du passé exhortent les Congolais à accepter les sacrifices monstrueux et les efforts coûteux mais absolument nécessaires pour s'affranchir d'une dépendance de transit par un port étranger, une dépendance insupportable pour une puissance africaine.

Pour toutes ces raisons, l'armature prioritaire de transport que nous préconisons ici marque la rupture avec le mode de pensée du passé. Notre armature prioritaire de transport obéit à quatre nouvelles logiques qui consacrent la *Voie Nationale*, celle qui part et aboutit plus ou moins directement au port de Banana (en projet) via Kinshasa :

- La première logique est *démographique*. Cette logique vise à relier Kinshasa avec les trois principales zones de peuplement du Congo. D'une part, il s'agit de relier les hautes terres surpeuplées de l'Ituri, du Nord-Kivu et du Sud-Kivu à Banana via Kinshasa à travers les plateaux densément peuplés du Kasaï, du Kwango-Kwilu et du Bas-Congo (Verluise, 2008). Ce qui se matérialise par la liaison routière RN1-RN2 (Banana-Bukavu) et par deux liaisons ferroviaires : le Transcongolais n° 2 (Banana-Kalémie) et le Transcongolais n° 3 (Banana-Bunia). D'autre part, il s'agit de relier le plateau peuplé de Gemena dans l'Equateur à Banana via Kinshasa. Sur cet axe Zongo-Banana via Kinshasa, il y a deux itinéraires : une liaison directe et une liaison indirecte. La liaison directe utilise le Transcongolais n° 5 (Zongo-Banana) à travers les plateaux peuplés de Gemena (Equateur), du Kasaï occidental, du Kwango-Kwilu et du Bas-Congo. La liaison indirecte utilise la route RN23-RN6 jusqu'au port de Bumba, ensuite le fleuve jusque Kinshasa et enfin la RN1 jusque Banana à travers le plateau peuplé du Bas-Congo.

- La deuxième logique est *économique*. D'une part, il s'agit de relier à la *Voie Nationale* aboutissant au port maritime de Banana via Kinshasa les régions congolaises aux immenses ressources à mettre en valeur : le Sud (Katanga), le Centre (Kasaï) et l'Est (Ituri, Kivu et Maniema). D'autre part, il s'agit de favoriser l'intégration du Congo oriental (Kivu, Ituri) et du Congo méridional (Katanga) à l'économie nationale. En effet, faute des transports, l'économie du Congo oriental est orientée vers celle de l'Afrique de l'Est. Ainsi, grâce à des frais d'approche plus supportables (trajet moins coûteux), les Congolais de l'Est s'approvisionnent en Ouganda (Kampala, Jinja), au Kenya (Nairobi) ou en Tanzanie (Dar-es-Salam). Bien entendu, ils exportent également en fraude vers les pays voisins de l'Est les produits agricoles, les minéraux, les pierres précieuses, les bois et les produits du braconnage (Drevet, 1974 ; Paluku Live Rive Kyaka, 1989). C'est la raison pour laquelle, au Nord-Kivu, les Congolais préfèrent la monnaie ougandaise (le shilling) à la monnaie congolaise (le franc). Un constat qui a étonné les journalistes de la télévision chinoise (CCTV en Français) du 7 février 2014. Ce n'est nullement par antipatriotisme. C'est simplement pour des raisons pratiques : la facilité des échanges. Au Katanga, on observe le même phénomène. L'approvisionnement se fait en Tanzanie, en Zambie, au Zimbabwe et en Afrique du Sud. Tandis que les exportations légales ou en contrebande[107] prennent le chemin inverse.

Cette logique économique se matérialise par la construction du Transcongolais n° 1 (Sakania-Banana), du Transcongolais n° 2 (Kalémie-Banana) et du Transcongolais n° 3 (Bunia-Banana) ainsi que de la route Kasumbalesa-Banana (RN 1) et de la route Bukavu-Banana (RN1-RN2).

- La troisième logique est *politique*. Il s'agit de s'affranchir d'une dépendance insupportable de transit par des ports maritimes étrangers : Beira (Mozambique), Dar-es-Salam (Tanzanie), Durban et East-London (Afrique du Sud), Lobito (Angola), Mombasa (Kenya) ou Pointe Noire (Congo Brazzaville). D'où l'impérieuse nécessité d'aménager ou de réhabiliter un réseau des transports intérieurs partant et aboutissant au port maritime de Banana via Kinshasa, en trajet direct sans aucune rupture de charge. Ces liaisons directes sont matérialisées par le Transcongolais n° 1 (Banana-

---

[107] Essentiellement de la malachite : minerai de cuivre et de cobalt

Sakania), le Transcongolais n° 2 (Banana-Kalémie), le Transcongolais n° 3 (Banana-Bunia), le Transcongolais n° 4 (Banana-Aba), le Transcongolais n° 5 (Banana-Zongo) ainsi que les routes nationales Kasumbalesa-Banana (RN1) et Bukavu-Banana (RN1-RN2). Ce choix stratégique exige des efforts coûteux. L'éveil de la fierté nationale peut permettre au gouvernement du Congo de faire accepter les sacrifices énormes et douloureux que nécessite la construction de cette Voie Nationale, quel que soit le temps que cela va prendre. Mais ces efforts sont absolument inévitables pour une puissance régionale comme le Congo. En effet, la Voie Nationale présente deux gros avantages pour le Congo. Premier avantage, la Voie Nationale permet d'éliminer la menace politique de l'arme de transit. Le Congo peut ainsi conserver son indépendance diplomatique et rester l'acteur de ses relations extérieures. En revanche, lorsque la plupart des importations et des exportations dépendent des réseaux étrangers de transports, le Congo est obligé d'en tenir compte. Le Congo peut-être contraint d'appuyer des positions qui ne sont pas les siennes et devenir ainsi l'objet de ses relations extérieures, c'est-à-dire, un pays mineur. Autre avantage, la Voie Nationale permet d'éviter le grippage toujours possible d'une partie de la machine économique congolaise en cas de non-acheminement des importations ou des exportations. Trois cas de figure peuvent être envisagés. Premier cas de figure : des troubles peuvent éclater dans le pays de transit pour des raisons de tous genres. Le Congo a déjà connu cette situation avec la fermeture de la voie ferrée Dilolo-Lobito à cause de la guerre civile consécutive à l'indépendance de l'Angola en 1975. Deuxième cas de figure : des différends peuvent survenir entre le Congo et le pays de transit. Deux exemples étrangers récents ou actuels illustrent ce cas de figure : les conflits gaziers à répétition entre la Russie et l'Ukraine (2005/2006, 2007/2008, 2008/2009, 2011, 2012) (Becchio, 2011) ou les conflits pétroliers récurrents entre le Soudan et le Soudan du Sud (Lavergne et Baron, 2012). Dernier cas de figure : le pays de transit peut appliquer des tarifs prohibitifs. Le Congo a déjà vécu cette mauvaise expérience au début de son indépendance politique. Lorsque le péage exorbitant appliqué aux véhicules congolais transitant par le Rwanda entre Bukavu et Kamaniola, de 1960 à 1964, aurait pu permettre de construire une nouvelle route moderne sur la rive congolaise de la *Ruzizi* (Drevet, 1974).

- La dernière logique est *stratégique*. Il s'agit d'éloigner tous les axes principaux de communication des frontières orientales et de les diriger impérativement vers l'Ouest, vers l'intérieur du pays. Ce qui est concrétisé par la RN2 (Bukavu-Mbuji-Mayi), la RN3 (Bukavu-Kisangani), la RN4/RN27 (Bunia-Kisangani), la RN2/RN4 (Butembo-Kisangani), la RN5 (Uvira-Kalémie), le Transcongolais n° 2 (Kalémie-Banana) et le Transcongolais n° 3 (Bunia-Banana). En effet, les régimes belliqueux et expansionnistes qui ont imposé une guerre sanglante et meurtrière au Congo

(1998-2003) et qui ont soutenu ou soutiennent encore des « vrais-faux groupes armés congolais » (2003-2014) sont toujours en place à Kigali et à Kampala (Lehbour, 2012 ; RFI, 2012 ; Radio Okapi, 2012 ; Rolley, 2013). C'est la raison pour laquelle notre armature prioritaire de transport ne retient pas la route Aba-Uvira qui longe les frontières orientales du pays comme axe prioritaire contrairement au Plan « Cinq Chantiers » de Joseph Kabila Kabange de 2008. Au fond, la thèse que nous défendons tourne autour de l'idée que la localisation de nombreuses villes congolaises le long des frontières orientales, sur des reliefs marqués, difficiles d'accès par voie terrestre et très difficiles à défendre, doit être remise en question. Pour des raisons sécuritaires, les principales villes doivent se situer au moins à 100 Km des frontières orientales. Nous y reviendrons en long et en large dans une prochaine contribution.

MAITRISER LE TERRITOIRE POUR REFONDER L'ETAT EN GUISE DE CONCLUSION

Le point de départ de ce troisième chapitre est un constat unanime de tous les observateurs attentifs du Congo, selon lequel, il est impératif de maîtriser le territoire pour refonder l'Etat.

La variété des caractéristiques du Congo décrites dans ce chapitre suffit à nous convaincre de la multiplicité des problèmes qui se posent aux Congolais et des obstacles qu'ils doivent vaincre pour s'approprier leur territoire :

- les grandes distances en raison de l'immensité du territoire ;
- l'enclavement du pays et la sortie obligée vers l'Ouest ;
- l'enclavement du pays et la dépendance de transit par des ports maritimes étrangers qui peut se révéler catastrophique ;
- l'incertitude des successions politiques qui se profilent dans les pays habituels de transit des marchandises congolaises ;
- le dense bassin du fleuve Congo ;
- la présence des reliefs marqués aux frontières orientales ;
- la présence d'une vaste dépression, inondée, vide et recouverte d'une épaisse forêt au centre du pays ;
- la répartition déséquilibrée des hommes sur le territoire ;
- la dissociation entre les lieux de production agricole et les lieux de consommation ;
- la dissociation entre les lieux d'extraction des ressources du sous-sol et les lieux d'exportation ;
- le voisinage belliqueux à l'Est.

L'armature nationale de transport que nous préconisons de façon prioritaire permet de relever tous ces défis. Cette armature nationale prioritaire de transport reflète l'organisation démographique, économique et stratégique actuelle de l'espace congolais. Cette maîtrise du territoire trouve son originalité dans son objectif de refondation de l'Etat. Cette refondation de l'Etat vise à la fois l'intégration nationale et l'indépendance de transit.

A travers l'intégration nationale, l'armature prioritaire de transport vise à unifier l'espace congolais afin de renforcer l'unité nationale. Pour ce faire, elle est conçue pour assurer les meilleures liaisons avec Kinshasa mais également entre les différentes provinces et villes afin de desservir la totalité de la population. D'autre part, cette armature prioritaire des transports est conçue pour assurer un développement équilibré de toutes les provinces du Congo en permettant la mise en valeur des ressources naturelles là où elles se trouvent et en favorisant la relance des échanges monétarisés et des circuits de commercialisation.

A travers l'indépendance du Congo en matière d'approvisionnement et d'exportations, cette armature prioritaire des transports est conçue pour assurer les meilleures liaisons avec l'extérieur en relevant le défi de la *Voie Nationale*, c'est-à-dire, en s'affranchissant du transit par des ports maritimes étrangers.

Rompant avec le mode de pensée du passé qui confie le rôle décisif à la route, nous avons privilégié l'exploitation des avantages comparatifs de chaque mode de transport, en tenant compte des éléments physiques, démographiques, économiques et stratégiques de la géographie du Congo.

Ainsi, nous avons confié le rôle de principal intégrateur national au chemin de fer. Il est adapté au transport des pondéreux non périssables sur de longues distances à des prix concurrentiels. Le réseau ferré à constituer est conçu pour assurer les liaisons longues avec Kinshasa, avec l'extérieur et entre les différentes provinces. Il doit relier le Nord-Ouest (Zongo), le Nord-Est (Aba), l'Est (Bunia et Kalémie), le Sud (Sakania), le Centre-Est (Kisangani, Kindu), le Centre-Ouest (Bumba, Kananga) à Kinshasa et au port en eaux profondes de Banana (en projet). Cette armature ferroviaire nationale porte le nom de *Transcongolais*.

Dans cette armature prioritaire des transports, la route est le deuxième élément le plus important de l'intégration nationale. La route permet le développement économique de chaque province. En effet, grâce à sa capacité de « porte-à-porte », le transport sur route permet d'atteindre plus aisément les populations là où elles se trouvent et permet ainsi de dynamiser leurs activités. Le réseau routier proposé ici doit relier les provinces entre elles, les villes entre elles, les villes avec leur arrière-pays, mais il doit apporter aussi des éléments du trafic au réseau ferroviaire, le *Transcongolais*.

Le transport aérien intérieur est également reconnu pour son grand pouvoir intégrateur. Notamment, sa rapidité qui est particulièrement adaptée à l'immensité d'un pays aux dimensions d'un sous-continent comme le Congo. Le réseau aérien intérieur est conçu pour jouer un rôle décisif notamment dans le trafic des voyageurs dont l'essor nécessite la mise en place des tarifs à très bas prix à partir de 750 Km.

Quant à la navigation fluviale, elle est le moyen le plus pratique pour l'intégration de la Cuvette centrale. Elle est adaptée pour la pénétration dans l'épaisse forêt équatoriale inondée.

Par ailleurs, cette armature prioritaire des transports en complémentarité avec le réseau des chefs-lieux de Territoire doit constituer l'élément le plus structurant de l'espace congolais. La maîtrise du territoire qui en résultera constitue une condition très importante de la restauration de l'autorité de l'Etat sur la totalité du territoire et sur la totalité de la population qui y habite.

Mais, la maîtrise du territoire n'est pas la seule condition à remplir pour la refondation de l'Etat. En effet, il y a encore d'autres conditions à remplir parmi lesquelles une qui relève à la fois de la géopolitique interne et externe du Congo. Le Congo vient d'apprendre à ses dépens que sans une armée dissuasive, un pays scandaleusement riche en espace et en ressources naturelles risque un jour ou l'autre d'être la victime de ses voisins en quête d'espace vital. Comment le Congo peut-il relever cet autre défi ? C'est l'objet du prochain chapitre.

4
NEGOCIER UN PARTENARIAT STRATEGIQUE AVEC LES ETATS-UNIS D'AMERIQUE

Le Congo est l'objet de toutes les convoitises en raison de la variété et de l'abondance de ses ressources naturelles : la terre arable, l'énergie, l'eau potable, la biodiversité et les ressources minérales. En effet, comme l'écrit le Français Patrice Christmann (2013)[108] : « *On commence à réaliser que malgré tous les progrès technologiques, l'humanité reste très dépendante des ressources naturelles, de la terre arable, de l'eau potable, de l'énergie, de la biodiversité et des ressources minérales. Notre dépendance face à ces ressources naturelles est aussi forte qu'il y a cent mille ans, voire plus forte car nos sociétés hautement technologiques ont besoin de matières premières, parfois très rares, qui étaient inutilisées il y a encore deux ou trois décennies. Nous commençons à peine à réfléchir à la gestion de ces dépendances. Avoir cru qu'il était possible de rompre ce lien entre croissance et ressources par la technologie était une illusion qui peut se révéler catastrophique si nous n'agissons pas.* »

Voilà pourquoi la compétition entre les puissances actuelles est de nouveau très vive pour l'accès aux ressources naturelles et s'accroit sans cesse. Le propos de Patrice Christmann donne un éclairage nouveau sur la crise du Congo. Si cette crise est certes locale, son enjeu dépasse le Congo : son enjeu est devenu continental et mondial. C'est pourquoi notre but au cours de ce chapitre est de montrer que les intérêts stratégiques américains coïncident avec les intérêts du Congo. Et que cette concordance d'intérêts justifie la négociation et la conclusion d'un partenariat stratégique qui doit confier aux Etats-Unis d'Amérique l'organisation de la défense nationale congolaise. Nous laissons aux spécialistes de la défense le soin de discuter des modalités pratiques d'un tel partenariat militaire.

Une crise locale

L'avenir du Congo est menacé. Le mal est connu. Parmi les principales causes, il y a la déliquescence de l'Armée. Or, un Etat sans armée dissuasive est un Etat fantôme. Qui est la victime, un jour ou l'autre, des guerres secrètes que se livrent les grandes puissances avec leurs multinationales pour l'accès aux ressources naturelles. Ces guerres secrètes sont des guerres indirectes qui se font par le truchement des pays voisins ou des groupes

---

[108] Directeur adjoint à la direction de la stratégie et responsable de la stratégie ressources naturelles au BRGM (Bureau français de Recherche Géologique et Minière.

armés. En effet, l'Armée est l'un des bras séculiers de l'Etat avec l'Administration, la Police et la Justice. L'Armée permet à l'Etat d'exercer ses fonctions dites d'autorité (Défense de l'intégrité territoriale ; maintien de l'ordre et de la sécurité intérieure).

L'histoire récente et la situation actuelle du Congo sont des exemples éloquents (Lanotte, 2010, 2011 ; Péan, 2010 ; Braeckman, 1999 et 2003 ; Pourtier, 2003). En effet, l'armée congolaise est gravement malade. Le pronostic vital est sérieusement engagé. Nous disposons pour cela des informations de premières mains. Il s'agit du portrait que le général Donatien Mahele Lieko Bokungu dresse de l'armée congolaise devant la Conférence Nationale Souveraine en 1991, armée dont il est le patron jusqu'à son assassinat en mai 1997. Donatien Mahele fournit les éléments explicatifs de la décrépitude de l'armée. Plus de vingt ans après l'intervention de Mahele devant la Conférence Nationale Souveraine, rien n'indique que son diagnostic soit devenu obsolète. Compte tenu de son importance, le texte intégral de l'intervention de Donatien Mahele figure à l'annexe 11.

Que dit Donatien Mahele ? Les soldats sont mal entraînés, mal équipés, mal encadrés, mal logés, mal soignés, mal payés, mal considérés, dans l'incapacité de subvenir aux besoins élémentaires de leur famille, dans l'incapacité de scolariser leurs enfants. Oisifs en temps de paix, ils sont en outre confrontés à la politisation de l'armée et aux promotions politiques sans aucun rapport avec la valeur militaire. Les soldats vivent d'expédients. De plus, l'armée est pléthorique. Son recrutement n'est pas rigoureux. Quant à l'armement, il ne correspond pas aux besoins. Et les achats des équipements militaires échappent totalement aux responsabilités des militaires. Enfin, le budget de l'armée est ridicule. Ce budget ne correspond absolument pas aux défis du Congo. Après son sombre diagnostic, Donatien Mahele conclut son intervention en esquissant le remède de la dernière chance.

Intéressons-nous maintenant à la réponse des soldats. C'est une totale insatisfaction à l'égard des gouvernements successifs. Les soldats expriment cette défiance de deux façons : par des mutineries et des pillages comme en septembre 1991 et en janvier 1993 (De Villers, 1992, p. 102 ; Yoka, 1994, p. 84 ; Devisch, 1998, pp. 444-448) ainsi que par le manque de combativité. Ce défaut de combativité oblige les présidents successifs du Congo à faire appel systématiquement aux forces étrangères pour défendre l'intégrité territoriale du pays mais aussi pour assurer parfois les fonctions de police comme restaurer l'ordre et la sécurité intérieure. En remontant jusqu'à l'indépendance du Congo, en 1960, on peut citer :

1. L'intervention onusienne de 1960 à 1964 pour mater les sécessions du Katanga et du Sud-Kasaï (Gérard-Libois, 1963) ;

2. L'intervention belgo-américaine en novembre 1964 à Stanleyville/Kisangani et à Paulis/Isiro pour sauver 1.500 à 2.000 occidentaux dont la vie est menacée par la rébellion des nationalistes pro-Lumumba dirigée par Christophe Gbenye. Les troupes sont belges et les moyens de transport aériens sont américains (Verhaegen, 1967 ; Corten, 2011) ;
3. L'intervention franco-marocaine, du mois de mars au mois de mai 1977, dans la première guerre du Shaba/Katanga pour écraser la rébellion du Front National de Libération du Congo de Nathanaël Mbumba (Yakemtchouk, 1988) ;
4. L'intervention française puis africaine en mai 1978 dans la deuxième guerre du Shaba/Katanga pour mater de nouveau la rébellion du Front National de Libération du Congo de Nathanaël Mbumba (Manin, 1978 ; Yakemtchouk, 1988) ;
5. L'intervention du Zimbabwe de Robert Mugabe, de l'Angola de José Eduardo Dos Santos et de la Namibie de Sam Nujoma en août 1998 durant la première guerre africaine pour contrer l'invasion et l'occupation du Congo de l'Est par les armées rwandaises de Paul Kagamé et ougandaises de Yoweri Kaguta Museveni (Pourtier, 2003 ; Lanotte, 2011) ;
6. L'intervention des Nations-Unies, de novembre 1999 jusqu'à nos jours, pour protéger les civils du Congo de l'Est contre les armées ougandaises et rwandaises d'occupation puis contre les groupes armés organisés, équipés et téléguidés de l'étranger (GRIP, 2012 ; Lanotte, 2011) ;
7. L'intervention de l'Union Européenne dans la région de Bunia en Ituri, de juin à septembre 2003, baptisée opération *Artémis*, pour arrêter les destructions matérielles systématiques et les massacres auxquels se livrent deux ethnies manipulées par l'étranger : les Lendu et les Hema (Bagayoko-Penone, 2004 ; Rolley, 2013) ;
8. L'intervention de l'Union Européenne (EUFOR), de juillet à novembre 2006, pour sécuriser les premières élections libres du pays depuis l'indépendance en 1960 (Morel et Cameron, 2009, p. 28).

Le mal étant connu, quelles sont les conséquences négatives ? On peut affirmer que là où l'Etat, qui est le garant de l'intérêt général est désarmé, le désordre, l'arbitraire et les violences de masse s'installent. Par ordre chronologique, on peut citer plusieurs exemples :
1. Les guerres du Shaba/Katanga en 1977 et 1978 (Manin, 1978 ; Yakemtchouk, 1988) ;
2. Le lynchage des étudiants à l'université de Lubumbashi en 1990 (Digekisa Piluka, 1993) ;
3. Les mutineries militaires et les émeutes populaires de 1991 et 1993 (De Villers, 1992, p. 102 ; Yoka, 1994, p. 84 ; Devisch, 1998, pp. 444-448) ;

4. Les pogroms des Kasaïens au Katanga et des Banyarwanda au Nord-Kivu en 1992 et 1993 (Gouvernement de transition du Zaïre, 1993 ; Bakajika Banjikila, 1997 ; Pourtier, 1998) ;
5. La rébellion de l'AFDL[109] de 1996/1997 (Kennes, 1997 ; Maryse et Reyntiens, 1997) ;
6. L'invasion et l'occupation du Congo de l'Est par les armées ougandaises de Yoweri Kaguta Museveni et rwandaises de Paul Kagamé de 1998 à 2003 (Pourtier, 2003 ; Lanotte, 2011) ;
7. L'assassinat de Laurent-Désiré Kabila en 2001 (Kpatindé, 2011) ;
8. L'insurrection et les violences de masse des groupes armés au Congo de l'Est (Ituri, Katanga Kivu) de 2003 à nos jours (Radio Okapi, 2014 ; RFI, 2014 ; Lanotte, 2011 ; GRIP, 2012 ; Van Acker et Vlassenroot, 2001) ;
9. La révolte des partisans de Bundu Dia Kongo (un mouvement politico-religieux) en 2007/2008 dans le Bas-Congo (Ambassade des Etats-Unis d'Amérique, 2009) ;
10. Les attaques simultanées du quartier général des forces armées, de la radiotélévision nationale et de l'aéroport international de Ndjili à Kinshasa, à la fin du mois de décembre 2013, par les membres d'un autre mouvement politico-religieux dont le chef spirituel est Gideon Mukungubila (France 24, 2013).

Le bilan de cette insécurité (désordre, arbitraire et violences de masse) est terrible et se résume en un seul mot, la ruine :

- Sur le plan matériel, l'insécurité s'accompagne des destructions et des pillages de villes, d'infrastructures de transports, du tissu industriel, de forêts, du sous-sol, de l'agriculture et de la faune des parcs naturels (De Villers, 1992, p. 102 ; Yoka, 1994, p. 84 ; Devisch, 1998, pp. 444-448 ; Braeckman, 1999 et 2003) ;
- Sur le plan territorial, l'insécurité divise le pays : une grande partie du territoire est inaccessible et plus ou moins coupée de Kinshasa, la Capitale (Van Acker et Vlassenroot, 1991 ; RDC, 2004 ; Melmoth, 2007 ; Pourtier, 2008) ;
- Sur le plan humain, les pertes sont particulièrement lourdes au Congo de l'Est : celles attribuables à cinq années d'invasion et d'occupation (1998-2003) par les armées rwandaises et ougandaises mais aussi celles attribuables à plus d'une décennie (2003-2014) d'insurrection des groupes armés. Les estimations les plus plausibles font état de 5,4 à 6,9 millions de morts : des victimes directes et indirectes (James, 2010 ; Kristof, 2010 ; IRC, 2010 ; Mediapart, 2013). Les pertes humaines sont énormes à cause de quatre facteurs : la cruauté physique et morale des forces d'occupation et des insurgés, l'impunité, la tactique de la terre brûlée et la longueur des conflits (1998-2014). En cette fin de 2014, deux grandes régions du pays connaissent

[109] Alliance des Forces Démocratiques pour la Libération du Congo

encore des violences de masse : le triangle de la mort au Katanga (Territoires[110] de Manono, Mitwaba et Pweto) aux mains des insurgés *Kata-Katanga* qui refusent le découpage du Katanga en 4 provincettes (Haut-Katanga, Haut-Lomami, Lualaba et Tanganyika) en application de la Constitution de 2006 dite de la Troisième République, des insurgés qui affichent des velléités séparatistes ; l'hexagone de la mort au Nord-Kivu (Territoires de Beni, Lubero, Masisi, Nyiragongo, Rutshuru et Walikale) où plusieurs groupes armés (*ADP*[111], *ADF-Nalu*[112], *APCLS*[113], *NDC*[114], *RAIA Mutomboki*) poursuivent leurs violences dont les civils paient le plus lourd tribut (AFPQC2, 2014 ; CICR, 2014 ; OXFAM, 2014 ; Radio Okapi, 2014). Sans oublier les déplacés internes que les Nations Unies estiment à 3 millions à la fin de l'année 2013 dans quatre provinces : Katanga, Province Orientale, Nord-Kivu et Sud-Kivu (RFI, 2014).
- Sur le plan moral, c'est l'horreur. C'est le retour à la barbarie du fait de la cruauté morale et physique dont sont victimes surtout les Congolaises. Les femmes, les filles et les fillettes du Congo oriental paient le plus lourd tribut. Car les violences sexuelles faites au genre féminin sont utilisées comme une arme de guerre (Haut-Commissariat des Nations Unies aux droits de l'homme, 2010 ; ELLE, 2004, 2009 ; 7 sur 7, 2013 ; Muhammad Ali et al, 2012).

Le mal et les conséquences négatives étant connus, la question que l'on peut se poser maintenant est la suivante : quel remède ?

On peut considérer comme générale la volonté de paix chez tous les Congolais, sans oublier la volonté de paix de la Communauté internationale qui finance et maintient le plus gros contingent de l'ONU dans ce pays depuis maintenant 15 ans. La restauration de la paix et surtout le maintien d'une paix durable sont les conditions indispensables pour relancer le processus de développement du Congo. Seule une paix durable peut donner une garantie de sécurité favorable aux investissements dans l'agriculture, dans l'industrie, dans le commerce et dans les services. La question que l'on doit se poser maintenant est : comment et avec qui construire une paix durable au Congo ? Une principale donnée doit être prise en compte : le Congo est un pays stratégique dans la tourmente. Ainsi, bien que la crise du Congo soit une crise locale, l'enjeu est continental et mondial. Le seul remède qui vaille selon nous et bien d'autres analystes (Tshiyembe Mwayila, 2009) est celui de solliciter la protection américaine, la seule superpuissance

---

[110] Dans cet exposé, le terme territoire en majuscule fait référence à une subdivision territoriale du Congo entre le District et le Secteur.

[111] Alliance démocratique des peuples

[112] Allied Democratic Forces (forces démocratiques alliées) : groupe armé ougandais opérant depuis le Nord-Kivu.

[113] Alliance des patriotes congolais pour un Congo libre et souverain).

[114] Nduma Defense of Congo

actuelle. Ce parapluie américain peut prendre la forme d'un partenariat stratégique qui confie aux Américains la construction d'une armée congolaise efficace et dissuasive (organisation, entraînement, équipement). Ce partenariat stratégique sous-entend une dépendance du Congo à l'égard des Etats-Unis d'Amérique. Rappelons que cette dépendance est parfaitement assumée par la vieille Europe (OTAN), le Japon, la Corée du Sud, l'Australie, la Nouvelle-Zélande, l'Egypte et bien d'autres pays. Par ailleurs, c'est l'une des raisons qui justifient notre plaidoyer pour l'adoption de l'anglais comme langue officielle et de travail au Congo (chapitre 6) afin de faciliter la communication entre Américains et Congolais.

Bien entendu, l'armée à bâtir avec l'aide américaine doit répondre aux principaux défis du Congo, des défis posés par sa situation géopolitique.
En géopolitique interne, le Congo doit pouvoir assurer seul les opérations de sécurité intérieure (maintenir ou rétablir l'ordre, écraser des rébellions, des sécessions et des insurrections armées). D'autre part, le Congo doit pouvoir assurer seul le contrôle effectif du territoire et la protection de ses intérêts vitaux (sites stratégiques ; frontières terrestres ; frontières maritimes, fluviales et lacustres ; espace aérien). En effet, la porosité des frontières fait du trafic la principale source des revenus des citoyens et des étrangers qui vivent et travaillent sur le territoire du Congo. Ces impôts en moins dans les caisses de l'Etat affaiblissent davantage ses fonctions d'autorité (défendre le territoire, assurer l'ordre, la sécurité et la justice pour tous) et ses fonctions de services (construire et entretenir des routes pour assurer la circulation sur l'ensemble du territoire, construire des écoles pour assurer l'éducation de la population, construire des hôpitaux pour assurer la santé des habitants).
En géopolitique externe, le Congo doit relever trois défis :
- Le premier défi est *militaire*. Il s'agit du surarmement de ses voisins directs (Ouganda, Rwanda). [115] Ce qui entraîne des déséquilibres militaires dans la région de Grands Lacs. Ce déséquilibre des forces explique en partie les récentes déconvenues du Congo durant les guerres de conquêtes territoriales lancées par l'Ouganda et le Rwanda. En effet, le Congo apparaît comme un énorme coffre-fort par son immensité, par la variété et l'abondance de ses ressources naturelles. Un coffre-fort extrêmement alléchant. Ce qui exacerbe

---

[115] Les Etats-Unis s'intéressent de très près à l'Afrique. Les objectifs stratégiques étatsuniens sont de trois ordres : le pétrole, les minerais stratégiques (Tantale, Cobalt, Uranium) et la guerre contre le terrorisme. Les Etats-Unis sont préoccupés notamment par l'installation des mouvements islamistes dans la zone sahélienne et dans la Corne de l'Afrique (Somalie, Soudan). C'est ainsi qu'ils entraînent et équipent les armées de plusieurs pays africains notamment l'Ouganda et le Rwanda et sous-traitent à ces Alliés de la région des interventions armées contre ces mouvements islamistes (Hélène, 1996 ; Amalric, 2003 ; Leriche, 2003 ; Mamo Zeleke, 2007 ; Jeune Afrique, 2008 ; Ayad et Gangereau, 2008).

la convoitise de ses voisins de l'Est dont l'espace est restreint avec peu de ressources naturelles (Lanotte, 2011 ; Braeckman 1999, 2003).

- Le deuxième défi est *démographique*. Le Congo, pays moyennement peuplé, doit faire face au surpeuplement de ses voisins directs (Burundi, Ouganda, Rwanda). Les conflits récents opposant le Congo avec ses voisins de l'Est (Ouganda, Rwanda) ont aussi une dimension démographique (Gendreau, 1996).

- Le troisième et dernier défi est celui d'affirmer son rôle naturel de *puissance régionale et de puissance africaine*. En effet, le Congo doit pouvoir assurer son rôle de pompier régional. Il s'agit des interventions militaro-humanitaires dans le cadre d'opérations de maintien de la paix d'abord chez ses neufs voisins directs et par extension dans toute l'Afrique médiane.

Armée de conscription ou Armée de métier ? Une armée de métier n'a qu'une mission. C'est une mission militaire (la défense du territoire et la mise en place des opérations de sécurité intérieure). En effet, une armée de professionnels répond à la nécessité d'avoir des soldats super qualifiés et super entraînés pour utiliser un armement de plus en plus complexe. En revanche, une armée de conscription (service militaire obligatoire) a deux missions : une mission militaire et une mission sociale (rôle d'intégration nationale ou de création du lien entre l'armée et la nation) (Lacoste, 2004). La situation géopolitique du Congo oriente le choix vers une armée de métier, une armée de projection et de réaction très rapide, c'est-à-dire, une armée rapidement mobilisable pour être très rapidement projetée sur les théâtres d'opération partout au Congo. Mais, ces soldats professionnels doivent être engagés en contrat à durée déterminée (CDD). Cette idée d'une armée de métier avec des soldats sous contrat est aussi préconisée par le général Donatien Mahele (1991, Annexe 11). A côté d'une armée professionnelle, on pourrait examiner la possibilité d'organiser un service militaire obligatoire court et intensif afin de préparer chaque classe d'âge dans chaque Territoire et dans chaque Commune à prendre les armes pour assurer la défense de la patrie en cas de danger extrême et vital.

Un enjeu continental

En raison de la position stratégique du Congo[116], la crise congolaise[117] fait peser des risques d'instabilité à toute la région :

- Premier risque : la crise congolaise entraîne des tensions politiques dans la région. En effet, un Congo qui ne peut pas assurer un contrôle effectif de son

[116] Le Congo a neuf voisins directs : Angola, Burundi, Centrafrique, Congo Brazzaville, Ouganda, Rwanda, Soudan du Sud, Tanzanie, Zambie.

[117] Un Etat fantôme et une armée en décrépitude.

territoire pose un problème de sécurité chez les pays voisins. Car il devient un possible lieu de refuge, une possible base arrière stratégique ou un possible sanctuaire pour les guérillas étrangères dont l'objectif est la subversion chez ses voisins. On peut citer deux exemples concrets : la présence des Acholi ougandais de l'Armée de Résistance du Seigneur (Lords Resistance Army ou LRA) de Joseph Kony dans les forêts de l'Ituri et des Uélé (RFI, 2014) ou encore la présence des Hutu rwandais des Forces Démocratiques de Libération du Rwanda (FDLR) dans les forêts du Kivu (RFI, 2014).

- Deuxième risque : la crise congolaise entraine des tensions économiques dans la région. En effet, le Congo est une *Centrale électrique* continentale. Or un Congo qui ne peut assurer un contrôle effectif de son territoire est un pays qui inquiète ses voisins. Car, il se pose un sérieux problème de sécurité d'approvisionnement électrique des pays voisins. Ainsi, depuis le milieu des années 1990, la sécurité du barrage hydroélectrique de la Ruzizi à Bukavu inquiète. Cette centrale hydroélectrique alimente non seulement les villes congolaises de Bukavu, Goma et Uvira mais aussi le Rwanda et le Burundi. D'où, la crainte d'un grippage possible de la machine économique burundaise et rwandaise en cas de non-distribution du courant électrique, c'est-à-dire, de la matérialisation du risque sécuritaire visant le barrage de la Ruzizi (cible des guérillas). La même inquiétude gagne le Congo Brazzaville qui dépend partiellement du courant électrique congolais fourni par le barrage d'Inga.
- Troisième risque : la crise congolaise entraîne des tensions sociales dans la région. Et ce, de deux manières. D'une part, le Congo est un réservoir minier. Or, un Congo qui ne peut assurer un contrôle effectif de son territoire devient un lieu de guerre où s'affrontent différents groupes armés pour le contrôle des gisements miniers comme l'ont démontré les Belges Franck Van Acker et Koen Vlassenroot (2001, p. 4) ainsi que Sébastien Melmoth (2007, p. 7). Il en résulte des violences de masse qui envoient des dizaines de milliers de réfugiés dans les pays voisins. C'est le cas actuellement des Congolais habitant le Nord-Kivu (région de Beni) qui fuient en masse en Ouganda pour échapper aux violences des groupes armés. Au mois de mai 2014, le Haut-Commissariat aux Réfugiés des Nations-Unies a dénombré près de 172.000 réfugiés Congolais en Ouganda. Où ils sont parqués dans de nombreux camps notamment celui de *Kayakable* ou celui de *Pamandja* (Nzuzi, 2014). D'autre part, la crise congolaise transforme le Congo en pays d'émigration pour des raisons économiques. En effet, les Congolais partent massivement à l'étranger dans l'espoir d'y trouver des conditions de vie meilleures qu'au Congo. Les principaux lieux de destination sont les pays voisins (Congo Brazzaville, Angola) ou les pays de la région (Afrique du Sud). Où ces arrivées massives ont fait naître des phénomènes de rejet. On peut citer les expulsions massives et violentes des Congolais ex-Zaïrois du

Congo Brazzaville aux mois d'avril et mai 2014 (RFI, 2014) ou les expulsions massives et violentes des Congolais d'Angola qui se poursuivent depuis 2007 (RFI, 2012 ; LE FIGARO/AFP, 2007).

En dehors des risques d'instabilité régionale, une armée congolaise en incapacité d'assurer sa mission de gardienne du territoire est une situation qui introduit une incertitude préjudiciable sur le plan économique. Une telle incertitude concerne le projet de faire du site d'Inga au Congo, la Centrale hydroélectrique de l'Afrique. En effet, à lui seul, le site d'Inga a un potentiel hydroélectrique de 42.000 MW qui pourrait satisfaire toute la demande africaine en électricité. Or, le projet en cours (Rosselin, 2014) qui prévoit l'aménagement du Grand Inga et la fourniture du courant électrique à de nombreux pays africains notamment à ceux de l'Afrique australe (la Zambie, le Zimbabwe et l'Afrique du Sud) soulève un sérieux problème de sécurité. D'où vient la menace ? Le trajet de la ligne haute tension Inga-Kolwezi-Zambie-Zimbabwe-Afrique du Sud traverse au Katanga le triangle dit de la mort où sévissent les insurgés *Kata-Katanga.* Or, la vente de l'électricité à ces pays africains présente deux avantages pour le Congo : un avantage financier (une source d'importantes devises) mais aussi un avantage diplomatique (une arme de puissance).

Un enjeu mondial

La guerre de moins en moins secrète que se livrent indirectement les grandes puissances et leurs multinationales de pétrole et de minerais par le truchement des pays voisins[118] ou des groupes armés[119] (Péan, 2010 ; Braeckman, 1999, 2003, 2010 ; Pourtier, 2003) attire l'attention sur les enjeux de toutes les convoitises que suscite le Congo.

Le Congo est un pays furieusement convoité, tout d'abord, en raison de ses matières premières minérales stratégiques et critiques qui intéressent toutes les puissances. Et la compétition est donc vive pour l'accès à ces ressources. En effet, les matières premières minérales sont importantes dans notre vie quotidienne. Elles sont indispensables à une économie moderne et au développement des nouvelles technologies (Christmann, 2013). On distingue des métaux stratégiques et des métaux critiques. *Les métaux sont dits stratégiques lorsqu'on ne peut pas les substituer par d'autres. Ainsi, leur indisponibilité entraîne l'arrêt des activités d'une entreprise car leur manque rend impossible la production des objets* (Christmann, 2013). En

---

[118] Invasion et occupation du Congo oriental de 1998 à 2003 par les armées rwandaises de Paul Kagamé et ougandaises de Yoweri Kaguta Museveni.

[119] De 1998 à nos jours, il s'agit du RCD-Goma (Rassemblement Congolais pour la Démocratie) baptisé CNDP en 2007 (Congrès National pour la Défense du Peuple) et rebaptisé M23 en 2012 (Mouvement du 23 mars 2009).

revanche, une matière minérale est dite critique *lorsqu'elle présente des risques d'approvisionnement élevés et si la matérialisation de ces risques entraîne des conséquences importantes. Elle n'est pas stratégique car elle peut être remplacée par un autre métal moyennant une modification de la technologie de l'entreprise* (Christmann, 2013).

Le Congo est un grand réservoir de deux métaux stratégiques, le cobalt et le tantale (Coltan) mais aussi de deux métaux critiques, l'Yttrium et le Cérium, des terres rares. Y abonde également un autre métal qui risque de devenir critique : le cuivre.[120] La localisation de ces métaux au Congo est figurée dans la carte 3. Les principaux usages des métaux stratégiques et des terres rares sont résumés dans l'annexe 13. Par ailleurs, comme un bonus, le Congo recèle des gisements importants d'autres métaux du tableau de Mendeleïev (Béryllium, Etain, Germanium, Manganèse, Niobium, Or, Plomb, Uranium, Tungstène, Zinc, etc.) (Carte 3), sans oublier les diamants industriels, le gaz et le pétrole. En effet, comme l'affirme le Français Patrice Christmann du BRGM (2013), « *En cent ans la diversification des matières premières minérales indispensables au bon fonctionnement d'une économie moderne est extraordinaire. En effet, au début du XX*ème *siècle, nos arrière-grands-parents utilisent des objets fabriqués à partir d'une petite dizaine des métaux différents. Cent ans plus tard, nous utilisons au quotidien, pratiquement la totalité du tableau de Mendeleïev.*»

Le Congo est vivement convoité aussi pour son patrimoine génétique. En effet, le Congo est le deuxième royaume de la biodiversité au monde derrière le Brésil. Grâce aux forêts du bassin du fleuve Congo qui s'étendent sur 2.300.000 Km² dont la plupart appartiennent au Congo. Biodiversité par-ci, biodiversité par-là, mais de quoi parle-t-on ? La biodiversité signifie tout simplement la diversité biologique. « *La biodiversité se définit comme l'ensemble des organismes vivants sur la planète, englobant à la fois les individus et leurs relations fonctionnelles. Le terme de ressources génétiques, lui est un sous-ensemble de la biodiversité* » (Charrier, 1993). La biodiversité est un trésor. Car les ressources génétiques ont une grande valeur économique. En effet, la biologie moderne qu'on appelle communément les biotechnologies est aujourd'hui capable de prélever les informations pleines de vertus présentes dans les gènes des cellules végétales afin de les utiliser à des fins agricoles, médicinales et industrielles. A partir des plantes, l'industrie chimique fabrique de nouveaux produits (savons, plastiques), l'industrie pharmaceutique fabrique plus de la moitié des médicaments, l'industrie agricole fabrique de nouvelles variétés de

[120] Patrice Christmann (2013) rapporte que le cuivre pourrait devenir critique dès 2020 selon une étude pertinente de la firme américaine General Motors à cause de la baisse de la teneur des gisements et des risques de sous-production comme le montre l'annexe 12 qui simule la demande mondiale jusqu'en 2030.

semences qui produisent de nouveaux produits alimentaires. Des modifications génétiques permettent d'améliorer des variétés de plantes que nous utilisons déjà. Ces améliorations portent sur la rusticité (résistance à certaines maladies ou à certains parasites, adaptation à certaines variations climatiques) mais aussi sur la productivité (rendement). C'est pourquoi beaucoup de scientifiques voient dans la biodiversité un moyen de faire beaucoup d'argent. La course à la biodiversité est déjà lancée. L'accès aux ressources génétiques est donc devenu un enjeu économique vital pour les multinationales agricoles (semences), de la chimie et de la pharmacie ainsi que pour certains pays fort avancés en biotechnologies. L'essentiel de la biodiversité de la planète est concentré dans les régions tropicales : dans les forêts tropicales humides du bassin de l'Amazone en Amérique du Sud, du bassin du Congo en Afrique ainsi que dans celles de grandes îles de l'Asie du Sud-Est (Chanteau, 1993 ; Charrier, 1993 ; Ravignan, 1993 ; Tubiana et Ilbert, 1993). Ainsi, grâce à ses forêts qui renferment une exceptionnelle flore, le Congo possède un extraordinaire patrimoine génétique. De nombreuses espèces végétales cachent encore jalousement leurs secrets. En effet, des espèces végétales sans aucune valeur économique au stade actuel des connaissances de la science, des techniques et des technologies peuvent un jour se révéler très riches en informations exploitables avec les progrès scientifiques et technologiques. La protection des forêts du Congo de l'exploitation dévastatrice actuelle se pose donc avec acuité.

Enfin, le Congo est un pays important pour son rôle vital dans la stabilité climatique du monde. Les forêts congolaises n'ont pas qu'un intérêt économique. Elles sont surtout vitales pour l'humanité. En effet, les forêts humides du bassin du fleuve *Congo* sont le deuxième poumon vert du monde après celles du bassin de l'Amazone. D'une part, ces forêts absorbent le gaz carbonique (CO2) et préviennent ainsi l'effet de serre. D'autre part, ces forêts produisent l'oxygène nécessaire à la vie des hommes et des animaux. Les forêts du bassin du Congo participent ainsi à la qualité de l'air et à la stabilité du climat sur cette planète Terre. Le problème de leur préservation se pose donc au niveau mondial. La solution doit concilier à la fois la préservation des forêts et le développement économique des populations qui y habitent (Bras, 2011).

Une longue histoire

Le Congo a aujourd'hui, plus qu'hier, besoin des Etats-Unis d'Amérique pour l'aider à bâtir une armée efficace et dissuasive afin de restaurer la paix, mais une paix durable. Trois raisons peuvent être invoquées :

- Première raison : Une paix durable est essentielle pour la stabilité et le développement du Congo. En effet, bien que le Congo possède un potentiel gigantesque en ressources naturelles (minerais, pierres précieuses, énergie, biodiversité, terre arable, eau potable), le pays n'est pas attractif. Comme l'affirme Patrice Christmann du BRGM en France (2013), « *les investisseurs occidentaux hésitent à investir dans un pays à haut risque sécuritaire, politique, juridique et à faible gouvernance. Car le développement d'une industrie minérale mais aussi pétrolière et biotechnologique s'inscrit dans la durée. Ces investissements exigent non seulement beaucoup de capitaux, un savoir-faire rare et des technologies de pointe mais aussi une grande sécurité politique et juridique notamment des règles claires et des conditions prévisibles et stables.* » L'existence de cette insécurité au Congo est un frein pour les investisseurs occidentaux désireux de se lancer dans le développement de l'industrie minière, pétrolière, biotechnologique et autre. Ce qui obère l'accès à ces fabuleuses ressources naturelles.

- Deuxième raison : Une paix durable au Congo est essentielle également pour la stabilité d'une bonne partie de l'Afrique. D'une part, un Congo avec une armée bonne gardienne du territoire est une garantie de sécurité politique pour ses voisins. Le Congo ne peut plus servir de lieu de refuge ou de base arrière à des guérillas étrangères. D'autre part, un Congo avec une armée bonne gardienne du territoire est une garantie de sécurité économique pour ses voisins. Cette situation efface les incertitudes sécuritaires qui pèsent sur les centrales hydroélectriques d'Inga et de Ruzizi et sur la fourniture du courant électrique à ses voisins (Burundi, Congo Brazzaville, Rwanda). Cette situation élimine aussi les incertitudes sécuritaires qui pèsent sur les investissements projetés d'Inga III afin d'approvisionner l'Afrique australe en courant électrique. Enfin, une paix durable peut relancer les investissements au Congo qui peuvent booster la croissance économique et le progrès social. L'amélioration des conditions de vie des Congolais qui peut en résulter est de nature à réduire l'émigration massive et à baisser les tensions diplomatiques apparues avec les pays africains d'immigration des Congolais (Afrique du Sud, Angola, Congo Brazzaville, etc.).
- Troisième et dernière raison : Une paix durable est essentielle à la mise en place d'un programme mondial efficace de préservation des forêts tropicales du bassin du Congo, deuxième poumon vert du monde. Un Congo avec une armée bonne gardienne du territoire peut minimiser les déforestations orchestrées par des trafiquants. En effet, un rapport d'Interpol et du programme des Nations Unies pour l'environnement (PNUE) de 2012 montre que « *l'exploitation illégale des forêts tropicales a lieu en majorité dans les régions en conflit. Elle ne diminue pas, bien au contraire, car les cartels mafieux sont mieux organisés pour échapper aux services de police* » (Caramel, 2012).

Mais, si le Congo a besoin des Etats-Unis d'Amérique pour l'organisation, l'entraînement et l'équipement de son armée, la réciproque est également vraie. En effet, plusieurs faits relativement récents montrent l'intérêt particulier que les Etats-Unis d'Amérique attachent au Congo. Voici une revue non exhaustive :

- En 1982, le cobalt congolais est déclaré métal stratégique pour les Etats-Unis d'Amérique. En effet, le Congrès américain (bureau du Budget) publie un rapport sur le cobalt intitulé : « *Cobalt : les options politiques pour une stratégie minérale.* » Ce rapport révèle trois informations importantes. La première information porte sur l'importance du cobalt pour les industries aérospatiales et d'armement des Etats-Unis d'Amérique. La deuxième information porte sur le réservoir des matières premières : 64 % des réserves de cobalt se trouvent dans la ceinture du cuivre (copperbelt) qui englobe le Sud de la province congolaise du Katanga et le Nord-Est de la Zambie. La troisième information porte sur l'option politique : le contrôle des ressources stratégiques du Congo conditionne l'avenir des industries aérospatiales et militaires étatsuniennes (Bowie, 2012).
- Quinze ans plus tard, le 5 novembre 1997, c'est Bill Richardson, membre de l'Administration Clinton et Ambassadeur américain à l'ONU qui résume le mieux les raisons de l'intérêt que les Etats-Unis portent sur le Congo devant le Comité des Relations internationales de la Chambre des Représentants. Ainsi que le rapporte le journaliste d'investigation et écrivain français Pierre Péan (2010, p. 24) : « *Le Congo est un élément essentiel des intérêts américains en Afrique. Ce pays renferme des opportunités économiques énormes : 13 % du potentiel hydro-électrique mondial, 28 % des réserves mondiales de cobalt, 18 % des diamants industriels, 6 % des réserves du cuivre, des riches terres agricoles, une talentueuse et industrieuse force de travail, la moitié de la forêt africaine. Le moteur de la croissance du centre de l'Afrique est le Congo. Il est un pont entre les économies en voie de développement dans le Sud et l'Est de l'Afrique et les nations pauvres de l'Afrique centrale. La stabilité du Congo signifie la stabilité pour la plus grande partie de l'Afrique.* »
- En 2006, c'est le Sénateur Barack Hussein Obama (le futur président américain) qui fait voter par le Sénat l'unique loi de sa carrière dans cette Assemblée. Cette loi réaffirme le caractère stratégique du Congo pour les Etats-Unis d'Amérique. C'est la Loi S.B. 2125 de 2006 portant le titre de *Loi sur la libération, la sécurité et la promotion de la démocratie en République Démocratique du Congo* qui exige dans sa section 201 (6) la protection des ressources naturelles du Congo (Bowie, 2012).

De plus, la problématique congolaise répond aux objectifs de la nouvelle politique africaine des Etats-Unis d'Amérique : une politique de promotion des intérêts américains à la fois commerciaux symbolisée par l'AGOA[121] (*African Growth and Opportunity Act*) et sécuritaires symbolisée par l'AFRICOM[122] (*Africa Command*).

Voyons brièvement l'historique de cette nouvelle politique africaine des Etats-Unis d'Amérique (Amalric, 2003 ; Lalit, 2003 ; Leriche, 2003 ; AFRICOM, 2014). C'est au milieu des années 1990 que l'Administration américaine du président Clinton opère un changement radical dans la politique africaine des Etats-Unis d'Amérique. L'artisan de cette nouvelle politique africaine au sein de l'Administration Clinton est son dernier Secrétaire (ministre) au commerce : Ron Brown, un Africain-Américain. A Dakar, où il conduit une importante délégation américaine composée du secteur privé et du secteur public, au sommet américano-africain, en 1995, Ron Brown déclare : « *les Etats-Unis ne concéderont plus longtemps le marché africain aux anciennes puissances coloniales*. » Aussitôt dit, aussitôt fait. L'Administration Clinton fixe deux buts à la nouvelle politique africaine des Etats-Unis d'Amérique. Le premier volet consiste à favoriser les intérêts commerciaux américains. Il s'agit d'utiliser le commerce et l'investissement pour, à la fois, accélérer l'intégration de l'Afrique dans l'économie mondiale et y faire progresser les intérêts commerciaux américains. Pratiquement, il s'agit de favoriser l'implantation des multinationales américaines en Afrique dans le but de contrôler les ressources naturelles (pétrole, matières minérales stratégiques, etc.) et de s'assurer la plus grande part du marché africain. Le deuxième but de cette nouvelle politique africaine des Etats-Unis d'Amérique consiste à exercer une influence militaire plus affirmée. Il s'agit de trouver appui sur des pays africains qui acceptent de soutenir aussi bien la politique étrangère et les intérêts de sécurité nationale des Etats-Unis d'Amérique. Le premier but va déboucher sur la naissance de l'AGOA, un instrument de la politique commerciale américaine en Afrique. Le deuxième but va donner naissance à l'AFRICOM, un instrument de la politique sécuritaire et militaire américaine en Afrique. Ajoutons qu'en dehors de protéger les intérêts sécuritaires américains, l'AFRICOM « prévient aussi les conflits, apporte un soutien aux désastres humanitaires et environnementaux et travaille à l'élimination des menaces qui concernent plusieurs Nations. »
Signalons enfin que les Etats-Unis d'Amérique et d'autres pays sont déjà engagés depuis le sommet mondial pour le développement durable de Johannesburg (4 septembre 2002) dans un Partenariat pour les forêts

[121] Site de l'AGOA : www.usinfo.state.gov/regional/af/trade/htm

[122] Site de l'AFRICOM : http://www.africom.mil/

tropicales du bassin du Congo chargé de concilier leur préservation et le développement économique des populations qui y habitent (Bras, 2011).[123]

Par ailleurs, notre choix des Etats-Unis d'Amérique comme partenaire privilégié dans l'organisation de la défense congolaise n'est pas dicté par une politique opportuniste. Ce choix est déterminé avant tout par l'existence d'une longue histoire entre les Etats-Unis d'Amérique et le Congo qu'il convient d'ailleurs de rappeler, un rappel tout à fait chronologique.

Voyons d'abord ce que le Congo doit aux Etats-Unis d'Amérique :

- De 1876 à 1885 : Ce sont deux Américains qui vont contribuer activement aux côtés du Roi Léopold II à faire naître le Congo et à le porter sur les fonts baptismaux du concert des Nations. Le premier, c'est le général américain en retraite Henry S. Sanford, ancien ministre des Etats-Unis d'Amérique à Bruxelles puis Délégué américain à la Conférence de géographie de Bruxelles et, enfin, Membre du Comité Exécutif de l'Association Internationale Africaine présidé par Léopold II. Le second, c'est l'explorateur américain d'origine britannique Henry Morton Stanley. Cette épopée commence à la naissance de l'Association Internationale Africaine (AIA), le précurseur du Congo, à la Conférence Internationale de géographie de Bruxelles qui se déroule du 12 au 14 septembre 1876. Elle se termine à la fin de la Conférence de Berlin qui accouche de l'Etat Indépendant du Congo (EIC), le 26 février 1885. Si le général Henry S. Sanford réalise ses premiers exploits à Washington (lobbying), Henry Morton Stanley réalise les siens sur le terrain en Afrique. Ces deux Américains réalisent leurs derniers exploits à la Conférence de Berlin (jeu d'influence) à laquelle ils participent : le général Sanford en tant que Délégué adjoint et Stanley en tant que Conseiller technique de la Délégation américaine (Dumont, 1990, pp. 168-196).
- En 1884 : Les Etats-Unis d'Amérique sont le premier pays au monde à reconnaître le Congo comme un Etat. En effet, c'est le 10 avril 1884 que le Sénat américain recommande la reconnaissance du drapeau de l'Association Internationale du Congo (AIC) de Léopold II comme celui d'un gouvernement ami. Deux semaines plus tard, le 22 avril 1884, la reconnaissance de l'AIC est actée par un échange de déclarations. La déclaration américaine est signée par le Secrétaire d'Etat Frederick Theodore Frelinghuysen (Dumont, 1990, p. 181).
- Au début du vingtième siècle : Ce sont encore des Américains qui font partie de l'avant-garde de ce qu'on appelle aujourd'hui les défenseurs des droits humains au Congo léopoldien. Une époque où la peau noire est encore synonyme de sous-homme, d'outil, d'instrument ou de matériel. Une époque où la peau noire vous classe entre les grands singes et l'homme blanc dans l'échelle de l'évolution. En effet, des missionnaires Africains-Américains

[123] Site du PARTENARIAT POUR LES FORETS DU BASSIN DU CONGO : www.pfbc-cbfp.org

venus étudier au Congo la possibilité d'un retour de certains anciens esclaves Africains-Américains dans leur continent d'origine et le célèbre écrivain Américain Mark Twain (2004) vont participer activement à la campagne en faveur de la protection des populations autochtones du Congo, victimes de la cruauté et du mercantilisme des compagnies concessionnaires. Qui se traduisent par le travail forcé avec prise d'otages des femmes et des enfants pour obliger les hommes à la collecte du latex et de l'ivoire, par la chicotte, par des mutilations (section des mains), par des assassinats, etc. Le scandale provoqué par cette barbarie éclabousse le Roi Léopold II et aboutit à la reprise du Congo par la Belgique en 1908 (Dumont, 1990, pp. 300-317 ; Hochschild, 1998).

- De 1918 à 1960 : Les Etats-Unis d'Amérique théorisent d'abord la décolonisation mondiale et à partir de la fin de la Première Guerre mondiale, ils participent activement au dynamitage du puissant édifice colonial européen. Ce qui va déboucher sur l'indépendance de toutes les colonies à partir de la fin de la Deuxième Guerre mondiale en l'occurrence celle du Congo belge en 1960. En effet, la Liberté est une valeur intrinsèque de l'Amérique étasunienne qui est, soit dit en passant, la première colonie du monde à se libérer du joug anglais et à proclamer son indépendance, le 4 juillet 1776. C'est le 28ème président américain Thomas Woodrow Wilson (1913-1921) qui adopte en 1918, parmi les 14 buts de guerre américains, l'autodétermination ou « *le droit des peuples à disposer d'eux-mêmes, c'est-à-dire, de choisir librement leur Etat et leur forme de gouvernement, de ne pas être cédés ou échangés contre leur volonté, et au besoin de faire sécession* » (Feron, 2013). C'est le 32ème président américain, Franklin Delano Roosevelt (1933-1945) qui va imposer la décolonisation aux puissances coloniales alliées, au début de la Deuxième Guerre mondiale et l'inscription du principe de l'autodétermination dans la Charte des Nations Unies (Feron, 2013). En effet, la Charte de l'Atlantique, signée le 14 août 1941 par le président Roosevelt et le premier ministre britannique Winston Churchill, réaffirme sans ambiguïté l'autodétermination de tous les peuples dans son article 3 (Dignat, 2013). Elliot Roosevelt, dans son livre « *Mon père m'a dit* » (1947), rapporte la ferme opposition de son père au colonialisme et son engagement à le démanteler après la guerre durant cette fameuse réunion du 14 août 1941 qui voit la naissance de la Charte de l'Atlantique : « *Quand nous aurons gagné la guerre, je travaillerai de toutes mes forces pour que les Etats-Unis ne soient pas amenés à accepter aucun plan susceptible de favoriser les ambitions impérialistes de la France, ou d'aider, d'encourager les ambitions de l'empire anglais.* » Le président Roosevelt poursuit en mettant sur un pied d'égalité la servitude du système colonial avec la servitude du système fasciste des pays de l'Axe (Allemagne nazie, Italie fasciste, Japon impérialiste) :

« *On ne peut lutter contre la servitude fasciste et en même temps ne pas libérer sur toute la surface du globe les peuples soumis à une politique coloniale rétrograde* » (Grimal, 1985, pp. 131-135).

- De 1960 à nos jours : Les Etats-Unis d'Amérique sont aux côtés du Congo indépendant durant la guerre froide (1960-1991) et même après. Traduisant ainsi la réelle importance économique et stratégique que le Congo représente pour eux. On peut citer le soutien américain au déploiement des Casques bleus de l'ONU au Congo durant toutes les crises congolaises (ONUC, 1960-1964 ; MONUC, 1999-2010 ; MONUSCO, 2010 à nos jours) ; la fourniture des moyens de transports aériens aux para-commandos belges qui sautent sur Stanleyville/Kisangani le 24 novembre 1964 et sur Paulis/Isiro le 26 novembre 1964 pour sauver les Occidentaux retenus en otages dans le fief de la rébellion nationaliste et pro-lumumbiste soutenue par les pays socialo-communistes ; la fourniture des moyens de transports aériens aux para-commandos français et africains qui interviennent à Kolwezi en 1977 et 1978 pour écraser la rébellion des Katangais du Front National de Libération du Congo de Nathanaël Mbumba qui sont stipendiés comme de bien entendu par le camp socialo-communiste (URSS, Cuba, Angola).
- de 1990 à nos jours, on assiste à la dollarisation du Congo. En effet, jusqu'aux coins les plus reculés du Congo, les habitants du Congo (les nationaux comme les étrangers) utilisent indifféremment le dollar américain et le franc congolais.

Voyons à présent, ce que les Etats-Unis d'Amérique doivent au Congo :

- De 1940 à 1945 : Le Congo est impliqué dans la fin rapide de la guerre entre les Etats-Unis d'Amérique et le Japon impérialiste. En effet, c'est l'uranium congolais extrait des mines de Shinkolobwe au Katanga qui sert à la fabrication des premières bombes atomiques américaines (*Projet Manhattan*) qui vont vitrifier les villes japonaises de Hiroshima et de Nagasaki en 1945. Obligeant le Japon impérialiste à signer finalement la capitulation. Ce qui va épargner beaucoup de vies américaines. En effet, sans la bombe atomique, le coût humain de l'invasion du Japon a été évalué à 250.000 morts américains.[124]
- De 1914 à 1918 et de 1940 à 1945 : Le Congo est aux côtés des Américains et des Alliés durant les deux Guerres mondiales du XXème siècle. La contribution du Congo à l'effort de guerre occidental est incommensurable. En qualité, l'effort de guerre congolais prend 3 formes (Grosbois, 2001 ; Brousmiche, 2010 ; Vandenbroucke, 2011).

L'effort de guerre du Congo est d'abord économique. En effet, l'effort économique est nettement plus important que l'effort militaire, notamment durant la Seconde Guerre mondiale. Le Gouvernement belge en exil à

---

[124] Source : le documentaire américain « Inside : la Seconde Guerre mondiale » réalisé en 2012.

Londres met à la disposition des Alliés toutes les capacités productrices du Congo. Ainsi, un mois après la capitulation belge du 28 mai 1940, nous sommes le 5 juillet 1940, la Belgique met le Congo à la disposition de l'effort de guerre du Royaume-Uni (Déclaration de De Vleeschauwer, ministre belge des colonies et nouvel Administrateur du Congo belge et du Rwanda-Urundi au lord Halifax, Secrétaire d'Etat britannique au Foreign Office). Quant aux Etats-Unis d'Amérique, ils signent avec le gouvernement belge en exil à Londres le 16 mai 1942 un accord de prêts-bails (Lend-Lease) pour s'assurer la fourniture des matières premières congolaises. Un accord de prêts-bails qui engage en fait le Congo à lui fournir des biens et des services. Cet accord de prêts-bails est complété par un texte interprétatif signé le 30 janvier 1943. Les signataires de ces deux accords sont le Secrétaire d'Etat américain Cordell Hull et l'ambassadeur belge à Washington Vander Straeten Ponthoz. Un effort exceptionnel est ainsi demandé aux Congolais pour l'approvisionnement des Alliés en produits agricoles (huile de palme, coton, etc.) et en minerais (cuivre, cobalt, étain, uranium, diamants industriels, etc.). Le Congo devient ainsi l'une des principales sources d'approvisionnement pour l'industrie américaine et britannique.

L'effort de guerre du Congo est ensuite financier. D'une part, l'accord de prêts-bails signé avec les Américains prévoit dans son article 7, l'abaissement des tarifs douaniers et des barrières qui s'opposent au libre-échange. D'autre part, l'accord commercial signé à Londres le 21 janvier 1941 entre le Gouvernement belge en exil et le gouvernement britannique comprend aussi un volet financier. Qui établit un taux de change fixe entre le franc congolais et la livre sterling. Ce taux de change fixe entraîne *ipso facto* une dévaluation de 30 % du franc congolais. Ce qui rend d'autant plus pénible l'effort de guerre congolais.

L'effort de guerre du Congo est enfin militaire. Déjà, durant la Première Guerre mondiale, les troupes congolaises sous encadrement belge participent à la conquête de l'Afrique orientale allemande (Burundi, Rwanda et Tanganyika)[125] avec les troupes rhodésiennes (Zambie et Zimbabwe actuels) commandées par des Britanniques. Les troupes congolaises remportent plusieurs victoires notamment la plus éclatante d'entre elles à Tabora dans l'actuelle Tanzanie. Durant la Deuxième Guerre mondiale, les troupes congolaises commandées par le major-général belge Willaert combattent les troupes italiennes commandées par le général Gazzera en Abyssinie (l'ancien nom d'Ethiopie). Cette campagne d'Abyssinie se termine par quatre victoires éclatantes : à Assosa, à Bortaï, à Gambela et à Saïo.[126]

---

[125] Partie continentale de l'actuelle Tanzanie.

[126] Trois grandes avenues de Kinshasa (Communes de Kasa-Vubu, Ngiri-Ngiri et Bumbu) portent les noms d'Assosa, Gambela et Saïo pour célébrer ces victoires.

Un hôpital de campagne servi par 300 Congolais sous les ordres du médecin colonel belge Thomas est mis à la disposition des forces britanniques : il va opérer au Kenya, au Soudan, en Abyssinie, en Somalie, à Madagascar et enfin en Birmanie.[127] Un important corps expéditionnaire de plusieurs milliers de Congolais est positionné au Nigeria pour combattre éventuellement les colonies françaises ralliées au gouvernement de Vichy. Une partie de cette force est redirigée vers l'Egypte et enfin vers la Palestine. Cette force est finalement rappelée au Congo fin juillet 1944 sans avoir eu à combattre. Comme dans toutes les guerres, le coût humain est particulièrement lourd chez les Congolais. Ainsi, durant la campagne d'Abyssinie (un raid de 2.500 Km), l'approvisionnement des soldats est assuré par le portage. Et les colonnes de civils affectées à l'approvisionnement sont plus nombreuses que les forces combattantes. Les soldats et les porteurs civils paient un lourd tribut : beaucoup de morts, moins du fait des combats, mais plus du fait de l'épuisement et des maladies. Mais les victimes collatérales (veuves et orphelins de guerre) sont encore plus nombreuses.

Cet effort de guerre exceptionnel du Congo est salué par tous les Alliés au moment des festivités de la victoire en 1945 à Bruxelles (Braeckman, 2010). Comme on peut le voir dans le volet 2 du documentaire *Kongo* scénarisé et réalisé en 2010 par les Belges Jean-François Bastien, Daniel Cartier, Isabelle Christiane, Robert Ney et Samuel Tolman.

CONCLUSION

Cinq principaux enseignements sont à retenir :

- Premier enseignement : la carte des ressources naturelles stratégiques et critiques du Congo (Tantale du Kivu, Cobalt et Cuivre du Katanga, Pétrole et Or de l'Ituri) se superpose avec la carte des conflits au Congo qui ont fait des millions de morts depuis 1998. Ces conflits sont le résultat de la vive rivalité entre les grandes puissances actuelles pour le contrôle de ces ressources naturelles stratégiques et critiques par pays voisins ou groupes armés interposés dont les Congolais paient le plus lourd tribut.
- Deuxième enseignement : La restauration de la paix et le maintien d'une paix durable, dont l'importance n'est plus à démontrer pour le développement, passent par un Partenariat militaire avec les Etats-Unis d'Amérique. A qui le Congo doit confier l'organisation, l'entraînement et l'équipement de son armée nationale. Un tel partenariat a beaucoup de chances d'être accepté du côté américain. Pour une simple raison, en

[127] Une grande avenue des Communes de Bumbu, Kasa-Vubu et Ngiri-Ngiri à Kinshasa porte le nom de Birmanie en hommage à cette campagne militaire.

géopolitique, les Etats n'ont pas d'amis mais seulement des intérêts et agissent toujours en fonction de leurs intérêts. Et les intérêts des Etats-Unis d'Amérique sont convergents avec ceux du Congo.

- Troisième enseignement : Une paix durable au Congo est essentielle pour la paix et la stabilité d'une grande partie de l'Afrique médiane. Ce qui correspond aux objectifs de l'AFRICOM américain.
- Quatrième enseignement : Un Congo sécurisé et en paix est une source d'approvisionnement de l'industrie américaine en matières premières stratégiques (Cobalt, Coltan, Terres rares) et en matières premières non stratégiques (Cuivre, Diamants industriels, Etain, Manganèse, Or, Wolfram, Zinc, Pétrole etc.). D'autre part, un Congo sécurisé et en paix est un immense marché qui transforme les Congolais en 70 millions de consommateurs des produits excédentaires de l'industrie américaine. Ce qui correspond aux objectifs de l'AGOA américain.
- Cinquième et dernier enseignement : Un Congo sécurisé et en paix est en mesure de garantir l'égalité d'accès de tous les Etats au commerce et aux matières premières nécessaires à leur prospérité économique. Car la garantie de sécurité attire tous les investisseurs et tous les commerçants. En revanche, l'insécurité les fait fuir et seuls les plus intrépides notamment les trafiquants s'y aventurent. Or, le Congo doit toujours veiller à ne pas franchir le fil rouge que constituent les Articles 3 et 5 de son Acte de naissance ou Acte de Berlin de février 1885 et l'Article 4 de la Charte de l'Atlantique du 14 août 1941. Dans son Article 3, l'Acte de Berlin interdit au Congo « *tout traitement différentiel à l'égard des marchandises* » notamment en matière des taxes. Dans son Article 5, l'Acte de Berlin impose au Congo « *de ne concéder ni monopole ni privilège d'aucune espèce commerciale.* » Les Etats-Unis sont signataires de l'Acte de Berlin. En outre, dans son article 4, la Charte de l'Atlantique dispose que l'inégalité d'accès de tous les Etats au commerce et aux matières premières nécessaires à leur prospérité économique est un motif de guerre pour les Etats-Unis d'Amérique et le Royaume-Uni. Vu sous cet angle, on peut s'interroger sur le respect de ces trois règles qui fondent la politique extérieure américaine par le contrat minier dit du siècle signé entre le Congo et la Chine en 2007, révisé en 2008 et 2009. Ce contrat minier suscite inquiétudes et critiques en Occident (Coloma, 2001). La journaliste belge Colette Braeckman (2010) rapporte ce propos révélateur du ministre belge De Gucht au président Kabila fils : « *Vous n'allez tout de même pas donner le Congo de Léopold II aux Chinetoques…* » Le fil rouge que le Congo ne doit pas franchir pour les Américains étant connu, la résolution de la crise du Congo dépend aujourd'hui de la capacité des dirigeants du Congo de concilier à la fois les intérêts congolais avec les intérêts américains (occidentaux) et les intérêts chinois. Le Congo doit commencer déjà par conclure un partenariat stratégique avec les Etats--Unis d'Amérique afin de leur confier

l'organisation, l'entraînement et l'équipement de l'armée congolaise. Pour faciliter la communication entre Américains et Congolais, entre autres raisons, nous préconisons aux Congolais d'adopter l'anglais comme deuxième langue officielle et de travail (chapitre 6).

5
S'APPUYER SUR LA DIASPORA CONGOLAISE

Si l'on donne les Etats-Unis d'Amérique aux Congolais, il est fort à parier qu'en une année les Etats-Unis deviennent le Congo actuel, un pays en voie de sous-développement. En revanche, si l'on donne le Congo actuel aux Américains, il est tout à fait certain qu'en une génération (25 ans) le Congo devienne les Etats-Unis d'Amérique, une grande puissance. Cette hypothèse à priori choquante veut tout simplement souligner l'importance des hommes pour tout processus de développement. En effet, l'effort de formation, l'esprit pionnier ainsi que le système capitaliste et libéral génèrent un dynamisme qui fait de la population américaine, l'un des fondements de la superpuissance des Etats-Unis d'Amérique.

Examinons brièvement les fondements de ce dynamisme américain. Commençons par l'effort de formation américain. Il peut être illustré par le classement de Shanghai. En 2014, parmi les 500 meilleures universités du monde sur les 17.000 répertoriées, 146 sont américaines. Et parmi les 20 premières universités du monde, 16 sont américaines et parmi le top 10, on trouve encore 8 universités américaines (Rey-Lefebvre, 2014). Passons maintenant à l'esprit pionnier américain. Il est forgé par la conquête de l'Ouest. Son fondement, c'est l'initiative individuelle. Il s'agit d'une mentalité tournée vers l'entrepreneuriat, la volonté de devenir son propre patron, d'atteindre la réussite, de gagner son statut social par son seul travail et par son propre mérite. Cet idéal de « *self made man* » et de « *self help* » (développement personnel) est très exigeant sur le plan humain car les initiatives individuelles ne sont pas toujours payantes. Cet idéal de « *self made man* » et de « *self help* » exige ainsi les qualités suivantes (Benbassa, 2008 ; Dortier, 2013 ; Lian, 2009 ; Nanterme, 2012 ; Will, 2009) :

- L'appétit du risque (la liberté de se faire et de se refaire), l'optimisme, la combativité (l'énergie de se dépasser), l'esprit de compétition ;
- La ténacité (l'énergie de résister aux chocs, de se battre, de ne pas se laisser abattre, de ne pas s'avouer vaincu). Un tempérament que résume ainsi le président américain Barack Hussein Obama : *« Nous sommes un peuple qui n'a pas peur de l'avenir, un peuple qui le fabrique »* (Will, 2009) ;
- La créativité (l'inventivité lorsque tout va mal) et la détermination de trouver individuellement les moyens de rebondir, de s'en sortir ou « *do it yourself* » (en cas de crise ou d'initiative non couronnée de succès) ;
- L'esprit de conquête que résume ainsi le président américain Woodrow Wilson (1913-1921) : « *Je crois que Dieu a présidé à la naissance de cette nation et que nous sommes choisis pour montrer la voie aux autres nations.* »

L'esprit pionnier, c'est aussi le devoir de solidarité envers la collectivité (la communauté comme on dit ici aux Etats-Unis) tant la conscience est grande que l'Etat n'est pas là pour soutenir. Un état d'esprit que résume ainsi le président John Fitzgerald Kennedy (1961-1963) dans son discours d'investiture : « *Ne demandez pas ce que le pays peut faire pour vous, mais demandez-vous ce que vous pouvez faire pour votre pays* » (JFK PLM, 2014).

Quant aux vertus du capitalisme libéral américain, c'est un système qui cultive dès l'enfance l'esprit d'entreprise et du commerce ainsi que le rejet de l'intervention de l'Etat. Autrement dit, le savoir et le savoir-faire, c'est bien ; mais les associer à l'action d'entreprendre, c'est mieux. C'est cet état d'esprit qui fait des Etats-Unis un pays de « *businessmen* », des hommes d'affaires (Dortier, 2013).

Après les Américains, braquons maintenant le même projecteur sur les Congolais. Que constate-t-on ? Un esprit prédateur très développé et une pénurie de main-d'œuvre qualifiée qui n'engagent aucune dynamique positive. Cette contrainte majeure transforme la population congolaise en handicap principal pour le développement du Congo.

Examinons d'abord le tempérament prédateur des Congolais. Il se manifeste chez les dirigeants par des détournements, la corruption et le bradage des actifs du Congo. S'agissant des détournements, depuis l'indépendance du Congo le 30 juin 1960, la devise des dirigeants congolais semble être « *se servir au lieu de servir* » ou « *chacun pour soi, l'Etat c'est moi.* » Les biens et les deniers de la Nation sont considérés et utilisés comme des biens et des deniers propres. La lecture des ouvrages et des rapports suivants est édifiante, mais c'est encore loin de la réalité :

1. BRAECKMAN Colette, 1992, *Le dinosaure : Le Zaïre de Mobutu*, Paris, Editions Fayard, 382 pages ;
2. DUNGIA Emmanuel, 1992, 2000, *Mobutu et l'argent du Zaïre : les révélations d'un ex-agent des services secrets*, Paris, Editions L'Harmattan, 220 pages ;
3. PEAN Pierre, 1988, *L'argent noir : corruption et sous-développement*, Paris, Editions Fayard, 278 pages.
4. NGUZ A KARL I BOND Jean, 1982, *Mobutu ou l'incarnation du mal zaïrois*, Londres, Editions Rex Rollings, 201 pages ;
5. MONGUYA MBENGE Daniel, 1977, *L'histoire secrète du Zaïre : l'autopsie de la barbarie au service du monde*, Editions de l'Espérance, 279 pages ;
6. KAMITATU Cléophas, 1971, *La grande mystification du Congo-Kinshasa : les crimes de Mobutu*, Paris, Editions Maspero ;
7. Rapport de la Commission « Biens Mal Acquis » de la Conférence Nationale Souveraine, 212 pages, [En ligne], http://www.congoone.net/PDF/RapportbienmalacquisCNS.pdf

8. Rapport d'Erwin BLUMENTHAL publié le 20 avril 1982 et inclus dans l'ouvrage d'Emmanuel DUNGIA.

Cette énumération n'est pas exhaustive. Elle est volontairement limitée à la Deuxième République.[128] Un souvenir vient à l'esprit. Beaucoup de Congolais n'ont pas oublié cet épisode épique du règne de Mobutu. Dans l'un de ses discours dont il a seul le secret, Mobutu s'insurge contre les détournements des deniers et des biens publics par les cadres et les dignitaires de son régime. Nous sommes en 1975. Mobutu lâche la bombe suivante en lingala : « *Ata Soki Okoyiba, Bayibaka na Mayele* ! » Mobutu faisait la comparaison entre les détournements conservateurs et intelligents des Occidentaux et les détournements idiots et destructeurs des Congolais. Mobutu voulait dire qu'il y a des Occidentaux aussi qui détournent. Mais, ils prennent une partie seulement du profit. Ce qui permet à l'entreprise de poursuivre son activité. Tandis que les Congolais détournent le capital et les profits mettant en faillite immédiate l'entreprise. Incompris, les Congolais interprètent les propos de Mobutu comme étant une autorisation à détourner comme des Occidentaux, c'est-à-dire, intelligemment en assurant la survie de l'entreprise publique. Situation cocasse qui oblige Mobutu à revenir sur ses propos dans d'autres discours *ad hoc* pour expliquer le fond de sa pensée : « *Je n'approuve pas les détournements. Mais, que ceux qui en prennent le risque, le fassent au moins de façon conservatrice de l'entreprise* ! »

Quant à la corruption au Congo, elle demeure le plus grand fléau national. La corruption est généralisée. Plus grave encore, elle est banalisée au point d'être la règle aujourd'hui. En effet, le Congo est l'un des pays les plus corrompus du monde comme en témoignent les indices annuels de perception de la corruption publiés par l'organisation non gouvernementale (ONG) *Transparency International*. Ainsi, le Congo est toujours abonné aux dernières places du palmarès. En 2013, le Congo est 154ème sur 177 pays dans le monde (Radio Okapi, 2013). Tandis qu'en 2012, le Congo est classé 160ème sur 176 pays dans le monde et 44ème sur 48 pays d'Afrique (Radio Okapi, 2012).

Par ailleurs, selon les journalistes belges Marie-France Cros et François Misser (2006, pp. 39-40), après la destruction du tissu économique formel par le régime Mobutu, il ne reste plus à ses successeurs que les actifs du Congo. Qui sont l'objet d'un bradage effréné (sols arables, gisements de pétrole, mines de diamants, mines d'or, mines d'étain, mines de Coltan, mines de cuivre et de cobalt, mines de manganèse, forêts, parcs nationaux, ports maritimes, barrages hydro-électriques, etc.). Ce bradage des actifs du Congo risque d'hypothéquer durablement l'avenir du pays.

---

[128] Les détournements de la période dite de transition (1998-2006) et de la Troisième République (2006 à nos jours) ne sont pas encore suffisamment documentés.

Mais, le tempérament prédateur n'est pas une exclusivité des dirigeants au Congo. Ce tempérament prédateur gangrène aussi le peuple chez lequel il se manifeste par des pillages. En effet, pour répondre à l'incurie des dirigeants et à l'Etat fantôme, la population congolaise se lance périodiquement dans des émeutes qui s'accompagnent des pillages de villes et d'infrastructures nationales comme en septembre 1991 et en janvier 1993 (Trefon, 2004).

La population congolaise présente également d'autres faiblesses rédhibitoires pour le développement du pays. On peut citer le défaut de professionnalisme. Ce défaut de professionnalisme est lié à un défaut de formation. On ne trouve plus de main d'œuvre qualifiée dans la plupart des domaines de la vie économique au Congo.

Et pourtant, concernant la formation d'une main d'œuvre qualifiée, le Congo indépendant est bien parti. Conformément à la conviction que la qualification de la population est un facteur de développement, le pouvoir colonial belge a consenti des efforts exceptionnels dans la formation de la main-d'œuvre congolaise spécialisée correspondant aux divers niveaux de qualification attendus : des auxiliaires administratifs (clercs), des assistants médicaux indigènes, des assistants agricoles, des assistants vétérinaires, des pêcheurs, des horticulteurs, des techniciens et des artisans. A ce sujet, le Belge André-Bernard Ergo (2005, p. 190) écrit : « *A l'indépendance, le Congo belge est le pays d'Afrique qui possède le taux le plus élevé d'alphabétisation dans la population en âge scolaire et la formation technique la plus performante.* » En effet, la formation professionnelle et technique est dispensée dans les écoles spécialisées confessionnelles et publiques. On peut citer :

- Les écoles de formation aux métiers de clercs (auxiliaires administratifs, de gestion et de commerce) comme par exemple l'Ecole moyenne Saint Raphael (ECOMORAPH) à Léopoldville/Kinshasa ;
- Les écoles préparant aux métiers artisanaux et industriels (bois ; métal ; cuir ; verre ; mécanique ; électricité ; froid ; chauffage ; bâtiment ; travaux publics ; conduite des engins de chantier, des camions citernes et des trains routiers ; coupe et couture ; etc.). On distingue les EPOM (écoles professionnelles officielles de métiers) comme par exemple l'EPOM de Ndjili à Léopoldville/Kinshasa ainsi que les ETI (écoles techniques industrielles) de Frères des Ecoles Chrétiennes comme par exemple l'ETI de Kalina/Gombe à Léopoldville/Kinshasa ou l'Ecole centrale de Gombe-Matadi ;
- Les écoles agricoles (Angodia, Bangadi, Bafwasende, Baudouinville/Moba, Bena-Longo, Boende, Bondo, Bonkita, Bengamisa, Butembo, Bwamanda, Inongo, Kalambo, Kamponde, Kasaji, Kaseya, Kimbao, Kisamba, Kisantu, Kyondo, Gandajika, Gombe-Matadi,

Mondongo, Omendjadi, Paulis/Isiro, Pimbo, Salushimba, Yaeseke, Yangambi, Zomfi) ;
- Les écoles vétérinaires (Bolombo, Butembo, Loda) ;
- Les écoles horticoles (Kabare, Kisantu, Yolo Sud) ;
- L'école de pêche (Kilwa) ;
- L'école de navigation fluviale et lacustre de l'office des transports coloniaux (OTRACO) à Léopoldville/Kalamu ;
- Les écoles médicales (Kimpese, Kisantu, Léopoldville/Kinshasa, etc.) ;
- Les écoles de Beaux-Arts (Saint Luc à Léopoldville/Kinshasa ; Elisabethville/Lubumbashi) (Lema Kusa et Bamba Ndombasi, 2001).

Bien entendu, cette liste n'est pas exhaustive. Seulement, toute cette génération de Congolais est aujourd'hui âgée. La plupart sont morts. Malheureusement, il n'y a pas eu de relève. Car les efforts de formation n'ont pas été poursuivis notamment dans le domaine industriel et artisanal.

Aujourd'hui, la formation professionnelle se fait essentiellement sur le tas. Les nouveaux apprennent en regardant les plus anciens[129] travailler et en les imitant. La formation reçue est ainsi proportionnelle au différentiel de savoir et de savoir-faire entre l'ancien et l'apprenti. Or les anciens d'aujourd'hui sont pour la plupart de mauvais bricoleurs doublés des vantards qui s'autoproclament « grands maîtres, ingénieurs, docteurs, professeurs ordinaires en mécanique, en architecture, en menuiserie, en électricité, en peinture, en maçonnerie, en coupe et couture, en conduite automobile, etc. » Mais leur travail laisse absolument à désirer. Un exemple : vous confiez votre automobile à l'un de ces « docteurs en mécanique. » Non seulement, il aggrave la panne d'origine, mais son intervention y ajoute des pannes nouvelles. A l'instar des maladies nosocomiales, celles qu'on attrape à l'hôpital. Votre véhicule est en plus vandalisé. Les bonnes pièces sont retirées et remplacées par de mauvaises pièces. Cette main d'œuvre est non seulement incompétente mais aussi indigne de confiance. En effet, un autre défaut rédhibitoire de cette main d'œuvre, c'est sa propension au vol. Ce qui nécessite une surveillance soutenue.

Outre le manque de main d'œuvre qualifiée et digne de confiance, on peut également déplorer le défaut de professionnalisme d'un grand nombre d'entreprises congolaises. Ces entreprises n'ont ni le personnel qualifié, ni le matériel et les équipements nécessaires pour satisfaire aux cahiers de charge et aux délais exigés par certains chantiers d'ampleur. Ce défaut de professionnalisme de la main d'œuvre et des entreprises congolaises est souligné dans de nombreux projets de développement consacrés au Congo (RDC, 2004, pp. 15-16).

---

[129] Ceux qui sont censés en savoir plus qu'eux.

Les Chinois se sont adaptés à cette situation : ils font *à la place* des Congolais au lieu de *faire avec* les Congolais. Ainsi, c'est la main-d'œuvre chinoise et ce sont des entreprises chinoises qui construisent des buildings, des routes, des ponts et des hôpitaux comme on peut le constater un peu partout au Congo.[130]

Après ce sombre constat, le but de notre propos ici est de répondre à la question suivante : comment le Congo peut-il relever le défi de la pénurie de main-d'œuvre qualifiée ? Nous accorderons une grande attention particulièrement aux deux impératifs de la situation congolaise, à court et à long terme.

Une stratégie à long terme

Suite aux nombreuses interpellations des opérateurs économiques locaux ainsi que des partenaires bilatéraux et multilatéraux, le Congo a pris conscience de la grave pénurie de main-d'œuvre qualifiée qui freine le développement du pays. Ainsi, se dessine une stratégie à long terme en particulier dans le domaine de la formation.

Aux dernières nouvelles, le Congo envisage la création d'un ministère de l'enseignement professionnel et technique distinct du ministère de l'enseignement primaire et secondaire.[131] C'est un bon point de départ, car on passe des plaidoyers aux actions concrètes.

Mais la question fondamentale qui se pose maintenant est : comment organiser l'enseignement professionnel ? La formation d'une main-d'œuvre qualifiée soulève plusieurs questions qu'il convient de passer en revue :

- Le nombre et la répartition sur le territoire national des centres de formation. Il faut créer un centre de formation professionnelle dans chaque district, soit une trentaine de centres de formation pour l'ensemble du Congo. Chaque centre de formation prend le nom de « Faculté des Métiers. » Il n'est pas nécessaire de créer de toutes pièces une nouvelle école. Dans certains cas, il est possible de réhabiliter les bâtiments et d'équiper en ateliers modernes des écoles professionnelles ou techniques existantes qui appartiennent soit au secteur public soit au secteur confessionnel.
- L'enseignement professionnel. Les Facultés des Métiers n'organisent que l'enseignement technique industriel à l'exclusion de l'enseignement agricole. Les sections à ouvrir sont celles qui correspondent aux besoins du Congo. Il faut ainsi prévoir :

1. Une section bois (menuiserie, ameublement) ;

---

[130] C'est une entreprise chinoise qui vient de construire le nouvel hôtel du gouvernement à la place royale de Kinshasa.

[131] C'est fait. Un ministère de l'enseignement technique et professionnel a été effectivement créé lors du remaniement du 7 décembre 2014.

2. Une section bâtiment (maçon, carreleur, tailleur des pierres, coffreur brancheur, couvreur-zingueur, peintre, plaquiste, plâtrier, charpentier, électricien) ;
3. Une section mécanique, électricité et carrosserie (carrossier réparateur, contrôleur technique automobile, électromécanicien réparateur automobile, électromécanicien réparateur d'engins et matériels agricoles ou d'engins et matériels de manutention ou encore d'engins et matériels des travaux publics, électromécanicien réparateur de cycles et motocycles) ;
4. Une section électricité et électronique (électriciens d'équipement, agents de maintenance en appareils électroménagers et multimédia, montage et câblage en électronique) ;
5. Une section froid (monteur et dépanneur en climatisation, monteur et dépanneur frigoriste) ;
6. Une section chauffage (installateur et agent de maintenance des équipements thermiques) ;
7. Une section fabrication (chaudronnier, fraiseur, opérateur régleur, soudeur, tourneur) ;
8. Une section conduite (conducteur des camions citernes, des trains routiers, des engins de chantier) ;
9. Une section métallerie, construction métallique et menuiserie aluminium associée à une section batellerie (construction des bateaux, technicien en maintenance des bateaux, formation des bateliers) ;
10. Une section verre et plastique ;
11. Une section installation (installateur antenniste, monteur d'équipements industriels) ;
12. Une section travaux publics (canalisateur, coffreur ferrailleur, ouvrier du béton) ;
13. Une section industries agroalimentaires (conserves, salaisons, charcuterie, sodas, alcools, etc.) ;
14. Une section cuir (peau des animaux, peau des crocodiles et autres reptiles, peau des poissons).

Il n'est pas nécessaire que toutes les facultés des métiers organisent toutes les sections qui peuvent être harmonieusement réparties dans quelques centres de formation de chaque province.

- L'origine et la typologie des apprenants. Ils sont recrutés de préférence parmi les habitants des Territoires composant le District. L'enseignement professionnel s'adresse aux jeunes et aux adultes mais séparément.
- La formation des adultes. L'enseignement qui convient aux adultes est proportionné au but à atteindre, c'est-à-dire, simple (basique), sans complication. Il est essentiellement pratique. L'enseignement professionnel doit permettre d'acquérir toutes les connaissances constituées pour en faire de bons artisans. L'enseignement professionnel se combine avec une formation basique en création et gestion d'entreprise artisanale. La langue

d'apprentissage est la langue nationale du district de formation (Kikongo, Lingala, Swahili ou Tshiluba). Seul le vocabulaire technique est en français ou en anglais. Cette formation pratique est dispensée de manière formelle et s'effectue selon un processus de découverte systématique du savoir (acquisition des connaissances) et du savoir-faire (acquisition des compétences). Autrement dit, les adultes apprennent en regardant les démonstrations des formateurs et en les imitant lors des travaux pratiques. La durée maximale de formation est de 18 mois y compris éventuellement un mois de stage dans une entreprise. A la fin de la formation, les apprenants passent un examen d'Etat. Ceux qui réussissent reçoivent un Brevet Professionnel (BP). Cette formation est accessible aux adultes des deux sexes à partir de 18 ans quel que soit leur niveau d'études.

- La formation des jeunes. Le but de cette formation est de répondre au besoin urgent de techniciens industriels de grande valeur professionnelle. C'est une formation organisée en un cycle de trois années. L'enseignement technique est moins théorique et plus pratique, simple, intuitif et adapté. Il permet d'acquérir les connaissances constituées mais tout en sensibilisant les jeunes sur les connaissances constituantes (nouvelles techniques et nouveaux savoirs dont la diffusion est retardée par des entreprises qui ne désirent pas abandonner trop vite leurs rentes de monopole). L'enseignement technique se combine avec une bonne formation générale limitée à six cours : la création et la gestion d'une entreprise artisanale ; l'environnement économique, juridique et social de l'entreprise artisanale ; le droit des affaires (établissement d'un contrat) ; les éléments de mathématiques et de statistiques appliquées à l'exercice de la profession ; le français (correspondance professionnelle) et l'anglais des affaires. La langue d'enseignement est le français ou l'anglais. Cette formation est accessible aux jeunes de 16 à 26 ans, des deux sexes, ayant terminé avec succès au moins 3 années d'études secondaires. A la fin de la formation, les apprenants passent un examen d'Etat. Ceux qui réussissent reçoivent un Brevet de Technicien (BT).

- La formation des formateurs congolais. Pour former une nombreuse main-d'œuvre qualifiée, le Congo a besoin des formateurs congolais. Pour ce faire, le Congo doit faire appel à la coopération internationale en capacité de mettre à sa disposition des formateurs hautement qualifiés. Il convient donc de créer 3 centres de formation des formateurs : Kinshasa, Kisangani et Lubumbashi. Des centres de formation des formateurs où seront organisées les 15 sections correspondantes aux 15 métiers industriels. La formation des formateurs est accessible aux titulaires d'un diplôme d'Etat de fin d'études secondaires scientifiques ou techniques. L'admission se fait sur concours et par district. Seul un seul candidat, le meilleur de chaque district du Congo est admis par section ou métier. La formation dure 44 mois soit 11 mois par année (septembre-juillet) et 1 mois de vacances (août) répartis sur 4 années.

Elle est tournée essentiellement vers la pratique assortie des théories absolument indispensables à la bonne compréhension des process. Elle permet l'acquisition des connaissances constituées et des connaissances constituantes. Elle permet aussi d'acquérir une solide formation générale nécessaire à l'exercice de la profession (la création et la gestion des entreprises ; l'environnement économique, social et juridique de l'entreprise ; le droit des affaires ; l'anglais des affaires ; la correspondance professionnelle en français ; les mathématiques et statistiques appliquées à l'exercice de la profession ; les innovations et les principales entreprises innovantes du secteur ; la pédagogie de l'enseignement professionnel). Le contrôle des connaissances est continu. L'acquisition des techniques est évaluée par la réalisation des travaux pratiques imposés. Tandis que l'acquisition des connaissances générales est évaluée par la réalisation des dossiers sur des thèmes choisis ou imposés. Ceux qui réussissent reçoivent un diplôme d'Etat d'ingénieur industriel formateur (IIF) de niveau 1 (Diplôme d'Etat de fin d'études secondaires + 5). Le programme de formation des formateurs est d'une durée de 10 années. Ce qui permet de diplômer sept promotions. Comme chaque promotion ne peut compter au maximum que 33 élèves ingénieurs industriels formateurs par an (un par District et par métier) et comme il y a environ 15 métiers, on espère diplômer au maximum 33 X 15 X 7 soit 3.465 ingénieurs industriels formateurs à la fin du programme pour l'ensemble du pays.
La répartition des 15 sections ou métiers sur trois sites (Kinshasa, Kisangani et Lubumbashi) entraîne des contingences matérielles pour les élèves ingénieurs industriels formateurs : frais de voyage, de logement et de nourriture. Ce programme de formation des formateurs ne peut donc voir le jour que si le gouvernement leur accorde exceptionnellement une bourse d'études pour les délivrer de ces basses contingences matérielles. Cet effort exceptionnel est absolument indispensable car la formation des formateurs est une priorité des priorités. L'importance du capital humain dans le développement d'un pays n'est plus à démontrer. C'est donc un argument important pour convaincre les banques internationales de développement ainsi que les coopérations bilatérales ou multilatérales de financer la construction, l'équipement et le fonctionnement de ces 3 centres de formation des formateurs. Bien entendu, la coopération bilatérale prend naturellement en charge les formateurs des formateurs congolais.
- Les débouchés. Compte tenu de la pénurie actuelle de main-d'œuvre qualifiée, le placement des artisans ayant des compétences professionnelles incontestables n'est pas difficile. Les trois principaux débouchés sont : les services de l'Etat (gouvernement, municipalités, administration territoriale), les entreprises privées et publiques ainsi que l'installation à leur propre compte.

Toutefois, la formation d'une main-d'œuvre qualifiée ne suffit pas. Le Congo doit compléter la formation de la main d'œuvre qualifiée par l'amélioration de l'environnement professionnel des artisans. Trois mesures doivent être prises :

- La première mesure consiste à favoriser l'organisation professionnelle des artisans. Il faut créer une chambre nationale des métiers et de l'artisanat (CMA). La mission principale de la CMA est d'aider les artisans à créer, à développer, à assurer la compétitivité et la pérennité de leur entreprise artisanale. La CMA est chargée également de tenir et de faire la publicité légale du répertoire des métiers et des professionnels qualifiés par Commune et Territoire à l'usage des autorités, des entreprises et des particuliers.
- La deuxième mesure consiste à faciliter l'octroi des crédits aux artisans. Le gouvernement en partenariat avec la CMA et les banques locales de développement doit aider les artisans à acquérir le matériel de base pour créer leur entreprise artisanale et s'installer à leur compte.
- La troisième et dernière mesure consiste à favoriser l'organisation de la location de matériel. Les artisans n'ont pas toujours la nécessité ni la surface financière suffisante pour acquérir du gros matériel à usage occasionnel. Il est absolument nécessaire que le gouvernement facilite l'installation dans le pays des entreprises de location de matériel pour les travaux publics, le bâtiment, l'industrie, les collectivités et les particuliers comme il en existe dans tous les pays développés notamment en France.[132]

Malgré cette détermination pour créer des Facultés des métiers, il existe néanmoins deux problèmes délicats à résoudre et dont la solution demande du temps. Et le temps, c'est ce qui manque le plus au Congo. Le premier problème est celui du recrutement des formateurs étrangers des formateurs congolais qui relève de la coopération internationale. Le second problème est celui des crédits nécessaires pour construire ou réhabiliter des bâtiments, pour les équiper et pour doter ces facultés des métiers de tous les moyens nécessaires à leur bon fonctionnement.

Une stratégie à court terme

Néanmoins, le Congo dispose d'un trésor, une main-d'œuvre qualifiée voire hautement qualifiée. Ce capital humain est disponible et opérationnel immédiatement. Cette main-d'œuvre qualifiée voire hautement qualifiée s'appelle la « *diaspora congolaise.* »

Comment est née la diaspora congolaise et comment le Congo peut-il tirer profit de cette main d'œuvre qualifiée voire hautement qualifiée ? Voilà les deux questions qui serviront de fil directeur de notre propos ici.

---

[132] On peut citer les entreprises suivantes : KILOUTOU, LOXAM, LEROY MERLIN, etc.

La grave crise économique que traverse le Congo depuis le milieu des années 1970 a jeté sur le chemin de l'exil quelques millions de Congolais. Ces Congolais sont établis en grande partie dans les pays développés d'Europe occidentale et d'Amérique du Nord. Pour être « employables » dans leurs pays d'accueil, ces Congolais ont passé des diplômes de niveau V au niveau I dans tous les domaines. C'est une main d'œuvre qualifiée voire hautement qualifiée dans les divers secteurs de l'industrie et de services : Audiovisuel, communication, édition, multimédia ; Bâtiment gros œuvre, bâtiment second œuvre (aménagements, équipements, finitions) ; Bois, menuiserie, ameublement ; Chauffage, froid, génie climatique ; Conduite (citernes, engins ou véhicules) ; Electricité, électronique ; Entreprenariat ; Fabrications industrielles, contrôle ; Hôtellerie, restauration ; Informatique, communications ; Installation, maintenance, entretien ; Mécanique, réparation, carrosserie ; Métallerie, construction métallique, menuiserie aluminium, verre ; Plasturgie, matériaux composites ; Transformation des métaux ; Transport et logistique ; Travaux publics, etc.

Autre compétence, vivant dans des pays développés, ces Congolais d'origine sont imprégnés par ce bon sens de l'organisation des choses. De plus, ces Congolais d'origine sont très désireux de participer au développement de leur pays d'origine autrement que par l'aide financière qu'ils apportent à leurs parents restés au pays. Une aide financière qui se chiffre chaque année en centaines de millions de dollars américains selon les affirmations des sociétés de transfert d'argent que nous avons consultées.

Pour des raisons diverses, ces Congolais d'origine ont pris la nationalité du pays d'accueil formant ainsi ce qu'on appelle communément la *diaspora congolaise*. Mais la Constitution de 2006 dite de la Troisième République (Article 10)[133] ferme la porte à la double nationalité. Les Congolais qui prennent une autre nationalité perdent automatiquement la nationalité congolaise. Cette disposition irrationnelle prive ainsi le Congo d'une main-d'œuvre qualifiée voire hautement qualifiée et qui dispose souvent des capitaux à investir. Pour faire encore plus compliqué, les visas congolais sont les plus chers du monde entier et les plus difficiles à obtenir comme on peut le vérifier surtout à Paris.

Comment le Congo peut-il tirer profit de cet excellent capital humain immédiatement opérationnel que constitue la diaspora congolaise ? Il convient d'amender l'article 10 de la Constitution de 2006 dite de la Troisième République dans le sens de l'irrévocabilité de la nationalité congolaise d'origine.

---

[133] « *La nationalité congolaise est une et exclusive. Elle ne peut être détenue concurremment avec une autre.* »

Ainsi, les Congolais d'origine, nous disons bien les Congolais d'origine, qui prennent une autre nationalité ne perdent plus automatiquement leur nationalité congolaise de même que leur descendance. Cette mesure de bon sens doit être rétroactive.[134]

CONCLUSION

Le développement d'un pays est avant tout une affaire des hommes avant d'être une affaire des capitaux et des ressources naturelles. La Corée du Sud, le Japon, Singapour, la Suisse et Taïwan sont des exemples probants. Ces pays n'ont qu'une seule ressource, le capital humain : une main-d'œuvre qualifiée et hautement qualifiée.

L'aptitude du Congo à se développer est pour le moment handicapée par la faute des hommes, par le défaut de qualification de sa main-d'œuvre. Le Congo a donc un impératif : former une main-d'œuvre qualifiée et hautement qualifiée. Cette solution demande beaucoup de temps et des crédits énormes. Cette solution doit s'inscrire dans une stratégie à long terme. Mais, c'est un défi vital que le Congo doit absolument relever.

Néanmoins, le Congo dispose d'un trésor, d'une main d'œuvre qualifiée voire hautement qualifiée et immédiatement opérationnelle. Cet atout pour le succès de son développement s'appelle la *diaspora congolaise*. Le Congo peut et doit composer avec sa diaspora qui contribue déjà largement à la paix sociale au Congo par l'aide financière qu'elle apporte à la famille restée au pays. Du point de vue professionnel, la diaspora congolaise a des qualifications nécessaires adaptées aux besoins du Congo. Vivant dans des pays développés, la diaspora congolaise sait ce qu'il faut faire (organisation) pour se développer. Le Congo doit lever tous les obstacles à la participation de ces forces vives au développement de leur pays d'origine. En commençant par leur rendre leur nationalité congolaise par l'amendement de l'article 10 de la Constitution de 2006 dite de la Troisième République. Les Congolais d'origine qui prennent une autre nationalité ne doivent pas perdre leur nationalité congolaise (irrévocabilité de la nationalité congolaise d'origine). Cette loi doit être rétrospective. S'ils enfreignent la loi au Congo, ces Congolais binationaux ne peuvent invoquer l'autre nationalité.

[134] Le gouvernement congolais a présenté au Sénat un projet de loi comportant 51 Articles relatifs à la nationalité congolaise qui envisage l'irrévocabilité de la nationalité congolaise d'origine, en juin 2015. Comme quoi, les grands esprits se rencontrent.

6
ADOPTER L'ANGLAIS COMME LANGUE OFFICIELLE ET DE TRAVAIL

Léopold II (en 1885) impose le français comme langue officielle et de travail au Congo. La Belgique (en 1908) le confirme. L'adoption du français à cette époque est somme toute logique. En effet, le français est la langue universelle depuis la fin du XVIIème siècle lorsqu'il se substitue au latin.

Le statut de langue universelle accorde au français deux privilèges. Il est la langue de la diplomatie, la langue officielle de toutes les Cours d'Europe, celle des discussions et des décisions. Le français s'impose également comme la langue mondiale des échanges. De plus, le français (langue des Lumières) est la langue de l'esprit. Savoir parler le français témoigne d'une bonne éducation (Hazard, 2012 ; France pittoresque, 2013).

Cependant, le XXème siècle voit l'anglais se substituer au français comme langue universelle. Le déclin du français comme langue universelle date de la fin de la Première Guerre mondiale qui voit disparaître quatre empires : l'empire allemand, l'empire austro-hongrois, l'empire ottoman et l'empire russe. Plus précisément lors de la discussion et de la rédaction du Traité de Versailles (28 juin 1919) qui se font en anglais et en français.[135]

Par ailleurs, la philosophie de l'Anglais Charles Darwin nous apprend l'importance vitale de la faculté d'adaptation. Seules les espèces capables de s'adapter survivent (Gaarder, 1995, p. 453). Il en est de même des sociétés humaines. Trois exemples suffisent pour le montrer : la chute de l'empire romain (-753 à + 476), la chute de l'empire ottoman (1299-1924) et la chute de l'empire soviétique (1918-1991).

Au Congo ex-Zaïre ex-Belge ex-Léopoldien, la nécessité vitale de s'adapter exige que la question de la langue officielle et de travail soit de nouveau soumise à l'examen à la lumière du changement de la langue universelle. Notre propos ici va répondre à deux questionnements : Pourquoi les Congolais doivent-ils adopter l'anglais comme langue officielle et de travail ? Pour autant, les Congolais doivent-ils abandonner le français comme langue officielle ou au contraire le conserver à l'instar du Canada et du Cameroun qui ont deux langues officielles et de travail ?

---

[135] Ce Traité de paix met fin à la Première Guerre mondiale entre l'Allemagne vaincue et les puissances alliées victorieuses.

Une langue de développement par excellence

Ce que la langue anglaise n'est pas pour le Congo

Il est important d'affirmer d'entrée que le mariage entre le Congo et l'anglais est librement consenti. En effet, l'anglais au Congo n'a pas de traumatisme à surmonter. Car, il n'est pas imposé par un colonisateur. Il n'est donc pas marqué par la violence colonialiste de nature militaire, politique ou symbolique. D'autre part, le besoin d'anglais au Congo n'est pas lié à la construction d'un Etat ou d'une Nation. Il n'y a pas d'enjeu identitaire (langue d'unification d'un pays).

L'adoption de l'anglais au Congo est une nécessité

Le besoin de l'anglais au Congo répond à un enjeu de développement qui englobe à la fois un enjeu technique, technologique et scientifique, un enjeu diplomatique, un enjeu économique et un enjeu stratégique. En effet, l'anglais est devenu la langue de développement par excellence. Ainsi, l'anglais s'impose à tous, non pas par la contrainte. Mais en réussissant la prouesse de se rendre indispensable en devenant l'incontestable langue de communication mondiale (Crystal, 2003 ; Frenchies in Australia, 2013 ; Graddol, 1997 ; Roy, 2013 ; Walraff, 2001).

Passons en revue tous les domaines où l'anglais est indispensable. L'anglais est la langue de la diplomatie et des relations internationales. En effet, l'anglais est la principale langue de travail de plusieurs organisations ou institutions internationales : l'Organisation des Nations-Unies (ONU), l'Union Africaine (UA), l'Union Européenne (UE), le Commonwealth of Nations, l'Association des Nations de l'Asie du Sud-Est (ASEAN)[136], la Banque Mondiale, le Fonds Monétaire International (FMI), la Banque Centrale Européenne (BCE), la Banque Africaine de Développement (BAD), le Programme des Nations-Unies pour le Développement (PNUD), le Fonds International pour le Développement Agricole (FIDA), le Fonds Européen pour le Développement (FED), l'Organisation des Nations-Unies pour l'agriculture et l'alimentation (FAO), l'Organisation Mondiale de la Santé (OMS), l'Organisation Mondiale du Commerce (OMC), etc.
L'anglais est la langue des sciences et des technologies. En effet, l'anglais est la principale langue de communication des congrès et des conférences scientifiques. La plupart des revues scientifiques du monde sont en anglais. La plupart des scientifiques du monde lisent l'anglais. Un scientifique qui veut atteindre un plus large public publie ses travaux en anglais. Beaucoup

---

[136] L'ASEAN est une zone de libre-échange regroupant plusieurs pays asiatiques.

de livres sont publiés en anglais. Les livres publiés en anglais reviennent en général beaucoup moins cher en raison des économies d'échelles. L'anglais est la langue d'enseignement et de recherche des meilleures universités du monde. En effet, le classement de Shanghai 2014 qui distingue les 500 meilleures universités mondiales parmi les 17.000 répertoriées confirme la suprématie des établissements anglo-saxons notamment américains (149/500) et britanniques (37/500) (Beyer, 2013). Ce n'est pas étonnant car la plupart des innovations technologiques et scientifiques émanent des Etats-Unis d'Amérique.

L'anglais est la langue de l'Internet. La plupart des ressources de la toile sont en anglais. En effet, l'essentiel de la communication électronique se fait en anglais en raison de la domination exercée par la sphère anglo-saxonne dans la diffusion des informations sur Internet. On se connecte pour y chercher des informations, pour y faire du shopping et pour s'y distraire.

L'anglais est la langue du monde de l'informatique. Sur les douze plus grandes entreprises du secteur informatique du monde, huit sont américaines (AMAZON, APPLE, DELL, GOOGLE, HP, IBM, INTEL, MICROSOFT) et quatre sont asiatiques : une sud-coréenne (SAMSUNG), deux japonaises (PANASONIC, FUJITSU) et une taïwanaise (FOXCONN) (Naugés, 2013). Les composants internes proviennent pour la plupart des Etats-Unis d'Amérique qui restent la nation la plus innovante.

L'anglais est la langue véhiculaire des affaires et du commerce international. En effet, mondialisation oblige, la raison sociale, les statuts, les déclarations des compagnies et des sociétés, les contrats, les factures, les étiquetages des produits, les avis, les communications, les certificats et les formulaires destinés aux clients, aux membres de l'entreprise et aux actionnaires sont le plus souvent rédigés en anglais. L'anglais est la langue des salons internationaux qu'il s'agisse de l'automobile, du cinéma, du livre, de la mode, du vin, de l'agriculture, etc. Pour toucher un plus large public, les artistes, les publicitaires, les réalisateurs des films et bien d'autres professionnels se tournent vers l'anglais.

L'anglais est la langue de la télévision internationale. La télévision des principaux pays non anglophones du monde a une chaîne en anglais (Chine, Corée du Sud, France, Japon, Russie, Qatar, etc.). Pour s'informer de façon objective et contourner la propagande, on doit donc se tourner vers l'anglais. En effet, la diffusion quasi instantanée de l'information par plusieurs chaînes de télévision due au développement de la télévision par satellite permet par comparaison de recevoir une information objective qui décrit une réalité donnée de diverses manières, qui analyse cette réalité sous tous les angles et qui examine cette réalité sous d'autres perspectives tout simplement en zappant, c'est-à-dire, en passant d'une chaîne de télévision à une autre grâce à la télécommande.

L'anglais est la langue de l'aviation internationale. C'est la langue des pilotes, des aiguilleurs du ciel et du personnel navigant commercial (hôtesses de l'air et stewards).
L'anglais est la langue des compétitions sportives internationales : jeux olympiques, coupe du monde de football, tournois de tennis, championnats d'athlétisme, de basketball, de boxe, de catch, de Formule 1, de football, de golf, de gymnastique, d'haltérophilie, de judo, de natation, de volleyball, etc.

Comme on le voit, la maîtrise de l'anglais est devenue une compétence obligatoire pour tout Congolais qui veut accéder au savoir, qui veut faire de la recherche scientifique, qui veut toucher un large public, qui veut trouver un emploi, qui veut booster sa carrière professionnelle, qui veut faire des affaires ou du commerce à l'international, qui veut travailler dans les relations internationales, dans l'aviation internationale ou dans le secteur du sport international. Cette énumération n'est pas exhaustive.

Une hégémonie mondiale de l'anglais liée à l'histoire

Certains utilisent encore l'argument de la linguistique pour expliquer l'affirmation de l'anglais comme langue universelle. Leur thèse tourne autour de l'idée que l'anglais est une langue simple par opposition à complexe et à compliquée, c'est-à-dire, facile à apprendre, à comprendre et à parler. Cette simplicité se traduit par l'emploi de l'alphabet latin dont le principal point fort est d'être court (26 lettres de base), par l'emploi de l'alphabet latin mais dans sa forme épurée, sans signes diacritiques (ni accents, ni tréma, ni cédille) et par une conjugaison très simple même pour les verbes irréguliers. Entre les différentes personnes, il y a peu de variations à l'exception de la troisième personne du singulier au présent de l'indicatif.
Ils ajoutent qu'il existe d'autres langues simples qui pourraient se substituer à l'anglais comme langue universelle en raison du nombre de locuteurs et/ou de la puissance économique du pays. Mais des inconvénients rédhibitoires les en empêchent. Ils citent par exemple les idéogrammes qui font du chinois une langue peu probable au statut de langue universelle (Frenchies in Australia, 2013).

D'autres, en revanche, réfutent l'argument de simplicité de l'anglais. Ces derniers soutiennent que l'apprentissage de l'anglais est au contraire ardu. Ils avancent deux arguments principaux. Le premier argument concerne la prononciation des mots. Chaque mot doit être appris par cœur avec sa prononciation car il n'y a pas d'accents, ni de tréma ni de cédille ni même de règles simples. De plus, un certain nombre de lettres se prononce de plusieurs façons différentes. Et ces sons ne sont toujours pas faciles à reproduire. Le second argument porte sur la syntaxe. L'anglais serait une langue peu structurée. Ce qui est gagné en rapidité serait donc perdu en précision.

En réalité, la linguistique n'a rien à voir avec l'extraordinaire rayonnement mondial de l'anglais. Tout est question de l'histoire (Crystal, 2003 ; Graddol, 1997 ; Roy, 2013 ; Walraff, 2001) : « *Les gens apprennent l'anglais aujourd'hui pour les mêmes raisons qu'on apprenait le latin puis le français quand ils étaient des langues mondiales.* »

Trois facteurs expliquent l'essor extraordinaire de l'anglais :

- Le premier facteur, c'est tout simplement la colonisation britannique. En effet, pendant que les Européens du continent se faisaient la guerre pour des conquêtes territoriales, espace vital oblige, la situation insulaire poussait les Britanniques à s'étendre au-delà des mers. C'est ainsi que le Royaume-Uni va constituer le plus grand empire colonial de tous les temps s'étendant au monde entier. Les colons britanniques imposent l'anglais à leurs nombreuses colonies. A l'indépendance, ces ex-colonies conservent l'anglais comme langue officielle et de travail pour unifier le pays et ne pas favoriser l'une ou l'autre langue nationale qui aurait pu engendrer des troubles dans le pays. De plus, la plupart des ex-colonies vont conserver des liens étroits avec le Royaume-Uni en constituant le « Commonwealth of Nations. » D'autres pays n'ayant pas été colonisés par le Royaume-Uni et n'ayant pas de liens particuliers avec la couronne britannique vont adhérer au Commonwealth of Nations et adopté l'anglais comme langue officielle et de travail. On peut citer deux exemples : le Mozambique et le Rwanda. Le Commonwealth of Nations compte actuellement 54 pays au monde (Larousse, 2014). Mais le nombre de pays ou territoires ayant l'anglais comme langue officielle unique ou l'une des langues officielles s'élève à près de 90 dans le monde et se répartissent sur les cinq continents.
- Le deuxième facteur favorable à l'essor de l'anglais, c'est la suprématie mondiale du commerce extérieur britannique, de la fin du XVIIIème siècle jusqu'au dernier quart du XIXème siècle. La Grande-Bretagne est le premier Etat industriel du monde. En effet, la première révolution industrielle qui voit le jour en Grande-Bretagne lui permet de devancer les autres nations industrielles. Ses industries transforment ses ressources naturelles et les énormes ressources naturelles de son vaste empire colonial en divers produits manufacturés vendus dans le monde entier à des prix défiant toute concurrence grâce aux économies d'échelle. Cette puissance commerciale britannique donne un avantage indéniable à l'anglais.
- Le troisième et dernier facteur favorable à l'essor de l'anglais, c'est l'hégémonie des Etats-Unis d'Amérique sur le reste du monde après la fin de la Deuxième Guerre mondiale du 20ème siècle, en 1945. L'hégémonie américaine est économique, financière, idéologique, culturelle, politique et militaire. Cette hégémonie fait de l'anglais la langue de communication des hommes d'affaires, des scientifiques, des militaires, des diplomates, des sportifs, des journalistes et des artistes. La domination économique américaine est fondée sur son avance technologique et sur la mise sur le

marché des produits de pointe sans oublier la présence planétaire de ses entreprises transnationales. La domination financière américaine repose sur la prééminence du dollar. Le commerce mondial l'utilise comme monnaie de référence et la plupart des banques nationales l'utilisent comme monnaie de réserve. Wall Street, la bourse de New York, sert de référence aux autres bourses du monde. Tandis que les Etats-Unis exercent une influence déterminante sur les deux institutions financières mondiales (FMI, Banque Mondiale). La domination culturelle américaine se concrétise par la diffusion du mode de vie américain dans le monde entier comme les habitudes alimentaires (Coca-Cola, Pepsi-Cola, McDonald's), les habitudes vestimentaires (Tee-shirt, Jean, Chaussures baskets), la musique (Jazz, Rock and roll, Rhythm and Blues, Disco, Pop, Hip Hop, Rap, Charleston), les divertissements (Disneyland), les habitudes de communication et de documentation (Google, Face Book, You Tube) et l'économie numérique (Amazon). Cette diffusion de la culture américaine s'appuie sur des puissants médias comme le cinéma (Hollywood), la télévision par satellite (CNN, ABC, NBC, Geographic Channel, etc.), les séries télévisées (Dallas, Dynastie, Friends, etc.) et l'Internet. La domination idéologique américaine est fondée sur le capitalisme libéral qui organise l'économie mondiale notamment depuis l'implosion de l'URSS et la chute du communisme en 1991. La domination politique et militaire commence par l'abandon de l'isolationnisme[137] américain (1797-1947). Le déclin de la Grande-Bretagne à la fin de la Première Guerre mondiale permet aux Etats-Unis, puissance déterminante dans la victoire des Alliés durant les deux Guerres mondiales du XXème siècle, de prendre le relais et de donner un vigoureux élan à l'anglais. Ce sont les Américains qui imposent pour la première fois l'anglais comme langue de discussion et de rédaction dans une conférence internationale notamment le Traité de Versailles en 1919. Ce sont les Américains et les Anglais qui construisent la paix à partir de 1941.[138] Une paix concrétisée finalement par l'ONU (Charte de San Francisco du 26 juin 1945) qui fait de l'anglais sa principale langue de travail. Après la Deuxième Guerre mondiale, la division du monde en deux camps opposés fait des Etats-Unis les défenseurs du monde libre par la prise de commandement de l'Alliance Atlantique (OTAN) et par la contribution à la reconstruction de la vieille Europe (Plan Marshall) et du Japon.

---

[137] Politique d'un Etat qui consiste à ne pas intervenir dans les relations internationales.

[138] Août 1941 : Charte de l'Atlantique ; Janvier 1942 : Déclaration des Nations Unies ; Octobre 1942 : décision de créer une nouvelle organisation internationale, à Téhéran ; Septembre 1944 : élaboration des fondements.

On peut enfin citer le rôle de « gendarme du monde » des Etats-Unis en raison des interventions directes (Koweït, 1991 ; Somalie, 1993 ; Afghanistan, 2001-2014 ; Irak, 2003-2014) et indirectes (Ukraine, Syrie).

Aujourd'hui, le nombre total d'anglophones de langue maternelle, de langue seconde[139] et de langue étrangère[140] varie énormément selon les études considérées. Il n'est donc pas nécessaire de s'appesantir sur ce chiffre. Mais la principale information à retenir est que l'anglais réunit aujourd'hui le plus grand nombre de locuteurs dans le monde appartenant au plus grand nombre de pays différents. Ce qui lui donne le statut de langue universelle contrairement au chinois (mandarin) et à l'espagnol, deux langues qui ont aussi un grand nombre de locuteurs mais originaires des pays beaucoup moins nombreux.

Deux langues officielles et de travail comme au Canada et au Cameroun

L'adoption de l'anglais comme langue officielle et de travail ne veut pas dire l'abandon du français comme langue officielle et de travail au Congo. En effet, l'intérêt du Congo est d'avoir deux langues officielles et de travail, le français et l'anglais à l'instar du Canada et du Cameroun.

Dans un monde globalisé et dans une Afrique essentiellement francophone et anglophone, la maîtrise de l'anglais et du français est un grand atout pour les Congolais afin d'échanger, de faire des affaires, de s'informer, de se former, de rechercher un emploi, etc. De plus, l'adoption de l'anglais doit faciliter la coopération entre le Congo et les Etats-Unis d'Amérique. Puisque nous conseillons vivement le Congo de faire des Etats-Unis d'Amérique son principal partenaire stratégique dans le domaine militaire.

Le français est à conserver pour différentes raisons à la fois objectives, subjectives, stratégiques et historiques. Le français doit être conservé pour continuer de partager les valeurs que la langue française porte en elle. Il s'agit des valeurs de la pensée des philosophes français dits des Lumières. Des valeurs bien décrites par le Norvégien Jostein Gaarder (1995, pp. 338-357) ainsi que par le Français Raoul-Marc Jennar (2012) notamment « le libre esprit critique, le volontarisme, la liberté, l'égalité, la tolérance, la démocratie et l'universalité humaine. » Le français doit être conservé en raison de la présence en France de la plus importante diaspora congolaise au monde. Le français doit être conservé en raison de la présence indéfectible de la France aux côtés du Congo, second pays francophone du monde,

---

[139] Ceux des pays où l'anglais est langue officielle.

[140] Ceux des pays où l'anglais n'a pas de statut spécial mais où il est appris pour diverses raisons afin de communiquer avec les ressortissants d'autres pays.

durant ses heures sombres. Ainsi, en 1977 (du 8 mars au 28 mai) et en 1978 (du 13 au 20 mai), c'est la France de Valéry Giscard d'Estaing qui intervient militairement au Katanga/Shaba pour en chasser les insurgés du Front National de Libération du Congo venus d'Angola et soutenus par le camp socialo-communiste. Une intervention baptisée opération « *Verveine* » (Manin, 1978 ; Yakemtchouk, 1988). En 2003, c'est la France de Jacques Chirac qui est à l'origine, qui fournit 80 % du contingent et qui assure le commandement opérationnel de l'opération *Artémis* (6 juin-6 septembre 2003). Cette force européenne intérimaire d'urgence est déployée en Ituri plus précisément à Bunia et sa région pour mettre fin aux violents combats interethniques, organisés et téléguidés par les voisins de l'Est du Congo (Rwanda) et qui opposent les Lendu de Mathieu Ngudjolo Chui et les Hema de Thomas Lubanga (Bagayoko-Penone, 2004 ; Rolley, 2013). En 2006, c'est encore la France de Jacques Chirac qui prend le commandement opérationnel de l'EUFOR, une force militaire européenne chargée de sécuriser le processus électoral au Congo, du 30 juillet au 30 novembre 2006 (Morel et Cameron, 2009, p. 28). Sans oublier les nombreuses résolutions des Nations-Unies sur le Congo dont l'initiative et la rédaction reviennent le plus souvent à la France (création de la MONUC en 1999 ; transformation de la MONUC en MONUSCO en 2010 ; création d'une brigade d'intervention avec un mandat offensif pour combattre les groupes armés dans l'Est congolais, le 28 mars 2013) (Radio Okapi, 2009). Le français doit être conservé pour le rôle déterminant joué par la France dans la naissance du Congo comme Etat. En effet, la France est le second pays au monde après les Etats-Unis d'Amérique, à reconnaître l'Association Internationale du Congo (AIC) du Roi Léopold II. Pour obtenir la reconnaissance de l'AIC, le Roi Léopold II concède à la France le droit de préférence ou droit de préemption : « *si par des circonstances imprévues, l'Association Internationale était amenée à réaliser (vendre) ses possessions, elle s'engage à donner la préférence à la France.* » La réponse française date du 24 avril 1884. Pleinement satisfait, le président du Conseil Jules Ferry prend acte de la déclaration du Roi Léopold II, président de l'Association Internationale. : « *Le gouvernement français écrit-il prend l'engagement de respecter les stations et territoires libres de l'Association et de ne pas faire obstacle à l'exercice de ses droits* » (Goffin, 1952, p. 27 ; Dumont, 1990, p. 180). Le français doit être conservé en raison de la correction exemplaire de la France lors de la reprise du Congo par la Belgique en 1908. Reprise à laquelle la France ne s'oppose pas malgré son droit de préemption. Moyennant toutefois le règlement de deux questions restées en suspens. La Belgique donne satisfaction aux demandes courtoises de la France formulées par son ministre des affaires étrangères Stephen Pichon. La première question restée en suspens concerne le bénéfice d'un tarif douanier spécial. La deuxième question restée en suspens porte sur la rectification des frontières entre le Congo (colonie française) et le Congo (colonie belge) au profit du premier nommé. D'une part, le Congo (colonie belge) cède 150 Km^2 au Congo (colonie française) au niveau du Bas-Congo en acceptant comme nouvelles frontières *« la ligne de faîte comprise entre le pic Kiama et le pic Bembo comme limite de possessions entre la source la plus septentrionale du Chiloango et la crête de partage des eaux du fleuve Niari-Kwilu et du fleuve Congo.* » D'autre part, le Congo (colonie belge) cède au Congo (colonie française) le tiers de l'île Mbomu sur le fleuve Congo au large de Kinshasa/Léopoldville et de Brazzaville. Ainsi, le Congo (colonie belge) accepte de rectifier la frontière du Pool Malebo ou Stanley pool en abrogeant la Convention de 1895 qui avait réglé cette question. La France obtient également la révision du traité de droit de préemption établi en 1884 avec le Roi Léopold II et modifié en 1887 et 1895 (Dumont, 1990, pp. 315-316). Le français doit être conservé en raison de la contribution de la France dans la décolonisation du Congo belge. En effet, cinquante années après la reprise du Congo par la Belgique, c'est encore la France qui siffle la fin des colonies en Afrique subsaharienne. Nous sommes en 1958. Charles De Gaulle, le nouveau président français, lance sa bombe de Brazzaville. Dans son discours du 24 août 1958, De Gaulle donne aux territoires français d'Afrique noire le choix entre l'indépendance immédiate ou l'appartenance à la Communauté française : « *L'indépendance, quiconque la voudra pourra la prendre aussitôt. La métropole ne s'y opposera pas* » (Krief, 1958). Prononcé à la porte même de Léopoldville/Kinshasa, le discours de De Gaulle fait l'effet d'une bombe au Congo belge. Très suivi de ce côté-ci du fleuve, ce discours inattendu est vécu comme un encouragement par les Combattants de la Liberté notamment Joseph Kasa-Vubu et Patrice Emery Lumumba. En revanche, du côté des tenants belges de l'ordre colonial, ce discours est un coup de poignard dans le dos. Pour le nouveau gouverneur général du Congo belge, Henri Cornelis arrivé à Léopoldville/Kinshasa moins des deux mois auparavant (5 juillet 1958), le discours de Brazzaville est comparable à la disqualification d'un sprinter (100 m) pour faux départ. En effet, la position française rend d'ores et déjà irréaliste et intenable tout *statu quo* ou toute proposition belge contraire à l'émancipation ou à l'indépendance immédiate du Congo belge.

CONCLUSION

L'adoption de l'anglais comme langue officielle et de travail au Congo est un impératif de développement. Le Congo serait bien avisé de demander aux Etats-Unis d'Amérique et au Royaume-Uni mais aussi au Canada, à l'Australie et à la Nouvelle-Zélande de l'aider à apprendre l'anglais. Le Congo serait bien inspiré de se rapprocher du *British Council* à Londres dont la mission est de promouvoir la culture britannique dans le monde entier.

L'adoption de l'anglais est aussi un impératif stratégique qui doit faciliter le partenariat stratégique dans le domaine militaire avec les Etats-Unis d'Amérique.

Le Congo et l'anglais sont faits l'un pour l'autre. Si le Congo existe, c'est grâce à de nombreux Britanniques qui se sont mis au service de Léopold II comme explorateurs et administrateurs ou se sont mis au service des Congolais comme pasteurs et formateurs. Dans son ouvrage intitulé *Des bâtisseurs aux contempteurs du Congo belge, l'odyssée coloniale*, le Belge André-Bernard Ergo (2005) dresse la liste exhaustive de tous ces bâtisseurs britanniques du Congo.

Le Congo doit conserver le français comme langue officielle et de travail pour continuer de partager les valeurs qu'il porte. Quant à la maîtrise de l'anglais et du français, elle doit donner aux Congolais un avantage indéniable dans une Afrique essentiellement anglophone et francophone, dans un marché mondialisé et dans un monde globalisé.

7
ADOPTER UN NOUVEAU DRAPEAU NATIONAL

La question du drapeau n'est pas nouvelle au Congo. Elle a déjà été évoquée durant la Conférence Nationale Souveraine (Nlanda Ibanda, 1991). En effet, s'il est vrai que l'habit ne fait pas le moine, il est aussi vrai que l'on reconnaît le moine à ses habits. Il en est ainsi du drapeau national qui symbolise l'Etat. Le drapeau national répond au besoin concret d'identité et de reconnaissance. A l'extérieur, le drapeau définit l'identité d'une communauté nationale. A l'intérieur, le drapeau matérialise la conscience d'appartenance à une communauté nationale et l'adhésion à ses idéaux. Le drapeau représente aussi l'histoire d'un pays. Toutes ces fonctions font du drapeau le symbole national qui a le plus grand pouvoir évocateur. Ce qui explique sa capacité extraordinaire à rassembler et à galvaniser un peuple mais aussi tous les égards et tous les honneurs que tous les pays lui accordent (Gouvernement du Québec, 2008 ; Arthur, 2008).

Ceci nous amène à la question suivante qui sera au centre de notre propos ici : après la refondation de l'Etat au Congo, quel drapeau pour affirmer le renouveau de l'Etat, pour matérialiser ou pour assurer la représentation visuelle de cette Nation-Etat ?

Un drapeau national peu représentatif de l'histoire

L'historique des drapeaux du Congo nous apprend que c'est au cours de son unique session du 20 au 21 juin 1877 à Bruxelles que l'Association Internationale Africaine (AIA) présidée par le Roi Léopold II adopte comme drapeau un pavillon bleu azur avec une étoile dorée au centre. De ce pavillon azur étoilé d'or, Henry Morton Stanley donne l'explication suivante : « *l'espoir brillant dans les ténèbres africaines* » (Goffin, 1952, p. 16). Ce drapeau ne changera pas jusqu'en 1960, soit durant 83 années. Il devient successivement le drapeau de l'Association Internationale du Congo (AIC) le 22 avril 1884, puis celui de l'Etat Indépendant du Congo le 26 février 1885 et enfin celui du Congo belge le 20 août 1908.

En 1960, le Congo indépendant y ajoute six étoiles alignées verticalement sur le bord droit. Ces six étoiles représentent les six provinces du Congo belge, à savoir : l'Equateur, le Kasaï, le Katanga, le Kivu, Léopoldville et la Province orientale.

En 1964, l'adoption d'une nouvelle Constitution instituant 21 provinces au Congo coïncide avec l'adoption d'un nouveau drapeau. Sur un fond bleu azur sont disposées deux éléments : une étoile dorée au coin supérieur droit et une barre diagonale rouge bordée de liséré jaune.

En 1966, la barre diagonale rouge bordée de liséré jaune est corrigée pour former un parallélogramme.

En 1971, à l'occasion de l'institutionnalisation du Mouvement Populaire de la Révolution (MPR) ou de la fusion du Parti et de l'Etat, le drapeau du MPR devient celui du pays qui est rebaptisé Zaïre. Sur un fond vert clair est disposé un disque central jaune dans lequel une main tient un flambeau aux flammes rouges. Ce drapeau est bien connu sous l'appellation de « *tricolore flambant* » (Nlanda Ibanda, 1991).

En 1997, l'arrivée au pouvoir de Laurent-Désiré KABILA coïncide avec le retour du premier drapeau du Congo indépendant. Mais ce drapeau est abandonné dix années plus tard. Car le nombre de provinces est depuis lors passé de 6 à 11. Ainsi, l'adoption d'une nouvelle Constitution le 18 février 2006 est l'occasion du retour en grâce du troisième drapeau du Congo indépendant (Tableau 13).

Un nouveau drapeau qui symbolise avec force toute l'histoire du Congo

L'actuel drapeau ne symbolise pas toute l'histoire du Congo. C'est pourquoi nous préconisons aux Congolais d'adopter un nouveau drapeau qui répond à une triple ambition :

- Symboliser l'identité et la souveraineté nationales, symboliser le renouveau de l'Etat et la naissance d'une Nation-Etat ;
- Respecter le devoir de mémoire. Il s'agit de rendre compte des principaux événements de l'histoire de la Nation, tant les bons que les mauvais. La représentation de mauvais événements sur le drapeau national doit appeler les Congolais à la vigilance permanente car rien n'est jamais définitivement acquis. Ce « zoom-arrière » doit les enjoindre à ne jamais oublier et à tirer les leçons de l'histoire pour ne pas revivre le même passé effroyable ;
- Résister au temps et aux changements. Ce drapeau se veut pérenne quels que soient les soubresauts de l'histoire congolaise. En effet, ce drapeau retient les permanences, ce qui ne changera pas avec le temps. Il laisse de côté les variables, ce qui est susceptible de changer avec le temps. Ceci pour ne pas être obligé de changer régulièrement de drapeau. En effet, un changement fréquent de drapeau est un signe de manque de sérieux.

Tableau n° 13

Drapeaux associés à l'histoire du Congo

A.I.A./A.I.C/E.I.C./C.B.  **1877-1960**	**R.D.C.** 1  **1960-1963**	**R.D.C.** 2  **1963-1966**
R.D.C. 3  **1966-1971**	**ZAIRE**  **1971-1997**	**R.D.C.** 4  **1997-2006**
R.D.C. 5  **2006- …**	**Belgique**  **1908-1960**	**Katanga**  **11/07/1960 – 15/01/1963**
Sud-Kasaï  **09/8/1960 – 02/10/1960**	A.I.A. : Association Internationale Africaine A.I.C. : Association Internationale du Congo E.I.C. : Etat Indépendant du Congo C.B. : Congo belge Source : WIKIPEDIA	

Les principaux événements que nous avons pris en compte pour créer ce nouveau drapeau sont classés en six thèmes :

- Le premier thème, c'est la naissance du Congo (1885-1908). Au commencement, le Congo est une propriété personnelle de Léopold II, second roi des Belges. Il réussit à s'offrir le meilleur espace africain. C'est le premier moment crucial de l'histoire du Congo, celui de la rencontre entre le colon et l'Autochtone. Celui qui marque la rupture dans l'existence libre et digne des Autochtones comme des êtres humains à part entière. Le moment qui transforme l'Autochtone en machine-outil du colonisateur sous le prétexte de la « civilisation » (Dumont, 1990, pp. 275-302 ; Hochschild, 1998). Les couleurs léopoldiennes font donc partie de l'histoire du Congo et de l'identité des Congolais.
- Le deuxième thème, c'est la colonisation du Congo (1908-1960). C'est un tournant dans l'histoire du Congo qui marque un changement de tutelle et l'accélération de la « civilisation » ou de « l'aliénation » des Autochtones selon les points de vue. Le pouvoir colonial divise les Autochtones en deux groupes : les Noirs et les Evolués (Mutamba, 1978 ; Kadima-Tshimanga, 1982). Les couleurs de la Belgique (trois bandes verticales noire, jaune et rouge) font donc partie intégrante de l'histoire du Congo et de l'identité des Congolais.
- Le troisième thème, c'est l'indépendance du Congo (1960). C'est un moment crucial qui marque une autre rupture dans l'histoire du Congo (Vanderlinden, 1998 et 1999 ; Van Langenhove, 1960). Les couleurs du Congo indépendant représentent la liberté et la dignité recouvrées après 75 ans de tutelle léopoldienne et belge. Ces couleurs font ainsi partie de l'histoire du Congo et de l'identité des Congolais.
- Le quatrième thème concerne toutes les périodes troublées. Il s'agit de toutes les violences de masse passées, présentes et à venir au Congo quelles que soient leur origine, interne ou externe, à l'instar des sécessions des années 1960 (Gérard-Libois, 1963), des rébellions de 1964/1965 (Verhaegen, 1967), des agressions extérieures de 1998 à 2003 par l'Ouganda de Museveni et le Rwanda de Kagamé (Pourtier, 2003) et des insurrections de vrais-faux groupes armés congolais (Van Acker et Vlassenroot, 2001). Nous avons choisi les couleurs du Katanga (rouge, vert et blanc) et celles du Sud-Kasaï (rouge, jaune, vert), deux provinces sécessionnistes pour symboliser à jamais tous ces moments de crise dans l'histoire du Congo.
- Le cinquième thème, c'est la naissance de la Nation au Congo (1965-1997). C'est un moment crucial de l'histoire du Congo qui voit Mobutu prendre toutes les affaires en main pour redresser une situation difficile : révéler l'identité nationale congolaise à toutes les ethnies et tribus bantoues qui ne se connaissent pas ou qui sont rivales afin de réaliser l'unité congolaise (Monheim, 1985 ; Remilleux, 1989).

Les couleurs de la révolution nationale authentique (vert, jaune, rouge) font partie intégrante de l'histoire du Congo et de l'identité des Congolais. Le plus intéressant, c'est la similitude des couleurs du Katanga sécessionniste de Moïse Tshombe Kapenda avec celles du Sud-Kasaï sécessionniste d'Albert Kalondji et celles du Zaïre de Joseph-Désiré Mobutu Kuku Gbendu Wa Zabanga (vert, jaune, rouge).

- Le sixième et dernier thème, c'est la refondation de l'Etat au Congo. En effet, l'unité congolaise repose actuellement sur un seul pied : la Nation congolaise. La refondation de l'Etat qui exerce la souveraineté permet de reposer l'unité congolaise sur ses deux pieds et réaliser ainsi un équilibre stable. La naissance de cette Nation-Etat a besoin d'un symbole fort, un nouveau drapeau.

Ainsi, le nouveau drapeau que nous préconisons est le reflet de l'histoire du Congo, de toute l'histoire du Congo. C'est pourquoi nous soumettons à la sagacité du peuple congolais le choix entre quatre variantes du même drapeau national (Tableau 14). Nous souhaitons que les Congolais se prononcent de façon souveraine après un débat bien argumenté.

Quelle est la signification des éléments constitutifs de ces quatre déclinaisons du même drapeau ?

L'étoile centrale sur un fond azur rappelle le drapeau de l'Association Internationale Africaine (AIA), de l'Association Internationale du Congo (AIC), de l'Etat indépendant du Congo (EIC) et enfin du Congo belge (CB). C'est le drapeau du Congo pendant 83 ans (1877 à 1960). Ces couleurs-là relient les Congolais d'aujourd'hui à leurs aïeux. Ces couleurs-là doivent rappeler aux Congolais d'aujourd'hui la liberté et la dignité perdues de leurs aïeux à la suite de leur rencontre avec les colons venus du Nord mais aussi leur résistance multiforme pour les recouvrer. Une résistance dont ils vont payer un lourd tribut (Hochschild, 1998).

Les six étoiles alignées verticalement sur le bord droit ou centrées correspondent aux six provinces originelles du Congo. Cet ensemble correspond au premier drapeau du Congo indépendant : il est l'œuvre des pères de l'indépendance. Ces six étoiles relient les Congolais d'aujourd'hui aux pères de l'indépendance. Ces six étoiles sont maintenues pour rendre hommage à tous les héros et martyrs de l'indépendance ainsi que pour rappeler aux nouvelles générations de Congolais que cette indépendance fut acquise dans la douleur et dans le sang comme le souligne avec force Patrice Emery Lumumba dans son discours à l'occasion de l'accession du Congo à l'indépendance, le 30 juin 1960 (Ganshof Van Der Meersch, 1960).

Tableau n° 14

Le projet du nouveau drapeau national du Congo

Le tricolore noir, jaune et rouge doit rappeler les liens historiques avec la Belgique, l'ancienne puissance coloniale. Les Congolais ont quelque chose de Belge. En effet, plusieurs héritages des Belges survivent encore au Congo. Les Congolais sont des buveurs invétérés de bière comme les Belges. La préparation congolaise des viandes en sauce rappelle celle de l'onctueuse et parfumée carbonade flamande. Le français, langue officielle du Congo, est un héritage des Belges. Le français du Congo se rapproche du français des Belges. Les Congolais comme les Belges disent septante et nonante alors que les Français disent respectivement soixante-dix et quatre-vingt-dix. Les Congolais comme les Belges disent minerval alors que les Français parlent des frais d'études ou de scolarité. Les Congolais comme les Belges disent commune et bourgmestre. Là où les Français disent respectivement mairie et maire. On peut ainsi multiplier des exemples. Le découpage territorial du Congo est aussi un héritage des Belges. Mais pour nous, le plus grand héritage de la Belgique coloniale est scientifique. La somme des connaissances scientifiques accumulée par des scientifiques belges et des Belges à l'esprit scientifique sur le Congo et les Congolais a une valeur incommensurable. Leur validité ne cesse d'être démontrée plus d'un demi-siècle après l'indépendance. La Fondation Roi Baudouin a eu la très bonne idée de publier au début des années 1990 un aperçu de l'œuvre scientifique et médicale de la Belgique au Congo (Drachoussof et al, 1992 ; Janssens et al, 1992). Et le musée de Tervuren en Belgique est un haut lieu de mémoire pour les Congolais. Ainsi que le ministère belge des affaires étrangères qui est le gardien de la documentation du Congo léopoldien et du Congo belge (l'ancienne bibliothèque africaine).

Le vert, le jaune et le rouge sont les couleurs du Katanga et du Sud-Kasaï sécessionnistes. Ces couleurs doivent rappeler aux Congolais toutes les périodes douloureuses de l'histoire de leur pays marquées par des violences de masse orchestrées ou non par l'étranger et qui s'accompagnent des fleuves de sang et de larmes. On peut citer les sécessions du Katanga et du Sud-Kasaï dans les années 1960 (Gérard-Libois, 1963), les rébellions de 1964-1965, les guerres du Shaba/Katanga en 1977 et 1978, la guerre de conquête d'espace vital imposée au Congo par ses voisins de l'Est (Pourtier, 2003) et les insurrections des groupes armés tels que le M23 au Nord-Kivu (2003-2014) et le *Kata Katanga.* Le rouge dans le drapeau du Katanga sécessionniste représente *« la bravoure et le sang versé pour défendre la patrie. »* La justesse de cette signification justifie qu'elle soit maintenue.

Le vert, le jaune et le rouge, ce sont aussi les couleurs du Congo rebaptisé Zaïre pendant un quart de siècle (1971-1997).

Ce *tricolore flambant* doit rappeler aux Congolais la naissance de la Nation congolaise dont Joseph-Désiré Mobutu est l'artisan. Ces couleurs doivent aussi rappeler l'assassinat de l'Etat par le même Mobutu.

Les couleurs belges (tricolore noir, jaune et rouge) et les couleurs du Katanga, du Sud-Kasaï et du Zaïre (tricolore vert, jaune et rouge) forment une flèche. Le sommet de cette flèche pointe une grande étoile dorée centrale dont les cinq sommets sont surmontés chacun d'une petite étoile dorée. Tout ceci est posé sur un fond bleu azur. La flèche indique une direction, celle du progrès dans tous les domaines de la vie d'une Nation. Le message de cette flèche est qu'il faut toujours avancer, il faut toujours aller de l'avant quels que soient les obstacles. Cette flèche veut dire qu'il ne faut jamais renoncer. Et le progrès n'est possible que par le travail. Travail et progrès, c'est la devise de l'Etat Indépendant du Congo inscrite sur son emblème par son Souverain le Roi Léopold II (Annexe 14). Devise qui doit redevenir celle du Congo pour sa pertinence mais aussi pour rendre hommage à Léopold II, le Créateur du Congo. Mais le travail et le progrès voulus par Léopold II ne sont possibles que s'il y a la paix. C'est pourquoi nous pensons que la bonne devise de la Nation-Etat du Congo devrait être : *Paix, Travail et Progrès*.

CONCLUSION

Le Congo est un pays qui se trouve à la croisée des chemins. Un nouveau drapeau représente un nouveau départ, le renouveau de l'Etat, la fierté retrouvée d'une Nation-Etat mais aussi l'espoir d'un avenir radieux.

Le nouveau drapeau national du Congo concentre le plus grand pouvoir évocateur. Car il symbolise avec force, l'histoire du Congo mais toute l'histoire du Congo. Car il affirme avec force le sentiment national. Car il représente avec force l'identité des Congolais. C'est pour toutes ces raisons que sa capacité à rassembler et à galvaniser tous les Congolais ne peut être qu'incommensurable.

8

CREER UN DISTRICT ADMINISTRATIF NATIONAL A KINSHASA-NSELE OU DANN

La ville de Kinshasa a trois fonctions principales. Capitale du pays, Kinshasa est le centre administratif et politique du Congo. Capitale du pays, Kinshasa est le principal centre d'affaires du Congo. Le commerce est attiré par l'énorme marché de consommation que représente cette forte concentration humaine notamment celle de la classe aisée mais aussi par les avantages que procure à l'économie la fréquentation des dirigeants. Kinshasa est enfin le chef-lieu de la Ville-Province du même nom.

Force est de constater que la ville actuelle de Kinshasa n'est plus adaptée à son rôle de métropole congolaise. Kinshasa n'est ni fonctionnelle, n'a ni l'éclat et n'offre ni le confort ni même la sécurité efficace d'une capitale. Les preuves ne manquent pas. Les habitants de Kinshasa qu'on appelle les Kinois et les Kinoises ne croient pas résider dans une capitale où il y a la présence du chef de l'Etat, du gouvernement et des ambassades. Selon leur vécu, ils habitent dans un vaste bidonville. Dans le monde diplomatique, être nommé en poste à Kinshasa est vécu comme une sanction selon de nombreux diplomates que nous avons consultés. Enfin, Kinshasa n'est pas apte à accueillir des congrès internationaux. Un exemple suffit pour le montrer : la récente organisation de la Conférence sur la Francophonie (12-14 octobre 2012). Le titre suivant du quotidien français de référence *Le Monde* du 13 octobre 2012 est suffisamment parlant : « *Kin la belle*[141] *et Kin poubelle autour du sommet de francophonie* » (Jacot, 2012). Il existe d'autres signes qui ne trompent pas. Kinshasa n'abrite aucun bureau régional d'une organisation internationale à l'instar de Nairobi. Kinshasa n'est pas une destination touristique.

Voilà pourquoi, l'urgence pour le Congo n'est pas seulement de refonder l'Etat. Encore faut-il réaménager Kinshasa pour que cette ville puisse abriter dignement les institutions nationales et internationales. Seulement, tous les urbanistes que nous avons consultés s'accordent sur la nécessité de créer de toutes pièces une nouvelle petite ville à la fois esthétique et fonctionnelle dédiée à l'Administration nationale à la périphérie de la ville ancienne. Il s'agit de créer un nouveau district administratif et politique national regroupant toutes les institutions nationales du Congo et toutes les

[141] Kin est le diminutif de Kinshasa (prononcer ki-n)

ambassades dans un espace destiné à cette fin et sécurisé, à l'instar de Washington District de Columbia (Etats-Unis d'Amérique), Canberra (Australie), Brasilia (Brésil) et plus récemment Abuja (Nigeria). Une nouvelle ville qui doit être une véritable vitrine nationale.

Nous partageons cette idée. Trois raisons peuvent être invoquées :

- Une raison financière : le coût du réaménagement de la ville ancienne est plus onéreux.
- Une raison pratique : une petite ville nouvelle est facile à planifier et à construire de toutes pièces dans des délais raisonnables. D'autant que Kinshasa n'a pas de problème d'espace.
- Une raison sécuritaire : le centre administratif et politique national doit être, d'une part, suffisamment éloigné de la frontière avec le Congo Brazzaville et, d'autre part, facile à protéger en cas d'émeutes populaires.

Toutefois, ces urbanistes ajoutent que la construction d'une nouvelle petite ville coquette pour loger l'Administration nationale n'exclut pas le réaménagement par la suite de l'ancienne ville de Kinshasa suivant ses deux fonctions restantes : un Centre d'Affaires National (CAN) et un chef-lieu de la Ville-Province. Le réaménagement de l'ancienne ville implique la mise en œuvre de plusieurs campagnes :

- Une campagne de rénovation du centre-ville : il s'agit d'une transformation du centre-ville en centre national d'affaires tout en protégeant le patrimoine, c'est-à-dire, le bâti colonial pour son intérêt historique et touristique ;
- Une campagne d'aération de la ville : il s'agit de ménager des espaces verts et de percer des nouvelles artères pour faciliter la circulation ;
- Une campagne d'assainissement : il s'agit de gérer les déchets ménagers et industriels, de réhabiliter les réseaux d'égouts, d'assurer le dragage et l'élimination des obstacles sur les berges des cours d'eau ;
- Une campagne de rénovation du réseau de distribution de l'eau potable et de l'électricité ;
- Une campagne de restructuration des banlieues qui se sont accrues dans le désordre : il s'agit de multiplier les lieux de loisirs et les centres de commerce de détail ou de demi-gros ;
- Une campagne d'adaptation de l'ancienne ville à l'économie numérique : il s'agit de promouvoir l'accès banalisé à l'Internet de haut débit.

Le réaménagement de l'ancienne ville de Kinshasa va nécessiter des expropriations et l'aménagement des quartiers résidentiels périphériques de compensation. Ce réaménagement de l'ancienne ville doit lui permettre de retrouver son éclat d'antan à côté de l'esthétique et fonctionnelle ville nouvelle pour former une métropole du XXIème siècle que les gens viendront voir de partout pour capter son originalité et son charme.

Après un bref rappel de la transformation de « Léopoldville-Kin la belle » en « Kin poubelle », notre propos ici est de répondre à la question suivante : Comment créer une ville nouvelle à Kinshasa dont le rôle administratif et politique national est la fonction principale ?

De « Kin la belle » à « Kin poubelle »

Au moment de l'indépendance (30 juin 1960), les Belges laissent aux mains des Congolais une capitale qu'ils appellent Léopoldville en hommage à Léopold II, créateur du Congo. Une capitale que les Congolais appellent affectueusement « Kin la belle » ou encore « Kinshasa alias Kin-Malebo alias Lipopo alias Léo-Mboka. » « Kin la belle » est alors une grande cité-jardin aérée et spacieuse à l'anglaise, avec ses espaces verts, ses bois, ses parcs, ses larges avenues plantées d'arbres, ses voies piétonnes et cyclables, ses terrains de sports, ses stades, son jardin botanique, son jardin zoologique, ses monuments, ses piscines et ses fontaines. Une ville dont la croissance est maîtrisée : elle suit la multiplication des emplois. En effet, l'installation des Autochtones à Léopoldville-Kin la belle est strictement réglementée par le pouvoir colonial.

Kin la belle est une grande cité-jardin car elle est construite par le pouvoir colonial selon un plan systématique. Un plan rationnel et géométrique qui répond aux exigences de la vie urbaine et aux nécessités d'une capitale. Léopoldville est alors une juxtaposition de la ville blanche et de la ville noire pour des raisons de ségrégation raciale. La ville blanche se reconnaît par ses larges avenues et ses résidences aisées (Limété, Kalina/Gombe, Ndolo/Beaumarché, Righini, Mont Stanley/Mont Ngaliema, Mbinza). La ville noire est formée des cités africaines urbanisées. Certaines cités sont constituées des maisons individuelles ou de type pavillonnaire, modestes et moins modestes, en matériaux durables construites par l'office des cités africaines (Bandalungwa, Camp Citho/Kauka, Camp Renkin/Kalamu, Immocongo/quartier du 20 mai, Lemba, Livulu, Matete, Yolo). D'autres cités sont des lotissements viabilisés (eau, électricité, réseau d'égouts) où se mêlent des modestes maisons individuelles en matériaux durables construites par des entreprises de bâtiment grâce à un système ingénieux de prêt immobilier destiné aux Autochtones (*Fonds d'avance*) et de petites maisons en matériaux semi-durables ou en pisé de construction individuelle dans des parcelles de terrain de 400 à 500 m^2 (20X20 ou 20X25 m). Ce sont les communes de Barumbu, Dendale/Kasa-Vubu, Kinshasa, Léo 2/Kitambo, Ndjili, Ngiri-Ngiri, Saint-Jean/Linguala.

Après l'indépendance (30 juin 1960), la croissance spatiale de la ville s'accélère. Elle devient anarchique et suit l'exode rural. Cette croissance dans le désordre se caractérise par la loi dite du plus fort ou « *Sa Ngolo Zaku* » en Kikongo, l'une des quatre langues nationales du Congo.

« *Sa Ngolo Zaku* », c'est d'ailleurs le premier nom de baptême de l'actuelle commune de Bumbu qui est la première extension de la ville au sud. Outre la commune de Bumbu, l'extension spatiale anarchique va donner naissance dans l'ordre alphabétique aux communes de Kimbanseke, Kisenso, Makala, Maluku, Masina, Mont Ngafula, Ngaba, Ngaliema, Nsele et Selembao. A cette croissance spatiale anarchique de la ville va s'ajouter l'occupation tout aussi anarchique dans l'ancienne ville coloniale, des terrains de divertissement (sports, jeux), des espaces verts (parcs, jardins publics, bois), du jardin botanique, des routes piétonnes et cyclables, des espaces d'extension de grandes avenues et des boulevards. Même les cimetières de l'ancienne ville coloniale ne sont pas épargnés. Les cimetières sont totalement rasés, les ossements humains sont brûlés et les terrains ainsi récupérés sont bâtis (cimetières de Dendale/Kasa-Vubu, de Kinsuka, de Ndjili et de Ngiri-Ngiri). Léopoldville-Kin la belle va ainsi se transformer très rapidement en Kin poubelle.

Pourquoi Kin poubelle ?

C'est Kin poubelle pour stigmatiser le défaut d'assainissement (mauvaise gestion des déchets ménagers et des déchets industriels, manque d'égouts ou insuffisance d'entretien du réseau d'égouts existant). La crasse, la puanteur et l'explosion des maladies transmises par des myriades de rats, de cancrelats et de moustiques caractérisent le défaut d'assainissement. Un exemple suffit pour le montrer : la Commune de Makala. Voir la Commune de Makala, c'est recevoir un choc. La Commune de Makala est un égout à ciel ouvert. La traversée de la Commune de Makala rappelle une plongée dans des latrines (W.C.).

C'est Kin poubelle pour stigmatiser l'insuffisance de la lutte contre les inondations récurrentes des communes entières en saison des pluies (manque d'égouts ou insuffisance d'entretien du réseau d'égouts existant). A chaque inondation, les W.C. vomissent leur contenu. Le spectacle des piétons pataugeant dans ces eaux merdiques est affligeant. Par ailleurs, l'eau stagnante entraîne la pullulation des moustiques « Anophèles » multipliant les cas de malaria (paludisme).

C'est Kin poubelle pour stigmatiser l'insuffisance de la lutte contre les crues meurtrières. En effet, les cours d'eau de Kinshasa issus des collines environnantes (*Lukunga*, *Kalamu*, *Makelele*, *Ndjili*, *Tshangu*, etc.) provoquent des crues torrentielles en saison des pluies qui détruisent toutes les constructions faites dans leur lit tout en aggravant les inondations des quartiers traversés (défaut de dragage et défaut d'élimination de tous les obstacles sur les berges).

C'est Kin poubelle pour stigmatiser l'insuffisance de la lutte contre l'érosion du sol qui détruit des quartiers entiers et emporte des pans entiers des routes en saison des pluies. Les communes les plus concernées sont

Kisenso, Lemba (Kimwenza, Mont Amba, Livulu, Righini), Mont Ngafula et Ngaliema (Mbinza, Kinsuka).

C'est Kin poubelle pour stigmatiser le manque d'air (entassement, absence d'espaces verts) mais aussi pour stigmatiser le manque de charme (aspect vétuste et délabré).

C'est Kin poubelle pour stigmatiser les difficultés de transports (insuffisance et vétusté des transports collectifs[142] ; vétusté du charroi automobile) mais aussi pour stigmatiser les difficultés de circulation automobile (nids de poules, routes étroites, embouteillages, ignorance du code de la route). L'état des routes à Kinshasa-Léopoldville comme par exemple celui des avenues du centre-ville entre le grand marché et le boulevard du 30 juin, celui de l'avenue Victoire dans la Commune de Kasa-Vubu, celui de l'avenue de l'université et celui de l'avenue By-Pass dans la Commune de Mont Ngafula pour ne citer que ces avenues-là pose la question des hommes et de la gouvernance de la ville-capitale en comparaison avec ce qu'on peut observer à Lubumbashi/Elisabethville à la même période.

C'est Kin poubelle pour stigmatiser la distribution irrégulière et intermittente de l'électricité et de l'eau potable. Délestage est ainsi devenu le mot le plus prononcé à Kinshasa depuis de nombreuses années.

C'est Kin poubelle pour stigmatiser l'absence de restructuration. En effet, la banlieue s'est développée dans le désordre et il manque beaucoup de services sur place. Obligeant les banlieusards à se rendre souvent au centre-ville. Ce qui entraîne une congestion du centre-ville.

Enfin, c'est Kin poubelle pour stigmatiser l'inadaptation de la capitale à l'économie numérique (commerce électronique). L'accès à l'Internet est encore un luxe.

Il existe plusieurs études approfondies faites par des géographes français et congolais sur *Kinshasa-Léopoldville* alias *Kin-Malebo* alias *Lipopo* alias *Léo-Mboka*. On peut citer les importantes contributions de Marc Pain (1979, 1984), René de Maximy (1984) et Francis Nzuzi Lelo (2008, 2011).

---

[142] L'achat et la mise en service d'un lot important de bus neufs (*Transco*, *Esprit de vie*) améliorent quelque peu la situation. Mais, il y a encore trop de tacots faisant taxi et taxi-bus notamment les « 207 » ironiquement appelés « *Esprit de mort.* »

Un District Administratif National à Nsele (DANN)

Les avantages du site de Nsele

Actuellement, Kinshasa comprend 4 districts et 24 communes qui se déclinent ainsi :
- Le district de Lukunga avec sept communes : Barumbu, Gombe/Kalina, Kinshasa/Léopoldville 1, Kitambo/Léopoldville 2, Linguala/Saint-Jean, Mont-Ngafula et Ngaliema ;
- Le district de Funa avec sept communes : Bandalungwa, Bumbu, Kalamu (camp Renkin + camp Citho/Kauka + quartier Immocongo/20 Mai), Kasa-Vubu/Dendale, Makala, Ngiri-Ngiri et Selembao ;
- Le district du Mont Amba avec cinq communes : Kisenso, Lemba, Limété, Matete et Ngaba ;
- Le district de Tshangu avec cinq communes : Kimbanseke, Maluku, Masina, Ndjili et Nsele.

Notre projet vise à scinder le district de Tshangu en deux. La commune de Nsele devient le District Administratif National de la Nsele (DANN) ou le cinquième district de Kinshasa. Une ville nouvelle est à construire de toutes pièces sur la totalité de cette commune qui doit devenir le Centre Administratif et Politique national.

Le site de Nsele, c'est d'abord une vaste plaine de piémont qui se situe à une altitude de 310 m. Cette plaine sablonneuse est bordée au Nord et à l'Est par la ceinture du plateau Batéké (600 à 700 m) et à l'Ouest par le Pool Malebo/Stanley Pool. Au Sud, cette plaine de piedmont est en contact avec les collines notamment le Mont Mangengenge/Pic Mense (700 m) (Crabbe, 1980, p. 6).

La situation de Nsele peut se définir par quatre éléments :
- Le premier élément, c'est la confluence entre la rivière Nsele et le fleuve Congo.
- Le deuxième élément, c'est le boulevard Lumumba ex-Léopold III qui longe le pool Malebo, de l'aérodrome de Ndolo à la cité de Nsele. Il se prolonge jusqu'à la cité de Maluku par une route macadamisée à une seule chaussée.
- Le troisième élément, c'est la proximité de l'aéroport international de Kinshasa/Ndjili.
- Le quatrième et dernier élément, c'est la situation de la commune de Nsele au Nord-Est de Kinshasa entre la commune de Kimbanseke et la commune de Maluku.

Ce site est excellent car il présente quatre avantages :
- Le premier avantage est financier. C'est une commune en grande partie vide et rurale qui offre la possibilité de construire cette ville nouvelle de toutes pièces et pour un coût financier et juridique (expropriations) acceptable pour l'Etat.
- Le deuxième avantage est spatial. Ce site offre une possibilité de croissance spatiale de la ville nouvelle. L'Etat promoteur de cette ville nouvelle doit prévoir dès maintenant les zones d'extension de cette ville pour le siècle à venir. L'Etat doit ainsi réserver dès à présent ces zones d'extension au Nord vers les hauteurs du plateau Batéké et à l'Est en suivant les méandres de la rivière Nsele.
- Le troisième avantage, c'est sa position défensive ou la sécurité qu'il offre. D'une part, c'est l'opportunité d'éloigner les institutions nationales, les résidences des autorités du pays ainsi que les représentations internationales (ambassades) de la frontière avec le Congo Brazzaville. L'histoire récente vient de montrer que c'est une nécessité. En effet, du 29 septembre au 10 octobre 1997, des obus tirés de Brazzaville ont fait officiellement 23 morts à Kinshasa. Durant la guerre pour le pouvoir opposant les miliciens de Pascal Lissouba (*Ninjas*), de Bernard Kolelas et de Denis Sassou Nguesso (*Cobras*).[143] D'autre part, c'est l'opportunité d'éloigner les institutions nationales, les résidences des autorités nationales et les ambassades de la population concentrée dans l'ancienne ville. Il sera ainsi plus facile de protéger le centre administratif et politique national lors des probables soulèvements populaires grâce à la concentration de toutes les institutions nationales dans un espace dédié. En effet, la dispersion actuelle des institutions nationales (Ministères, Radiotélévision nationale, Administration présidentielle, Etat-major général de l'armée nationale, Etat-major général de la police nationale, sièges des offices nationaux) et des ambassades dans l'ancienne ville rend difficile leur protection. Comme vient de le montrer la triple attaque simultanée du 30 décembre 2013 à Kinshasa visant l'Etat-major général de l'armée situé au camp Tshatshi dans la commune de Ngaliema, la radiotélévision nationale située dans la commune de Linguala et l'aéroport international de Ndjili (Mathieu, 2013).
- Le quatrième et dernier avantage du site de Nsele se mesure en termes de commodité. D'une part, la concentration des institutions nationales offre la possibilité à l'usager de l'Administration nationale de trouver tous les services d'une institution donnée réunis dans le même immeuble, à une seule et même adresse. Alors que dans l'ancienne ville, tout est dispersé : le cabinet du ministre a sa propre adresse, le secrétariat général du département a la sienne et les différents services du ministère sont logés dans des bureaux éparpillés aux quatre coins de la ville.

---

[143] Le Soir de Bruxelles/AFP du lundi 20/10/1997

Un éparpillement qui multiplie les problèmes et allonge les délais de traitement des dossiers. D'autre part, la proximité de l'aéroport international de Ndjili du DANN est une aubaine pour les autorités nationales et les Ambassadeurs en termes de gain de temps. Cette proximité permet d'éviter les nombreux embouteillages qui caractérisent le boulevard Lumumba pour rejoindre le centre de l'ancienne ville.

Le cahier des charges du projet DANN

Les urbanistes doivent construire une ville esthétique et fonctionnelle du XXIème siècle. L'insolence de sa beauté et de son calme doit impressionner tout visiteur à première vue et sans étude. Cette insolente beauté doit contribuer à la renommée de cette capitale et rejaillir sur celle du Congo. Les Congolais ne doivent donc pas lésiner sur ces dépenses d'éclat.

Les métropoles qui sont à l'étroit sur le plan spatial cherchent des solutions en hauteur. Or la ville nouvelle n'a pas de problème d'espace. Les urbanistes peuvent donc limiter la hauteur des immeubles et, d'ores et déjà, prévoir une croissance horizontale de la ville nouvelle : vers l'Est, le long de la rivière Nsele jusqu'à la boucle qui lui fait prendre la direction nord-sud ; vers le sud jusqu'au Mont Mangengenge/Pic Mense ; vers le nord sur le plateau Batéké.

Les urbanistes doivent élaborer un plan à la fois systématique et rationnel. Un plan systématique parce que la ville est à construire de toutes pièces sur un terrain presque vide. Un plan rationnel parce qu'il doit être facile à réaliser, commode pour administrer la ville, agréable pour les usagers et les habitants avec de belles perspectives mais également pratique pour la circulation.

L'urbanisme de la ville nouvelle doit se rapprocher autant que possible du zoning idéal. Il s'agit de constituer des quartiers homogènes adaptés à leurs fonctions respectives comme les villes anglaises : quartier administratif, quartier diplomatique (ambassades et légations), quartiers résidentiels, quartier commercial, quartier des divertissements (sports et loisirs), quartier des écoles, quartier médical, quartier culturel (musées, jardins zoologique et botanique), quartier spirituel (églises, temples, mosquées), quartier de la sécurité publique (Police, gendarmerie, caserne anti-incendie), etc. Cette séparation nette des quartiers selon leurs activités (aspect fonctionnel) doit donner à la ville nouvelle son originalité et favoriser son attractivité.

Le DANN doit avoir quatre fonctions :

- Une fonction administrative et politique. Le DANN est une ville essentiellement politique. C'est sa principale raison d'être. On doit y construire des immeubles devant accueillir les quatre pouvoirs : le pouvoir exécutif (la présidence, les ministères, les sièges des offices publics, l'Etat-major général de la police nationale, l'Etat-Major général des forces armées, la sûreté d'Etat, la Banque nationale, etc.), le pouvoir législatif (le Parlement), le pouvoir judiciaire (la Cour Suprême de Justice), le pouvoir audiovisuel (la radiotélévision nationale) ainsi que toutes les autres institutions nationales. Un vaste quartier administratif est donc à planifier.

- Une fonction diplomatique. La présence dans cette ville des trois pouvoirs (Exécutif, Législatif et Judiciaire) va entraîner forcément l'installation d'ambassades et de légations. Que l'on peut regrouper dans un vaste quartier diplomatique concentrant les bureaux, les résidences des diplomates et les centres culturels. Le Congo cédera à titre gracieux des parcelles de terrain à tous les Etats concernés comme il peut aussi construire des immeubles de location à l'usage des représentations internationales.

- Une fonction résidentielle. La fonction de centre politique et administratif national va fixer une population pour laquelle la ville nouvelle doit multiplier les constructions de logements. Le plan de construction de cette ville administrative doit donc prévoir plusieurs quartiers résidentiels pour loger les Ministres d'Etat, les Députés, les Magistrats de la Cour Suprême de Justice, les membres du haut commandement militaire et du haut commandement de la police, les PDG des offices publics et les hauts-fonctionnaires de l'Administration nationale (Secrétaires généraux, Directeurs) dans des habitations individuelles de grand standing. La proximité des quartiers administratifs et des quartiers résidentiels doit éviter aux hauts dirigeants nationaux l'incommodité des mouvements pendulaires entre le lieu de travail situé au DANN et le lieu de résidence situé dans l'ancienne ville. L'Etat loge ses hauts-dirigeants, mais les résidences restent la propriété publique. La cessation des fonctions officielles implique de rendre le logement de fonction et de quitter le DANN.

- Une fonction touristique. La planification de la ville nouvelle doit intégrer la création des édifices culturels, mémoriels et commerciaux ainsi que la mise en place des éléments d'agréments et de plaisirs qui doivent assurer la renommée de la ville et favoriser par conséquent le tourisme, les congrès internationaux et l'installation des organisations internationales.

La renommée de cette ville nouvelle doit être ainsi fondée sur plusieurs éléments :

- Cette ville doit être attractive grâce à son jardin zoologique, son jardin botanique et son aquarium national. Les jardins zoologique et botanique doivent présenter les principales espèces endémiques de la faune et de la flore nationales. L'aquarium national doit présenter la gamme complète des cichlidés des eaux intérieures du Congo (fleuve, lacs et rivières). Ces trois attractions doivent être regroupées dans un quartier destiné à cette fin.

- Cette ville doit être attractive grâce à ses musées. Deux types de musées sont à bâtir. D'une part, ceux qui retracent l'histoire du Congo : musée de l'Etat Indépendant du Congo (1885-1908) et du Congo belge[144] (1908-1960), musée de la Première République (1960-1965), musée de la Deuxième République (1965-1997), musée de la Troisième République (1997-2016), etc. D'autre part, des musées qui présentent les richesses naturelles du Congo (les minéraux et les pierres précieuses ; les bois nobles) ainsi que les créations artistiques congolaises (musée de la mode congolaise, musée de la musique congolaise, musée des artisanats et des arts populaires, etc.). Un quartier devrait être dédié uniquement aux musées.

- Cette ville doit être attractive grâce à l'originalité de ses édifices religieux et philosophiques. Il s'agit de construire un quartier de sept églises comprenant une cathédrale catholique, une église anglicane, un temple protestant, une synagogue, une mosquée, une pagode bouddhiste et une loge maçonnique mais dans une architecture inattendue, inédite, insolite qui étonne, qui détonne, qui fait plaisir à voir et qui fait parler en s'inspirant essentiellement de la nature congolaise.
- Cette ville doit être attractive grâce à ses monuments inédits et pittoresques à l'instar de la Tour Effel à Paris, de la statue de la Liberté à New York, de l'Opéra de Sydney en Australie et de la statue du Christ Rédempteur (bras en croix) de Rio de Janeiro. Nous préconisons l'édification des portes monumentales à toutes les entrées de la ville nouvelle à l'instar de la porte de Brandebourg à Berlin mais dont l'encadrement (chambranle) sera représenté par des animaux ou des végétaux endémiques ou emblématiques du Congo. Nous pensons à la porte des rhinocéros blancs[145] (voir photo), à la porte des Bolobos[146], à la porte des okapis[147], à la porte des gorilles de montagne[148] et à la porte des baobabs ou *Malebo*[149] en lingala.
- Cette ville doit être attractive grâce à son esprit « entre ville et campagne. » L'objectif des urbanistes est de concevoir la ville verte par excellence formée des quartiers aérés. Pour faire entrer la campagne dans la ville, il convient d'aménager des parcs, des bois et des jardins équipés des bancs où l'on peut lire ou flâner en toute quiétude à pieds ou à vélo. Les sculptures pour l'obtention du diplôme de fin d'études des étudiants de l'Académie de beaux- arts de Kinshasa peuvent y être exposées en plein air, à l'instar du parc *Middelheim* d'Anvers (Belgique).

---

[144] Le musée du Congo belge peut accueillir tous les monuments et statues déboulonnés en 1971 au moment de la révolution nationale authentique et de l'affirmation de la culture bantoue.

[145] Deux statues géantes de deux rhinocéros blancs.

[146] Deux statues géantes de deux Bolobos.

[147] Deux statues géantes de deux okapis.

[148] Deux statues géantes de gorilles mâles au dos argenté.

[149] Deux statues géantes de deux baobabs. Le baobab (*Adansonia digitata* Linné en latin) est le végétal emblématique de Kinshasa à qui il a donné son post-nom : *Kin-Malebo*.

Les rhinocéros blancs du Nord au Parc National de Garamba

Source : Office National du Tourisme R.D.C.

L'esprit « entre ville et campagne » doit être renforcé par la construction de larges artères bordées d'arbres et aux terrepleins gazonnés qui doivent déboucher sur la grande place de cette ville nouvelle. Laquelle doit devenir l'une de magnifiques grandes places du monde.[150] Toutes les voies de circulation automobile doivent être associées à des pistes cyclables séparées de la chaussée. Dans les quartiers résidentiels, les maisons individuelles doivent avoir deux étages tout au plus et rivaliser par l'originalité de leur architecture. Il convient de préférer les haies vives ou à défaut de végétaliser les murs des clôtures. La hauteur et l'architecture des immeubles des quartiers administratifs doivent être bien réfléchies. La hauteur doit respecter la fonction des immeubles : être facilement accessible pour les fonctionnaires et les usagers de l'administration.

- Cette ville doit être attractive grâce à la fraîcheur de son microclimat. L'ambiance torride fait qu'à Kinshasa, le bien-être exige la recherche permanente de la fraîcheur. Le fleuve *Congo* qui s'élargit après la cité de Maluku apporte un peu de douceur. Mais cela n'est pas suffisant. Il convient donc que les urbanistes de la ville nouvelle prévoient l'aménagement de la rivière *Nsele* sur plusieurs Km en lac artificiel à l'instar des lacs artificiels de Brasilia (Brésil). Les berges de ce lac artificiel doivent être plantées, gazonnées et équipées en bancs publics. Pour joindre l'utile à l'agréable, ce lac artificiel peut aussi servir à la pratique des sports nautiques.
- Cette ville doit être attractive grâce à la qualité exceptionnelle de ses équipements et l'excellence de ses services qui doivent, d'une part, combler toutes les envies, les envies de shopping (mode, beauté, high-tech, maisons et décoration, alimentation, fleurs, jardins), les envies de bien manger (restaurants gastronomiques), les envies de bien dormir (hôtels de luxe), les envies de divertissement (culture et loisirs) et, d'autre part, satisfaire tous les besoins, les besoins de santé, les besoins d'éducation (écoles consulaires, écoles internationales), les besoins de sports et les besoins de télématique (Internet haut débit).
- Cette ville doit être attractive grâce à l'ordre public (tranquillité) et la sécurité des personnes et des biens (forte présence policière, des soldats du feu et des soldats de la garde nationale).
- Cette ville doit être attractive grâce à la protection de l'environnement. La salubrité doit être assurée par un réseau d'égouts et de caniveaux chargés de collecter respectivement les eaux usées et les eaux de pluie pour les diriger vers une usine d'épuration avant d'être déversées dans les cours d'eau.

---

[150] Les dix places les plus célèbres sont : la Place Tienanmen (40 ha) à Pékin, Merdeka Square à Jakarta (Indonésie), Praça dos Girassois (57 ha) à Palmas (Brésil), Times Square à New York, la Grand-Place à Bruxelles, la Plazza de la Constitucion (Zocalo) à Mexico, la Place Saint-Pierre à Rome, la Place de la Concorde à Paris, la Place Jemaâ el-Fna à Marrakech (Maroc), la Place Saint-Marc à Venise et la Place Rouge à Moscou (Alamone, 2012).

Un service de ramassage des ordures ménagères peut être associé à une société de fabrication d'humus à vendre aux particuliers et au service des jardins publics de la ville. La circulation à l'intérieur de cette ville nouvelle doit être conçue sous le signe du développement durable en favorisant la marche à pieds, le vélo et le tramway électrique pour éviter les nuisances sonores (bruit) et olfactives (gaz d'échappement). Ce qui nécessite l'aménagement des rues piétonnes et des pistes cyclables. Le DANN doit devenir la première ville congolaise à bannir totalement l'usage du plastique.
- Cette ville doit être attractive grâce à l'originalité de ses lieux de mémoire. Nous avons trois idées précises au sujet de ces lieux de mémoire :
1. Notre première idée est empruntée aux Américains. Il s'agit de créer un mémorial national congolais, à l'instar du mémorial national américain du *Mont Rushmore* dans le Dakota du Sud.[151] Le Congo peut faire sculpter huit portraits géants (20 m) des huit chefs d'Etat et de Gouvernement de l'histoire congolaise. Ces portraits seront adhérés à un support en béton armé, creusé au sommet du plateau Batéké au nord de la rivière Nsele. Ces portraits géants seront sculptés dans du bronze. Le bronze parce que c'est un alliage de cuivre et d'étain, dont les minerais (malachite et cassitérite) abondent au Congo, respectivement au Katanga et au Maniema. Les huit chefs d'Etat et de gouvernement concernés sont : Léopold II, Albert 1er, Léopold III, Baudouin 1er, Kasa-Vubu, Lumumba, Mobutu et Kabila père.
2. Notre deuxième idée est de doter le DANN d'un cimetière national comme il en existe aux Etats-Unis d'Amérique (*Arlington* en Virginie) ou au Canada (*Beechwood* à Ottawa). Un cimetière national pourquoi faire ? Un cimetière national est le lieu de repos idéal pour les héros congolais (les soldats, les anciens combattants, les enfants mineurs et les épouses des soldats, les policiers, les agents secrets, les simples citoyens morts pour la protection de l'Etat) mais aussi pour les anciens présidents. Comme l'affirme l'homme politique canadien Jim Prentice[152] « *établir un cimetière national dans la Capitale est un symbole de fierté et d'unité, ainsi qu'un moyen de promouvoir la riche histoire du pays ; c'est aussi un lieu par excellence destiné aux funérailles nationales et aux commémorations des événements nationaux* » (Beechwood, 2012).
3. Notre troisième et dernière idée est de construire trois musées relatifs au triple génocide des Congolais. Le premier musée sera baptisé « *Caoutchouc rouge* ou *Red Rubber Museum* en anglais. » Il doit rassembler tous les

---

[151] Les Américains ont réalisé sur une surface de 5 km² et à 1745 m d'altitude un mémorial national au Mont Rushmore dans le Dakota du sud qui attire plus des deux millions de visiteurs chaque année. Y sont représentés les présidents George Washington, Thomas Jefferson, Theodore Roosevelt et Abraham Lincoln. Les portraits taillés dans le roc mesurent 18 m chacun.
[152] Ministre canadien de l'environnement.

documents se rapportant aux traitements inhumains des Congolais au Congo léopoldien (1885-1908). Nous pouvons citer les principales contributions de Félicien Cattier (1906), de Joseph Conrad (1989), d'Arthur Conan Doyle (2005), d'Adam Hochschild (1998), de Jules Marchal (1996), de Pierre Mille (1905), de Marc Twain (2004), le documentaire du réalisateur britannique Peter Bate intitulé « *Le Roi blanc, le Caoutchouc rouge et la Mort noire* » (2003) et le volet 1 « *La course effrénée* » du documentaire « *Kongo* » du réalisateur belge Samuel Tilman (2010), les récits effrayants des horreurs faites aux Congolais de *l'Aborigenes Protection Society* contenus dans un rapport remis au Premier ministre anglais Lord Salisbury en janvier 1897, ceux de la *British Missionnary Society* dans la presse britannique notamment dans le *Times* de Londres à partir de 1898, ceux de la *Congo Reform Association* créée en 1904, les rapports de Roger Casement (Consul britannique à Boma à partir du 20 août 1900) au gouvernement britannique, les articles de Edmund-Dene Morel intitulés « *The Congo Scandal* » dans la presse britannique notamment le « *West African Mail* » dont il devient le rédacteur en chef en 1904, sans oublier le rapport de la commission d'enquête internationale publiée en novembre 1905.[153] Le musée Caoutchouc rouge ou Red Rubber Museum doit également présenter le voyage des Congolais amenés en Belgique à l'exposition universelle de Bruxelles-Tervuren en 1897. Il convient de se procurer une copie du film Boma-Tervuren qui retrace cette épopée. Sans oublier les images du village reconstitué où ils étaient contraints à d'humiliantes exhibitions des scènes de la vie quotidienne pour les visiteurs. Que d'aucuns qualifient de « zoo » humain. On doit y ajouter les photos des tombes de 7 Congolais morts lors de cette exposition universelle : *Ekia, Kitukwa, Mibange, Mpemba, Ngemba, Nzau* et *Sambo*. Ils sont enterrés à l'écart des Belges, derrière l'Eglise catholique Sint-Jan Evangelist (Saint Jean Evangéliste) de Tervuren. Et pourquoi ne pas rapatrier carrément leurs dépouilles et les inhumer dans ce musée, si possible ?

Le deuxième musée sera baptisé « *Cuivre Rouge* ou *Red Copper Museum.* » Il doit réunir tous les documents se rapportant aux traitements inhumains des Congolais au Congo belge (cultures obligatoires ; travail forcé pour le rail, le cuivre, l'or et l'huile de palme ; effort de guerre 1914-1918, effort de guerre 1939-1945 ; relégation, etc.) qui ont abouti à une relative dépopulation déjà mise en évidence au Congo léopoldien (Dumont, 1990, p. 297). Nous pouvons citer les interpellations des gouvernements belges successifs au

[153] Instituée le 23 juillet 1904 et composée d'Emile Janssens, avocat général à la Cour de cassation de Belgique, du baron De Nisco, Italien, président du tribunal d'appel de Boma, du docteur Edmond de Schumacher, Conseiller d'Etat et du chef du département de la Justice du canton de Lucerne. Elle arrive au Congo en octobre 1904 et retourne en Belgique le 13 mars 1905.

Parlement belge par le leader socialiste Emile Vandervelde, les importantes contributions du Belge Jules Marchal (1999, 2000, 2001) ou le volet II « *Les grandes illusions* » du documentaire *Kongo* du réalisateur belge Daniel Cattier (2010), sans oublier le martyr de Simon Kimbangu. Ce dernier est la plus grande victime du principe colonial de la hiérarchie des races et des cultures. Il est resté plus longtemps en prison que Nelson Mandela et contrairement à ce dernier, il est mort en prison. Pour la création de ce musée, une coopération doit être établie avec le Musée de Tervuren (Belgique) et le ministère belge des affaires étrangères qui abritent une bonne partie de la mémoire du Congo belge.
Le troisième lieu de mémoire est à la fois un musée et un ossuaire. Le musée doit rassembler tous les documents liés à la barbarie durant l'occupation du Congo oriental par les armées rwandaises de Paul Kagamé et ougandaises de Yoweri Kaguta Museveni (1998-2003) se traduisant par une politique de la terre brûlée, d'élimination systématique des Congolais et des violences sexuelles faites aux femmes congolaises. Quant à l'ossuaire national, il doit regrouper les squelettes des victimes congolaises de cette guerre de conquête territoriale ou d'espace vital. Ce troisième lieu de mémoire doit porter le nom de « *Coltan Rouge* » ou « *Red Coltan Museum.* » Ce dernier génocide que le monde actuel préfère oublier ou ignorer, le monde de demain finira par le reconnaître sans peine étant donné les preuves accumulées çà et là, à l'instar du génocide des Arméniens de 1915 dans l'empire Ottoman agonisant (Larané, 2014). Qui est reconnu seulement depuis le début des années 2000 par les puissances actuelles.
Caoutchouc Rouge, Cuivre Rouge et Coltan Rouge signifient mortelles richesses. Le Caoutchouc, le Cuivre et le Coltan symbolisent les richesses convoitées. Tandis que le qualificatif rouge symbolise le sang des Congolais morts épuisés ou assassinés.

Quelle signification doit-on donner à ces trois lieux de mémoire ? Un pays qui connaît son passé peut mieux préparer l'avenir, dit-on. Ces trois musées doivent montrer aux Congolais les principaux éléments de leur passé. L'objectif est de confronter les Congolais à la réalité de l'horreur, de rappeler les épreuves traversées par leurs aïeux, leurs pères, leurs mères, leurs frères et leurs sœurs. Car, aucun récit ne peut remplacer ce qu'on voit. Ces images de l'horreur doivent provoquer un choc émotionnel qui doit permettre aux Congolais de prendre conscience des conséquences de la perte de la Liberté (colonisation léopoldienne, colonisation belge, occupation rwando-ougandaise). Cette vision de l'horreur doit permettre aux Congolais de tirer des leçons utiles pour le présent et pour l'avenir, notamment la volonté, le courage et la détermination nécessaires pour défendre leur patrie, leur culture particulière, leur Liberté, leur Indépendance et leur Souveraineté. Ces trois musées sont des symboles très forts qui invitent les Congolais à la vigilance permanente. Les Congolais devraient choisir une date pour commémorer ce triple génocide. Cette commémoration ne doit pas être interprétée comme une nostalgie. Elle doit au contraire donner du sens au Congo d'aujourd'hui : s'appuyer sur le passé pour éclairer le présent et l'avenir, s'appuyer sur le passé pour adresser des messages de liberté et de paix mais aussi pour signifier la ferme volonté des Congolais de donner leur vie pour défendre leur Liberté et leur Patrie.

Par ailleurs, les urbanistes doivent réfléchir sur la meilleure façon de relier la nouvelle et l'ancienne ville. Ils peuvent prévoir une circulation terrestre, une circulation fluviale et des navettes aériennes. Nous préconisons de transformer le boulevard Lumumba en autoroute. Comme une autoroute n'a pas de croisement, il faut aménager des sorties et des entrées. Le principal avantage de cette transformation est un trafic fluide. Les planificateurs de la ville nouvelle peuvent aussi prévoir la construction d'un périphérique ou ring extérieur. Cette RN1 Bis doit contourner la ville de Kinshasa de l'Est au Sud-Ouest. Cette RN1 Bis doit relier le Domaine Agro-Industriel de Nsele au quartier Mbesenke dans la commune de Ngaliema (Carte 6). Les urbanistes peuvent prévoir également la réhabilitation et le prolongement de la voie ferrée « Gare centrale - aéroport de Ndjili » jusqu'à la rivière Nsele ainsi que l'équipement de cette ligne en tramways modernes avec une fréquence d'un passage chaque quart d'heure. Les urbanistes peuvent envisager la mise en place d'une compagnie de ferries pour assurer les navettes sur le fleuve Congo entre le port de l'ancienne ville de Kinshasa (centre d'affaires) et le port de la ville nouvelle (centre politique et administratif national) à la confluence de la rivière *Nsele*. Ce qui va nécessiter l'aménagement d'un port fluvial à Nsele. Pour finir, l'aménagement d'un aérodrome à Nsele peut permettre d'envisager des navettes aériennes (hélicoptères) avec l'aérodrome de Ndolo et l'aéroport international de Ndjili.

Autre idée : tous les noms des rues, des avenues, des boulevards, des places, des bois et des jardins du DANN doivent rappeler les richesses naturelles du Congo comme les végétaux, les animaux, les oiseaux et les poissons d'exception ou encore les bois nobles, les minéraux magnifiques et les pierres précieuses. Il convient de bannir absolument les noms des personnes même les noms des Congolais dont la Nation est la plus reconnaissante.

La plupart des Congolais et des amis du Congo vont approuver sans aucune difficulté la nécessité de loger l'Etat et les ambassades dans une petite ville coquette et fonctionnelle. Seulement, nous les entendons déjà soulever la question cruciale du financement d'un tel projet. Le Congo doit d'abord confier à deux ou trois groupes d'urbanistes et d'architectes internationaux l'étude de la faisabilité de ce projet.

Carte n° 6

Site de DANN à Kinshasa

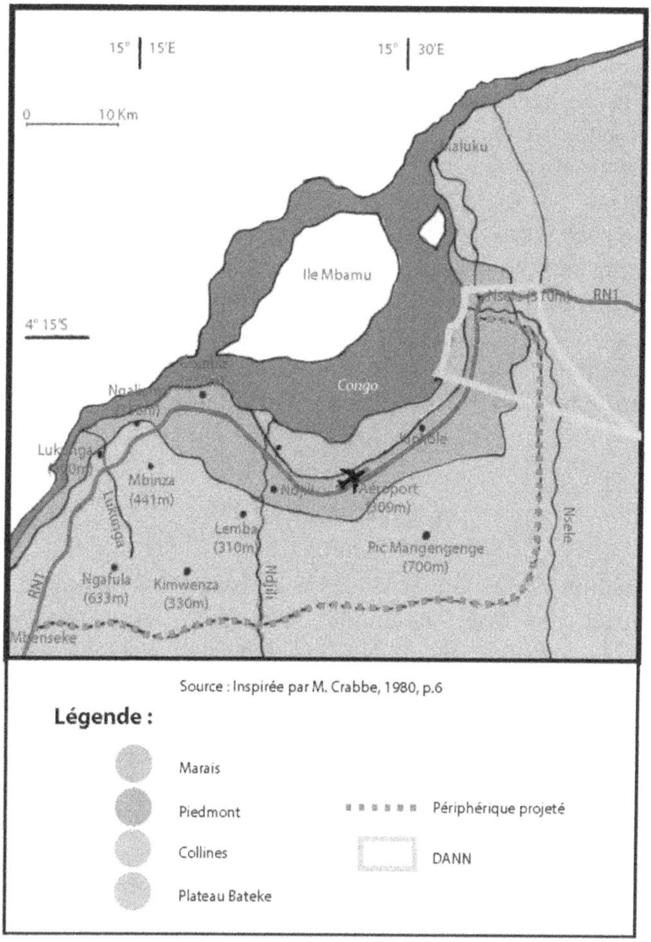

Source : Inspirée par M. Crabbe, 1980, p.6

Après le choix du projet, le Congo peut démarcher les diverses banques de développement (celles des pays occidentaux, des BRICS, des pays arabes) ainsi que les puissances actuelles (la Chine, le Japon, l'Allemagne, la Russie et les Etats-Unis d'Amérique) sans oublier l'Union Européenne. Un accord bilatéral ou multilatéral sera finalement trouvé pour la réalisation de ce projet. C'est une question de volonté politique.

La dernière question qui se pose est celle du statut du DANN. L'idée dominante chez nous est celle d'une propriété publique mais avec une gestion privée. Autrement dit, l'Etat est l'unique propriétaire de tout le patrimoine de la ville nouvelle de Kinshasa-Nsele (terrains, immeubles, monuments, etc.) mais un Etat non gestionnaire. L'Etat doit confier la gestion de son patrimoine non stratégique à des entreprises privées. Il n'y aura donc pas de propriété privée sur le District Administratif National de la Nsele à deux exceptions. L'Etat peut et doit concéder des parcelles de terrain à titre gracieux aux ambassades et légations ainsi qu'à des groupes privés désireux de construire des hôtels d'exception ainsi que des palais de congrès.

Il convient enfin de préciser qu'à la fin des années 1970, étudiant la croissance spatiale (formelle) de Kinshasa dans son site, le géographe français Marc Pain (1979) l'a située au Nord-Est. Ce qui correspond au site du DANN.

CONCLUSION

L'inadaptation de la ville actuelle de Kinshasa à sa fonction de capitale est un constat qui fait l'unanimité tant chez les Congolais que les étrangers.[154] La création du DANN est donc une nécessité qui exige des efforts financiers considérables mais absolument nécessaires à une puissance africaine comme le Congo ex-Zaïre ex-Belge ex-Léopoldien.

L'adaptation du DANN à son rôle de centre politique national et de métropole africaine doit se matérialiser dans son plan rationnel qui doit se rapprocher autant que possible du zoning idéal, dans son confort qui doit traduire le souci du bien-être des fonctionnaires, des autorités, des ambassadeurs, des visiteurs mais aussi des usagers de l'Administration nationale, dans son luxe ostentatoire qui doit affirmer son statut de vitrine nationale et, enfin, dans son éloignement des frontières et de la ville ancienne qui doit traduire son souci sécuritaire.

[154] L'hôtel du gouvernement inauguré le 20 juillet 2015 à Kinshasa n'invalide pas le projet DANN mais, au contraire, le justifie.

CONCLUSION GENERALE

La conclusion générale qui ressort de l'ensemble de cette étude est un triptyque :

- La première conclusion permet d'affirmer que la crise du Congo est une crise locale. Le Congo est une Nation qui cherche un Etat. Pour lancer tout processus de développement, le Congo a un premier impératif : refonder l'Etat. Nous avons fourni au Congo la recette pour refonder cet Etat qui lui fait cruellement défaut afin de lui permettre de créer une Nation-Etat. Partant du modèle suisse (subsidiarité), nous avons bâti un dispositif institutionnel adapté aux réalités congolaises, aux besoins du Congo et des Congolais. Il ne correspond pas, loin s'en faut, au modèle démocratique occidental classique. Mais nul ne peut contester qu'il soit démocratique voire capable d'installer un esprit démocratique chez tous les Congolais. Ce dispositif institutionnel est typique de « *l'invention politique qui vient du Sud* » que les Français Éric Fottorino, Christophe Guillemin et Erik Orsenna décrivent ainsi dans le dernier chapitre de leur ouvrage « Besoin d'Afrique » (1992, pp. 346-348) : « *Sur le modèle anglais, l'Inde a bâti un système original dont nul ne conteste qu'il soit démocratique. L'Afrique est gourmande d'idées nouvelles [...]. Ouverte et docile. Du moins en apparence. L'Afrique a le génie de l'hybridation, du mélange, du métissage. Elle ne s'abandonne jamais complètement à l'étranger. Aux menus qu'on lui propose (impose), elle mêle ses propres recettes de toujours. Ainsi, l'animisme au christianisme. Ce vaste et savoureux ragoût, c'est la manière africaine d'inventer et, tout à la fois, de prendre ses distances, de ne jamais adhérer pleinement à une idée. Cette alliance d'accueil, de récréation et d'ironie, de modernité (en surface) et d'identité (en profondeur), est peut-être le secret de la bonne santé en politique.* »

Etant donné que le Congo possède plusieurs facteurs favorables pour bâtir son essor économique et social notamment des richesses naturelles incommensurables, une forte homogénéité du peuplement (99 % des Congolais sont des Bantous), une forte homogénéité religieuse (99,99 % des Congolais sont des chrétiens et animistes), une Nation (tous les Congolais ont une conscience nationale bien affirmée) et une génération Mobutu (la plupart des Congolais sont issus des mariages exogamiques et ont une origine multi-provinciale, pluriethnique et parlent au moins deux des quatre langues nationales), notre projet de refondation de l'Etat fournit au Congo les moyens d'utiliser ces différents facteurs favorables pour bâtir son développement et la prospérité des Congolais.

Notre projet de refondation de l'Etat répond également à l'attente des Congolais non seulement d'une Nation-Etat qui installe une économie moderne au service des Congolais mais qui affirme aussi la souveraineté de l'Etat dans une Afrique de Grands Lacs en proie à des guerres territoriales et d'espace vital. Mais, notre projet fait encore davantage : il est capable de restaurer l'image du Congo dans le monde. Car, il est conçu pour assurer le rayonnement du Congo et la fierté d'être Congolais aux générations actuelles et futures.

Toutefois, la mise en œuvre de ces nouvelles institutions nécessite de régler auparavant *la question du statut du président en exercice du Congo, lorsqu'il ne sera plus aux affaires*. Pour que le président en exercice du Congo accepte de céder pacifiquement le pouvoir et de favoriser la mise en œuvre de notre projet, il est impératif de le rassurer sur le plan juridique, politique et matériel. Comment ? En lui proposant un statut spécial de *Président Honoraire du Congo*. Qui lui assure une immunité totale sur tout ce qui s'est passé durant sa présidence. Le président actuel reste à la disposition du Gouvernement congolais qui pourra lui confier certaines missions de relations extérieures. Il aura un bureau, un secrétariat particulier, des conseillers et une protection rapprochée aux frais de l'Etat. Il sera logé et véhiculé par l'Etat. Il sera soigné et voyagera aux frais de l'Etat. Le statut de Président Honoraire lui assurera le 5ème rang protocolaire après le président du Congo, le président de la Chambre des Députés, le président de la Cour Suprême de justice et les Ministres d'Etat. Ses émoluments correspondront à ceux d'un Ministre d'Etat.[155] Nous nous attendons à deux types de réactions. Pour les Congolais dont la passion est le moteur, le statut de Président Honoraire accordé à l'ancien président est inadmissible, pas plus que l'immunité totale et son maintien autour du pouvoir. Pour les Congolais dont la raison est le moteur, c'est la seule façon d'obtenir une transition politique pacifique qui rassemble et réconcilie tous les enfants du Congo en leur permettant de tourner définitivement la page des REMONA et des démocratures pour favoriser l'unité afin de se focaliser sur l'essentiel, l'avenir du Congo, son développement et le bien-être des Congolais.

Le statut spécial que nous proposons à l'ancien président est le fruit d'une longue réflexion sur la longévité exceptionnelle au pouvoir des présidents en Afrique noire. A la question, pourquoi les présidents en Afrique noire sont-ils des présidents à vie ? Il y a deux raisons. D'une part, comme l'affirme l'homme politique et philosophe Irlandais Edmund Burke (1729-1797), *« quiconque a connu le pouvoir et en a tiré un quelconque profit, ne serait-ce qu'un court instant, n'acceptera jamais de s'en séparer. »*[156]

---

[155] Actuellement un ancien président devient Sénateur à vie. Un statut qui ne lui accorde qu'une sécurité insuffisante. Le Sénat congolais a commencé à débattre d'une nouvelle loi dite loi Mutinga (24 Articles, 5 chapitres) en avril 2015 qui accorde une immunité totale aux anciens présidents et qui leur assure une sécurité matérielle, politique et juridique afin de faciliter les alternances politiques. Notre proposition va plus loin : un beau titre honorifique et le maintien autour du pouvoir.

[156] Cité par C.E. SHAPIRO, 1996, p. 109.

D'autre part, l'histoire montre qu'en Afrique noire, il est très rare d'être un ex-président en liberté. Car, il n'y a que quatre options pour les présidents d'Afrique noire : Etre au pouvoir, Etre mort d'une mort violente, Etre en exil et très rarement « Etre en prison. »

- La deuxième conclusion permet d'affirmer que la crise du Congo est une crise locale mais avec un enjeu continental. Autrement dit, que la stabilité du Congo signifie la stabilité d'une grande partie de l'Afrique. En effet, la refondation de l'Etat au Congo est bénéfique pour l'Afrique à divers points de vue. Tout d'abord, le renouveau d'un Etat fort au Congo apporte des avantages sur le plan politique. Carrefour entre le Nord et le Sud, l'Est et l'Ouest de l'Afrique, le Congo a neuf pays voisins directs. Par sa position stratégique, un Etat fort au Congo ne peut qu'empêcher cet immense territoire de servir de refuge, de base arrière ou de sanctuaire aux guérillas étrangères qui visent la subversion chez les voisins. Ensuite, le renouveau d'un Etat fort au Congo apporte des avantages sur le plan économique. Le Congo est la Centrale hydroélectrique de l'Afrique. Un Etat fort est de nature à garantir une sécurité d'approvisionnement en courant électrique au Burundi, au Congo Brazzaville et au Rwanda. Un Etat fort permet aussi de lever le risque sécuritaire qui pèse sur la finalisation du projet « Grand Inga » qui doit fournir l'électricité à de nombreux pays africains. Une fourniture de courant qui ne peut être que bénéfique pour le Congo sur le plan financier (apport des devises) et sur le plan diplomatique (arme énergétique). Enfin, le renouveau d'un Etat fort au Congo apporte des avantages sur le plan social. Car le retour escompté de la prospérité au Congo est de nature à limiter l'émigration massive des Congolais vers les pays de la région et à réduire les tensions sociales et diplomatiques apparues depuis 2007 en Afrique médiane et australe qui se traduisent par des expulsions massives et violentes des Congolais.

- La troisième et dernière conclusion permet d'affirmer que la crise du Congo est une crise locale mais avec un enjeu mondial. Autrement dit, après avoir refondé l'Etat, avant de lancer le processus de développement, le Congo a un deuxième impératif : construire la paix mais une paix durable. Pour cela, les dirigeants du Congo doivent être capables de concilier à la fois les intérêts du Congo, les intérêts des Etats-Unis d'Amérique (Occident) et les intérêts de la Chine. En effet, le Congo ne peut rien entreprendre sans tenir compte au préalable des intérêts de deux grandes puissances actuelles, les intérêts chinois et les intérêts étatsuniens ou occidentaux. Cette politique d'équilibre voire d'équilibriste entre les deux grandes puissances doit être le fondement ou le fil directeur des relations internationales du Congo qui n'est pas un pays comme les autres. Car, le Congo est un réservoir mondial des métaux stratégiques (Cobalt, Tantale) et des métaux critiques (Cuivre). Tandis que la forêt congolaise est le second royaume de la biodiversité du monde après l'Amazonie. La forêt congolaise est également le deuxième poumon vert du monde dont dépendent la qualité de l'air et la stabilité du climat de la planète Terre. La situation au Congo oriental depuis 1998 montre que par son enjeu économique, le Congo est l'objet d'une vive convoitise entre les Etats-Unis d'Amérique (camp occidental) et la Chine. Une vive convoitise qui s'est transformée en confrontation indirecte ou « guerre secrète » dont les Congolais paient le plus lourd tribut selon les journalistes d'investigation français Pierre Péan (2010) et belge Colette Braeckman (2010). Dans ce contexte, de nombreux observateurs attentifs du Congo (Coloma, 2011) s'interrogent sur le respect des intérêts américains et occidentaux voire même congolais par le contrat minier dit du siècle signé entre le Congo et la Chine en 2009.

Mais pour refonder l'Etat, construire la paix, développer le Congo et réaliser le rêve congolais de prospérité et de bonheur pour tous, il manque au Congo un leader. Le Congo cherche un leader. Si on se réfère à l'Histoire, le Congo cherche son Otton 1er le Grand (père de la nation allemande), son Grégoire VII Hildebrand (réformateur de la dernière chance de l'Eglise catholique), son Ismaïl 1er (créateur de l'Iran), son Soliman le Magnifique (artisan de l'âge d'or de l'Empire ottoman), son Elisabeth 1ère (artisan d'une Angleterre candidate à l'hégémonie mondiale), son Otto Von Bismarck (créateur de l'Etat allemand), son Mustafa Kemal dit Atatürk (père de la Turquie moderne), son Franklin Delano Roosevelt (père du New deal Etatsunien), son Deng Xiaoping (père du réveil chinois) (Paraire, 1996).

Ce leader congolais de la dernière chance existe déjà. Il est là, parmi nous, ici et maintenant. Il ne peut échapper à son destin de *Créateur de l'Etat* au Congo, à son destin de *Père de la Renaissance du Congo*, à son destin d'*Artisan de la République de l'homme qu'il faut à la place qu'il faut*, le remède de la dernière chance pour sortir le Congo de la spirale du sous-développement, pour tirer les Congolais de la misère noire, pour sauver cette grande Nation en péril.

Au terme de cette étude, une chanson du légendaire musicien congolais, François Luambo Makiadi alias Franco de Mi Amor me vient à l'esprit. Que dit cette chanson ? « *Ennemi Ya Moto Muindo, Moto Muindo.* » Traduction : « *l'ennemi du Noir, c'est le Noir ; l'ennemi du Congolais, c'est le Congolais.* »

Puisse ce livre, d'une part, informer les élites congolaises, la cible de notre ouvrage, de l'existence d'autres modèles d'organisation plus indiqués pour la refondation de l'Etat, le développement du Congo et la prospérité des Congolais. Puisse ce livre, d'autre part, éclairer les actes des Congolais qui sont au pouvoir et les actes des Congolais qui aspirent au pouvoir afin d'aboutir à une transition politique civilisée qui n'exclut personne, c'est-à-dire, pacifique.

Que la Providence divine ou le Grand Architecte de l'Univers protège ce cher Congo surtout en ce moment crucial de son histoire.

Annexe n° 1

Principaux changements d'appellation décidés par Mobutu en 1971

Nom colonial	*Nom authentique*	*Nom colonial*	*Nom authentique*
Congo	*Zaïre pays*	Gouvernement	*Conseil Exécutif*
Fleuve Congo	*Zaïre fleuve*	Parlement	*Conseil Législatif*
Franc congolais	*Zaïre monnaie*	Cours et Tribunaux	*Conseil judiciaire*
Léopoldville	*Kinshasa*	Province	*Région*
Elisabethville	*Lubumbashi*	District	*Sous-Région*
Stanleyville	*Kisangani*	Territoire/Commune	*Zone*
Coquilhatville	*Mbandaka*	Secteur	*Collectivité*
Costermansville	*Bukavu*	Premier Ministre	*Premier Commissaire d'Etat*
Luluabourg	*Kananga*	Ministre	*Commissaire d'Etat*
Jadotville	*Likasi*	Gouverneur de province	*Commissaire de région*
Albertville	*Kalémie*	Commissaire de District	*Commissaire sous régional*
Baudouinville	*Moba*	Bourgmestre de Commune/ Administrateur de territoire	*Commissaire de zone*
Banningville	*Bandundu*	Député	*Commissaire du peuple*
Paulis	*Isiro*	Commune de Kalina	*Zone de Gombe*
Port Francqui	*Ilebo*	Commune de Dendale	*Zone de Kasa-Vubu*
Ponthierville	*Ubundu*	Commune de Léo II	*Zone de Kitambo*
Banzyville	*Mobaye*	Commune de Saint Jean	*Zone de Linguala*
Thysville	*Mbanza-Ngungu*	Commune Albert	*Zone de Kamalondo*
Lac Léopold II	*Lac Maïndombe*	Boulevard Albert 1er	*Boulevard du 30 juin 1960*
Lac Albert	*Lac Idi Amin Dada*	Boulevard Léopold III	*Boulevard Lumumba*
Lac Edouard	*Lac Mobutu*	Avenue Prince Baudouin	*Avenue Kasa-Vubu*
Kongo central	*Bas-Zaïre*	Avenue Princesse Joséphine Charlotte	*Avenue du 24 novembre 1965*
Province Orientale	*Haut-Zaïre*	Avenue Charles de Gaulle	*Avenue du Commerce*
Katanga	*Shaba*	Monts de Cristal	*Monts Bangu*
Commune Stanley	*Zone de Makiso*	Mont Stanley	*Mont Ngaliema*
Stanley Falls	*Chutes Wagenia*	Stanley Pool	*Pool Malebo*

Annexe n° 2

Liste de Provinces, Districts, Territoires, Villes et Communes

Provinces	Districts	Territoires	Villes	Communes
Bandundu	Kwango	Feshi, Kahemba, Kasongo-Lunda, Kenge, Popokabaka	Bandundu	Basoko, Disasi, Mayoyo
	Kwilu	Bagata, Bulungu, Idiofa, Popokabaka		
	Maïndombe	Inongo, Kiri, Kutu, Oshwe	Kikwit	Kazamba, Lukemi, Lukolela, Nzinda
	Plateaux	Bolobo, Kwamouth, Mushie, Yumbi		
Bas-Congo	Bas-Fleuve	Lukula, Seke-Banza, Tshela	Boma	Kabondo, Kalamu, Nzadi, Moanda
	Cataractes	Luozi, Mbanza-Ngungu, Songololo	Matadi	Matadi, Mvuzi, Nzanza
	Lukaya	Kasangulu, Kinvula, Madimba	Mbanza-Ngungu	Mbanza-Ngungu
Equateur	Equateur	Basankusu, Bikoro, Bolomba, Bomongo, Ingende, Lukolela, Makanza.	Mbandaka	Mbandaka, Wangata
	Mongala	Bongandanga, Bumba, Lisala		
	Nord-Ubangi	Businga, Bosobolo, Mobayi-Mbongo, Yakoma		
	Sud-Ubangi	Budjala, Gemena, Kungu, Libenge		
	Tshuapa	Befale, Boende, Bokungu, Djolu, Ikela, Monkoto		
Kasaï-Occidental	Kasaï	Dekese, Ilebo, Kamonia, Lwebo, Mweka	Kananga	Kananga, Katoka, Lukonga, Ndesha, Nganza
	Lulua	Demba, Dibaya, Dimbelenge, Kazumba, Luiza	Tshikapa	Dibumba1, Dibumba2, Kanzala, Mabondo, Mbumba
Kasaï-Oriental	Kabinda	Kabinda, Kamiji, Lubao, Lwilu, Ngandajika	Mbuji-Mayi	Bipenda, Dibindi, Diulu, Kanshi, Muya
	Sankuru	Katako-Kombe, Kole, Lodja, Lomela, Lubefu, Lusambo	Mwene-Ditu	Bondoyi, Musadi, Mwene-Ditu
	Tshilenge	Kabeya-Kamwanga, Katanda, Luhatahata, Miabi, Tshilenge		
Katanga	Haut-Katanga	Kambove, Kasenga, Kipushi, Mitwaba, Pweto, Sakania	Kalémie	Benze, Rutuku, Tumbwe
	Haut-Lomami	Bukama, Kabongo, Kamina, Kanyama, Malemba-Nkulu		
	Kolwezi	Lubudi, Mutshatsha	Kolwezi	Dilala, Manika
	Lualaba	Dilolo, Kapanga, Sandoa	Likasi	Kikula, Likasi, Panda, Tshituru
			Lubumba-shi	C. Annexe, Kamalondo, Kampemba,

	Tanganyika	Kabalo, Kalémie, Kongolo, Manono, Moba, Nyunzu		Katuba, Kenya, Lubumbashi, Ruashi
Kinshasa	Funa			Bandalungwa, Bumbu, Kalamu, Kasa-Vubu, Makala, Ngiri-Ngiri, Selembao
	Lukunga			Barumbu, Gombe, Kinshasa, Kintambo, Lingwala, Mont-Ngafula, Ngaliema
	Mont-Amba			Kisenso, Lemba, Limété, Matete, Ngaba
	Tshangu			Kimbanseke, Maluku, Masina, Ndjili, Nsele
Maniema		Kabambare, Kailo, Kasongo, Lubutu, Pangi, Punia	Kindu	Alungili, Kasuku, Mikelenge
Nord-Kivu		Beni, Lubero, Masisi, Nyiragongo, Rutshuru, Walikale	Beni	Beni, Bungulu, Muhekera, Ruwenzori
			Butembo	Bulengera, Kimeni, Mususa, Vutamba
			Goma	Goma, Karisimbi
Province Orientale	Bas-Uélé	Aketi, Ango, Bambesa, Bondo, Buta, Poko	Kisangani	Kabondo, Kisangani, Lubunga, Makiso, Mangobo, Tshopo
	Haut-Uélé	Dungu, Faradje, Niangara, Rungu, Wamba, Watsa		
	Ituri	Aru, Djugu, Irumu, Mahagi, Mambasa	Bunia	Mbunya, Murongo, Ngenzi, Nyamukau, Nyakasanza, Shari
	Tshopo	Bafwasende, Banalia, Basoko, Isangi, Opala, Ubundu, Yahuma		
Sud-Kivu		Fizi, Idjwi, Kabare, Kalehe, Mwenga, Shabunda, Uvira, Walungu	Bukavu	Agira, Ibanda, Kadutu, Kasha
			Baraka	Kalundja, Katanga, Ubwari

Annexe n° 3

Graben et Escarpement de faille

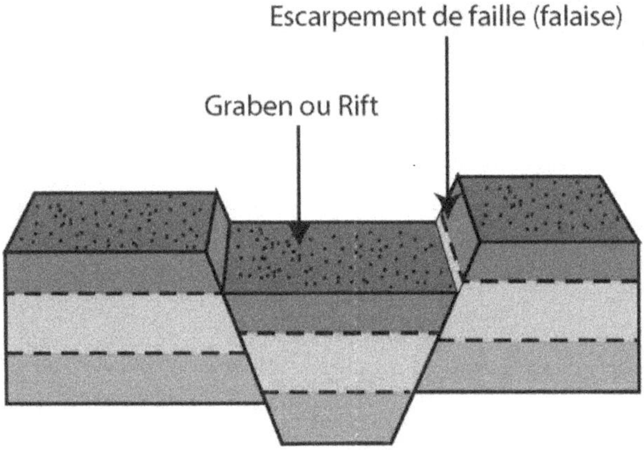

Source : Le soir (Belgique), p. 276

Annexe n° 4

Axes routiers principaux et « feeder-line »

	Itinéraires	Rôles
Axes Routiers principaux	1. Est-Ouest (Centre du pays) : Bukavu-Kisangani via Walikale-Otobo-Lubutu-Wanie Rukula	« Permettre aux produits de l'intérieur d'atteindre un port maritime d'embarquement sans être grevés par des prix de transport prohibitifs. » Compte tenu des grandes distances, ce but ne peut être atteint que si des « feeder-line » et les axes principaux livrent passage à des trains routiers lourds
	2. Ouest-Est (Sud du pays) : Matadi-Bukavu via Kinshasa-Kenge-Idiofa-Mweka-Bena Dibele-Katako Kombe-Kindu	
	3. Sud-Nord (Est du pays) : Lubumbashi-Aba via Likasi-Mitwaba-Kalémie-Fizi-Uvira—Bukavu-Goma-Beni-Irumu-Bunia-Watsa	
	4. Ouest-Est (Nord du pays) : Libenge-Aba via Businga-Lisala-Bumba- Aketi-Buta-Bambili-Dungu-Faradje	
	5. Sud-Nord (Centre du pays) : Malonga-Niangara via Sandoa-Kapanga-Luisa-Kananga-Lusambo-Lodja-Lomela-Opala-Kisangani-Bafwasende-Niania-Wamba	
Feeder-line	1. Boma-Tshela (125 Km)	« Relier directement des régions à fortes productions à des axes principaux mixtes eau-fer ou routiers »
	2. Tshela-Kinkenge-Luozi-Malanga	
	3. Idiofa-Mangaï	
	4. Businga-Banzyville	
	5. Buta-Banalia-Kisangani	
	6. Bafwasende-NiaNia-Mambasa-Irumu	
	7. Mungbere-Nduye-Mambasa	
	8. Mungbere-Watsa	
	9. Sandoa-Kamina	
	10. Lusambo-Penge-Tshofa-Matongo Kaumba-Kongolo	
	11. Luputu-Kabinda-Penge	

Source : Frederick et Gielen, 1952, p. 442

Annexe n° 5

Le Congo Climatique

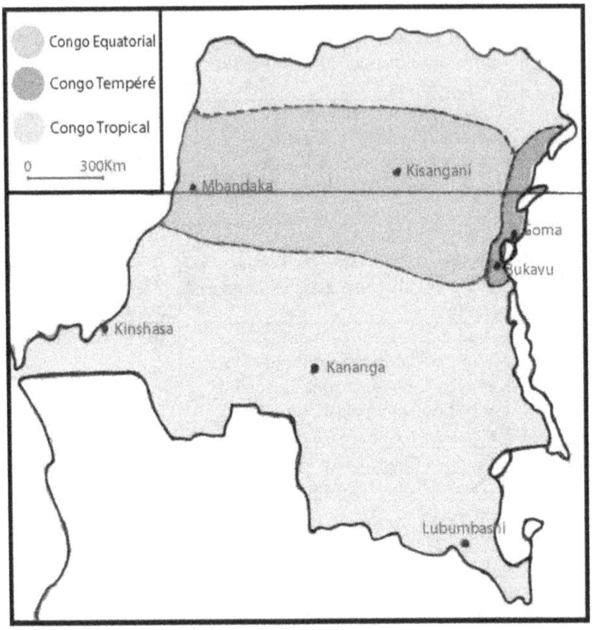

Annexe n° 6

Le parc de volcans

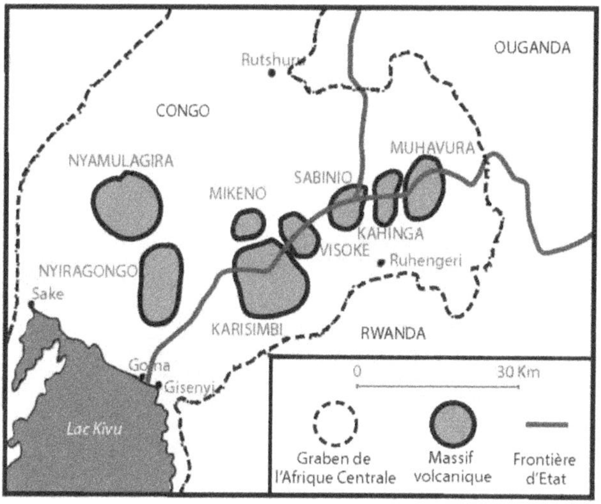

Source : Inspirée par M. Robert, 1952, p. 263

Annexe n° 7

Les deux grabens africains

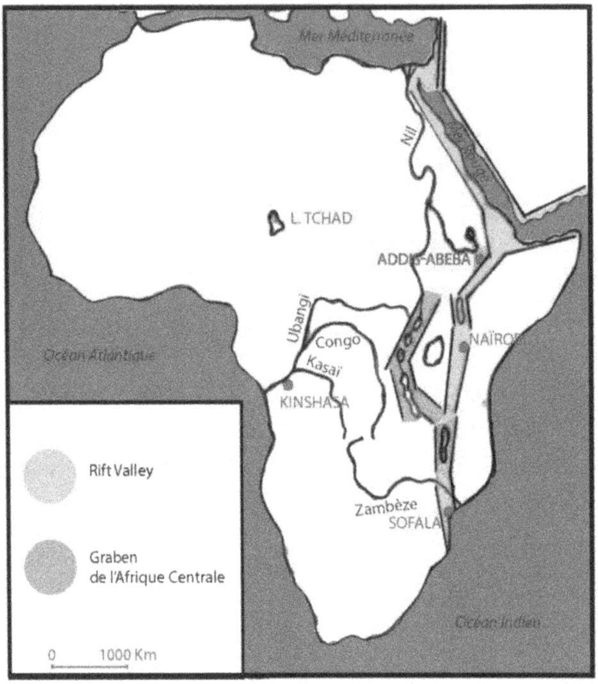

Source : Inspirée par M. Robert, 1952, p. 257

Annexe n° 8
Caractéristiques des voies ferrées

Exploitant	Ligne (date de construction/ date de transformation)	Longueur (Km)	Ecartement (m)	Rôle
SCTP	Matadi-Kinshasa (1890-1898/1928-1932)	365	1,067	Principale voie d'importation et d'exportation du Congo. Relier le principal port maritime et le tronçon navigable du fleuve (Kinshasa-Kisangani)
SNCC	Kisangani-Ubundu (1903-1906)	125	1,000	Désenclaver le Maniema, le Sud-Kivu et le Tanganyika.
	Kindu-Kongolo (1906-1910)	355	1,000	
	Kongolo-Kabalo (1937)	75	1,000	
	Kabalo-Kalémie (1910-1915)	272	1,000	
	Kabalo-Kamina (1953-XXX)	450	1,067	Relier les unités minières du Katanga et du Kasaï au réseau ferré de l'Afrique australe aboutissant aux ports sud-africains (Durban, East London), au réseau angolais aboutissant au port de Lobito et à la Voie Nationale aboutissant au port de Matadi.
	Sakania-Bukama 1909-1918)	710	1,067	
	Bukama-Ilebo (1923-1928)	1.123	1,067	
	Tenke-Dilolo (1928-1931)	522	1,067	
CFU	Aketi-Mungbere (1929-1937)	688	0,600	Relier au fleuve les mines d'or de Kilo-Moto (Ituri) ainsi que les productions végétales spontanées (caoutchouc, ivoire) et les productions agricoles (coton, huile de palme, riz, sésame) des Uele.
	Komba-Bondo (1925-1930)	121	0,600	

Sources : Frederick et Gielen, 1952, pp. 431-437 ; RDC, 2004, pp. 7-8

Annexe n° 9
Typologie des Infrastructures routières

Etablissement public	Mission	Département de tutelle	Intérêt des routes	Typologie
Office des Routes (OR)	Réhabilitation, Construction et Maintenance des routes d'intérêt général.	Ministère des Infrastructures, des Travaux Publics et de la Reconstruction	Routes d'intérêt général	21.140 Km des routes nationales (RN)
				20.124 Km des routes provinciales prioritaires (RPP)
				17.245 Km des routes provinciales secondaires (RPS)
Office des Voiries et Drainages (OVD)	Réhabilitation, Construction et Maintenance des voiries urbaines.		Routes d'intérêt urbain	7.400 Km de voiries urbaines
Direction des Voies de Desserte Agricole (DVDA)	Gestion et maintenance des routes rurales et des cours d'eau de moins d'un mètre de profondeur en s'appuyant sur la régie des voies fluviales et sur la participation des communautés riveraines ou des environs.	Ministère du Développement Rural	Routes d'intérêt local	87.300 Km des routes de desserte agricole

Source : Office des Routes

Annexe n° 10

Infrastructures routières

Plan Cinq Chantiers de Joseph Kabila Kabange (2008)

Axes routiers	Distance (Km)
RN1 : - Tronçons Nsele-Lufimi-Kwango-Kenge + 2 ponts sur la Maïndombe et la Lufimi - Tronçon Batshamba-Tshikapa + 2 ponts sur la Loange et la Lovua - Tronçon Moanda-Boma-Matadi - Tronçon Tshikapa-Kananga - Lubumbashi-Kasumbalesa	 226 252 236 250 96
Axe Mbandaka-Inongo-Bandundu-Mongata	1090
Axes Akula-Gemena-Libenge et Boyabo-Zongo	362
Axe Lisala-Bumba-Bunduki	520
Axes Kisangani-Buta-Bunduki et Dulia-Bondo	2067
Axe Bukavu-Kamituga-Kasongo-Kabinda-Mbuji-Mayi	
Axe Kisangani-Lubutu	226
Axe Kasongo-Kindu	220
Axe Lubumbashi-Kalémie-Fizi-Uvira-Bukavu-Goma-Kisangani	
Axe Beni-Komanda-Nia-Nia	
Axe Bunia-Djugu-Mahagi	
Axe Benadibele-Lodja-Ikela-	
Axe Bokatola-Boende-Ikela	828
Axe Ibeo-Kananga	400
Axe Nia-Nia-Isiro	235
Axe Kisantu-Ngidinga-Kinvula	

Source : Extrait du discours de Pierre Lumbi Okongo, ministre des ITPR devant l'Assemblée Nationale (http://www.cinqchnatiers-rdc.com)

Annexe n° 11

Ce que doit être l'Armée sous la IIIème République

Par le général Donatien Mahele

(*Le Phare* de Kinshasa, 1991, n° 143, page 5)

Les forces armées et les forces de l'ordre constituent des corps de métiers. Elles comprennent les forces combattantes et les forces de maintien de l'ordre. Les forces combattantes sont : la force terrestre, la force aérienne et la force navale. Les forces de maintien de la paix sont : la gendarmerie et la garde civile. A ces forces, il faut ajouter les différents corps : logistique, médical et génie.

Après cette présentation sommaire du système de défense, passons immédiatement à l'examen des points ci-dessous :

1. De la redéfinition de la politique de défense et de l'apolitisme de l'armée.

La forme d'une armée, sa conception et ses structures sont fonction de la forme de l'Etat, du régime politique en vigueur mais aussi des enjeux stratégiques internationaux. L'avenir des forces armées sera à la fois tributaire de la démocratie pluraliste dans laquelle s'est engagé notre pays, des répercussions géostratégiques de la perestroïka et des impératifs de développement socio-économique auquel est confronté notre pays.

Tout compte fait, les missions traditionnelles d'une armée restent les mêmes : assurer l'intégrité du territoire national, la sécurité des personnes et de leurs biens en temps de paix et en temps de guerre. A ce titre, la politique de défense de notre armée repose non pas sur l'agression mais sur la dissuasion. Celle-ci s'entend comme le fait d'organiser et d'équiper l'armée de telle manière que l'ennemi potentiel renonce à toute agression par crainte de représailles.

Les tensions politiques dans le monde ayant baissé avec la perestroïka, les rivalités entre les superpuissances allant en décroissant, une nouvelle finalité s'impose avec l'armée. En effet, toute armée ne doit plus se limiter à garantir la sécurité de la population et de ses biens en temps de paix et en temps de guerre, elle doit contribuer également au développement du pays en participant notamment aux grands travaux de construction et de reconstruction. Etant donné que sous la 2ème République, l'apport de l'armée dans l'effort de développement national n'a consisté essentiellement qu'à la restauration de la paix et au renforcement de l'unité nationale, une nouvelle dimension cellc du développement s'impose dans la 3ème République.

Comment l'armée peut-elle s'insérer, s'intégrer efficacement dans le processus de développement ? A l'image et à l'idée d'une armée paresseuse qui ne fait rien en temps de paix, qui se contente de nettoyer et de lubrifier les armes en vue d'une guerre hypothétique, il faut substituer le visage d'une armée engagée dans le processus du développement. Au lieu d'attendre des guerres, au lieu d'attendre des crises politiques aiguës pour intervenir, l'armée doit devenir aussi un acteur économique de taille par sa main-d'œuvre, son efficacité et son équipement. Ses différents services techniques spécialisés tels que le génie militaire devront désormais être mis à contribution au même titre que les autres entreprises civiles dans le cadre de certains projets de développement notamment les constructions de ponts, d'aéroports, de routes, etc. Dans le cadre de ses missions de défense et pour des raisons d'ordre stratégique, l'armée souhaiterait être consultée lors de grands travaux de construction et d'implantation de grands complexes industriels.

Après avoir redéfini la politique de défense pour la 3ème République, il nous faut préciser l'apolitisme de l'armée. En effet, les missions que l'armée et les services de l'ordre sont appelés à exercer dans la nouvelle société démocratique et pluraliste posent le problème de leur statut dans l'Etat. Cette question met en évidence le principe qui veut que la politique commande les armes. Le métier des armes exige beaucoup de sacrifices et d'abnégations. Le militaire ne doit plus faire de la politique comme ce fut le cas sous le Parti-Etat. Dans la 3ème République, il ne peut militer dans aucun parti politique ni exprimer publiquement ses convictions politiques. L'armée doit rester neutre et apolitique.

2. Unité de commandement

La gendarmerie et la Garde Civile doivent-elles dépendre du ministère de la défense ou de l'intérieur ? Il est préférable que les forces combattantes soient distinctes des forces de maintien de l'ordre public. Ces dernières connaissent un sérieux problème quant à leur dépendance. La solution la meilleure serait de considérer l'efficacité de ces différents services, leur rapport avec les organismes internationaux pour déterminer leur dépendance. Par ailleurs, nous pensons que les forces combattantes doivent se démarquer des forces de maintien de la paix.

Le statut du personnel militaire. Le militaire est un patriote puisqu'il met sa vie en danger au profit de la nation. Sa carrière est différente de celle de son concitoyen civil. C'est la raison pour laquelle nous pensons à juste titre qu'il a droit à un statut particulier comme ce fut le cas sous le Décret-Loi du 9 juin 1965 portant statut des officiers et sous-officiers de l'armée nationale congolaise (ANC).

Recrutement, Formation et Avancement. L'efficacité de toute armée dépend absolument des hommes qui la composent. Ces hommes doivent être recrutés dans le strict respect des critères objectifs, notamment : une instruction suffisante et une bonne morale. Les reproches qui sont souvent adressés à notre armée reposent principalement sur le non-respect des critères de recrutement. Que les recommandations lors des recrutements disparaissent. Que la population ne considère plus l'armée comme un dépotoir où il faut verser les enfants mal éduqués et ayant raté les études civiles. La formation militaire doit être rigoureuse. Elle doit lui permettre d'avoir la compétence militaire, technique, scientifique, la culture générale et l'humanisme. La formation de base doit se faire au Zaïre et par les cadres zaïrois. Les soldats doivent être formés dans la mesure du possible dans les mêmes centres de formation. La coopération pourra intervenir pour l'appui logistique et pour la formation des spécialistes. Sous la 3ème République, le niveau d'éducation, d'instruction et la moralité doivent faire du militaire « une baïonnette intelligente. » L'avancement en grade doit tenir compte de la monographie d'emploi et des critères retenus à cette fin.

Maîtrise des effectifs. Pour que l'armée remplisse efficacement ses missions, il faut que les effectifs soient absolument maîtrisés.

3. Du matériel militaire

L'armée a toujours été au service du peuple et doit participer au changement souhaité par tous. Pour bien accomplir sa mission, il incombe au peuple souverain de mettre des moyens appropriés et adéquats à la disposition de son armée. Les besoins, les caractéristiques et l'acquisition des matériels doivent relever de la compétence de l'armée, puisque c'est elle qui en est l'utilisatrice.

4. Des conditions sociales du militaire

Il sera ici question de traiter de la santé, du logement, du transport, des sports, du ravitaillement et de la scolarité des enfants du militaire.

De la santé du militaire. Il est incontestable que l'efficacité de toute armée repose sur l'homme qui doit être au centre de toute activité. Or, utiliser un homme pour toute action suppose qu'il est en bonne santé sans quoi aucun effort tant physique qu'intellectuel n'est réalisable. Pour mieux assurer la santé du militaire, nous proposons ce qui suit : i) Augmenter le nombre d'hôpitaux militaires. Jusque maintenant, il n'y en a que deux : à Kamina et à Kitona ; Doter les hôpitaux militaires et les centres de santé existant en produits pharmaceutiques suffisants et en équipements sanitaires adéquats.

Du logement. Notre armée connaît actuellement de sérieux problèmes de logement. Les militaires sont dispersés à la cité à la recherche d'un logement. Ceux qui habitent les camps militaires vivent dans la promiscuité et l'insalubrité. Nous proposons à ce sujet les solutions suivantes : i) la réfection de tous les camps militaires ; ii) la construction de nouveaux camps militaires répondant aux normes du casernement moderne et conformément à l'évolution des effectifs de l'armée ; iii) Dans tous les cas, les casernes des Combattants doivent être isolées de la ville ou de la cité ; iv) Les casernes des Combattants doivent être autosuffisantes.

Du transport. Un effort doit être fourni par les pouvoirs publics pour assurer le déplacement du militaire.

Du ravitaillement. Nous proposons la création des unités de production agricole, de pêche et d'élevage.

Des sports et loisirs. A ce sujet, nous proposons de doter les casernes des complexes sportifs, de réhabiliter l'athlétisme au sein des forces armées zaïroises, de prévoir des centres récréatifs notamment des salles de cinéma, des bibliothèques, des vidéothèques, etc. Toutes ces infrastructures doivent permettre à l'armée d'être une pépinière de meilleurs sportifs du pays. Un adage ne dit-il pas avec raison « *Mens sana in corpore sano* » ?[157]

De la scolarité des enfants de militaires. Compte tenu de l'accroissement démographique dans des camps militaires, nous proposons la construction des écoles et la réfection de celles qui existent.

5. Du budget de l'armée. Un principe militaire dit : « un chef, une mission et des moyens. » C'est pourquoi nous proposons que des moyens suffisants soient alloués à l'armée pour lui permettre de faire face à toutes ses préoccupations. A titre d'exemple, le budget de l'armée belge équivaut à trois fois le budget de l'Etat zaïrois.

6. De l'éthique du militaire. Comme l'armée n'a pas été épargnée par l'inversion des valeurs, nous proposons que le nouvel environnement dans lequel elle doit évoluer soit sain. Pour ce faire, le militaire doit sous la 3ème République vivre dans des casernes. L'encadrement spirituel du militaire doit également être assuré par les confessions religieuses.

Concernant les aumôniers, nous demanderons aux autorités ecclésiastiques de veiller, pour la 3ème République, à ne plus envoyer dans l'armée les pasteurs et les prêtres qui sont déjà à problèmes dans leurs diocèses respectifs. Mais de bons prêcheurs d'hommes qui ont le zèle pour la récupération de la brebis perdue du Christ qui est dans l'armée [...].

---

[157] Que l'on traduit généralement par un esprit sain dans un corps sain.

Que les médailles de mérite civique soient remises aux militaires qui se sont distingués par des actes de bravoure.

Conclusion générale. De ce qui précède, il nous revient de proposer les recommandations suivantes :

i) L'armée doit associer désormais la dissuasion et le développement du pays ;

ii) L'armée, émanation du peuple (ses membres sont recrutés parmi le peuple), est aux ordres du gouvernement désigné par le peuple souverain. L'armée est ainsi garante de la légalité. Cette armée doit garder son caractère national.

iii) Il convient de distinguer les forces combattantes des forces de maintien de l'ordre (gendarmerie et garde civile), de rattacher les premières au ministère de la défense et de rattacher les secondes au ministère de l'intérieur.

iv) Il convient de reconnaître un statut particulier au Combattant.

v) Le militaire doit être bien nourri, vêtu, bien logé, bien soigné et bien enterré. Qu'il soit effectivement reclassé dans la vie civile à l'issue de sa carrière militaire. Que les invalides et les veuves connaissent une attention particulière.

vi) Qu'il soit institué un service militaire obligatoire pour tous les jeunes gens physiquement aptes à l'issue de leurs études secondaires. Qu'il soit réinstauré le système de contrat pour le militaire.

vii) Qu'il soit organisé un symposium militaire pour traduire dans les termes propres à l'armée, les recommandations de la Conférence Nationale Souveraine.

De ce qui précède, nous espérons que les structures et les moyens qui seront arrêtés par les Pouvoirs publics permettront à notre armée de faire face à toute forme d'agression. Jules César n'a-t-il pas dit avec raison : « *si vis pacem, para bellum* ? » A traduire par si tu veux la paix, tu prépares la guerre. Nous espérons qu'avec l'armée disciplinée, bien organisée, bien équipée et bien nourrie, le Zaïre, notre grand et beau pays retrouvera rapidement sa place parmi les grandes nations africaines.

Annexe n° 12

Demande mondiale pour le Cuivre

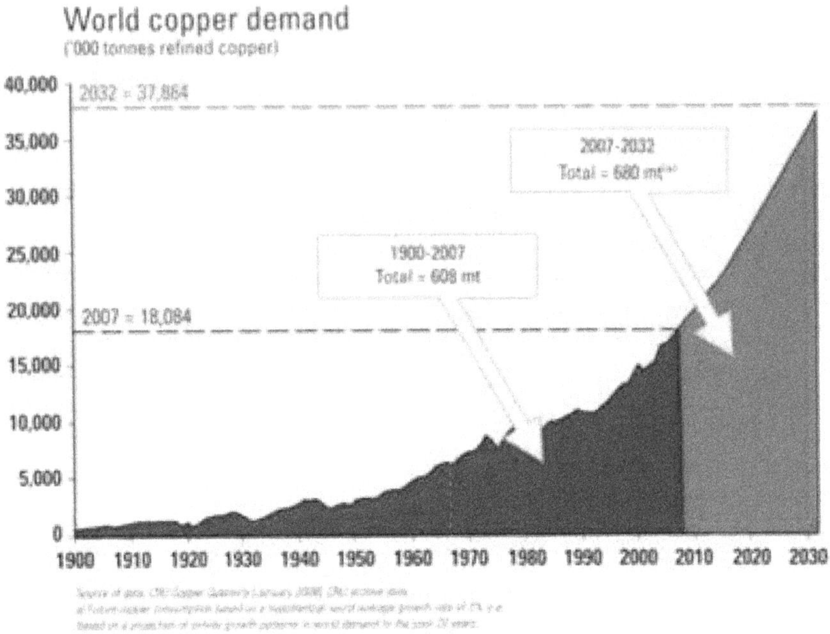

(source : AQM *Copper.com*)

Annexe n° 13

Principaux usages des métaux stratégiques

Propriétés recherchées	Objets fabriqués
Le Cobalt améliore la résistance à la rupture mécanique, à l'usure, à l'abrasion et à la corrosion.	Superalliages pour les aubes de turbine et les turboréacteurs ; Alliages durs pour des outils devant résister à l'abrasion et à la corrosion à chaud : outils de coupe (lames de scie) et d'usinage, aimants des systèmes de freinage ABS, hauts parleurs, etc. Batteries (téléphones et ordinateurs portables, Smartphones, tablettes, véhicules hybrides) ; Catalyseurs (industrie chimique et pétrolière) ; Aimants, Bandes d'enregistrement magnétiques ; Pneus, Peintures, Plastiques, Verres, Céramiques, Savons, Colle, Médicaments et Produits vétérinaires.
Le Coltan (Colombo-tantalite) est recherché pour ses propriétés de transport de l'électricité et de la chaleur, de malléabilité et de résistance à la corrosion par les industries de pointe du secteur chimique, électronique, militaire et aérospatial et dans les industries de l'énergie et du transport.	Fabrication des condensateurs pour le matériel de communication sans fil (téléphones, ordinateurs, Smartphones, tablettes, jouets électroniques, caméras portables). Fabrication des missiles, des réacteurs d'avion et des satellites. Fabrication des superalliages pour l'aéronautique, des outils de coupe, de tournage et d'alésage. Fabrication des instruments chirurgicaux et des implants. Fabrication des coussins gonflables et des GPS dans le secteur automobile. Additif dans l'industrie chimique et dans l'optique. Utilisé comme filtre des rayons X.
Les terres rares (Yttrium et Cérium) sont recherchées pour leurs propriétés optiques, chimiques et magnétiques uniques dans le domaine de haute technologie.	Ecrans à cristaux liquides (Ordinateurs, Téléviseurs, Tablettes), Ampoules à basse consommation LED, Lasers, Caméras et appareils photographiques ; Batteries rechargeables des voitures hybrides et électriques, Aimants permanents des éoliennes, Imagerie par résonance magnétique nucléaire (IRM), Aimants utilisés dans la fabrication des hauts parleurs miniaturisés du matériel audio (téléphones portables) ; Réacteurs nucléaires, Missiles, Radars, Satellites, Pots catalytiques, Raffinage du pétrole, Céramiques, etc.

Sources : MERN, 2013 ; Piguet, 2011 ; Syre, 2014 ; Amiel, 2014 ; GRAMMA, 2003

Annexe n° 14

Emblème de l'Etat Indépendant du Congo (1885-1908)

BIBLIOGRAPHIE

ACP, 2011, « RDC-Elections : Répartition des sièges par circonscription électorale pour les Législatives et les Provinciales de 2011 », [En ligne], http://www.acpcongo.com/index.php?option=com_content&view=article&id=3334

AFACBELCO, 1994, « L'administration belge d'Afrique », [En ligne], http://www.afacbelco.net/AdministraFR.PDF

AFPQC2, 2014, « RDC : l'Eglise dénonce la manipulation en sous-main des milices au Katanga », *LE HUFFINGTON POST QUEBEC*, [En ligne], http://quebec.huffingtonpost.ca/2014/02/20/rdc-leglise-dnonce-la-_n_4826487.html

AGENCE CONGOLAISE DE PRESSE, 2014, « Réalisations de l'office des routes au cours de l'exercice 2013 », [En ligne], http://www.acpcongo.com/index.php?option=com_content&view=article&id=24387:realisations-de-loffice-des-routes-au-cours-de-lexercice-2013&catid=36:economie&Itemid=57#

AGENCE CONGOLAISE DE PRESSE, 2013, « Trois axes jugés nécessaires pour assurer la sûreté et la sécurité du transport aérien », [En ligne], http://acpcongo.com/index.php?option=com_content&view=article&id=16908

ALAMONE N., 2012, « Top 10 des places les plus célèbres », *L'express*, [En ligne], http://www.lexpress.fr/diaporama/diapo-photo/tendances/voyage/top-10-des-places-les-plus-celebres_1178698.html?p=11

ALLEN B.T., 1998, *Animaux d'Afrique*, Cologne, Könemann, 252 p.

AMALRIC J., 2003, « La tournée intéressée du président américain sur le continent noir : Bush mise sur l'Afrique », *Libération* du 10 juillet 2003.

AMBASSADE DES ETATS-UNIS D'AMERIQUE, 2009, « République Démocratique du Congo », [En ligne], http://french.kinshasa.usembassy.gov/media/pdf/congo-democraticrepublicofeng.pdf

AMIEL J., 2014, « Cobalt », *Encyclopédie Universalis*, [En ligne], http://www.universalis.fr/encyclopedie/cobalt/3-proprietes/

ARTHUR G., 2008, « Autour du drapeau tricolore : du sentiment national à l'Etat-Nation », [En ligne], http://www.oboulo.com/politique-et-

international/sciences-politiques/dissertation/autour-drapeau-tricolore-sentiment-national-etat-nation-44843.html
ARZALIER J.-J., 2000, « L'opinion publique, le gouvernement et le commandement face aux pertes de guerre », [En ligne], http://www.checkpoint-online.ch/CheckPoint/Forum/For0007-EffetPertesHumaines.html
AYAD C., GANGEREAU P., 2008, « Stratégie : Les grandes manœuvres de George Bush en Afrique », *Libération* du 22 février 2008.
B.A.D., 2013, « La Banque Africaine de Développement, déterminée à appuyer le géothermique en Afrique de l'Est », [En ligne], http://www.afdb.org/fr/news-and-events/article/afdb-poised-to-boost-geothermal-development-in-east-africa-10265/
BAKAJIKA BANJIKILA T., 1997, *Epuration ethnique en Afrique. Les Kasaïens (Katanga 1961-Shaba 1992)*, Paris, L'Harmattan, 244 p.
BAGAYOKO-PENONE N., 2004, « L'opération Artémis, un tournant pour la politique européenne de sécurité et de défense ? », *Afrique Contemporaine*, Vol. 1, n° 209, pp. 101-116
BALINGENE KAHOMBO, 2013, « L'expérience congolaise de l'Etat régional. Le contrôle politique du pouvoir central sur les provinces : vers une tutelle déguisée ? », [En ligne], http://www.la-constitution-en-afrique.org/
BALINGENE KAHOMBO, 2010, « L'expérience congolaise de l'Etat fédéral : la Constitution de Luluabourg revisitée », [En ligne], http://www.la-constitution-en-afrique.org/
BAUMANN M. et STOLZ J., 2009, *La nouvelle Suisse religieuse : risques et chances de sa diversité*, Labor et Fides, Genève, 413 p.
BAYART J.-F., 2006, *L'Etat en Afrique. La politique du ventre*, Paris, Fayard, 440 p.
BCH-CDB, 2013, « Parcs nationaux de la RDC et leurs spécificités écologiques », [En ligne], http://bch-cbd.naturalsciences.be/congodr/cdr-eng/contribution/parcsnatrdc.pdf
BDPA-SCETAGRI, 1989, *Etude marketing de la filière bovine en Ituri*, Paris, BDPA-SCETAGRI, 123 p.
BECCHIO A., 2011, « Conflit gazier : les négociations entre la Russie et l'Ukraine dans l'impasse », [En ligne], http://www.rfi.fr/europe/20110905-conflit-gazier-russie-ukraine-trouvent-pas-accord

BEECHWOOD, 2012, « Le cimetière national du Canada », [En ligne], http://www.beechwoodcemetery.com/index.php/fr/a-propos/le-cimetiere-national-du-canada.html
BEGUIN H., 1958, *Géographie humaine de la région de Bengamisa*, Bruxelles, INEAC, Série Scient., n° 74, 69 p.
BELGA, 2009, « Londres salue l'entrée du Rwanda au Commonwealth », *La Libre Belgique*, [En ligne], http://www.lalibre.be/actu/international/londres-salue-l-entree-du-rwanda-au-commonwealth-51b8b389e4b0de6db9b9256a
BENBASSA E., 2008, « L'esprit pionnier des Etats-Unis en temps de crise », *Le Figaro*, [En ligne], http://www.lefigaro.fr/debats/2008/10/25/01005-20081025ARTFIG00207-l-esprit-pionnier-des-etats-unis-en-temps-de-crise-.php
BEYER C., 2013, « Seules quatre universités françaises dans le top 100 », *Le Figaro*, [En ligne], http://www.lefigaro.fr/actualite-france/2013/08/15/01016-20130815ARTFIG00187-seules-quatre-universites-francaises-dans-le-top-100.php
BIRUTA V., 2009, « L'adoption de l'anglais correspond aux orientations stratégiques du pays », *ARI-RNA*, [En ligne], http://www.rnanews.com/index.php?option=com_content&task=view&id=1083&Itemid=1
BLEJEAN H., 2014, « La piraterie contenue au large de la Somalie », *Le Figaro*, [En ligne], http://www.lefigaro.fr/flash-actu/2014/01/23/97001-20140123FILWWW00638-la-piraterie-contenue-au-large-de-la-somalie.php
BOLLE S., 2013, « RDC : un vrai-faux Etat régional ? », [En ligne], http://www.la-constitution-en-afrique.org/
BOLLE S., 2011, « Révision express », [En ligne], http://www.la-constitution-en-afrique.org/
BOLLE S., 2011, « Le droit des élections 2011 », [En ligne], http://www.la-constitution-en-afrique.org/
BOLLE S., 2008, « La République Démocratique du Congo est-elle un Etat régional », [En ligne], http://www.la-constitution-en-afrique.org/
BOLLE S., 2007, « République Démocratique du Congo. Faut-il réviser la Constitution de 2006 ? », [En ligne], http://www.la-constitution-en-afrique.org/
BOMSEL M.-C., 2013, « Okapi », [En ligne], http://www.universalis.fr/encyclopedie/okapi /
BONTEMS C., 1984, *La guerre du Sahara occidental*, Paris, PUF, 224 p.

BOULENGER G.H., 1921, « Description d'un poisson aveugle découvert par M.G. Geerts dans la grotte de Thysville (Bas-Congo) », *Rev. Zool. Afr.*, n° 9, pp. 252-253.

BOUQUET C., 2009, « L'Etat en Afrique. Géographie politique de la maîtrise des territoires », *L'Espace Politique*, 7, 2009-1, [En ligne], http://espacepolitique.revues.org/1224

BRAECKMAN Colette, 2003, *Les nouveaux prédateurs, politiques de puissances en Afrique centrale*, Paris, Fayard, 394 p.

BRAECKMAN Colette, 2002, *Lumumba un crime d'Etat*, Bruxelles, Aden, 102 p.

BRAECKMAN Colette, 1999, « La RDC dépecée par ses voisins, *Le Monde Diplomatique*, [En ligne], http://www.monde-diplomatique.fr/1999/10/BRAECKMAN/12545

BRAS A.-C., 2011, « Les enjeux de la protection des forêts du Bassin du Congo », [En ligne], http://www.rfi.fr/emission/20110508-1-enjeux-protection-forets-bassin-congo

BRUNEAU J.-C., 2009, « Les nouvelles provinces de la République Démocratique du Congo : construction territoriale et ethnicité », *L'Espace Politique*, 7 I 2009-1, [En ligne], http://www.espacepolitique.revue.org/1296

BRUNEAU J.-C, SIMON T., 1991, « Zaïre, l'espace écartelé », *Mappemonde*, n° 4, p. 1-5.

BUREAU D'ETUDES D'AMENAGEMENT ET D'URBANISME, 1991, *Nourrir les villes, Kinshasa : Le foyer d'Inkisi*, Kinshasa, BEAU, 16 p.

BUREAU D'ETUDES D'AMENAGEMENT ET D'URBANISME, 1991, *Foyer de développement, Bas-Zaïre, Sud-Mayumbe*, Kinshasa, BEAU, 12 p.

BUREAU D'ETUDES D'AMENAGEMENT ET D'URBANISME, 1990, *Foyer de développement, Bas-Zaïre, Inkisi*, Kinshasa, BEAU, 19 p.

BUREAU D'ETUDES D'AMENAGEMENT ET D'URBANISME, 1989, *Schéma national d'aménagement du territoire*, Kinshasa/Paris, BEAU/BDPA-SCETAGRI, 70 p.

BUREAU D'ETUDES D'AMENAGEMENT ET D'URBANISME, 1989, Population 1986, Kinshasa, BEAU, 14 p.

BUREAU D'ETUDES D'AMENAGEMENT ET D'URBANISME, 1982, *Aménagement du territoire : Esquisse d'un schéma national*, Kinshasa, BEAU, 27 p.

BURNIE D. et Al., 2002, « Bonobo, chimpanzé nain », *Encyclopédie universelle, Le règne animal,* Paris, Gallimard, 653 p.

BAKAJIKA BANJIKILA T., 1997, *Epuration ethnique en Afrique. Les Kasaïens (Katanga 1961-Shaba 1992)*, Paris, L'Harmattan, 244 p.
BOWIE N., 2012, « L'AFRICOM des Etats-Unis et la militarisation du continent africain : le combat contre l'implantation économique chinoise », [En ligne], http://nilebowie.blogspot.fr/2012/03/03/africom-report-combatin
BRAECKMAN C., 2003, *Les nouveaux prédateurs, politique des puissances en Afrique centrale*, Fayard, Paris, 394 p.
BRAECKMAN C., 2010, « Congo Retro : une colonie qui n'a rien coûté à la Belgique », *Le Soir*, [En ligne], http://blog.lesoir.be/colette-braeckman/2010/04/24/congo-retro-une-colonie-qui-na-rien-coute-a-la-belgique/
BRAECMAN C., 2010, « En débat : les Belges doivent-ils demander pardon pour le Congo ? Assumer notre passé colonial », [En ligne], https://www.uclouvain.be/cps/ucl/doc/ac-arec/documents/Braeckman.pdf
BRAECKMAN C., 1999, « La RDC dépecée par ses voisins », *Le Monde Diplomatique*, [En ligne], http://www.monde-diplomatique.fr/1999/10/BRAECKMAN/12545
BRAS A.-C., 2011, « Les enjeux de la protection des forêts du Bassin du Congo », [En ligne], (http://www.rfi.fr/emission/20110508-1-enjeux-protection-forets-bassin-congo
BROUSMICHE P., 2010, *Bortaï. Campagne d'Abyssinie*, Paris, L'Harmattan, 302 p.
CAPART A., KUFFERATH J., 1957, « Recherches hydro-biologiques au Congo belge et leurs résultats pratiques », *Bull. Agric. Congo belge*, vol. XLVII, n° 4, 787.
CARAMEL L., 2012, « Le Kenya mise sur la géothermie pour s'éclairer », [En ligne], (http://www.lemonde.fr/planete/article/2012/07/02/le-kenya-mise-sur-la-geothermie-pour-s-eclairer_1727924_3244.html
CARAMEL L., 2012, « Le trafic du bois tropical sape la lutte contre la déforestation », *Le Monde*, [En ligne], http://www.lemonde.fr/planete/article/2012/09/27/le-trafic-du-bois-tropical-sape-la-lutte-contre-la-deforestation_1766699_3244.html
CATTIER F., 1906, *Etude sur la situation de l'Etat indépendant du Congo*, Bruxelles, Vve F. Larcier, 362 p.
CELERIER J., 1928, « Les voies de pénétration du Congo-belge et les accords belgo-portugais ». *Ann. Géogr.*, t. 37, n° 207, pp. 283-284, [En

ligne], http://www.persee.fr/web/revues/home/prescript/article/geo_0003-4010_1928_num_37_207_9340
CENTRE DE COOPERATION ZAIRE-CANADA, 1988, *Commercialisation des produits agricoles du Nord-Est*, Kinshasa, CCZC, 47 p.
CHABAL P., DALOZ J.-P., 1999, *Africa works: disorders as a political instrument*, Oxford, Bloomington § Indianapolis, James Currey, 170 p.
CHABAL P., 1998, "few considerations on democracy in Africa", *International Affairs*, vol. 74, n° 2, p. 289-304.
CHAGNAUD F.J., 1982, *Commercialisation du bétail et des viandes dans le Nord-Kivu (République du Zaïre)*, Rome, FAO, 39 p.
CHANTEAU J.-P., 1993, « Biodiversité : de quoi parle-t-on ? », *Courrier de la planète*, n° 19, pp. 9-11.
CHAPIN J.P., 1936, "A new peacock-like bird from the Belgian Congo", *Rev. Zool. Bot. Afr.*, vol. 29, n° 1, p. 2
CHAPIRO E. C., 1996, *Surf managérial*, First, Paris, 293 p.
CHARRIER A., 1993, « De la biodiversité aux ressources génétiques… », *Courrier de la planète (Solagral)*, n° 19, pp. 14-15.
CHRISTMANN P., 2013, « Matières premières minérales : faut-il craindre une pénurie ? », [En ligne], http://www.paristechreview.com/2013/02/12/matieres-premieres-penurie/
CHRISTMANN P., 2013, « Les enjeux industriels des terres rares », [En ligne], http://www.paristechreview.com/2013/02/12/industrie-terres-rares/
CICR, 2014, « RDC : au Nord-Kivu et au Katanga, les civils continuent de payer un lourd tribut », [En ligne], http://www.icrc.org/fre/resources/documents/update/2014/01-30-dr-congo-katanga-nord-kivu-civilians.htm
COJEAN A., 2013, « Le Dr Mukwege, infatigable défenseur des femmes violées en RDC, lauréat de la Fondation Chirac », *Le Monde.fr*, [En ligne], http://www.lemonde.fr/afrique/article/2013/11/21/le-dr-mukwege-en-guerre-contre-les-viols-en-rdc-laureat-de-la-fondation-chirac_3517519_3212.html
COLOMA T., 2011, « Le contrat du siècle », *Le Monde Diplomatique*, [En ligne], http://www.monde-diplomatique.fr/2011/02/COLOMA/20108
CONFEDERATION HELVETIQUE, 2013, « Organisation politique de la Suisse », [En ligne] http://www.admin.ch/org/polit/00054/index.html?lang=fr
CONRAD J., 1989, *Au cœur des ténèbres*, Paris, Flammarion, 214 p.

CORI N., 2008, « La pyramide de Ponzi, une technique qui remonte aux années folles », *Libération*, [En ligne], http://www.liberation.fr/economie/2008/12/15/la-pyramide-de-ponzi-une-technique-qui-remonte-aux-annees-folles_296242
CORNEVIN R., 1966, *Histoire du Congo Léopoldville-Kinshasa : des origines préhistoriques à la République Démocratique du Congo*, Paris, Berger-Lévrault, 348 p.
CORTEN O., 2011, « L'intervention au Congo en 1964 », [En ligne], http ://iusadbellum.files.wordpress.com/2011/07/congo-1964.pdf
COX K.R., NEGI Rohit, 2009, « L'Etat et la question du développement en Afrique subsaharienne », *L'Espace Politique*, 7, 2009-1, [En ligne], http ://espacepolitique.revues.org/1287
CROS M.-F., MISSER F., 2006, *Géopolitique du Congo (RDC)*, Bruxelles, Complexe, 142 p.
CRYSTAL D., 2003, *English as a Global Language*, Cambridge University Press, 212 p.
DE MAXIMY R., 1984, *Kinshasa, ville en suspens : dynamique de la croissance et problèmes d'urbanisme : étude socio-politique,* Paris, Office de la recherche scientifique et technique outre-mer, 476 p.
DERRUAU M., 1976, *Géographie humaine*, Paris, Armand Colin, 431 p.
DE SCHRIJVER D., 1996, « Les réfugiés rwandais dans la région des Grands Lacs en 1966 », [En ligne], http://www.ua.ac.be/obs/00111116.pdf
DE VILLERS G., OMASOMBO TSHONDA J., 2004, « Quand le peuple kinois envahit les rues », in Trefon T., *Ordre et désordre à Kinshasa : réponses populaires à la faillite de l'Etat*, Tervuren, Musée Royal de l'Afrique centrale, Paris, L'Harmattan, pp. 217-223.
DE VILLERS G., 1995, *De Mobutu à Mobutu : trente ans de relations Belgique-Zaïre*, Bruxelles, De Boeck Supérieur, 256 p.
DE VILLERS G., 1992, *Zaïre, années 90. Vol II : Zaïre 1990-1991, faits et dits de la société d'après le regard de la presse*. Bruxelles, Institut africain-CEDAF (Cahiers du CEDAF-ASDOC)
DEVISCH R., 1998, « La violence à Kinshasa, ou l'institution négative », *Cahiers d'études africaines*, Vol 38, N° 150-152, pp. 441-469.
DIAMOND L., 1988, "Introduction: roots of failure, seeds of hope", in Diamond L., Linz J., Lipset S.M., *Democracy in developing countries*, vol. 2, Africa, London, Adamantine Press, pp. 1-32,
DIGEKISA PILUKA V., 1993, *Le massacre de Lubumbashi, Zaïre : 11-12 mai 1990*, Paris, L'Harmattan, 144 p.

DIGNAT A., 2013, « La charte de l'Atlantique, 14 août 1941 », *Hérodote*, [En ligne], http://www.herodote.net/14_aout_1941-evenement-19410814.php
DORTIER J.-F., 2013, « Les mythes fondateurs de la culture américaine », [En ligne], http://www.scienceshumaines.com/les-mythes-fondateurs-de-la-culture-americaine_fr_29456.html
DOYLE A.C., 2005, *Le crime du Congo belge*, Paris, Les Nuits Rouges, 312 p.
DRACHOUSSOF V., FOCAN A., HECQ J., 1991, *Le développement rural en Afrique centrale. 1908-1960/1962 : Synthèse et réflexions*, Bruxelles, Fondation Roi Baudouin, 2 vol., 1203 p.
DREVET J.-F., 1974, « Un problème de transport au Kivu : les relations des hautes terres orientales avec l'extérieur zaïrois et étranger », *Cahiers du CERUKI*, mai-juin, pp. 35-42.
DUMONT G.-H., 1990, *Léopold II*, Paris, Fayard, 506 p.
DURIEUX A., 1952, « Exposé descriptif et synthétique des institutions politiques, administratives et judiciaires du Congo belge et du Ruanda-Urundi », in *Encyclopédie du Congo belge*, Bruxelles, Bieleveld, tome III, 515-554.
ELLE, 2009, « Congo : les femmes racontent l'horreur », *Elle*, n° 3294 du 14 février 2009.
ELLE, 2004, « Le courage d'une survivante », *Elle*, n° 3061 du 30 août 2004.
ELLE, 2004, « Silence on viole », *Elle*, n° 3031 du 2 février 2004.
ENCYCLOPEDIE LAROUSSE, 2014, « Burundi », [En ligne], http://www.larousse.fr/encyclopedie/pays/Burundi/110615
ENCYCLOPEDIE LAROUSSE, 2013, « Paon », [En ligne], http://www.larousse.fr/encyclopedie/vie-sauvage/paon/184039
ENCYCLOPEDIE VISUELLE DE LA TERRE, 1995, « La croûte terrestre, les plissements et les failles », Paris/Bruxelles, Gallimard/Le Soir (Belgique), pp. 12-15.
ERGO A.-B., 2005, *Des bâtisseurs aux contempteurs : l'odyssée coloniale*, Paris, L'Harmattan, 312 p.
ERGO A.-B., « Enseignement et formation agricoles au Congo belge », [En ligne], http://abergo1.e-monsite.com/medias/files/ekolagri1-2.pdf

EUROMIN, 2013, « Les minéraux de la République Démocratique du Congo », [En ligne], http://euromin.w3sites.net/Nouveau_site/gisements/congo/GISCONf.htm
FACON G., 2008, « Un Etat sans administration est un Etat fantôme », [En ligne], http://www.lekere-kodro.com/Etat_sans administration.htm
FERON E., 2013, « Autodétermination », *Encyclopédie Universalis*, [En ligne], http://www.universalis.fr/encyclopedie/autodetermination/
FONDS INTERNATIONAL DU DEVELOPPEMENT AGRICOLE, 1999, *La bonne gouvernance : une mise au point*, Rome, FIDA, 10 p.
FOTTORINO E., GUILLEMIN C, ORSENNA E., 1992, *Besoin d'Afrique*, Paris, Fayard, 348 p.
FRACHON A., 2013, « Opération Serval au Mali ou le choix du moindre mal », [En ligne], http://www.lemonde.fr/idees/article/2013/01/14/serval-ou-le-choix-du-moindre-mal_1816600_3232.html
FRANCE PITTORESQUE, 2013, « Français : pourquoi fut-il adopté comme langue diplomatique dans toute l'Europe ? », [En ligne], http://www.france-pittoresque.com/spip.php?
FRANCE 24, 2013, « Gideon Mukungubila derrière les violences de Kinshasa ? », [En ligne], http://www.france24.com/fr/20131230-congo-gideon-mukungubila-homme-derriere-violences-kinshasa/
FREDERICK J., GIELEN G., 1952, « Les transports au Congo belge et au Ruanda-Urundi », in *Encyclopédie du Congo belge*, Bruxelles, Bieleveld, tome III, pp. 423-443
FRENCHIES IN AUSTRALIA, 2013, « Pourquoi l'anglais est-il devenu une langue universelle ? », [En ligne], http://frenchinaustralia.com/pourquoi-langlais-est-il-devenu-une-langue-universelle/
FRESSOZ D., 2004, *Décentralisation « L'exception française »*, Paris, L'Harmattan, 116 p.
GAARDER J., *Le monde de Sophie*, Paris, France Loisirs, 574 p.
GANSHOF VAN DER MEERSCH W.J., 1960, *Congo mai-juin 1960*, Bruxelles, Rapport du Ministre chargé des affaires générales en Afrique, 482 p.
GAUTHIER F., 1967, « Centralisation ou décentralisation ? : Les contraintes de la politique économique », *Cahiers de l'Institut Social Populaire*, n° 8, p. 13.
GECAMINES, 1990, *Etats financiers de l'exercice 1989 en dollars USA*, Lubumbashi, Gécamines, 16 p.

GENDREAU F., « La dimension démographique des conflits africains », *Afrique Contemporaine,* n° 180, pp. 129-141

GERARD-LIBOIS J., 1963, *Sécession au Katanga*, Bruxelles/Kinshasa, CRISP/INEP, 364 p.

GOFFIN L., 1952, « Histoire du Congo », *in Encyclopédie du Congo belge*, Bruxelles, Bieleveld, tome 1, pp. 3-44.

GOMEZ P.A., HALUT R., COLLIN A., 1961, « Production des protéines animales au Congo », *Bull. Agric. Congo belge*, vol. LII, n° 4, 689-816.

GOOSSENS F., MINTEN B., TOLLENS E.F., 1994, *Nourrir Kinshasa. L'approvisionnement d'une métropole africaine*, Paris, L'Harmattan, 339 p.

GOSSELIN R., 2006, « Voter : un droit ou un devoir ? », [En ligne], http://perspective.usherbrooke.ca/bilan/servlet/BMAnalyse?codeAnalyse=274

GOUVERNEMENT DE TRANSITION DU ZAIRE, 1993, *Conflits politico-ethniques au Zaïre en 1993, Livre blanc sur la situation des droits de l'homme dans les provinces du Shaba (Katanga) et du Nord-Kivu*, Kinshasa, Ministère de la Communication et Presse, 108 p.

GOUVERNEMENT DU QUEBEC, 2008, « Le drapeau national », [En ligne], http://www.drapeau.gouv.qc.ca/drapeau/drapeau.html

GOY R., 1993, « L'indépendance de l'Erythrée », Annuaire français de droit international, vol. 39, n° 39, pp. 337-356.

GRADDOL D., 1997, *The future of English*, London, British Council, 66 p. [En ligne], http://www.britishcouncil.org/learning-elt-future.pdf

GRIMAL H, 1985, *La décolonisation de 1919 à nos jours*, Bruxelles, Complexe, 349 p.

GRIP, 2012, *La mission des Nations Unies en RD Congo (MONUC § MONUSCO) : bilan d'une décennie de maintien de la paix et perspectives*, [En ligne], http://www.grip.org/fr/node/49

GROUPEDE RECHERCHE SUR LES ACTIVITES MINIERES EN AFRIQUE, 2003, *La route commerciale du Coltan congolais : une enquête*, Montréal, UQAM, GRAMMA, [En ligne], http://www.unites.uqam.ca/gramma/

GROSBOIS T., 2001, « Les relations diplomatiques entre le gouvernement belge de Londres et les Etats-Unis (1940-1944) », *Guerres mondiales et Conflits Contemporains*, n° 201-201, pp. 167-187, [En ligne], www.cairn.info/revue-guerres-mondiales-et-conflits-contemporains-2001-2-page-167.htm

GUAY J.-H., 2014, « Juin 1977. Début de la guerre entre la Somalie et l'Ethiopie », [En ligne], http://perspective.usherbrooke.ca/bilan/servlet/BMEve?codeEve=535
GUAY J.-H., 2014, « 16 mai 1983 : Début d'une guerre civile au Soudan », [En ligne], http://perspective.usherbrooke.ca/bilan/servlet/BMEve?codeEve=581
HAUT-COMMISSARIAT DES NATIONS UNIES AUX DROITS DE L'HOMME, 2010, *Le rapport du projet Mapping concernant les violations les plus graves des droits de l'homme et du droit international humanitaire commises entre mars 1993 et juin 2003 sur le territoire de la République Démocratique du Congo*, New York, ONU, 562 p., 11 cartes
HAZARD P., 2013, « Le français, langue universelle au XVIIIe siècle » », [En ligne], http://www.agora-2.org/francophonie.nsf/Documents/histoire_français_langue_universelle_au_XVIIIe_siecle_par_Paul_Hazard
HELENE J., 1996, « Soudan : l'encerclement américain », *Le Point*, n° 1233, du 4 mai 1996
HERGENHAN Jutta, 2000, « Le fédéralisme allemand et la construction européenne », [En ligne], http://www.notre-europe.asso.fr
HERODOTE, 2014, « 31 mars-1er juillet 1911. Du coup de Tanger au coup d'Agadir », [En ligne], http://www.herodote.net/31_mars_1905_1er_juillet_1911-evenement-19050331.php
HOCHSCHILD A., 1998, *Les fantômes du roi Léopold II. Un holocauste oublié*, Paris, Belfond, 435 p.
HOLLY D., 2011, « Un Etat fantôme », *Le Devoir*, [En ligne], http://www.ledevoir.com/international/actualites-intrenationales/314463/un-etat-fantome
HUMAN RIGHTS WATCH, 2011, « RD Congo : 24 morts depuis l'annonce du résultat de l'élection présidentielle », [En ligne], http://www.hrw.org/fr/news/2011/12/21/rd-congo-24-morts-depuis-l-annonce-du-r-sultat-de-l-lection-pr-sidentielle
IMAI M., 1989, *Kaizen : la clé de la compétitivité japonaise*, Paris, Eyrolles, 1989, 248 p.

INDABA-NETWORK, 2012, « Cadre logique d'un projet de développement », [En ligne], http://indaba-network.net/wp-content/uploads/2012/06/CadreLogique.pdf

INSTITUT FRANCOPHONE POUR LE DEVELOPPEMENT DURABLE, 2003, « L'énergie dans le monde : République Démocratique du Congo, [En ligne], http://www.ifdd.francophonie.org/reseaux/hydro_quebec/pays_et_entreprises/afrique/rd_congo/rd_congo.html

INTERNATIONAL RESCUE COMMITTEE, 2010, « Congo crisis », [En ligne], http://www.rescue.org/special-reports/congo-forgotten-crisis

JACOT Martine, 2012, « Kin la belle » et « Kin poubelle » autour du sommet de francophonie », *Le Monde*, [En ligne], http://www.lemonde.fr/afrique/article/2012/10/13/kin-la-belle-et-kin-poubelle-autour-du-sommet-de-la-francophonie_1775003_3212.html

JAMES, 2010, « Le conflit au Congo a fait plus de six millions de morts », [En ligne], http://www.caritas.org/fr/category/conflits-et-catastrophes/crise-rd-congo/

JANSSENS P.G., KIVITS M., VUYLSTEKE J.P., 1992, *Médecine et hygiène en Afrique centrale de 1885 à nos jours*, Bruxelles, Fondation Roi Baudouin, 2 vol., 1.633 p.

JAZAIRESS, 2012, « Musulmans et chrétiens se déchirent au Kenya », [En ligne], http://www.djazairess.com/fr/infosoir/144380

JEAN P. 1991, « Valorisation de l'élevage au Nord-Kivu (VALENOKI) », Kinshasa, Centre de Coopération Zaïre-Canada, Informations sur les projets du Nord-Est du Zaïre, *Le Point* (mars), pp. 12-15.

JENNAR R.-M., 2012, « L'héritage des Lumières, un legs en péril », MEDIAPART

JEUNE AFRIQUE, 2007, « Etats-Unis/Afrique : coopération militaire renforcée », *Jeune Afrique*, n° 2411, du 25 au 31 mars 2007

JEWSIEWICKI B., 1991, « Jeux d'argent et de pouvoir au Zaïre : la bindomanie et le crépuscule de la Deuxième République », *Politique Africaine*, Vol 46, pp. 55-70

JFK PRESIDENTIAL LIBRARY AND MUSEUM, 2014, "Discours d'investiture du président John Fitzgerald Kennedy", [En ligne], http://www.jfklibrary.org/JFK/Historic-Speeches/Multilingual-Inaugural-Address/Multilingual-Inaugural-Address-in-French.aspx

JOSEPH Marion, 2013, « Le vote obligatoire dans le monde », [En ligne], http://www.lefigaro.fr/politique/2013/02/13/01002-20130213ARTFIG00514-la-question-du-vote-obligatoire-de-retour-a-l-assemblee.php

KABILA J., 2011, *Pour un Congo émergent*, Kinshasa, DCI-CELLULE DE VISIBILITE DE 5 CHANTIERS, 54 p.

KADIMA-TSHIMANGA B., TOLO K.B., 1984, « Un discours sur la colonisation au Congo belge : jeux d'adresse », *Mots*, vol. 8, pp. 109-114.

KADIMA-TSHIMANGA B., 1982, « La société sous le vocabulaire : Blancs, Evolués, Noirs dans l'ancien Congo belge (1955-1949) », *Mots*, vol. 5, n° 5, pp. 25-49, [En ligne], http://www.persee.fr/web/revues/home/prescript/article/mots_0243-6450_1982_num_5_1_1073#

KAMBAZA T., 1982, « Les valeurs socio-économiques de la vache chez les Bashi », in Comptes rendus, Colloque international, *Productions animales au bénéfice de l'homme*, Institut de Méd. Trop., Anvers (Belgique), pp. 499-503.

KAYSER B., KAYSER J.-L., 1971, *95 régions...,* Paris, Le Seuil, 144 p.

KENNES E., 1997, « Du Zaïre à la R.D.C. : La vieille termitière terrassée par le vent de la savane », *Afrika Focus*, vol. 13, n° 14, pp. 31-77.

KIBANGULA T., 2013, « RDC : Vers un troisième mandat pour Joseph Kabila en 2016 ? », [En ligne], http://www.jeuneafrique.com/Article/ARTJAWEB20130702171419/

KOMBO YETILO J., 2010, « La sous-administration territoriale en République Démocratique du Congo. Etat des lieux et perspectives », *Pyramides*, n° 19, p. 105-128, [En ligne], http://pyramides.revues.org/711

KOSKENNIEMI M., 1994, « L'affaire du différend territorial Tchad/Libye (arrêt de la Cour internationale de Justice du 3 février 1994) », *Annuaire français du droit international*, vol. 40, n° 40, pp. 442-464.

KPATINDE F., 2011, « Le jour où un simple kadogo a tué Laurent-Désiré Kabila », *Jeune Afrique*, [En ligne], http://www.jeuneafrique.com/Article/ARTJAWEB20110116142711/

KRIEF C., 1958, « De Gaulle et la bombe de Brazzaville », [En ligne], http://www.lexress.fr

KRISTOF N.D., 2010, « Massacres en RDC… et pourtant nous savions », [En ligne], http://www.jeuneafrique.com/Article/ARTJAJA2567p033.xml0/

LACOSTE Y., 2004, *Géographie, éducation civique, Collège*, Paris, Cité, 575 p.
LADO H., 2014, « Longévité au Pouvoir en Afrique : voyage au royaume de la Démocratie », [En ligne], http://aspa.afrik.com/Longevite-au-Pouvoir-en-Afrique
LALIT R.L., 2003, « L'AGOA, un instrument de la classe dirigeante étatsunienne », [En ligne], http://www.liberationafrique.org/spip.php?article14
LANOTTE O., 2011, « Evolution des conflits en République Démocratique du Congo (1998-2011) », in Berghezan G. et Zeebroeck X., *Armes légères à l'Est du Congo : Enquête sur la perception de l'insécurité*, Bruxelles, GRIP, pp. 15-20
LANOTTE O., 2010, « Chronologie de la République Démocratique du Congo / Zaïre (1960-1997) », [En ligne], http://www.massviolence.org/Chronologie-de-la-republique-democratique-du-Congo-Zaïre
LAPOINTE B., 2007, « Le principe de subsidiarité sous l'éclairage de l'enseignement social de l'Eglise : limitation ou extension des compétences de la communauté européenne ? », [En ligne], http://www.upicardie.fr/labo/curapp/revues/root/33/benoit_lapointe.pdf_4a07eca7a6b4e/benoit_lapointe.pdf
LARANE A., 2014, « 24 avril 1915. Le génocide arménien », *Hérodote*, [En ligne], http://www.herodote.net/24_avril_1915-evenement-19150424.php
LAURENT P.-J., 2000, « Déstabilisation des paysanneries du Nord-Kivu, migrations et transformations foncières : analyse anthropologique et historique », in Mathieu P. et Willame J.-C., *Conflits et guerres au Kivu et dans la région des Grands Lacs*, Cahiers Africains, n° 39-40 : entre tensions locales et escalade régionale, Paris, L'Harmattan, pp. 63-75
LAVERGNE M., BARON L., 2012, « Soudan et Sud-Soudan : le pétrole pour enjeu », [En ligne], http://www.tv5.org/cms/chaine-francophone/info/Les-dossiers-de-la-redaction/Soudan/p-20836-Soudan-et-Sud-Soudan-le-petrole-pour-enjeu.htm
LEHBOUR K., 2012, « RDC : le Rwanda et l'Ouganda pointés du doigt par l'ONU pour leur soutien du M23, [En ligne], http://www.rfi.fr/afrique/20121017-rdc-le-rwanda-ouganda-nouveau-pointes-doigt-onu-leur-soutien-m23

LE FIGARO/AFP, 2007, « 30.000 Congolais expulsés depuis 2007 », [En ligne], http://www.lefigaro.fr/flash-actu/2007/11/21/01011-20071121FILWWW00444- congolais-expulses-depuis-.php
LELO NZUZI F., 2011, *Kinshasa : planification et aménagement*, Paris, L'Harmattan, 384 p.
LELO NZUZI F., 2008, *Kinshasa : ville et environnement*, Paris, L'Harmattan, 281 p.
LEMA KUSA, BAMBA NDOMBASI, 2001, « L'enseignement des arts plastiques au Congo : évolution et expériences », [En ligne], http://portal.unesco.org/culture/fr/files/19704/12668323763lemakusa.pdf/lemakusa.pdf
LE MONDE/AFP, 2013, « La RDC au dernier rang de l'indice de développement humain du PNUD en 2013 », [En ligne], http://www.lemonde.fr/planete/article/2013/03/15/la-rdc-au-dernier-rang-de-l-indice-de-developpement-humain-du-pnud_1849284_3244.html
LE PHARE, 2011, « Crash de Hewa Bora : Au-delà de la suspension de la licence d'exploitation, quid des responsabilités des intervenants dans le domaine aérien ? »,
Le Phare, [En ligne], http://www.lephareonline.net/lephare/?option=com_content&view=article&id=4134:crash-de-hewa-bora-au-dela-de-la-suspension-de-la-licence-dexploitation-quid-des-responsabilites-des-intervenants-dans-le-domaine-aerien-&catid=44:rokstories&Itemid=106
LERICHE F., 2003, « La politique américaine des Etats-Unis : une mise en perspective », [En ligne], http://www.cairn.info/revue-afrique-contemporaine-2003-page-7.htm
LE TEMPS, 2014, « 70 personnes inculpées d'appartenance aux Shebab après les violences à Mombasa », [En ligne], http://www.djazairess.com/fr/letemps/115731
LIAN M., 2009, « Les 6 enseignements de la franchise aux Etats-Unis d'Amérique. 1. Un esprit pionnier », [En ligne], http://www.lesechosdelafranchise.com/franchise-modele-americain/1-un-esprit-pionnier-5217.php
LUMUMBA P.E., 1960, « Allocution prononcée le 30 juin 1960 à l'occasion de l'indépendance du Congo », in Ganshof van der Meersch W.J., *Congo*

mai-juin 1960, Bruxelles, Ministère des colonies, Rapport du Ministre des affaires générales en Afrique, pp. 235-244.
MAHELE D., 1991, « Ce que doit être l'armée sous la Troisième République », *Le Phare*, n° 143, p. 5
MAILER N., 2002, *Le combat du siècle*, Paris, Gallimard, 322 p.
MALENGREAU G., 1952, « Les lotissements agricoles au Congo belge », Bull. Agric. Congo belge, vol. XLIII, pp. 193-218.
MAMDANI M., 1996, *Citizen and subject*, Princeton, Princeton University Press, 353 p.
MANGOVO NGOYO, 2012, « Une histoire de la colonisation belge. Le travail forcé pour le cuivre du Katanga », [En ligne], http://www.africafederation.net/Katanga_colonial.htm
MANIN A., 1978, « L'intervention française au Shaba (19 mai-14 juin 1978) », Annuaire français de droit international, vol. 24, n° 24, pp. 159-188.
MANNONI O, 1950, *Psychologie de la colonisation*, Paris, Le Seuil, p. 75
MARCHAL J., 2001, *L'histoire du Congo (1910-1945) – III : travail forcé pour l'huile de palme*, Borgloon, Bellings, 395 p.
MARCHAL J., 2000, *L'histoire du Congo (1910-1945) – II : travail forcé pour le rail*, Borgloon, Bellings, 338 p.
MARCHAL J., 1999, *L'histoire du Congo (1910-1945) – I : travail forcé pour le cuivre et l'or*, Borgloon, Bellings, 510 p.
MARCHAL J., 1996, *E.D. Morel contre Léopold II. L'histoire du Congo (1900-1910)*, Paris, L'Harmattan, 2 vol., 364 et 463 p.
MARCHAL J., 1996, *L'Etat libre du Congo, Paradis perdu : 1876-1900*, Paris, L'Harmattan, 2 vol., 364 et 4429 p.
MARTIAL L., 2013, « Congo-Brazzaville : Trois options au choix pour les ex-réfugiés rwandais », [En ligne], http://www.rfi.fr/emission/20130818-congo-brazzaville-rwanda-situation-refugies/
MARYSE S., REYNTIENS F., 1997, *Annuaire 1996-1997*, Anvers, Centre d'Etudes de la Région des Grands Lacs d'Afrique – Paris, L'Harmattan, 342 p.
MERN, 2013, « Terres rares : propriétés, usages et types de gisements », [En ligne], http://www.mern.gouv.qc.ca/mines/industrie/metaux/metaux-proprietes-terres-rares.jsp
MATHIEU O, 2013, « RDC : triple attaque à Kinshasa, 40 assaillants tués, selon le gouvernement », *Jeune Afrique*, [En ligne], http://www.jeuneafrique.com/Article/ARTJAWEB20131230113201/

MEDECINS SANS FRONTIERES, 2014, « L'urgence au quotidien : souffrance silencieuse en République Démocratique du Congo », [En ligne], http://www.msf.lu/fileadmin/WEBLibrary/1_Sur_le_terrain/Autres_missions /Afrique/DR_Congo/MSF-DRCreport-FR-DEF2-LR.pdf
MEDIAPART, 2013, « RDC : des millions de morts, un conflit oublié », [En ligne], https://www.google.fr/#q=mediapart
MELMOTH S., 2007, « République Démocratique du Congo : décentralisation et sortie de crise », *Afrique contemporaine*, n° 221, p. 75-81.
METENA S.-P., 2009, « Des entités territoriales décentralisées (ETD), qu'est-ce à dire et pour quoi ? Une exégèse de la loi n° 08/016 du 7 octobre 2008 portant composition, organisation et fonctionnement des Entités décentralisées et leurs rapports avec l'Etat et les Provinces », *Congo-Afrique*, n° 433, p. 187-202.
MICHEL H., 2014, « Seconde Guerre Mondiale », [En ligne], http://www.universalis.fr/encyclopedie/guerre-mondiale-seconde/6-la-defaite-de-l-allemagne/
MICHEL R., 1991, « Le massif karstique du Mont Hoyo (N.E. ZAÏRE) », *Bull. Soc. Géogr.*, n° 27, pp. 23-38.
MILLE P., 1905, *Le Congo léopoldien*, Paris, Cahiers de la quinzaine, 179 p.
MILLON-DELSOL C, 1993, *Le principe de subsidiarité*, [En ligne], http://www.asmp.fr/fiches_academiciens/textacad/delsol/principe_subsidiarit e.pdf
MJP, 2009, « Loi fondamentale du 19 mai 1960 », [En ligne], http://mjp.univ-perp.fr/constit/cd1960.htm#5
MONHEIM F., 1985, *Mobutu*, Paris, Les éditions J.A., 240 p.
MONTESQUIEU C. S., 1748, *De l'esprit des lois, livre XI : des lois qui forment la liberté politique dans son rapport avec la constitution*, Genève, [En ligne], http://classiques.uqac.ca/classiques/montesquieu/de_esprit_des_lois/de_espri t_des_lois_tdm.html
MOREAU J.-L., 2009, « De la décolonisation à la zaïrianisation. Le sort des capitaux belges au Congo », [En ligne], http ://irice.univ-paris1.fr/spip.php?article594
MOREL J.-F., CAMERON A., 2009, *L'Europe de la défense : le cœur du débat*, Paris, L'Harmattan, 81 p.
MUAMBA F., 1995, « Décentralisation en RDC : un pouvoir et une administration lointains, cas de la loi n° 95-005 du 20 décembre 1995 », in Muamba F., *La décentralisation : obstacles à l'organisation du pouvoir*

local et de l'administration locale dans la RDC post-conflits, Kinshasa, Actes du colloque, ISDD, p. 25.
MUAMBA MUMBUNDA P., 2011, *Géopolitique identitaire en RDC : Cas de l'identité kasaïenne*, Paris, L'Harmattan, 195 p.
MUHAMMAD ALI, YAMINA BENGUIGUI, CHIRAC J., ABDOU DIOUF, TRTIERWEILER V. et al, 2012, « Au Kivu, on viole et massacre dans le silence », [En ligne], http://www.lemonde.fr/idees/article/2012/12/25/au-kivu-on-viole-et-massacre-dans-le-silence_1810191_3232.html
MUTAMBA M.K., 1978, *Le Congo belge : 1940-1960. De l'émergence des Evolués à l'indépendance*. Thèse d'Etat, Paris, Ecole des Hautes Etudes en Sciences Sociales.
MUYER O., 1986, *Impératif du développement et réforme de l'administration au Zaïre*, Kinshasa, PUZ, p. 46.
MYRDAL G., 1971, *Le défi du monde pauvre : un programme de lutte sur le plan mondial*, Paris, Gallimard, 468 p.
NANTERME P., 2012, « USA : l'esprit pionnier plus fort que Sandy », [Enligne], http://www.europe1.fr/Economie/USA-l-esprit-pionnier-plus-fort-que-Sandy-1294121/
NAUGES L., 2013, « Infrastructures informatiques : qui sont les maîtres du monde ? Deuxième partie. », [En ligne], http://www.zdnet.fr/actualites/infrastructures-informatiques-qui-sont-les-ma-tres-du-monde-deuxieme-partie-39793562.htm
NATIONS UNIES, 2013, « MINUSMA : mission multidimensionnelle intégrée des Nations Unies pour la stabilisation au Mali », [En ligne], http://www.un.org/fr/peacekeeping/missions/minusma/
NDAYWEL E NZIEM I., 1998, *Histoire générale du Congo. De l'héritage ancien à la République Démocratique*, Louvain-la-Neuve/Paris, Duculot, 955 p.
NLANDA IBANDA C., 1991, « Identité nationale et drapeau : quelles couleurs pour la IIIème République ? », *Le Phare*, n° 143, p. 7
NZEZA KABU ZEX-KONGO J.-P., 2000, « Une étude de la modernisation de l'élevage bovin traditionnel au Congo oriental », *Tropicultura*, vol. **18**, t. 3, pp. 142-147.
NZEZA KABU ZEX-KONGO J.-P., 1999, « Du Zaïre au Congo, la question agraire au Nord-Kivu », *L'Afrique Politique*, pp. 201-211.

NZEZA KABU ZEX-KONGO J.-P., 1998, *Le problème de l'écoulement de la viande bovine locale sur le marché de Kinshasa*, Thèse de doctorat en géographie et pratique du développement dans le Tiers Monde, Université Paris1-Panthéon-Sorbonne, 298 p.

NZUZI D., 2014, « Le ministre Muyej a rendu compte à la presse de la situation des compatriotes réfugiés en Ouganda », [En ligne], http://www.digitalcongo.net/article/99672

OCDE, 2011, « Partenariat de Busan pour une coopération efficace au service du développement, 4ème forum de haut niveau sur l'efficacité de l'aide », Busan (République de Corée), [En ligne], http://www.oecd.org/fr/cad/efficacitedelaide/49650184.pdf

OFFICE DES ROUTES, 2011, « Situation des infrastructures routières en RDC », [En ligne], http://www.celluleinfra.org/index.php?option=com_content&view=article&id=150&Itemid=446

OPSOMER J.E., 1952, « Les cultures coloniales », in *Encyclopédie du Congo belge*, Bruxelles, Bieleveld, Tome 1, pp. 425-632.

OXFAM, 2014, « Les communautés de l'Est du Congo ne sont pas davantage en sécurité, malgré la défaite du M23 », [En ligne], http://www.oxfam.org/fr/pressroom/pressrelease/2014-01-27/communautes-est-congo-securite-M23

PAIN M., 1984, *Kinshasa, la Ville et la Cité*, Paris, ORSTOM, Etudes urbaines, Coll. Mémoires, n° 105, 267 p.

PAIN M., 1979, *Kinshasa, écologie et organisation urbaines*, thèse de Doctorat d'Etat, Toulouse Le Mirail.

PARAIRE P., 1996, *Les grands leaders de l'histoire mondiale*, Paris, Bordas, 256 p.

PATEY L., 2014, « Soudan du Sud : Sans les Chinois, rien ne va plus… », [En ligne], http://www.courrierinternational.com/article/2014/01/23/sans-les-chinois-rien-ne-va-plus

PEAN P., 2010, *Carnages. Les guerres secrètes des grandes puissances en Afrique*, Paris, Fayard, 570 p.

PENINOU J.-L., 1998, « Guerre absurde entre l'Ethiopie et l'Erythrée », *Le Monde diplomatique*, [En ligne], http://www.monde-diplomatique.fr/1998/07/PENINOU/10674

PERENCO, 2013, "PERENCO en RDC", [En ligne], http://www.perenco-drc.com/fr.html

PIGUET C., 2011, « Le monde prolifique des terres rares », *Campus*, n° 102, [En ligne], http://www.unige.ch/communication/Campus/campus102/dossier5.html
PIKE A., 1871, *Morals and dogma,* Supreme Council of the Thirty Third Degree for the Southern Jurisdiction of the United States, Charleston, [En ligne], http://www.freemasons-freemasonry.com/apikefr.html
PNUD, 2014, « Indice de développement humain 2014 », [En ligne], http://hdr.undp.org/fr/countries
PNUD, 2014, *Rapport sur le développement humain 2014*, New York, PNUD
POLI F., 1983, *La parole est au Zaïre*, Paris, Réalisation Jeune Afrique Promotion, 32 p.
POURTIER R., 2008, « Reconstruire le Territoire pour reconstruire l'Etat : la RDC à la croisée des chemins », *Afrique contemporaine*, n° 227(228-3), pp. 23-52.
POURTIER R., 2003, « L'Afrique centrale dans la tourmente : les enjeux et la paix au Congo et alentour », *Hérodote*, [En ligne], http ://www.herodote.org/spip.php?article109
POURTIER R., 1998, « Les refoulés du Zaïre : identité, autochtonie et enjeux politiques », *Autrepart*, 5, pp. 137-154.
POURTIER R., 1997, « Du Zaïre au Congo : un territoire en quête d'Etat », *Afrique contemporaine*, n° 183, pp. 7-30.
POURTIER R., 1993, « Désorganisation des transports et spirale du sous-développement au Zaïre », in *Politiques agricoles et initiatives locales*, Paris, ORSTOM, pp. 46-69
POURTIER R., 1992, « L'unité compromise d'un sous-continent à la dérive », Hérodote, n°65-66, pp. 264-288.
POURTIER R., 1991, « L'inéluctable défi des transports », *Politique Africaine*, n° 41, pp. 22-31.
POURTIER R., 1990, « Transports et développement au Zaïre », *Afrique contemporaine*, n° 153, pp. 3-26.
PRESIDENCE DE LA RDC, 2006, « Constitution de la République Démocratique du Congo », [En ligne], http://www.presidentrdc.cd/
PRESIDENCE DU MPR ET DU ZAIRE, 1983, *Constitution de la République du Zaïre*, Kinshasa, *Journal officiel de la République du Zaïre*, n° 1, pp. 18-19.

PROGRAMME DES NATIONS UNIES POUR LE DEVELOPPEMENT, 2007, « Population estimée pour 2006 par territoire en RDC », [En ligne], http://www.cd.undp.org/mediafile/UNDP_GIS_population%20estimee%202006.pdf

PYNAERT L., 1952, « Cultures potagères et plantes condimentaires », in *Encyclopédie du Congo belge*, Bruxelles, Bieleveld, Tome 1, pp. 633-668.

RADIO-CANADA, 2013, « Déclaration controversée de Justin Trudeau », [En ligne], www.radio-canada.ca/.../005-justin-trudeau-declaration-chine-gouverne

RADIO FRANCE INTERNATIONALE, 2014, « RDC : le difficile travail des humanitaires dans les provinces de l'Est », [En ligne], http://www.rfi.fr/afrique/20140304-rdc-le-difficile-travail-humanitaires-provinces-est-msf-medecins-sans-frontieres/

RADIO FRANCE INTERNATIONALE, 2014, « RDC : Colère des étudiants après les expulsions du Congo-Brazzaville », [En ligne], http://www.rfi.fr/afrique/20140509-rdc-colere-etudiants-apres-expulsions-congo-brazzaville/

RADIO FRANCE INTERNATIONALE, 2014, « Congo-Brazzaville : plus de 40.000 ressortissants de la RDC expulsés », [En ligne], http://www.rfi.fr/afrique/20140501-congo-brazzaville-pres-40-000-ressortissants-rdc-expulses/

RADIO FRANCE INTERNATIONALE, 2014, « Retour des FDLR au Rwanda. Kobler choque l'opposition », [En ligne], http://www.rfi.fr/afrique/20140820-retour-fdlr-rwanda-kobler-choque-opposition-onu/

RADIO FRANCE INTERNATIONALE, 2014, « L'armée de résistance du Seigneur sur le point d'être vaincue ? », [En ligne], http://www.rfi.fr/afrique/20140216-armee-resistance-seigneur-le-point-etre-vaincue-kony-lra-odhiambo-ouganda/

RADIO FRANCE INTERNATIONALE, 2013, « Insécurité : le Kenya pointe du doigt les réfugiés somaliens », [En ligne], http://www.rfi.fr/afrique/20131026-insecurite-le-kenya-pointe-doigt-refugies-somaliens/

RADIO FRANCE INTERNATIONALE, 2012, « Les expulsions violentes des Congolais d'Angola continuent », [En ligne], http://www.rfi.fr/afrique/20120317-expulsions-violentes-congolais-angola-continuent/

RADIO OKAPI, 2014, « L'Eglise catholique dénonce une main noire derrière les violences au Katanga », [En ligne], http://radiookapi.net/actualite/2014/02/20/leglise-catholique-denonce-une-main-noire-derriere-les-violences-au-katanga-2/

RADIO OKAPI, 2014, « CEPGL : trois projets intégrateurs pour rapprocher les populations », [En ligne], http://radiookapi.net/tag/cepgl/page/2/

RADIO OKAPI, 2014, « Equateur : l'absence de bateau complique l'évacuation des produits agricoles à Bumba », [En ligne], http://radiookapi.net/economie/2014/03/19/equateur-labsence-de-bateaux-complique-levacuation-les-produits-agricoles-bumba/

RADIO OKAPI, 2013, « Indice de perception de la corruption : la RDC améliore légèrement son score », [En ligne], http://radiookapi.net/actualite/2013/12/03/indice-de-perception-de-corruption-la-rdc-ameliore-son-score/

RADIO OKAPI, 2012, « Rapport de Transparency International sur la corruption : RDC, 160ème sur 176 », [En ligne], http://radiookapi.net/actualite/2012/12/07/rapport-de-transparency-international-sur-la-corruption-rdc-160e-sur-176-pays/

RADIO OKAPI, 2012, « Rébellion du M23 : La Grande-Bretagne annule son aide budgétaire au Rwanda d'environ 33 millions de dollars américains », [En ligne], http://radiookapi.net/actualité/2012/11/30/la-grande-bretagne-annule-son-aide-budgetaire-au-rwanda-de-plus-de-33-millions-usd/

RADIO OKAPI, 2012, « Rébellion du M23 : l'Union européenne suspend toute nouvelle aide budgétaire au Rwanda », [En ligne], http://radiookapi.net/actualité/2012/09/26/rebellion-du-m23-lunion-europeenne-suspend-toute-nouvelle-aide-budgetaire-au-rwanda/

RADIO OKAPI, 2012, « Rébellion du M23 : L'Allemagne et les Pays-Bas suspendent leur aide au Rwanda », [En ligne], http://radiookapi.net/actualité/2012/07/28/rebellion-du-m23-lallemagne-les-pays-bas-suspendent-leur-aide-au-rwanda/

RADIO OKAPI, 2010, « Le transport fluvial et lacustre en RDC », [En ligne], http://radiookapi.net/emissions-2/parole-aux-auditeurs/2010/09/28/le-transport-fluvial-et-lacustre-en-rdc/

RADIO OKAPI, 2009, « Pierre Jacquemot : les propos de Sarkozy ont été mal interprétés », [En ligne], http://radiookapi.net/sans-

categorie/2009/01/20/pierre-jacquemot-%C2%AB-les-propos-de-sarkozy-ont-ete-mal-interpretes-%C2%BB/#.U5AL9owU8dU
RAFFESTIN C., 1980, *Pour une géographie du pouvoir*, Paris, Librairies Techniques (LITEC), 249 p. RAPPORT COMAGRI, 1981, *Commercialisation des produits agricoles du Nord-Est du Zaïre*, Rapport de synthèse, Lévis (Canada), SOCIETE DE DEVELOPPEMENT INTERNATIONAL DESJARDINS.
RAVIGNAN A. de, 1993, « Biodiversité : la grande lessive », *Courrier de la planète (Solagral)*, n° 19, pp. 4-8.
REMILLEUX J.-L., 1989, *Mobutu, Dignité pour l'Afrique*, Paris, Albin Michel, 209 p. REPUBLIQUE DEMOCRATIQUE DU CONGO, 2004, *Document de base Programme Minimum de Partenariat pour la Transition et la Relance, secteur des transports*, Kinshasa, Ministère du Plan, 16 p., [En ligne], http://www.PMTR_transports.pdf
REPUBLIQUE DEMOCRATIQUE DU CONGO, 1999, *Plans d'action provinciaux de la biodiversité (Appendice au plan d'action national)*, Kinshasa, Ministère des affaires foncières, environnement, conservation de la nature, pêche et forêts, 141 p., [En ligne], http://bch-cbd.naturalsciences.be/congodr/cdr-fra/contribution/strataction/plandaction/provinces.pdf
REPUBLIQUE DU ZAIRE, 1981, « Parc National de Virunga », Kinshasa, Département de l'Environnement, Conservation de la nature et Tourisme, 20 p.
REPUBLIQUE DU ZAIRE, 1981, « Vacances au Kivu », Kinshasa, Département de l'Environnement, Conservation de la nature et Tourisme, 20 p.
REPUBLIQUE DU ZAIRE, 1981, « Le Kivu », Kinshasa, Département de la culture, Arts et Tourisme, 40 p.
REUTERS, 2012, « La RDC pourrait exploiter du pétrole dans un parc naturel », [En ligne], http://www.20minutes.fr/ledirect/1008503/rdc-pourrait-exploiter-petrole-parc-naturel
REY-LEFEBVRE I., 2014, « Classement de Shanghai : les universités françaises maintiennent leur rang », [En ligne], http://www.lemonde.fr/enseignement-superieur/article/2014/08/15/classement-de-shanghai-les-universites-francaises-maintiennent-leur-rang_4471979_1473692.html

ROBERT M., 1952, « Géologie du Congo belge », in *Encyclopédie du Congo belge*, Bruxelles, Bieleveld, Tome I, pp. 203-268

RODRIGUES DA SILVA M. A., 2006, « Un demi-siècle d'exploitation minière en Amazonie. De la conjoncture à la diversification concentrée », *Cahiers du Brésil Contemporain*, n° 64/66, pp. 205-231, [En ligne], http://www.revues.msh-paris.fr/vernumpub/11-Rodrigues%20da%20Silva.pdf

ROLLEY Sonia, 2013, « Patrick Karegeya : Nous savons d'où les missiles sont partis », *RFI*, [En ligne], http://www.rfi.fr/afrique/20130708-patrick-keregeya-nous-savons-missiles-sont-partis

ROOSEVELT E., 1947, *Mon père m'a dit*, Paris, Flammarion, 302 p.

ROSSELIN A., 2014, *RDC : Projet Grand Inga. Principaux résultats de l'étude de faisabilité.* Kinshasa, Ministère des ressources hydrauliques et de l'énergie/SNEL ; Grenoble, Comité Français des Barrages et Réservoirs/EDF, 29 p., [En ligne], http://www.cfbr_ag2013_6_inga.pptx

ROUTIN N., MAZIER N., 2008, « Les relations difficiles entre l'Ethiopie et la Somalie », [En ligne], http://www.irenees.net/bdf_fiche-analyse-788_fr.html

ROY J., 2013, « Comment l'anglais est devenu une langue universelle ? », [En ligne], http://www.youtube.com/watch?v=tdyTzsGT3IE

RYCKMANS G., 1995, *André Ryckmans, un territorial du Congo belge : Lettres et documents 1954-1960*, Paris, L'Harmattan, 432 p.

SAMSON D., 2011, « Trois ans avant le 11 septembre, les attentats de Nairobi et Dar es Salam », RFI, [En ligne], http://www.rfi.fr/afrique/20110909-attentats-nairobi-dar-es-salaam-le-7-aout-1998-attendant-le-11-septembre/

SARNIGUET J., 1982, *Commercialisation du bétail et de la viande de l'Ituri*, Paris, SEDES, 145 p.

SCHATZBERG M.G., 1980, "The State and the Economy: The Radicalization of the Revolution in Mobutu's Zaïre", Canadian Journal of African Studies, Vol. 14, n° 2, pp. 239-257.

7SUR7, 2013, « Angelina Jolie s'engage contre les viols de guerre », [En ligne], http://www.7sur7.be/7s7/fr/1527/People/article/detail/1602843/2013/03/25/Angelina-Jolie-s-engage-contre-les-viols-de-guerre.dhtm

7SUR7, 2008, « La guerre en RDC n'a fait que 183.000 morts », [En ligne], http://www.7sur7.be/7s7/fr/1505/Monde/article/detail/583707/2008/12/31/La-guerre-en-RDC-n-a-fait-que-183-000-morts.dhtml

SERJANIAN J., 2012, « Au Kenya, le plus grand camp de réfugiés s'appelle Dadaab », [En ligne], http://geopolis.francetvinfo.fr/au-kenya-le-plus-grand-camp-de-refugies-du-monde-sappelle-dadaab-6401

SIMON F., 1952, « L'énergie au Congo belge et au Ruanda-Urundi », in *Encyclopédie du Congo belge*, Bruxelles, Bieleveld, tome III, pp. 448-459.

SINDJOUN L., 2002, *Sociologie des relations internationales africaines*, Paris, Karthala, 243 p.

SOBOUL A., 1977, « De l'Ancien Régime à la Révolution, problème régional et réalités sociales », in : Gras C. et Livet G., *Régions et régionalisme en France du XVIII*ème *siècle à nos jours*, Paris, PUF, pp. 25-56

SYRE R., 2014, « Tantale et Niobium », *Encyclopédie Universalis*, [En ligne], http://www.universalis.fr/encyclopedie/tantale-et-niobium/2-proprietes/

SYS C., 1960, *Carte des sols et de la végétation du Congo belge et du Rwanda-Urundi*, Bruxelles, INEAC, 84 p., 10 photos, 1 carte.

TAKAHASHI Tetsumi, 2003, "Systematics of Tanganyikan cichlid fishes (Teleostei: Peciformes)", *Ichthiological Research*, vol. 50, pp. 367-382.

TALLES O., 2011, « En 1993, l'opération Restore Hope avait été un échec », *La Croix*, [En ligne], http://www.la-croix.com/Actualite/Monde/En-1993-l-operation-Restore-Hope-avait-ete-un-echec-_NG_-2011-07-22-691703

TOENGAHO L., 2009, « La réforme sur la décentralisation et le découpage territorial : portée, forces et faiblesses », *Congo-Afrique*, n° 433, pp. 213-231.

TOENGAHO L., 1991, « Le paradoxe des réformes de l'administration publique au Zaïre », *Zaïre-Afrique*, n° 251, pp. 11-21.

TOUPICTIONNAIRE, 2013, « Principe de subsidiarité », [En ligne], http://www.toupie.org/Dictionnaire/Subsidiarite.htm

TREFON T., 2004, *Ordre et désordre à Kinshasa : réponses populaires à la faillite de l'Etat*, Tervuren, Musée Royal de l'Afrique centrale, Paris, L'Harmattan, 252 p.

TSHIKANI MBWEBWE O., KALEGAMIRE RUZIGANA M., KITUMAINI BIHINDA L., BAHATI KAWAYA C., BIHITO P.,

BIRINGANINE BULAKALI, 2004, *Matrice de planification stratégique pour la réduction de la pauvreté, Territoire d'Idjwi, Province du Sud-Kivu, Rapport final*, Kinshasa, SERACOB, Ministère du Plan, UPPE-SRP, 254 p.

TSHIYEMBE MWAYILA, 2009, « Quels partenariats stratégiques avec les USA et la France face à la montée des périls ? » Intervention du 28 février 2009 devant la Fédération des Congolais de l'Etranger.

TSHONDA OMASOMBO J., VERHAEGEN B., 2005, *Patrice Lumumba, acteur politique. De la prison aux portes du pouvoir, Juillet 1956-Février 1960*, Paris, L'Harmattan, 405 p.

TUBIANA L., ILBERT H., 1993, « Le vivant, c'est de l'argent », *Courrier de la planète (Solagral)*, n° 19, pp. 45-47.

TV5, 2012, « Les espèces en voie de disparition. Protégeons notre planète et nos animaux : le rhinocéros blanc », [En ligne], http://www.tv(.org/TV5Site/publication/galerie-37-11-Le_rhinoceros_blanc.htm

TWAIN M., 2004, *Le soliloque du roi Léopold*, Paris, L'Harmattan, 62 p.

UGOCHUKWU F., 2009, *Biafra, la déchirure. Sur les traces de la guerre civile nigériane de 1967-1970*, Paris, L'Harmattan, 216 p.

UNION INTERPARLEMENTAIRE, 2006, « Parlement et Démocratie au 21ème siècle. Guide de bonnes pratiques. 2. Un Parlement représentatif », [En ligne], http://www.ipu.org/dem-f/guide/guide-2.htm

UN OCHA, 2013, « RDC : Le choléra et la violence prolifèrent dans la province du Katanga », [En ligne], http://www.unocha.org/top-stories/all-stories/rdc-le-chol%C3%A9ra-et-la-violence-prolif%C3%A8rent-dans-la-province-du-katanga

VAN ACKER F., VLASSENROOT K., 2001, « Les Maï-Maï et les fonctions de la violence milicienne dans l'Est du Congo », *Politique africaine*, n° 84, p. 105

VANDENBROUCKE P., 2011, « L'effort du Congo belge pendant la guerre », [En ligne], http://www.histoquiz-contemporain.com/Histoquiz/Lesdossiers/seconde/congo/Dossiers.htm

VANDERLINDEN J., 1999, *La crise congolaise 1960-1961, l'indépendance du Congo*, Bruxelles, Complexe, 192 p.

VANDERLINDEN J., 1998, *1959-1960 : la crise congolaise*, Bruxelles, Complexe, 190 p.

VANDERSTRAETEN L.-F., 1993, *De la force publique à l'armée nationale congolaise : Histoire d'une mutinerie*, Bruxelles, Académie royale de Belgique, 613 p.
VAN LANGENHOVE F., 1960, « La crise congolaise (janvier 1959-août 1960 », *Chronique de politique étrangère*, vol. XIII, n° 4 – 6, p. 432.
VANTHEMSCHE G., 1994, « Genèse et portée du Plan décennal du Congo belge (1949-1959) », [En ligne], http://www.kaowarsom.be/documents/MEMOIRES_VERHANDELINGEN/Sciences_morales_politique/Hum.Sc.(NS)_T.51,4_VANTHEMSCHE%20G._Gen%C3%A8se%20et%20port%C3%A9e%20du%20'Plan%20d%C3%A9cennal'%20du%20Congo%20belge%20(1949-1959)_1994.pdf
VAN STRAELEN V., 1952, « Les parcs nationaux du Congo belge », in *Encyclopédie du Congo belge*, Bruxelles, Bieleveld, tome III, pp. 497-512.
VERHAEGEN B., 1967, « Les rébellions populaires au Congo en 1964 », *Cahiers d'études africaines*, vol. 7, n° 26, pp. 345-359, [En ligne], http://www.persee.fr/web/revues/home/prescript/article/cea_0008-0055_1967_num_7_26_3100
VERLUISE P., 2008, « Carte du Congo RDC. Population et aménagement du territoire », *Population § Avenir*, n° 687, p. 20, [En ligne], http://www.diploweb.com/Carte-du-Congo-RDC-Population-et.htm
VIE PUBLIQUE, 2013, « Qu'est-ce que le principe de subsidiarité ? », [En ligne], http://www.vie-publique.fr/decouverte-institutions/union-europeenne/fonctionnement/france-ue/qu-est-ce-que-principe-subsidiarite.html
VIE PUBLIQUE, 2013, « L'intercommunalité », [En ligne], http://www.vie-publique.fr/decouverte-institutions/institutions/collectivites-territoriales/intercommunalite-cooperation-locale/comment-definir-intercommunalite.html
VIE PUBLIQUE, 2013, « La communauté urbaine », [En ligne], http://www.vie-publique.fr/decouverte-institutions/institutions/collectivites-territoriales/intercommunalite-cooperation-locale/qu-est-ce-qu-communaute-urbaine.html
VIE PUBLIQUE, 2013, « Quel est l'intérêt de la séparation des pouvoirs pour le fonctionnement de la justice ? », [En ligne], http://www.vie-publique.fr/decouverte-institutions/justice/definition/principes/quel-est-interet-separation-pouvoirs-pour-fonctionnement-justice.html

VIE PUBLIQUE, 2013, « Qu'est-ce que la déconcentration ? », [En ligne], http://www.vie-publique.fr/decouverte-institutions/institutions/collectivites-territoriales/principes-collectivites-territoriales/qu-est-ce-que-deconcentration.html

VIE PUBLIQUE, 2012, « Quelle est la fonction d'un préfet ? », [En ligne], http://www.vie-publique.fr/decouverte-institutions/institutions/collectivites-territoriales/principes-collectivites-territoriales/quelle-est-fonction-prefet.html

VIRCOULON T., 1996, « Au cœur des conflits, l'Etat », *Afrique contemporaine*, n° spécial, pp. 199-206.

VREVEN E., KIMBEMBI MA IBAKA A., WAMUINI LUNKAYILADIO S., 2011, « The Congo Blind barb: Mbanza-Ngungu albino cave Fish », [En ligne], http://cmsdata.iucn.org/downloads/species_spotlight_fishes.pdf

WILL L., 2009, « Obama fait appel à l'esprit pionnier américain », [En ligne], http://www.lapresse.ca/international/etats-unis/200907/04/01-881269-obama-fait-appel-a-lesprit-pionnier-americain.php

YAKEMTCHOUK R., 1988, *Les deux guerres du Shaba : les relations entre la Belgique, la France et le Zaïre*, Bruxelles, Institut Royal des relations internationales, Centre interuniversitaire de recherches indépendant, 367 p.

YOKA L.M., 1994, « Mythologie de la violence à Kinshasa », *Zaïre-Afrique*, pp. 83-88.

ZARTMAN W., 1995, *Collapsed States, the Disintegration and Restoration of Legitimate Authority*, Boulder, Lyne Rienner, 303 p.

ZELEKE MAMO, 2007, « Le laquais de l'Amérique », *Afrique Asie*, Avril 2007.

TABLE DES CARTES

TABLE DES TABLEAUX ET FIGURES

TABLE DES MATIERES

République démocratique du Congo aux éditions L'Harmattan

Dernières parutions

NGALIEMA (KINSHASA) COMMUNE DES PARADOXES
Kiaki Mayamba Niangi Jean-Baptiste
Ce livre est destiné aux dirigeants et aux aspirants dirigeants des affaires publiques qui devraient connaître et savoir ce que sont et devraient être les infrastructures locales et nationales. L'auteur montre que la réalité de la commune de Ngaliema reflète celle de toutes les entités politico-administratives de la République démocratique du Congo.
(Coll. Harmattan RDC, 38.50 euros, 386 p.)
ISBN : 978-2-343-05353-0, ISBN EBOOK : 978-2-336-36792-7

GUERRES CIVILES DANS LA RÉPUBLIQUE DÉMOCRATIQUE DU CONGO 1960-2010
Emizet Kisangani François
Guerres de sécession, guerres ethniques, rébellions, mutineries et invasions par des Congolais ayant des sanctuaires en Angola caractérisent le paysage politique de la République Démocratique du Congo depuis que le pays devint indépendant en 1960. Pourquoi ? Que pouvons-nous apprendre de ce qui semble apparemment être d'interminables guerres internes ? L'auteur explore ces questions dans une analyse systématique et compréhensive.
(Coll. Études africaines, 37.00 euros, 360 p.)
ISBN : 978-2-343-02198-0, ISBN EBOOK : 978-2-336-36790-3

ESSENTIEL (L') DE DROIT PUBLIC
Le cas de la République démocratique du Congo
Makengo Nkutu Alphonse
Le droit public est souvent considéré comme le droit de l'État, de la société politique nationale mais également des collectivités infra-étatiques. Or l'État congolais évolue et le droit public est en pleine transformation. Cet ouvrage fait le point sur les analyses concernant les éléments essentiels de droit constitutionnel, l'organisation administrative, les notions et les finances publiques de la République démocratique du Congo.
(Coll. Études africaines, 18.00 euros, 184 p.)
ISBN : 978-2-343-05224-3, ISBN EBOOK : 978-2-336-36565-7

UNE ÉCOLE POUR TOUS EN RÉPUBLIQUE DÉMOCRATIQUE DU CONGO
Kamba Eyanganunga Albert
Ces deux dernières décennies, des efforts importants ont été consentis en faveur de l'universalisation de la scolarisation en RDC. Cet objectif semble encore assez éloigné à cause des disparités scolaires importantes selon les provinces, le genre et les niveaux d'enseignement. L'auteur a la conviction qu'il faut mobiliser davantage de ressources financières en faveur de l'école, s'engager dans une autonomisation de la gestion scolaire et adopter des politiques éducatives favorisant les provinces de l'Est, les filles, les milieux démunis.
(Coll. Études africaines, 24.00 euros, 240 p.)
ISBN : 978-2-343-04503-0, ISBN EBOOK : 978-2-336-36650-0

COMBAT (LE) POLITIQUE DE LA SOCIÉTÉ CIVILE EN RÉPUBLIQUE DÉMOCRATIQUE DU CONGO (1991-2001)
Chronique d'une alternative populaire
Salumu Bertin - Préface d'Albert Kisonga Mazakala
À la faveur de la libéralisation politique survenue en 1990 en RDC, la société civile s'organise à partir de Kinshasa. Sa participation à la Conférence nationale renforce l'opposition politique et influe sur les orientations du changement souhaitées par la population. Pris dans la tourmente du débat politique, certains acteurs de la société civile s'allient aux courants politiques au pouvoir et de l'opposition, entachant ainsi la crédibilité d'un mouvement apparu à son démarrage comme une alternative populaire.
(Coll. Harmattan RDC, 24.00 euros, 228 p.)
ISBN : 978-2-343-05084-3, ISBN EBOOK : 978-2-336-36457-5

LÉGISLATION DU TRAVAIL ET SÉCURITÉ SOCIALE EN RÉPUBLIQUE DÉMOCRATIQUE DU CONGO
Muluma Munanga G.T. Albert
Avec la collaboration de Michel Manangama Mongo et Junior Gamayala Mulama Gama
Préface de Modeste Bahati Lukwebo
On trouve dans ce livre l'historique du monde du travail, les généralités, les caractéristiques et les sources du droit du travail. La législation congolaise du travail y est examinée en profondeur avec des exemples concrets. La sécurité sociale congolaise a été esquissée en s'appuyant sur les expériences des autres. Des propositions concrètes sont faites pour juguler la déficience de ce régime en RDC.
(Coll. Harmattan RDC, 34.00 euros, 330 p.)
ISBN : 978-2-343-05082-9, ISBN EBOOK : 978-2-336-36436-0

ET SI LE MÉRITE POUVAIT ENCORE SERVIR EN AFRIQUE ?
Récit de vie
Iyulu Jacques
Tout se passe comme si la réussite dans la vie en République démocratique du Congo ne pouvait être rendue possible que par le favoritisme, le clientélisme, la corruption, le tribalisme et autres antivaleurs. Ainsi, le contexte actuel ne valorise guère la culture de l'excellence, la méritocratie. Et si le mérite pouvait encore servir pour la promotion personnelle, on éviterait certaines antivaleurs. En fait, Bwanya, le héros de ce récit de vie, va de simple enseignant à la magistrature suprême.
(Coll. Harmattan RDC, 11.50 euros, 82 p.)
ISBN : 978-2-343-04910-6, ISBN EBOOK : 978-2-336-36314-1

CAUSES (LES) DES ACCIDENTS DE LA ROUTE EN DROIT DE LA RÉPUBLIQUE DÉMOCRATIQUE DU CONGO
Tshalufu Honoré-B. Lukasa - Préface de Katuala Kaba Kashala
Ce livre est l'illustration des termes et causes de violation de la loi en matière de circulation routière en République Démocratique du Congo. C'est une contribution à l'amélioration de la qualité et de la capacité des animateurs de la police nationale congolaise, à l'émergence de la conscience professionnelle.
(Coll. Harmattan RDC, 11.50 euros, 80 p.)
ISBN : 978-2-343-04909-0, ISBN EBOOK : 978-2-336-36303-5

OUI, LE CONGO TERRE D'AVENIR EST MENACÉ
Mfuadi Tshibasu
La République démocratique du Congo est un vaste et riche pays d'Afrique centrale. Ses ressources sont convoitées par d'autres peuples du monde qui jurent par son éclatement en plusieurs entités nationales, en vue de mieux en tirer profit. Par égoïsme aveugle ou inconscience insoutenable, certains Congolais pactisent avec des forces étrangères, pour satisfaire leurs intérêts personnels. L'auteur appelle ses compatriotes à s'organiser face aux menaces guettant le Congo.
(26.00 euros, 262 p.)
ISBN : 978-2-343-03452-2, ISBN EBOOK : 978-2-336-36010-2

CONFLITS IDENTITAIRES ET ENJEUX ÉCONOMIQUES INTERNATIONAUX DANS LA RÉGION DES GRANDS LACS

Esambu Mutenda Jean-Bosco Germain - Préface d'Olivier Kahola Tabu

Comment peut-on interpréter les conflits armés dans la région des Grands Lacs africains ? Pourquoi des guerres non spécifiées peuvent-elles engendrer des Missions internationales de maintien de la paix durant éternellement au sein des États et voir s'installer l'exploitation des richesses d'un État sans reconnaître l'intérêt du peuple ? Cet ouvrage permet une approche précise des enjeux culturels, politiques et géostratégiques dans la région des Grands Lacs.

(Coll. Points de vue, 15.50 euros, 148 p.)

ISBN : 978-2-343-03830-8, ISBN EBOOK : 978-2-336-35979-3

PAPA WEMBA

La voix de la musique congolaise moderne – Contribution et odyssée

Etou Nianga Anicet

Résolument avant-gardiste en même temps qu'il est attaché à la tradition musicale de son pays, Papa Wemba enrichit la musique congolaise moderne par des emprunts aux musiques des terroirs et par l'introduction d'instruments traditionnels tels le lokolé. Créant la rumba-rock, une fusion de rumba et de pop-rock, il sort la musique congolaise des sentiers battus et devient le porte-étendard de la culture congolaise sur la scène internationale.

(Coll. Culture Africaine, série Études Musicales, 28.50 euros, 276 p.)

ISBN : 978-2-343-03074-6, ISBN EBOOK : 978-2-336-36122-2

GOUVERNANCE NORMATIVE DU RÉGIME GÉNÉRAL DE LA SÉCURITÉ SOCIALE EN RDC

Bilan analytique de 1908 à 2013

Loko Mantuono Glombert - Préface de Mwayila Tshiyembe

Dans sa thèse doctorale, l'auteur a mis au point la théorie intégrée de la Gouvernance Systémique Tryptique (GST) de la sécurité sociale comme facteur de résilience contre la pauvreté des prestataires sociaux en RDC, une théorie assise sur les sous-concepts «Croissance, Emploi et Sécurité sociale». Il analyse trois dimensions de cette gouvernance : la normative, la managériale et la gouvernance de capacité de l'État Congolais.

(Coll. Géopolitique mondiale, 12.50 euros, 114 p.)

ISBN : 978-2-343-04685-3, ISBN EBOOK : 978-2-336-36092-8

KINSHASA MA VILLE, MA CAPITALE

Bolia Ikoli Bienvenu – Préface de Léon de Saint Moulin

Kinshasa est une ville fascinante, d'un dynamisme extraordinaire. Sa population, de l'ordre de 25 000 habitants en 1920, est en 2012 de l'ordre de 10 millions. Elle atteindra 25 millions d'habitants à l'horizon 2030. Ce texte, enrichi de photos en couleur, évoque les multiples facettes de la vie de Kinshasa : son histoire, son organisation, ses autorités, ses orchestres, ses équipes de sport et la multiplicité de ses Églises. L'ouvrage est constitué de 24 chapitres consacrés aux 24 communes de la capitale, illustrés d'une carte des quartiers pour chaque commune.

(Coll. Dossiers, Etudes et Documents, 44.00 euros, 444 p.)

ISBN : 978-2-343-04257-2, ISBN EBOOK : 978-2-336-35863-5

POLITIQUE (LA) ÉTRANGÈRE DE JOSEPH KABILA

Les politiques étrangères des États menacés de décomposition

Sary Ngoy Blaise – Préface de Diur Katond

Pillage, prédation, corruption, déficit démocratique entrent aujourd'hui dans la somme des facteurs internes qui expliquent les choix de la politique étrangère entreprise par Joseph Kabila. Son but est de recoller les morceaux de la carte du pays et de le replacer dans son contexte des rapports internationaux contemporains. L'auteur interroge les théories classiques de la politique étrangère et soutient que les «Petits États» ne sont pas capables de formuler leurs propres politiques étrangères autonomes et de les mettre en œuvre.

(Coll. Notes de cours, 23.00 euros, 218 p.)

ISBN : 978-2-343-02991-7, ISBN EBOOK : 978-2-336-35831-4

PRIORITÉ (LA) AGRICOLE RD CONGO / AFRIQUE
Matamba Tumba Bob
Préface de Lye M. Yoka
Dans ce livre qui scrute l'économie de l'agriculture de l'Afrique et du Congo, l'auteur insiste sur l'urgence de promouvoir le développement rural sur le même rythme du déploiement agricole. Ainsi donc le renouveau agricole pourrait progressivement freiner l'exode rural, redonner vie et qualité de vie aux villages et, à long terme, améliorer les recettes et les habitudes alimentaires.
(Coll. Comptes Rendus, 24.00 euros, 204 p.)
ISBN : 978-2-343-04392-0, ISBN EBOOK : 978-2-336-35764-5

ENTRE CIEL ET TERRE
Confidences d'un pilote de ligne congolais
Diasolua Simon - Préface de Célestin Nguya-Ndila Malengana
Ce récit, sorti de l'expérience de près de 40 ans d'un passionné d'aviation, explore les dédales de l'univers impitoyable du transport aérien, au travers de la guerre que se livrent les constructeurs, sur fond d'enjeux financiers de grande envergure. L'auteur a eu à convoyer des grands de ce monde : le roi Baudoin et la reine Fabiola de Belgique, le Pape Jean-Paul II, des chefs d'État de tous bords, mais aussi le boxeur Mohamed Ali.
(Coll. Écrire l'Afrique, 19.00 euros, 196 p.)
ISBN : 978-2-343-02824-8, ISBN EBOOK : 978-2-336-35828-4

AUTRE (L') FACE DE L'EUROPE
Témoignage d'un migrant congolais en Italie
Bilo O.M. - Préface de Georges Ngal
Au-delà des considérations socio-politiques qu'il épingle sans complaisance, l'auteur, lui-même immigré et nourri du sel de la critique littéraire, livre un récit migratoire où il convoque deux protagonistes : hôtes et migrants. Prenant appui sur la commune humanité qui lie les uns aux autres, il trace le schéma d'un village global national où il convie tous à ressusciter dans la seule race humaine.
(Harmattan Italia, Coll. Harmattan Italia, 15.50 euros, 108 p.)
ISBN : 978-2-336-30704-6, ISBN EBOOK : 978-2-336-35937-3

QUALITÉ (LA) DE L'ÉDUCATION DANS LES ÉCOLES SECONDAIRES ET CENTRES PROFESSIONNELS SALÉSIENS DE LUBUMBASHI
Résultats d'une enquête
Mwamba Kalemba Titus - Préface de Guglielmo Malizia
Un secteur de l'éducation dans lequel on trouve beaucoup de limites est celui de la qualité, qui touche : objectifs, contenus, méthodes et organisation de l'enseignement/apprentissage. A travers cette enquête sur le terrain, l'auteur montre qu'en RDC, l'école est une institution relativement jeune en plein développement mais confrontée à un ensemble de sérieuses problématiques. L'auteur préconise une réforme systématique de ces écoles salésiennes et de toutes celles de la RDC conditionnées par le même système éducatif en crise.
(Coll. Études africaines, 31.00 euros, 296 p.)
ISBN : 978-2-343-04014-1, ISBN EBOOK : 978-2-336-35723-2

DE L'AFDL AU M23 EN RÉPUBLIQUE DÉMOCRATIQUE DU CONGO
Mbavu Muhindo Vincent Préface du Pr Vincent Muderhwa Barhatulirwa
L'auteur situe la récente rébellion du M23 dans le contexte général d'un mouvement cache-sexe à la solde des principaux acteurs de la longue crise congolaise. Face à l'impotence de la Mission des Nations-Unies pour la Sécurisation du Congo, la Brigade onusienne est venue en appui aux commandos des FARDC, conduisant à la totale déconfiture des rebelles du M23. Les pourparlers de Kampala ont été boostés par cette victoire militaire et ont abouti à la signature des déclarations de Nairobi.
(Coll. Études africaines, 24.00 euros, 234 p.)
ISBN : 978-2-343-04031-8, ISBN EBOOK : 978-2-336-35530-6

L'HARMATTAN ITALIA
Via Degli Artisti 15; 10124 Torino
harmattan.italia@gmail.com

L'HARMATTAN HONGRIE
Könyvesbolt ; Kossuth L. u. 14-16
1053 Budapest

L'HARMATTAN KINSHASA
185, avenue Nyangwe
Commune de Lingwala
Kinshasa, R.D. Congo
(00243) 998697603 ou (00243) 999229662

L'HARMATTAN CONGO
67, av. E. P. Lumumba
Bât. – Congo Pharmacie (Bib. Nat.)
BP2874 Brazzaville
harmattan.congo@yahoo.fr

L'HARMATTAN GUINÉE
Almamya Rue KA 028, en face
du restaurant Le Cèdre
OKB agency BP 3470 Conakry
(00224) 657 20 85 08 / 664 28 91 96
harmattanguinee@yahoo.fr

L'HARMATTAN MALI
Rue 73, Porte 536, Niamakoro,
Cité Unicef, Bamako
Tél. 00 (223) 20205724 / +(223) 76378082
poudiougopaul@yahoo.fr
pp.harmattan@gmail.com

L'HARMATTAN CAMEROUN
BP 11486
Face à la SNI, immeuble Don Bosco
Yaoundé
(00237) 99 76 61 66
harmattancam@yahoo.fr

L'HARMATTAN CÔTE D'IVOIRE
Résidence Karl / cité des arts
Abidjan-Cocody 03 BP 1588 Abidjan 03
(00225) 05 77 87 31
etien_nda@yahoo.fr

L'HARMATTAN BURKINA
Penou Achille Some
Ouagadougou
(+226) 70 26 88 27

L'HARMATTAN SÉNÉGAL
10 VDN en face Mermoz, après le pont de Fann
BP 45034 Dakar Fann
33 825 98 58 / 33 860 9858
senharmattan@gmail.com / senlibraire@gmail.com
www.harmattansenegal.com

L'HARMATTAN BÉNIN
ISOR-BENIN
01 BP 359 COTONOU-RP
Quartier Gbèdjromèdé,
Rue Agbélenco, Lot 1247 I
Tél : 00 229 21 32 53 79
christian_dablaka123@yahoo.fr

Achevé d'imprimer par Corlet Numérique - 14110 Condé-sur-Noireau
N° d'Imprimeur : 127609 - Dépôt légal : mars 2016 - *Imprimé en France*